독일
신세대
문학

독일 신세대 문학

1990년 이후
독일 문학계의
지형 변화

노영돈 · 류신 외

민음사

일러두기

1. 외국어 고유 명사의 표기는 국립 국어원의 외래어 표기법 규정을 따르는 것을 원칙으로 하되, 원어 발음과 동떨어진 경우 일부 예외를 두었다.
2. 본문 인용문 중 원문에는 없으나 문맥상 이해를 위해 필요한 표현의 경우 [ ] 안에 표기했다.

머리말

> 두근거리는 땅, 이제 발로 자유롭게 하리라.
> Nunc pede libero pulsanda tellus.
> ― 호라티우스, 「송시」

1

라스트 댄스, 퍼스트 스텝. 통일 이후 세대교체가 본격화되고 있는 최근 독일 문단의 풍경을 요약한 말이다. 문학 평론가 폴커 하게는 이렇게 비유한다. "전설적인 47그룹 작가들이 '라스트 댄스'를 추고 있는 무도회장에서 재능 있는 젊은 소설가들이 성공적인 '퍼스트 스텝'을 밟고 있다." 여기서 '라스트 댄스'란 표현은 1947년 독일어권 작가들이 만든 문학 단체 47그룹의 기수이자 20세기 마지막 노벨상 수상 작가인 귄터 그라스를 위한 오마주다. 알다시피 『라스트 댄스(Letzte Tänze)』는 2003년 출간된 귄터 그라스의 시집 제목이다. 하이너 뮐러, 슈테판 헤름린, 에르빈 슈트리트마터, 유레크 베커, 볼프강 쾨펜, 헤르만 렌츠, 에리히 프리트, 엘리아스 카네티, 프리드리히 뒤렌마트 등 전후 독일 문학을 이끌던 기라성 같은 작가들이 1990년대 이후 하나둘 타계하면서 독일 문학의 전당은 점점 활력을 잃었고, 플로어에서 외롭게 분투하던 노장 그라스도 이제 서서히 '마지막 춤'을 준비한다.

> 이리 와, 나와 춤춰 주오, 내게 아직 숨이 붙어 있는 한,
> 두 발로 설 수 있는 한,
> 걸음마에서 교차 스텝에 이르기까지, 내가 아는 것들은
> 아직도 여전히 에이비시처럼 익숙하다오. 그래도
> 연금 생활자가 되면서 수그러든 통증이
> 왼쪽 장딴지에서 수시로 쿵쿵거리니,
> 그대 부디 잠시만 기다려 주오
> 다음 춤을 위해 내 관절이 유연해질 때까지.
> (……)
> 내 곁으로 가까이, 함께 춤을, 곁에 누워, 경이롭게 바라보오,
> 은총과 우연의 힘으로 아직 내가 할 수 있는 것들을.
> ─ 귄터 그라스, 「마지막 소원 세 가지」

예술은 길고 인생은 짧다. 그라스는 '두 발로 설 수 있는 한' 계속 춤추고 싶은 마음은 간절하나 더 이상 몸이 따르지 않는 쓸쓸한 황혼의 현실을 못내 아쉬워한다. 명예로운 퇴장이 임박했음을 직감하는 노작가의 멜랑콜리는 전후 분단 문학의 시대가 저물고 있음을 감성적으로 암시한다. 이제 그는 새로운 파트너의 출현을 기다린다. 추측컨대 그라스 자신이 젊었을 때 신나게 두드리던 '양철북' 리듬에 함

께 발을 맞출 신예 댄서들의 등장을 갈구하는 것이다. 그가 품은 이 모종의 기대감은 21세기 젊은 독일 문학의 성공적인 출발을 상징적으로 예고한다. 그라스의 예감은 빗나가지 않았다. 최근 독일 문단에 신세대 작가 돌풍이 거세다. 토마스 브루시히, 잉고 슐체, 예니 에르펜베크, 카렌 두베, 초에 예니, 유디트 헤르만, 벤야민 레버트, 벤야민 폰 슈투크라트바레, 크리스티안 크라호트, 다니엘 켈만, 마르셀 바이어 등 젊은 소설가들이 개성 있는 문제작들을 발표하며 기성 문단에 도전장을 내고 있다. 요컨대 이들은 라스트 댄스가 완결되는 무도회장에서 퍼스트 스텝을 성공적으로 밟은 것이다.

동독 출신 젊은 소설가 토마스 브루시히, 잉고 슐체, 예니 에르펜베크는 그동안 서독에서는 볼 수 없었던 동독산(産) 춤사위를 선보이며 댄스홀에 파란을 일으키고 있다. 자본주의에서는 찾기 힘든 이야기의 무궁한 보고(寶庫)인 '사라진 동독'을 유머와 풍자를 통해 부활시키기 때문이다. 서독 출신 젊은 여성 소설가 카렌 두베, 초에 예니, 유디트 헤르만은 마치 안데르센의 '빨간 구두'를 신은 듯 강렬하면서도 몽환적인 서사적 동선(動線)을 거리낌 없이 선보이며 '서사 기법의 새로운 야수'로 급부상하고 있다. 팝문학을 주도하는 서독 출신 남성 작가 벤야민 레버트, 벤야민 폰 슈투크라트바레, 크리스티안 크라호트는 신나는 테크노 리듬에 맞춰 장르의 경계를 무시로 해체하고 엘리트 문학과 대중문화 사이의 틈을 퀵-퀵-퀵 메우고 있다. 독일 차세대 문학의 기대주 다니엘 켈만과 마르셀 바이어는 기민한 상상력의 보법(步法)으로 역사와 허구, 사실과 환상의 문턱을 자유롭게 넘나들며 팩션(faction) 소설의 미학적 잠재력을 극대화하고 있다. 이처럼 신세대 작가들의 춤은 각인각색이다. 자유로운 율동에 온전히 몸을 위탁한 이들의 (포스트)모던 댄스는 전례를 찾기 쉽지 않다. 이들의 문학 세계를 총괄할 수 있는 키워드를 발견하기 어려운 이유다. 그러나 위 세대와 뚜렷이 구별되는 문학적 지향과 글쓰기 방식이란 측면에서 보면 공통점을 찾을 수 있다. 단순화의 위험을 무릅쓰고 말하자면, 신세대 작가들의 스텝과 몸동작은 가볍다. 비유하자면 이들의 춤 동작은 일찍이 하이네가 묘사한 파리의 유명한 무용수 포마레의 매혹적인 몸동작을 닮았다.

> 그녀가 춤을 추네. 그녀가 조그만 몸을 흔드네!
> 모든 관절이 얼마나 부드럽게 너울대는지!
> 그것은 나비처럼 날갯짓하는 흩날림이며 흔들거림이네.
> 진정 피부 밖으로 박차고 날아오를 것 같네.
> ― 하인리히 하이네, 「여왕 포마레」

마치 나비의 날갯짓처럼 가벼운 몸짓에서 이제 갓 문학의 무도회장으로 입문한 젊은 댄서들의 경쾌한 스텝이 떠오른다. 요컨대 기성세대 작가들과 구별되는 독일 신세대 문학의 하비투스는 약동하는 가벼움이다.

2

21세기 젊은 독일 문학이 가볍게 질주하고 있다. 관념적이고 난해하며 근엄했던 독일 문학의 전통과 결별한 신세대 작가들이 재미있고 가볍고 쿨한 문학으로 독일에서는 물론 세계에서 성공 행진을 이어 가고 있다. 우리가 괴테, 실러, 릴케, 토마스 만, 카프카, 헤세, 그라스의 작품을 읽는 사이, 독일과 세계 독자들은 이미 독일 문학의 샛별을 발견하여 그들에게 박수를 보내는 것이다. 그렇다면 최근 문학적, 상업적 성공을 거두고 있는 독일 신세대 작가들이 가볍게 질주할 수 이유는 무엇인가? 왜 이들 문학의 에스프리는 발랄한가?

첫째, 이들은 전후 독일 문학에 '영원 회귀'의 족쇄처럼 채워졌던 역사에 대한 부채 의식에서 해방된 세대다. 주지하듯 독일의 전후 문학은 동서독 공히 '한 세대의 문학', 그러니까 나치 과거와 홀로코스트의 트라우마가 의식에 각인된 세대가 주도한 문학이었다. 1920년대 전후 태어난 크리스타 볼프, 하이너 뮐러, 하인리히 뵐, 페터 바이스, 귄터 그라스 등 1945년 이후 독일 문학을 이끌어 온 작가들에게 글쓰기란 역사적 속죄 의식(儀式)이었다. 이들은 나치 과거의 잘못을 통렬히 반성하며 그 죄업의 참회를 기꺼이 자신의 문학적 정체성으로 삼고자 했던 것이다. 하지만 이들의 손자뻘 되는 신세대 작가들에게는 나치 과거에 대한 속죄 의식이 없다. 독일이 저지른 범죄에 대한 기억은 더 이상 이들의 혀를 마비시키지 않는 것이다. 신세대 작가들은 히틀러와 유대인 대량 학살에 대한 원죄 의식 때문에 '문학적 재미'에 대한 금욕주의를 지나칠 정도로 견지해 온 선배 작가들과는 달리 문학적 '즐거움'을 마음껏 펼친다. 통일 이후 신세대 작가들의 출현으로 독일 문단의 표정이 급속도로 밝고 가벼워지고 있는 것이다. 이런 맥락에서 토마스 브루시히의 소설 『우리 같은 영웅들』의 다음 대목은 의미심장하다. "모든 어머니들의 어머니의 한껏 당겨지고 조이고 닦이고 손질된 문장들은 가라. 이제부터는 그냥 지껄임이 있을 뿐이다."

둘째, 최근 독일 신세대 작가들의 작품에는 빌란트의 『아가톤』,

괴테의 『빌헬름 마이스터의 수업시대』, 슐레겔의 『루친데』, 토마스 만의 『마의 산』, 로베르트 무질의 『특성 없는 남자』로 이어지는 독일 문학 특유의 관념적이고 철학적인 엄숙함이 드리워 있지 않다. '세계를 한가운데서 통괄하는 힘'을 알고자 분투하는 파우스트적 중후함도 찾아보기 어렵다. 계몽주의적 전통 아래 교육적 목적과 예술적 형식을 염두에 두고 쓰인 교양 소설의 정신도 거의 볼 수 없다. 훌륭한 작품이란 무겁고 난해할 수밖에 없다는 믿음이 신세대 작가들에게는 애초부터 없는 것이다. 독일 문학의 미래를 책임질 유력 작가로 평가받는 다니엘 켈만이 던진 문학적 출사표는 전통과 결별한 신세대 작가들의 입장을 잘 대변한다.

> 세계의 독자들은 독일 문학 하면 무거움과 진지함이란 단어만 떠올려 왔다. 나는 그런 독일 문학이 지겹다. 묵은 인상을 걷어 낼 새로운 문학을 하겠다고 결심했다. 뭔가 다른 스타일로 써야만 작가로서 나 자신이 해방감을 느낄 수 있을 것만 같았기 때문이다. 2차 세계 대전과 홀로코스트로 인해 독일은 아까운 문학적 자산을 잃었다. 많은 작가들이 죽거나 다른 나라로 망명한 뒤 변신의 기회를 상실했다. 그 후 독일 문학의 초상은 우리가 아는 그대로다. 세계가 아르헨티나 작가 보르헤스에 반했을 때도 독일 작가들은 세계 문학의 흐름이나 주제와는 무관한 듯 행동했다. 그들은 독자는커녕, 평론가들조차 읽지 않는 작품을 썼으며, 터무니없게도, 무겁고 지루해야 좋은 작품이라고 믿는다.

이처럼 신세대 작가들은 스스로를 독일 문학에 덧씌워진 무거움과 진지함이란 기존의 전통적인 이미지를 쇄신할 수 있는 최초의 세대로 인식하는 것이다. 이런 배경에서 켈만은 선언한다. "나는 새로운 문학을 할 권리가 있다."

셋째, 이들은 기존 작가상과 결별했다. 독일은 예로부터 '시인과 사상가의 나라'로 불리어 왔다. 이 말은 독일이 뛰어난 문인과 철학자를 많이 배출했다는 사실뿐만 아니라 독일 작가들이 사회적으로 대단히 높은 권위를 누렸다는 것을 의미한다. 괴테와 하이네, 토마스 만과 하인리히 뵐에 이르기까지 독일 작가들은 '민족의 양심', '게르만족의 스승', '보편적 가치의 담지자'로서 존경받아 왔고, 이들의 발언은 때론 정치인의 발언보다 더 강력한 현실적 영향력을 발휘했다. 하지만 최근 독일 신세대 작가들은 문학이라는 자신의 전문 영역을 일탈하여 사회적 공론장에서 지식인으로서 영향력을 행사하는 작가상을 좇지 않는다. 애초부터 이들은 자신을 '정체성의 상징'이나 '도덕적 심급'으로 인식하지 않기 때문이다. 이들은 대중을 '계몽'하기보다는 대중과 함께 '소통'하고자 한다. 작품을 통해 '권위'를 인정받기보다는 더 많은 '독자'를 얻고 싶어 하는 것이다. 한마디로 이들에게 21세기 미래의 이상적인 작가상은 문학의 '진정성'과 '대중성'이라는 양립할 수 없는 두 영역의 공존을 일구어 내는 개척자를 뜻한다. 벤야민 레버트의 소설 『크레이지』에서 주인공은 고백한다. "나는 카프카가 아니라고."

이처럼 최근 독일 신세대 작가들은 나치 과거라는 역사적 부채를 어깨에 짊어지지 않았고, 관념적이고 근엄한 독일 문학 전통으로부터 자유로우며, 작가는 곧 지식인이라는 도식을 깨어 버렸기 때문에 춤추듯 가볍게 질주할 수 있는 것이다. 이들은 '두근거리는 땅'을 발로 자유롭게 한다.

3

　독일 신세대 문학을 읽고 공부하는 내내 다음 두 명제가 늘 다투었다. 하나는 가벼움에 대한 귄터 그라스의 우려다. "신문 문예란은 새로운 문학관을 퍼뜨리고 있습니다. 코카콜라 라이트가 있듯이 문학에도 '라이트'가 있어야 한다는 식입니다. 가볍고 편안하고 재미있고, 누구에게도 거슬리지 않는 문학 말입니다." 다른 하나는 가벼움에 대한 밀란 쿤데라의 재발견이다. "영원한 회귀가 가장 무거운 짐이라면, 이를 배경으로 거느린 우리 삶은 찬란한 가벼움 속에서 그 자태를 드러낸다." 두 명제를 모두 존중한다. 연성화(軟性化)되고 있는 신세대 문학에 대한 애정 어린 꾸짖음에 마땅히 귀 기울여야 할 필요가 있다. 왜냐하면 이들의 문학에는 소비 자본주의의 덫에 걸리거나 대중 매체의 궁전 속에 나포되어 진정성을 상실할 소지가 다분하기 때문이다. 그러나 전자의 비판을 고려하되 후자의 편에 서서 독일 신세대 문학의 현주소를 정확히 진단하고자 노력했다. 싫든 좋든 손자들은 왔고, 이들의 펜 끝에 독일 문학의 미래가 달렸기 때문이다. 이 책의 기본 입장은 여기에 있다.

　그렇다고 얇고 경박하고 피상적이며 표변(豹變)적인 가벼움을 옹호한다는 뜻은 아니다. 최근 독일 문단을 누비는 젊은 소설가들의 스텝에서 세상의 무게를 버티어 내는 가벼움, 세상의 무게를 끌고 가는 가벼움의 미학을 발견했다. 들뢰즈는 『니체와 철학』에서 이렇게 말했다. "춤은 무거움을 가벼움으로 전환한다." 그렇다. 적절한 비유인지 모르겠지만, 이들의 작품을 읽으면 읽을수록 무거운 탱크를 매달고 비상하는 헬리콥터의 명랑한 회전 날개가 떠올랐다. 집채 같은 역사의 쇳덩이와 무게를 측정할 수 없는 실존의 돌덩이를 매달고 자유롭게 공중을 유영하는 헬리콥터의 양력(揚力)! 이 추진력이 독일 신세대 문학의 매력이자 특권이다. 47그룹 할아버지들이 역사의 바벨을 두 어깨에 힘겹게 짊어진 '아틀라스'였다면, 손자들은 그것을 긴 지렛대로 가뿐하게 들어 올리는 '아르키메데스'다. 이들의 문학은 현 시대가 안고 있는 '무거운' 문제의식을 '가벼운' 글쓰기 전략으로 형상화함으로써 예술성을 견지하는 동시에 대중성을 함께 확보한다는 점에서 이전의 난해하고 지루한 독일 문학 전통에서는 좀처럼 볼 수 없었던 새로운 문화 현상으로 이해된다. 이 책의 문제의식은 여기에 있다.

독일 신세대 문학의 중요성을 다섯 가지로 정리해 보자.

첫째, 전통적으로 독일 고급 문학은 당대 독자와 유리된 채 상아탑 안에 거주해 왔다. 괴테의 『파우스트』는 주로 바이마르 교양 지식인들 사이에서 소통되었으며 클라이스트, 뷔히너, 카프카의 가치는 후세에 이르러서야 높이 평가되었다. 당대 민중들과 긴밀히 소통하고 폭넓은 독자층의 사랑을 받아 고전의 반열에 오른 '국민 문학'의 전통이 『젊은 베르테르의 슬픔』 이후 독일에서는 거의 없다시피 한 것이다. 이런 배경에서 독일 동시대 독자들과 긴밀히 호흡하는 최근 신세대 작가들의 문학은 일종의 '국민 문학'이라고 볼 수 있다. 나아가 국가의 경계를 넘어 세계적으로 널리 읽히는 이들의 문학은 자국의 민족적 정체성을 강조하는 근대적 의미의 국민 문학과 차별되는 21세기 '노마드(nomad)적 국민 문학'의 탄생을 예고한다. '노마드적 국민 문학'이란 일찍이 괴테가 언급한 '세계 문학'의 21세기적 변용이다.

둘째, 최근 독일 신세대 작가들은 독일 문학이 숙명적으로 안고 있던 역사에 대한 부채 의식과 분단의 질곡에서 해방된 최초의 세대로서 독일 문학 특유의 엘리트적 소명 의식과 완전히 작별했다. 따라서 이들에게는 문학과 사회의 관계에 대한 근대적 이상, 즉 문학이 사회를 반영하는 동시에 역사 발전의 방향성을 제시해야 한다는 생각이 더 이상 유효하지 않다. 가볍고 경쾌하며 즐거운 글쓰기를 추구하되 시대의 문제의식을 놓치지 않는 이들의 문학은 문학과 사회의 관계에 대한 새로운 인식의 패러다임을 요구한다.

셋째, 최근 독일 신세대 작가들은 시대에 대한 진지한 고민과 성찰을 쉽고 재미있게 읽히는 글쓰기 전략으로 형상화함으로써 예술성과 대중성을 함께 확보하고 있다. 이들의 글쓰기 전략은 문학의 존재 방식과 정전(正典)에 대한 전통적인 고정 관념을 깨뜨림으로써 지금까지 통용되었던 '본격문학/대중문학'이라는 문학의 이분법적 가치 평가 체계를 근본적으로 재고할 것을 요구한다.

넷째, 최근 독일 신세대 작가들은 그동안 본격 문학이 외면해 온 대중문화적 요소들을 적극적으로 수용하고 있다. 이들은 팝 음악, 클럽, 파티, 영화, 사이버, 유시시(UCC), 휴대 전화뿐만 아니라 마약, 섹스, 변태, 환각에 이르기까지 현대 대중문화의 다양한 코드들을 작품 도처에 배치한다. 이러한 현상은 문학이 대중문화와 만나는 유의미한 방식으로서 각별한 주목을 요한다. 나아가 대중문화에 대한 이들의 개방적인 태도에서 통일 후 변화된 독일 사회, 문화를 겪으며 자라난 신세대 특유의 문화적 감수성과 가치관을 읽어 낼 수 있다.

다섯째, 젊은 독일 소설가들의 작품을 통해 한국 신세대 문학을 유비(類比)적 관점에서 살펴볼 수 있다. 무엇보다도 한국과 독일 신세대 작가들의 글쓰기 전략에서 유사성이 발견된다. 예컨대 희화와 유머를 통해 비극적 희극을 연출하는 박민규의 소설은 토마스 브루시히의 글쓰기 전략을 떠올리게 하고, 인간과 사물에 대한 건조한 시선과 쿨한 감각을 보여 주는 김애란의 소설은 문체가 유디트 헤르만의 소설과 흡사하며, 사건을 혼종적으로 재배치하고 역사를 자유롭게 변용하는 김연수, 김탁환, 박형서의 소설은 다니엘 켈만의 글쓰기를 연상시킨다. 20세기 초 거의 동시에 쓰인 카프카의 『변신』(1915)과 이광수의 『무정』(1917) 사이 아득한 거리만큼이나, 갑충으로 변해 골방에서 죽은 그레고르 잠자와 미국 유학을 떠나는 개화기 지식인 이형식 사이 아찔한 차이만큼이나 동떨어져 있던 한국 문학과 독일 문학이 한 세기가 지난 지금 놀랍도록 서로 가까워진 것이다.

4

1부 '형세와 동향'에는 독일 신세대 문학을 개관할 수 있는 글 네 편을 묶었다. 통일 이후 독일 문학계의 지형 변화를 포괄적으로 조망하고 신세대 작가들의 경향과 특징을 다섯 그룹으로 분류해 정리한 「무질서하게 융기한 고원의 풍경」은 통일 독일 문단에서 독일 신세대 문학의 좌표를 입체적으로 보여 준다. 「독일 신세대 문학의 글쓰기 전략」은 무거움을 가벼움으로 치환하는 신세대 소설가의 글쓰기 방식을 '혼종과 변용', '몽환과 환상', 'Cool & Dry', '희화와 유머'로 나눠 분석함으로써 신세대 문학에 특유한 새로운 문학적 감수성의 뿌리를 추적한다. 전자가 통일 독일 문학 개론이라면, 후자는 신세대 작가에 대한 총론에 해당된다. 「트라반트 세대의 멜랑콜리」는 야나 헨젤, 요헨 슈미트, 율리아 쇼흐 등 동독 출신 신세대 소설가들이 통일 이후 사라진 동독을 기억하는 독특한 방식을 멜랑콜리라는 키워드로 분석한다. 「키비 보이의 팝문학과 문화 상품화 전략」은 대중문화를 지식인의 관점에서 비판하기보다는 오히려 대중문화의 관점에서 21세기 문학의 새로운 가능성을 실험하는 팝문학의 전략을 소개한다. 앞의 글을 통해 동독을 이념의 체제가 아니라 기억의 시공간으로 부활시키는 동독 출신 작가들의 유연한 상상력을 만끽할 수 있다면, 뒤의 글을 통해 고급 문학을 대중 매체와 접목하는 서독 출신 포스트모던 댄디들의 자유로운 생활 양식을 엿볼 수 있다.

2부 '소설과 전위'에는 차세대 독일 문학을 대표하는 소설가들의 문제작을 분석한 글 열 편을 묶었다. 통일 이후 변화된 사회와 인간 그리고 삶을 가장 먼저 포착해 예민하게 기록한 소설, 말하자면 당대 언어 예술의 맨 앞자리에 있는 시대의 지진계이자 누항(陋巷)의 노래와 같은 작품들을 고르기 위해 애면글면했다. "오직 소설이 발견할 수 있는 것만을 발견하라. 그것만이 소설의 유일한 존재 이유다."라는 헤르만 브로흐의 전언을 통일 독일 시공간에서 실천한 소설을 눈여겨보고자 했다. 이미 한 이야기를 확인해 주는 작품이 아니라, 어떤 전범도, 구속도, 책무도 받아들이지 않으려는 도전적인 작품을 찾았다. 소설을 해석하는 우리의 이론과 독법은 미흡할지 몰라도 우리가 선택한 소설 열 편은 젊은 독일 문학을 대표하는 수작임을 자부한다.

카렌 두베의 데뷔작 『폭우』는 컬트 영화 같은 외설적인 장면 구성, 속도감 있는 서사, 치밀한 심리 묘사로 세기말 부패한 세상에서 허우적거리는 인간 실존의 깊이를 캐묻는다. '독일의 해리 포터'로 불리는, 그녀의 또 다른 소설 『납치된 공주』는 기사 문학과 성장 소설, 이교와 기독교, 고대와 바로크를 자유롭게 뒤섞고(혼종), 다양하게 뒤바꿔(변용) 현대적 동화 소설의 가능성을 실험한다. 유디트 헤르만의 데뷔작 『여름 별장, 그 후』는 비현실적이고 초자연적인 환상이 아니라 지극히 사실적인 묘사를 통해 현실과 허구가 혼재된 독보적인 몽환성을 연출한다. 크리스티안 크라흐트의 첫 소설 『파저란트』는 후기 자본주의 일상 속에서 개인의 삶이 무시무시한 공허 속으로 빨려 들어가는 과정을 묘사함으로써 근대 교양 소설이 추구했던 자아 정체성이 신기루임을 폭로한다. '팝문학의 제왕' 벤야민 폰 슈투크라트바레의 『솔로 앨범』은 톡톡 튀는 광고 언어를 텍스트에 차용하고 대중음악의 형식과 내용을 소설 쓰기에 수용함으로써 다매체 시대 소설의 가능성을 타진한다. 마르셀 바이어의 『박쥐』가 사실과 가상, 역사와 상상력을 자유자재로 결합함으로써 제3제국이라는 독일 문학의 금기를 부순다면, 다니엘 켈만의 『세계를 재다』는 '역사적이고 철학적이지만 가벼운' 글쓰기 전략을 통해 독일 역사의 비극적 소재를 익살스럽게 변용한다. 토마스 브루시히의 『우리 같은 영웅들』이 웃음의 제식을 통해서 동독 상실에 대한 애도가 가능함을 보여 준다면, 예니 에르펜베크의 『늙은 아이 이야기』는 한 소녀의 비정상적인 신체라는 알레고리를 통해서 동독 사회의 모순을 풍자하고, 잉고 슐체의 『심플 스토리』는 통일이라는 거대 서사가 개인의 삶에 가져온 변화의 양상을 포착한다.

    물론 이 열 편의 작품론으로 독일 신세대 문학의 다채로운 스펙트럼을 포괄하는 것이 역부족임을 인정한다. 아둔해 발견하지 못한 작품도 있을 것이고, 미처 소개하지 못한 작품도 있다. 아쉽지만 다음을 기약한다. 하지만 열 편의 작품론을 잘 조합하면 적어도 독일 신세대 작가들이 안에서 춤추고 있는 문학의 성채를 여는 열쇠 하나는 만들 수 있지 않을까 기대해 본다. 저기 '뉴 웨이브' 리듬을 타고 '두근거리는 땅'이 우리의 입성을 환영하고 있다. 신세대 문학의 지형을 조감하려면 1부를, 신세대 문학의 광맥을 발굴하려면 2부를 참조하면 좋을 것이다. 양쪽이 통합되어 독일 신세대 문학의 강역과 세목이 드러나길 바란다.

최근 독일 신세대 작가들의 문제작들은 출간과 동시에 세계 다양한 언어로 번역된다. 뿐만 아니라 독일에서는 이미 이들의 작품이 문학사에서 본격적으로 다루어지기 시작했고 교육 현장에서도 텍스트로 활용되는 등 문예학적 평가를 받고 있다. 한국에서도 이들의 작품이 발 빠르게 번역되어 독자들에게 널리 읽히는데, 정작 이에 대한 비평과 체계적인 연구는 아직 초보적인 수준이다. 이는 한국 독어독문학 연구가 전반적으로 정전 중심으로 이루어져 왔기 때문이다. 이 책이 동시대 문학에 대한 지속적인 관심과 함께 본격적인 후속 연구를 촉발하는 데 일조할 수 있기를 기대한다. 우리는 첫 징검돌을 놓았을 뿐이다. 아울러 이 책이 통일 독일 문학의 오늘을 살피고 21세기 독일 문학의 내일을 예측하는 조그만 창문이 될 수 있다면 더할 나위 없이 좋겠다. 우리는 첫 스텝을 밟았을 뿐이다.

5

이 책은 한국연구재단의 지원을 받아 2007년부터 2008년까지 수행한 공동 연구 '최근 독일 문학의 가벼운 질주, 도전인가 유희인가?'의 성과물을 토대로 기획되고 묶였다. 책 출간이 다소 늦어진 사정은, 프로젝트 완료 이후 미처 다루지 못한 작품을 좀 더 연구하여 부족한 내용을 보충할 시간이 필요했기 때문이다. 함께 연구를 수행한 이 책의 공동 저자 박희경, 배기정, 이영기 선생님에게 깊은 존경과 감사의 꽃다발을 바친다. 그동안 함께 머리를 맞대고 구상하고 분석하고 토론했던 연대의 정의(情誼)와 학문적 동지애가 없었다면 이 책은 결코 세상의 빛을 보지 못했을 것이다.

공동 연구 프로젝트의 분만실인 중앙대학교 '독일유럽연구센터'는 이 책의 든든한 오르가논이었다. 탁월한 심미안으로 좋은 작품을 추천해 준 브레멘 대학교 볼프강 엠머리히 교수는 이 책의 자상한 멘토였다. 그리고 이 졸저에 기꺼이 이름을 올려 준 작가들의 모든 텍스트는 이 책의 아름다운 뮤즈였다. 이 자리를 빌려 모두에게 감사 인사를 드린다. 무엇보다 이 책은 연구와 교육이 행복하게 교호(交好)하며 빚어낸 결실이라 각별하다. 필자를 비롯해 공동 저자 선생님들이 학부와 대학원에서 신세대 문학론을 강의하고 학생들과 토론하면서 생각을 정리하고 내용을 보완할 수 있었기에 더 정이 간다. 늘 느끼지만 학생은 위대한 스승이다. 모난 원고를 꼼꼼하게 매만져 주고 멋지게 책으로 만들어 준 민음사에도 고마움을 전한다.

지역성을 뛰어넘어 현금의 가장 생생한 세계 문학을 주도하는 독일 신세대 작가들의 이야기를 읽는 동안 설레고 행복했다. '두근거림'이 멈추지 않았던 소중한 시간을 오래도록 간직하고 싶다. 신세대 문학을 공부하면서 얻은 건 지식이 아니었다. 열정을 응시하는 도전을 배웠다. 고대 로마 문인 키케로의 말이 떠오른다.

냉정한 사람은 춤추지 않는다.(Nemo fere saltat sobrius.)

2013년 4월
노영돈 · 류신

차례

머리말 5

1부 형세와 동향 23

무질서하게 융기한 고원의 풍경 — 통일 이후 독일 문학계의 지형 변화　류신　25
독일 신세대 문학의 글쓰기 전략　노영돈·류신　57
트라반트 세대의 멜랑콜리 — 동독에 대한 문학적 기억의 방식들　박희경　71
키비 보이의 팝문학과 문화 상품화 전략　노영돈　93

2부 소설과 전위 119

카렌 두베 121

물의 제국 — 카렌 두베,「폭우」　류신　123
혼종과 변용의 서사 — 카렌 두베,「납치된 공주」　배기정　156

유디트 헤르만 179

현실과 몽환의 경계 — 유디트 헤르만,「여름 별장, 그 후」　이영기　181

크리스티안 크라흐트 199

팝모던 댄디의 스타일링 — 크리스티안 크라흐트,「파저란트」　박희경　201

벤야민 폰 슈투크라트바레 223

Cool & Dry — 벤야민 폰 슈투크라트바레, 『솔로 앨범』 노영돈 225

마르셀 바이어 251

소리의 제국 — 마르셀 바이어, 『박쥐』 류신 253

다니엘 켈만 281

독일 문명 비판 — 다니엘 켈만, 『세계를 재다』 배기정 283

토마스 브루시히 305

카니발적 웃음 — 토마스 브루시히, 『우리 같은 영웅들』 박희경 307

예니 에르펜베크 329

역사에 대한 알레고리로서의 몸 — 예니 에르펜베크, 『늙은 아이 이야기』 노영돈 331

잉고 슐체 351

물방울 속 역사 — 잉고 슐체, 『심플 스토리』 류신 353

주 371

1부

형세와 동향

무질서하게 융기한 고원의 풍경[1]
통일 이후 독일 문학계의 지형 변화

류신

통일 독일 문학은 통일이 몰고 온 정치, 경제, 사회, 문화의 변화를 민감하게 포착해 기록하면서, 그 자신 역시 이에 못지않은 변화의 진통을 겪고 있다. 이 글은 독일 통일이 새롭게 그려 낸 독일 문학계의 지형도를 살펴봄으로써 통일 독일 문단의 현재를 점검해 보고, 21세기 독일 문학의 향방과 미래를 조심스럽게 가늠해 보려는 의도에서 씌었다.[2] 통일 이후 독일 문학계의 지형을 톺아 보면 세 가지 중요한 변화 및 특징이 감지된다. 무엇보다도 작가의 권위가 크게 실추되었을 뿐만 아니라 문학의 입지도 몰라보게 좁아졌고, 가혹한 청산의 표적이었던 동독 문학이 버젓이 살아남았으며, 새로운 문학적 감수성으로 무장한 신세대 작가들의 출현으로 문단의 세대교체가 급격히 이뤄졌다.

1 문학의 '황금시대'는 지나갔다

두 살풍경을 떠올려 보자.

장면 1. 땅속에 파묻히거나 불태워져 끔찍하게 처형된, '독서 최강국' 동독 산(産) 책들. 1933년 괴벨스의 지휘 아래 감행된 나치의 야만적인 책 태우기가 홀연 머릿속에 떠오른다. 이런 치욕을 겪지 않고 저울에 달려 폐휴지로 폐기 처분된 동독 책들은 그나마 전관예우를 받았던 셈이다.

장면 2. 한 문학 평론가의 손에 해체된 '독일 정체성 생산 공장'. 1995년 《슈피겔》 표지는 '비평계의 황제' 마르셀 라이히라니츠키가 '독일의 비공식적 양심'인 귄터 그라스의 소설 『광야』를 찢는 도발적인 사진으로 장식되었다.

매장과 화형을 통해 책이 잔혹하게 제거되는 살풍경과 독일을 대표하는 작가의 분신이 무례하게 난도질당하는 장면은 통일 이후 독일 문학계가 처한 간난(艱難)한 운명을 상징적으로 보여 준다. 통일 독일 문학계에서 무엇보다도 가장 먼저 눈에 띄는 현상은 작가의 입지가 크게 위축되었고 문학의 사회적 영향력이 급격하게 줄어들었다는 점이다. 크게 네 가지 측면에서 원인을 찾아볼 수 있다.

첫째, 작가들이 통일의 '패배자'나 '훼방꾼'으로 낙인찍혔다. 동서를 막론하고 독일의 대다수 작가들은 통일을 반대하거나 통일에 대해 회의적인 태도를 보였다. 크리스타 볼프, 하이너 뮐러, 슈테판 하임, 폴커 브라운, 크리스토프 하인 등 동독의 비판적 재야 작가들은 동독 혁명의 열기 속에서 '인간의 얼굴을 한 사회주의'를 동독 땅 위에 건설할 수 있다는 희망을 보았기 때문에 통일에 반대했다. 이들은 서독의 파시즘적 자본주의와 동독의 스탈린주의적 사회주의를 동시에 지양하면서 민주적 사회주의를 실현하려는 꿈을 고집스럽게 간직했던 것이다. 따라서 이들에게 동독의 몰락은 단순한 체제 붕괴를 넘어 유토피아에 대한 간구(懇求)의 좌절을 의미했다. '개혁 사회주의자'로서 펜을 잡았던 이들에게 '전환기'는 희망과 절망이 천국과 지옥의 결혼처럼 손잡은 때였다. 이런 맥락에서 꿈의 터를 잃어버린 동독 작가들은 독일 통일의 가장 큰 패배자로 볼 수 있다. 동독 작가들이 사회주의 유토피아에 대한 꿈 때문에 통일을 반대했다면, 귄터 그리스와 같은 서독 작가들은 통일로 인해 독일이 거대한 민족 국가로 재탄생하는 것을 두려워했기 때문에 통일에 대해 회의적인 태도를 견지했다. 즉 이들은 나치라는 독일의 역사적 악몽을 다시금 환기하며 통일이 거대 국가 독일이라는 공룡을 부활시켜 유럽의 세력 균형을 깨뜨릴 수 있다고 경고했던 것이다. 작가들의 이런 반통일 논리는 통일을 사회주의에 대한 자본주의의 승리로 인식하는 서독의 기득권 세력과 보수적 지식인들에게 집중 포격을 받았고 이 때문에 작가들은 통일의 훼방꾼이라는 달갑지 않은 꼬리표를 얻었다.

둘째, 통일 공간에서 전개된 격렬한 '문학 논쟁'으로 인해 동독 작가들의 위상이 추락했다. 크리스타 볼프의 소설 『남아 있는 것』에 대한 공격으로 촉발된 이 논쟁은 작품을 둘러싼 문학적, 미학적 평가를 뛰어넘어 고도의 정치적 성격을 띠었다. 동독 '정체성의 상징'으로, '도덕적 심급'으로 인정받던 볼프에 대한 공격은 "동독의 정치적, 경제적 주권이 와해되어 가는 시점에서 이제 마지막으로 남아 있는 동독의 정신적, 도덕적 자의식을 해체"[3]함으로써 동독 문학 전체를 '고철화'하려는 가혹한 청산의 시도로 이어졌고, 급기야는 통일 이후 헤게모니를 둘러싼 좌우 지식인의 쟁투 양상으로 번져 갔다. 어쨌든 문학 논쟁을 통해 볼프는 물론 동독을 대표하는 수많은 작가들의 권위가 싸잡아 실추된 것만은 부인할 수 없는 사실이다. 엎친 데 덮친 격으로 슈타지 협조 전력이 드러나면서 동독 작가들의 도덕성은 치유하기 어려울 정도로 손상되었다. '프렌츠라우어 베르크' 그룹 가운데 가장 촉망받던 작가 자샤 안더존과 라이너 셰들린스키가 슈타지 비공식 협력 요원으로 활동했음이 밝혀졌고, 심지어 이들의 슈타지 전력을 기습적으로 폭로한 볼프 비어만 자신도 슈타지에 '무의식적'으로 협조한 사실을 고백해 파장을 일으켰다. 크리스타 볼프와 하이너 뮐러까지도 슈타지와 내통했다는 구설수에 오르면서 가뜩이나 자존심에 상처를 입은 동독 작가들의 도덕적 정체성이 철퇴를 맞았다. 이처럼 동독 체제의 부당함을 증명하고 서독 주도 통일에 정당성을 부여하는 쟁점으로 대두된 슈타지 문제는 끝까지 동독 사회주의의 개선을 요구했던 동독 작가들의 입지를 위축시키는 결과를 초래했다.

셋째, 통일 이후 사회 문화적 환경과 매체 환경이 급속히 변하면서 작가의 기능과 역할이 의문시되고 있다. 주지하듯이 독일 작가들은 '민족의 양심', '게르만 족의 스승', '보편적 가치의 담지자'로서 널리 찬양받으며 대단히 높은 사회적 권위를 누려 왔다. 하지만 통일 이후 사회가 다양하게 분화되면서 작가들의 사회적 발언권이 축소되고 현실적 영향력이 급속히 감소했으며, 영상 매체 시대와 디지털 시대가 본격적으로 도래하면서 문학 역시 지난날 주도 매체로서 누리던 영광을 잃어버렸다. 문학이라는 자신의 전문 영역에서 일탈하여 지식인으로서 사회적 공론장에서 월권을 행사하던 작가가 퇴장한 자리를 이제 해당 분야의 전문가와 단체 들이 채우고 있다. 말하자면 지식인 역할의 '사회화'가 이루어지는 것이다. "우리는 하인리히 뵐을 잃었다. 하지만 그 대신 국제사면위원회와 그린피스를 얻었다."⁴라는 한스 마그누스 엔첸스베르거의 말은 사회 변화에 따른 작가의 기능 변화를 함축적으로 보여 주는 대목으로 읽힌다. 한편 깊이와 관조 그리고 명상 대신 오락과 자극 그리고 충격을 공급하는 총천연색 영상과 화려한 디지털 이미지의 폭격 앞에서 '흑백' 문학은 과거 어느 때보다도 설 자리를 위협받고 있다. 심지어 (볼프강 힐비히가 뷔히너상 수상 연설문에서 유감을 표명했듯이) "문학이 대중 매체의 궁전으로 계속해서 달려들"⁵어 가면서 자신의 정체성을 포기하는 지경에까지 이르렀다.

특히 서독 작가들에 비해 상대적으로 위상이 높았던 동독 작가들은 통일 이후 추락의 쓴맛을 봐야만 했다. 체제 비판적 작가들과 그들의 작품이 없었다면 동독에서 개인의 생각과 대안적 구상이 표명될 수 있는 틈새 공간은 전무했을 것이다. 모니카 마론의 적절한 비유처럼 비판적인 동독 작가들의 어깨에는 "침묵을 강요당한 다수를 대신해 말하라는 엄청난 의무"가 드리워 있었고, 따라서 동독에서 문학은 "금지당한 여론이 집결되었던 작은 샘"⁶이었다.(자유로운 정치 활동이 보장되지 않았던 1980년대 한국의 문학도 학생 운동과 더불어 현실의 모순을 비판하는 '대리적 표현 기능'을 떠맡았다.) 그래서 "사람들은 신문 대신 책을 샀던 것이다."⁷ 하지만 통일과 함께 동독 문학은 이제 대체 언론, 즉 '보완적 공공성'으로 기능할 필요가 없었다. 물론 통일로 인해 작가들은 자신들이 짊어지고 가야만 했던 과도한 사회적 책임감에서 벗어날 수 있었지만 동시에 비판적 지식인으로서 고통스럽게 누렸던 명예로운 특권을 상실했다. 이제 "문학의 비판적, 도덕적 기능은 다른 기능과 더불어, 그리고 그 가운데 한 가지 문학적 가능성"⁸으로 잔존할 뿐이다. 통일 이후 전면화된 "엘리트 빈곤"⁹의 시대에, "대표성이 아니라 기능을 원하고 진실 대신에 정보를 필요로 하는 시대"¹⁰에, 동서독 작가들 공히 방향을 잃고 주춤거리고 있다. 그사이 문학 권력의 칼자루는 비평가나 출판사 편집인이 움켜잡은 듯 보인다.

넷째, 독자들 역시 갈수록 본격 문학을 외면하고 있다. 책을 통해서 그리고 문학 작품을 읽으면서 문화와 사회, 정치와 역사의 규범과 가치에 대해 서로 의사소통하던 교양 시민이라는 주역은 이제 차츰 종적을 감추고 있다. 멀티미디어 시대를 앞당긴 디지털 혁명이 시민 사회라는 옛 질서의 축대를 붕괴시키는 것이다. 이제 사람들은 꼭 문학에서만 정보나 오락을 찾을 필요가 없다. 왜냐하면 정보와 오락은 텔레비전이나 컴퓨터가 충분히, 정확하게, 그리고 더 빨리 제공해 주기 때문이다. 이제 대다수 독자들은 교훈보다는 즐거움을 위해 오락성 짙은 통속 문학을 선호한다. 무엇보다 통일을 계기로 동독 사람들의 독서관에 많은 변화가 있었다. 인구 1600만 명에 불과한 나라에서 매년 책 1억 5000여 권이 출판될 정도로 동독은 "인위적으로 만들어진 '독서의 나라'"[11]였다. 동독은 민중을 교화하기 위해 사람들에게 문학 작품을 읽혔다. 문학에 관심이 없는 사람도 의무적으로 책을 읽어야만 했던 것이다. 하지만 베를린 장벽 붕괴로 동독이라는 '구텐베르크 은하계'도 함께 무너졌다. 서구 대중문화와 전자 매체의 공습을 막아 주던 마지막 보루가 무너진 것이다. 통일 이후 동독인에게 "문학은 더 이상 민중의 아편"[12]으로 기능하지 않는다. 통일 직후 동독인들의 독서 목록은 주로 새로운 자본주의 사회에 적응하기 위해 필요한 처세술 관련 책이나 여행 안내서로 채워졌다. 그들은 이제 크리스타 볼프나 슈테판 하임의 묵직한 소설 대신 존 그리샴과 스티븐 킹 등 대중 작가의 가벼운 소설을 주로 읽는다. 동독인에게 문학은 이제 더 이상 '생필품'이 아니라 다양한 오락거리 가운데 하나로서 문화 상품일 뿐이다. 이처럼 독자의 외면과 무관심 속에서 작가들은 급격히 위축의 협로로 내몰리고 있다.

지금까지 통일 이후 문학이 생산, 평가, 소비되는 '문학장(場)'의 변화를 살펴보았다. 전후 독일이 구가했던 "문학의 황금시대"[13]는 이제 옛말이 된 모양이다.

2 동독 문학은 살아 있다

통일을 계기로 독일 문학은 지난 사십일 년간 혹처럼 달고 다니던 '동' 혹은 '서'라는 분단의 형용사를 떼어 버리고 '하나의 문학'으로 복원되었다. 동서독 문학의 소통과 통합 과정이 예상보다 순조로웠던 것은 두 문학이 통일 이전부터 일정한 동질성을 지녔기 때문이다. 우선 전후 독일 문학은 '한 세대의 문학', 즉 나치 과거의 트라우마가 염색체에 화인(火印)처럼 찍혀 있던 2세대 작가들이 주도한 문학이었다. 이는 서로 다른 체제와 이데올로기에서 자란 동서독 문학이 통일 이전부터 장벽을 뛰어넘어 내적으로 소통했다는 증거다. 그리고 동서독 작가들이 공히 동일한 언어를 사용하고, 공통의 문화 전통 속에서 글을 써 왔다는 점은 동서독 문학의 통일성을 담보해 주는 중요한 요인으로 작용했다. 또한 동독 작가들의 작품이 서독에서 출판되고, 동독 작가들이 서독으로 이주하거나 추방되어 작품 활동을 해 온 점도 통일 이후 두 독일 문학이 하나가 되는 데 밑거름이 되었다. 덧붙여 서독 문학과 마찬가지로 동독 문학 역시 동독이 현대 산업 사회 단계로 접어들면서 발생한 여러 문제점들을 다루었다는 사실도 두 문학을 더욱 닮은꼴로 만들었다. 그렇지만 통일과 더불어 두 독일 문학이 완전히 하나가 되었다고 섣불리 단정할 수는 없을 것이다. 무엇보다도 적지 않은 분단의 세월 동안 서로 다른 체제와 사회, 문화적 환경 아래서 형성된 동서독 문학의 '차이'가 통일을 계기로 한순간에 사라질 수는 없기 때문이다. 그래서일까, 통일 이후 문학계를 자세히 들여다보면 동독 문학의 독자성이 여전히 관찰된다.

엄밀한 의미에서 동독이 서독에 일방적으로 흡수 통합된 1990년을 기점으로 '동독 문학'은 더 이상 존재할 수 없다. 통일로 인해 동독의 문학 제도들(작가 단체, 출판사, 서점, 문예 비평, 문학 잡지 등)은 붕괴되거나 서독식으로 재편되었고, 동독 작가들은 자신들의 존재 기반, 즉 문학의 사회적 의사소통 기능을 정책적으로 장려하던 동독이라는 '문학 사회'가 완전히 해체됨으로써 하루아침에 '천직'을 박탈당한 실업자로 전락했다. 폴커 하게의 말대로 통일이 "동독 작가들을 해고"[14]한 것이다. 또한 통일 직후 서독의 보수적 비평가들은 (크리스타 볼프 논쟁이 잘 보여 주듯이) 작품 내용이나 수준에 상관없이 동독 문학 전체를 깨끗이 재고 정리하려는 당돌한 청산 의지를 노골적으로 드러내며 동독 작가들의 자존심을 까뭉갰다. 국가가 작가와 예술가를 존중했던 '문학 사회'로부터 자본주의 문학 시장으로 내던져진 동독 작가들과 제 가치를 인정받지 못한 채 매장될 정체절명의 위기에 직면한 동독 문학. 이렇게 통일 직후 동독 문학은 임종을 앞둔 중환자처럼 가쁜 숨만을 근근이 이어 가고 있었다.

하지만 동독 문학의 생명력은 끈질겼다. 통일 후 이십 년이 지난 지금, 동독 문학은 "서독 문학과 동질적이면서도 동시에 독자적인 문학"[15]으로 버젓이 살아남았고 푸대접을 받던 동독 작가들의 위상은 오히려 높아만 가고 있다. 이는 정치, 경제, 제도의 통합 과정에서는 서독에 의한 동독의 흡수 통합이라는 '독일 통일의 논리'가 먹혀 들어갈 수 있었지만, 문화적 차원에서는 일방통행적인 통일의 논리가 온전히 관철될 수 없었다는 사실을 잘 반영한다. 동독이 해체되면 서독 문학이 동독 문학을 아무런 문제 없이 접수할 수 있으리라는 태도의 배후에는 "문화의 전개 과정과 고유한 특성들은 한 국가의 종말과 같은 어느 특정한 시점에 갑자기 중단되는 것"[16]은 아니라는 사실을 무시한 승자의 오만함이 숨어 있다.

우선 통일 직후 보수 언론계와 평단이 처형을 목적으로 주도한 집중 공격에도 동독 2세대 작가들은 살아남았다. 하이너 뮐러, 폴커 브라운, 크리스타 볼프, 크리스토프 하인, 볼프 비어만, 라이너 쿤체, 귄터 쿠네르트 등 1920~1930년대 출생한 이들은 유년기와 청년기에 파시즘을 체험했으며 종전 후에야 나치즘의 죄악을 깨닫고 부끄러운 과거에 대한 속죄의 형식으로서 사회주의를 선택, 동독 재건에 전념한 세대다. 하지만 이들은 1960년대 중반부터 동독 체제가 스탈린주의적으로 기형화되자 점차 체제 비판적인 입장으로 선회하면서 이른바 동독의 '재야 문학'을 주도하는 세력이 된다. 그렇다고 해서 이들이 사회주의 유토피아 자체를 포기한 것은 아니다. 비록 현실 사회주의를 단호하게 비판하더라도 사회주의 이상에 대한 확신만은 결코 저버리지 않는 것, 이것이 이 세대 전체가 합의한 내용이었다. 따라서 이들에게 동독의 몰락은 유토피아의 실험 공간 자체가 사라지는 것을 의미했고, 이로 인해 이들이 통일 공간에서 감내해야 했던 충격과 박탈감은 우리의 상상을 초월하는 것이었다. 하지만 시간이 지나면서 이들은 동독 시절 체제에 맞서 비판의 목소리를 내며 자신들의 입지를 지켜 온 백전노장답게 작가로서의 자신감을 되찾고 새로운 문학의 가능성을 모색하고 있다.

하이너 뮐러(비록 1995년 사망했지만)는 통일 직후 심각한 글쓰기 장애를 극복하고 희곡 『게르마니아 3』(1995)을 발표해 세계적인 극작가로서 명성을 확고히 하며 살아 있는 "동독 신화"[17]가 되었다. 크리스타 볼프는 오랜 침묵을 깨고 『메데이아. 목소리들』(1996)을 발표하며 문학 논쟁의 후유증에서 벗어난 모습을 보여 주었으며, 사회주의라는 '님'은 떠났지만 아직 '님'을 보내지 못한 자의 고통스러운 내면을 표현한 소설 『살아 있는 것처럼 생생한』(2002)과 『다른 시선으로』(2005)를 발표하며 건재를 과시했다. 우파의 집중 공격에도 "이 시대의 대가"[18]로 우뚝 선 폴커 브라운 역시 시집 『투물루스』(1999)와 『아름다운 익살극에 부쳐』(2004)를 연이어 출판해 독자와 평단의 주목을 받았다. 크리스토프 하인도 소설 『나폴레옹극』(1995)에 이어 자본주의 사회에 적응해 가는 동독인의 삶을 그린 『빌렌브로크』(2000)를 선보였다.

그렇다면 동독 2세대 작가들이 온갖 난관에도 통일 독일 문단에서 자신들의 입지를 탄탄히 다져 나갈 수 있는 까닭은 무엇일까? 크게 두 가지 요인을 생각해 볼 수 있다.

첫째, 서독 작가들과 달리 사회주의의 현실과 이상, 검열과 특권 사이에서 부단히 갈등하고 고뇌함으로써 형성된 '두 겹의 삶'과 이를 통해 체득된 '균형 잡힌 시각'을 꼽을 수 있다. 통일 이후 동독 2세대 작가들의 작품이 공통적으로 어느 한쪽으로 편중되지 않고 동서독 모두를 잘못된 체제로 비판하는 것은 결코 우연의 일치가 아니다. 폴커 브라운은 동독 지식인들의 이러한 균형 감각을 동구권 특유의 건강한 '정신적 자산'으로 해석했다.

동독 지식인들은 현실 사회주의의 문제를 잘 알 뿐만 아니라 서구 자본주의의 한계도 비판할 수 있는 균형 잡힌 시각을 지녔습니다. (……) 동구권의 지적 자산이 소멸된다는 것은 서구 자본주의가 자신을 비판적으로 성찰할 수 있는 시야를 잃어버린다는 것을 의미합니다. 자기 성찰 없는 맹목적 질주는 커다란 재앙을 가져오기 마련입니다. 동구권의 몰락 이후 서구가 그런 방향으로 나아가고 있지 않은가 하는 나의 우려가 현실이 되지 않기를 바랍니다. 균형 잡힌 시각과 탄력적인 사고는 동독인들 대부분이 공유하는 정신적 자산이기도 합니다.[19]

동독 작가들의 '균형 잡힌 시각'은 사유의 긴장과 역동성 없이는 확보할 수 없는 것이며, 이러한 비판적 감각은 이리스 라디슈의 지적처럼 통일 이후 갈수록 잊혀 가는 문학의 "사회 비판적"[20] 기능을 고려할 때 오늘날 독일 문단에서 절실히 요청되는 미덕이다. '두 겹의 삶'을 통해 벼려진 '이중 시각'은 분단에서 통일로 이어지는 독일 역사가 동독 2세대 작가들에게 수여한 훈장이다.

둘째, 이상과 존재 기반을 상실한 동독 2세대 작가들이 통일 공간에서 어떤 방식으로든 자신의 정체성을 되찾으려 하며 실존적 문제의식과 절박한 위기의식을 느낀다는 점이 오히려 창작을 위해서는 긍정적인 조건으로 작용하고 있다. 통일로 인해 별다른 손해나 상처를 입지 않은 대다수 서독 문인들과 비교해 동독 작가들이 감수해야만 하는 상실감은 오히려 이들의 작품을 살찌우는 '보약'으로 기능하는 것이다. 귄터 그라스는 통일 이후 동독 작가들이 좋은 작품을 발표할 수 있는 이유를 다음처럼 밝혔다.

한 가지 흥미로운 것은 동독 작가들의 경우 개인주의적으로 자신을 과장하는 경향이 덜하다는 점입니다. 그 이유는 틀림없이 그들에게 이야기할 주제가 있기 때문일 겁니다. 그들은 상실을 그려 내야만 하는 것입니다. 정체성 상실, 이력의 상실을 말입니다. (……) 동독인이 겪어야 했던 그 모든 상실에도, 그들이 얻은 것도 있습니다. 동독 출신 작가들이 더 좋은 책을 쓸 수 있다는 것은 역사의 과정 속에서 패배자가 거둔 작은 승리입니다. 승리자는, 그러니까 승리자로서 글을 쓰는 사람은 대개 아주 바보 같은 책을 쓰는 법입니다.[21]

무릇 수작(秀作)은 승자가 누리는 기쁨과 도취의 광장에서 빚어지는 것이 아니라 패자가 감내하는 갈등과 고통이 삭은 자리에서 움트는 법이다. 동독 작가들이 상실의 아픔이란 불우한 조건을 오히려 창조적 자산으로 활용함으로써 좋은 책을 쓸 수 있었던 것은 그라스의 적확한 표현대로 역사의 "패배자가 거둔 작은 승리"로 볼 수 있을 것이다.

한편 통일 독일 문단에서 동독 3세대 작가들의 약진도 눈에 띈다. 자샤 안더존, 우베 콜베, 잉고 슐체, 두르스 그륀바인, 쿠르트 드라베르트, 토마스 브루시히, 앙겔라 크라우스, 브리기테 부르마이스터, 라인하르트 이르글 등 대개 1950~1960년대에 출생한 작가들의 현실 인식은 앞 세대와는 판이하다. 이들은 전쟁의 참상을 경험하지 않고 (우베 콜베의 시구를 빌리자면) 이미 사회주의의 "땅 안에 태어난"[22] 세대로서, 이들에게는 사회주의 국가 건설에 대한 어떤 의무감도, 동독 사회 내부의 모순을 꼬집는 데 대한 어떤 부담감도 없었다. 이들은 작품을 통해 사회주의 실현에 참여하는 이른바 "사회주의 문인"[23]에 속하지 않았다. 이들 가운데 대부분은 베를린의 반문화 집단 '프렌츠라우어 베르크' 그룹의 일원으로 이데올로기와 무관하게 자신들의 섬세한 정서를 새로운 언어 실험을 통해 표현해 왔다. '봉건 사회주의'의 허위적 실상을 너무 뻔히 보고 자란 이들 세대는 사회주의 유토피아에 대한 믿음이 애초부터 없는 "사회주의적 보헤미안"[24]이었다. 이들은 "사회주의를 단지 '변형된 현실'로만 알았지, 더 이상 '다른 것에 대한 희망'"[25]으로 보지 않은 세대였던 것이다. 따라서 이들은 동독 2세대 작가와 달리 통일을 단절과 불안으로 체험하지 않고 오히려 새로운 출발의 계기로 받아들일 수 있었고 억압적인 굴레로부터의 해방으로 인식할 수 있었다. 문학 논쟁에 휘말려 좌표를 잃고 헤매던 기성세대 작가들과 달리 3세대 작가들이 통일 이후 왕성한 창작 활동을 펼칠 수 있었던 이유는 바로 여기에 있다. "장벽이 무너지자/ 나는 내 마음속 장벽을 본다"[26]라는 폴커 브라운의 시구가 상징적으로 보여주듯이 동독 2세대 작가들이 통일을 극복하기 힘든 또 하나의 심리적 장애물로 여겼다면, 동독 3세대 작가들에게 장벽의 붕괴는 검열의 폐지와 문학적 소재의 확장을 의미했다. 동독이 소멸됨으로써 현실 사회주의에서 기회를 찾지 못했던 새로운 문학을 꽃피울 수 있는 길이 열린 것이다.

물론 그렇다고 해서 이들 모두가 두각을 나타낸 것은 아니다. '프렌츠라우어 베르크' 그룹 가운데 가장 촉망받던 자샤 안더존과 라이너 셰들린스키는 슈타지 연루 사실이 밝혀지면서 치명타를 맞았고, 엄격한 자기 검열에 빠진 베르트 파펜푸스고레크는 차츰 독자들로부터 멀어지고 있으며, 새로운 사회에서 발붙일 곳을 찾지 못한 슈테판 되링은 절필을 선언하고 술집을 열었다. 하지만 통일 이후 괄목할 만한 문제작들을 내놓은 작가들 중 상당수가 동독 3세대 작가들이란 사실은 누구도 부인하기 힘들다. 『우리 같은 영웅들』(1995)과 『존넨알레』(1999)의 토마스 브루시히, 『두개골 기초 학습』(1991)과 『풍자 이후』(1999)의 두르스 그륀바인, 『비네타』(1998)와 『물의 색깔들』(2001)의 우베 콜베, 『심플 스토리』(1998)의 잉고 슐체, 『운하에서의 춤』(1994)의 케르스틴 헨젤, 『조숙한 동물 사랑』(1995)의 카탸 랑에뮐러, 『대서양의 장벽』(2000)의 라인하르트 이르글,『폴로크와 여자 암살자』(1999)의 브리기테 부르마이스터,『십억 개 새 별』(1999)의 앙겔라 크라우스 등등. 통일 후 이십 년이 지난 지금, 이들은 정체의 늪에 빠져 있던 독일 문단에 새바람을 불어넣으며 어느새 통일 독일 문단을 떠받치는 든든한 '허리 세대'로 성장했다. 통일 직후 볼프강 엠머리히는 '동독 문학에서 무엇이 남을 것인가?'란 물음에 다음처럼 답했다.

> 그리고 세 번째로 남을 것은 1950년 이후에 탄생한 소장파 작가들의 대안적인 문학이 보여 주는 문화적 충격들이다. 이들은 현실 사회주의의 '철마'에 아예 타지 않았기 때문에 우선 힘겹게 그 '철마'에서 내릴 필요가 없다. 이들은 자신들을 위해 대안적 삶의 형식과 예술적 생산성의 고유한 제국을 설계한 바 있다. 이 제국은 이들이 1989년의 대전환이 있기 오래전부터 이미 사회주의 체제로부터 쉽게 벗어날 수 있게 해 주었다.[27]

엠머리히의 진단은 적중했다. 이들이 동독 시절 체제와 이념의 굴레에서 벗어나 실험적으로 설계했던 자신들만의 예술 '제국'을 통일 독일의 문단 위에 보다 자유롭고, 대담하게, 본격적으로 '건설'하기 시작했기 때문이다. 조금 과장해서 말하자면, 역설적이게도, 동독이 역사의 무대에서 사라진 이후 '순 동독산(産) 작가'들이 펼치는 '순수한 동독 문학'의 시대가 바야흐로 열리고 있는 것이다. "동독이 몰락한 이후 비로소 당의 명령이나 검열에 구속받지 않는 진정하고 순수한 동독 문학이 자생적으로 생겨났다."[28]라는 엠머리히의 다소 과감한 주장이 설득력 있게 들리는 이유도 여기서 찾을 수 있을 터다.

그 밖에 2세대와 3세대, 말하자면 '개혁 사회주의자들'과 '프렌츠라우어 베르크' 그룹 사이에 '긴 세대'라 볼 수 있는, 볼프강 힐비히,

모니카 마론, 게르트 노이만, 토마스 로젠뢰허 등 1940년대 출생 작가들의 활약도 무시할 수 없다. 특히 통일 이전 서독으로 이주한 볼프강 힐비히는 『나』(1993)와 『임시 조치』(2000)로, 모니카 마론은 『조용한 거리 6번지』(1991)로 이른바 '동독 과거 청산 문학'의 대표 주자로서 명성을 높이고 있다.

지금까지 살펴보았듯이, 통일 이후 동독 문학은 끊임없이 발송되는 부고장에도, 여전히 살아 있다. 통일을 계기로 잘못된 체제의 이념을 포교하는 데 맹목적으로 복무한 동독의 어용 문학이 정리된 것은 자연스러운 일이나, 스탈린주의에 의해서 기형화된 체제의 어둠 속에서 온몸으로 절망과 희망의 드라마를 엮어 가던 비판 문학, 경직된 사회주의 리얼리즘의 강령에서 벗어나 당의 선전 선동이 그럴듯하게 꾸며 낸 거짓임을 일깨워 준 재야 문학, 획일적인 동독 문화 정책에 반대하며 초라한 일상의 애환과 섬세한 감정의 움직임을 그려 냈던 '프렌츠라우어 베르크' 그룹의 문학은 결코 '독일 통일의 논리'로 일괄 정리될 수 없는 동독의 귀중한 문화적 자산임이 밝혀진 셈이다. 동시에 이것은 동서독 문단의 제도적 봉합이 곧바로 동서독 문학의 통일로 이어지지 않았다는 사실을 새삼 환기해 준다. 물론 차츰 시간이 지나면서 동독 문학이라는 개념은 역사가 될 것이고, 독일 문학은 '분단 문학'에서 '통일 문학'으로 진화해 나갈 것이다. 하지만 그렇다고 동독 문학이 서독 문학에 일방적으로 흡수되지는 않을 것이다. 두 문학의 두루뭉술한 합병이란 고식(姑息)도 해결책이 되지 못한다. 당분간 동독 문학은 자신의 독자성을 지켜 가면서, 서독 문학과 경쟁하고 공존하면서, 시나브로 통일 독일 문학으로 수렴되어 갈 것이다. 동서독 문학의 진정한 회통(會通)을 위해서는 먼저 동독 문학에 대한 진지한 재평가와 '재발견'이 선행되어야 할 것이다. 서독의 자본주의적,

실용주의적 문학에 대한 대안이자 항체로서 통일 문단 내 동독 문학의 존재와 역할을 긍정적으로 평가하는 이리스 라디슈가 "여전히, 아니 이제야말로 두 독일 문학이 존재한다."[29]라고 주장하는 이유도 바로 여기에 있다. 물론 라디슈는 동서독 문학의 영구 분단을 주장하는 것이 아니다. 오히려 그는 '조화를 이루되 하나가 되지 말라(和而不同)'라는 역설의 지혜를 강조한다. 말하자면 동서독 문학이 "차이의 풍요로움"[30]을 인정함으로써 서로 스며들기를 바라는 것이다. 이런 맥락에서 동독 문학을 앞으로 독일 문학을 이끌어 갈 당당한 동반자로 대접해 주길 바라는 폴커 하게의 전언은 경청에 값한다.

> 오래전에, 얼마 전까지, 혹은 마지막까지 동독에 살았던 일군의 뛰어난 작가들이 있었다는 사실을 잊어서는 안 된다. 이 작가들이 앞으로도 독일 문학을 함께 만들어 가리라는 것은 기대할 만한, 소망할 만한 일이다. 그러므로 동독 문학은 결코 끝난 것이 아니다.[31]

동독 문학의 저력은 동독 출신 작가들이 통일 이후 권위와 공정성을 인정받는 여러 문학상을 휩쓸고 있다는 사실에서도 공식적으로 확인할 수 있다.[32] 문학상이 작가나 작품에 상징적 권위를 부여하는 문학 제도란 점을 감안할 때 동독 출신 작가들에게 씌워진 월계관은 동독 문학의 질적 수준이 제도적 차원에서 승인되고 있다는 증거로 읽힌다. 동독은 세계 지도에서 가뭇없이 사라졌지만 동독 문학은 오롯하다.

3 손자들이 온다

　1999년, 독일 작가로는 아홉 번째로 노벨 문학상의 주인공이 된 귄터 그라스에게 세계의 이목이 집중되었을 때,《슈피겔》은 흥미로운 사진 하나를 표지에 장식하며 젊은 작가들의 출현을 널리 알렸다. 그라스의 소설『양철북』에 나오는 오스카 마체라트를 대신해 신세대 문학의 기수인 토마스 브루시히가 카렌 두베, 예니 에르펜베크, 벤야민 레버트 등과 함께 양철북을 두들기는 모습은 젊은 시절 그라스와 그의 '악동' 오스카가 그랬던 것처럼 어떤 전범도, 구속도, 책무도 받아들이지 않으려는 신세대 작가들의 태도를 상징적으로 보여 주었다. 폴커 하게는 그라스의 손자뻘 되는 작가들의 문단 입성을 알리는 「손자들이 온다」라는 글에서 1960년 이후 출생한 "젊은 야수들"[33]의 특징을 다음처럼 잡아냈다.

　　'47그룹' 할아버지들과는 달리 젊은 소설가들은 이제 과거에 얽매이지 않고 이야기한다. 거의 반세기가 지난 지금에야 비로소 독일이 저지른 범죄에 대한 기억이 더 이상 혀를 마비시키지 않는 것처럼 보인다. (……) 나치 부모와의 힘겨운 대결은 더 이상 이들 문학의 화두가 아니다. 이야기는 독일을 무대로 펼쳐지지만 독일 자체에는 더 이상 중요한 의미가 없다.[34]

　이들은 전후 독일 문학에 족쇄처럼 채워졌던 역사에 대한 속죄 의식이 없는 세대다. 이들의 문학은 나치 과거를 짊어지고 가려 하지 않는다. '민족의 양심'으로서 시대의 모순과 맞서는 지난한 고투와 도덕적 염결성은 현미경으로도 찾을 수 없다. 이런 상황을 우려했던가, 브레히트는 '후손들에게' 당부의 말을 남긴 바 있다. "우리가 잠겨 버린 밀물로부터/ 떠오르게 될 너희들은/ 우리의 허약함을 이야기할 때/ 너희들이 겪지 않은/ 이 암울한 시대를/ 생각해 다오."[35] 하지만 손자들은 더 이상 할아버지의 말을 귀담아듣지 않는다. 이들은 '암울한 시대'를 고통스럽게 기억하기보다는 자신들이 이미 '암울한 시대'로부터 멀리 튕겨 나왔다는 행운에 감사한다. 이런 맥락에서 신세대 작가로 주목받는 크리스티안 크라흐트의 소설 『파저란트』(1998)에 나오는 다음 대목은 시사적이다.

> 지금 이 순간 이런 생각이 들어, 열일곱 살 어린 나이에 전선으로 질질 끌려가지 않아도 되는 나라, 자유 민주주의 국가, 독일에서 내가 살고 있다니, 이 얼마나 큰 행운인가.[36]

이러한 공통점에도 이 세대는 문학적 개성과 미학, 출신과 성별에 따라 다시 여러 그룹으로 나뉜다.

첫째, 토마스 브루시히(1965년생), 잉고 슐체(1962년생), 케르스틴 헨젤(1961년생), 두르스 그륀바인(1962년생) 등 동독 출신 신세대 작가들이 있다. 특히 토마스 브루시히의 『우리 같은 영웅들』은 문학성과 대중성이란 두 마리 토끼를 동시에 잡은 '전환기 소설'의 가작(佳作)으로 꼽힌다. 이 작품에서 브루시히는 동독을 향해 만가(輓歌)를 부르지 않는다. 오히려 그는 동독 사회의 비극과 허상을 꼬집어 폭로하고, 비틀어 조롱한다. 그에게 동독이란 "사회주의적 신기루로 향하는 '바보들의 배'"[37]에 불과할 뿐이다. 잉고 슐체의 『심플 스토리』는 통일이 지방 소도시 동독인의 삶과 일상에 어떤 변화를 초래했는가를 냉정하고 담담한 시선으로 쫓는다. 케르스틴 헨젤은 다리 아래서 노숙자 생활을 하는 주인공이 지난날 중산층에 속했던 자신의 삶이 얼마나 위선적이었는지를 냉소적인 시선으로 추적함으로써 사회주의 체제의 모순을 드러내는 『운하에서의 춤』(1994)과 시집 『미래가 있는 정물화』(1998)를 선보여 주목할 만한 동독 출신 여성 작가로 평가받고 있다. 서른두 살 나이로 권위 있는 뷔히너 문학상을 거머쥐며 최연소 수상자라는 명예를 얻은 두르스 그륀바인은 시집 『두개골 기초 학습』(1991), 『접기와 떨어지기』(1994), 『풍자 이후』(1999) 등에서 폐쇄된 동독 사회를 예리하게 비판할 뿐만 아니라, 통일 독일의 현실도 환상 없이 그려 낸다. 그는 "새로운 독일에서 울리는 최초의 진정한 목소리"[38]로 평가받으며 통일 독일을 대표하는 시인으로 한껏 위상을 높이고 있다. 동독 출신 신세대 작가들이 통일 이후 전혀 다른 사회 체제에서 동독이란 지나간 과거를 반추하고, 동시에 새로운 사회에 적응해 가는 과정에서 발생하는 문제점과 통일 독일의 현실을 서독 문인들과 다른 시각에서 바라볼 수 있다는 점이 작품의 완성도를 높이는 데 도움을 주는 것으로 보인다.

둘째, 카렌 두베(1961년생), 예니 에르펜베크(1966년생), 초에 예니(1974년생), 유디트 헤르만(1970년생), 알렉사 헤니히 폰 랑게(1974년생) 등 촉망받는 젊은 여성 작가들이 문단에 포진해 있다. 『꽃가루방』(1997)의 초에 예니, 『여름 별장, 그 후』(1998)의 유디트 헤르만, 『폭우』(1999)의 카렌 두베 등은 여성 특유의 감수성과 상상력을 선보이며 이미 베스트셀러 작가 반열에 올랐다. 언론은 발 빠르게 이들의 두드러진 활약과 성공을 1950년대 미국에서 젊고, 아름답고, 현대적이며, 자의식이 강한 독일 처녀들에 대한 찬탄의 표현으로 사용되던 개념에 빗대어 "처녀들의 기적"[39]이라 일컬었다. 이들 가운데서 특히 '비범한 언어의 곡예사' 카렌 두베의 활약이 돋보인다. 그녀의 첫 장편 소설 『폭우』는 컬트 영화 같은 외설적이고 엽기적인 장면 구성과 치밀한 심리 묘사로 세기말 부패한 세상 속에서 허우적거리는 인간의 실존을 끈덕지게 캐묻는다는 호평을 받았다. 그녀는 여성 작가에게서는 보기 드문 신랄한 언어와 불온한 상상력으로 남성성의 신화에 야유를 보낸다. 두베는 『난들 알아』(1999)와 『이것은 사랑 노래가 아니다』(2002)를 연이어 선보이면서 차세대 독일 문학을 이끌 선두 주자로 각광받고 있다. 그녀가 오스카의 양철북을 난타하는 '영광'을 누릴 수 있었던 이유는 바로 여기에 있다. 어긋난 사랑으로 좌절한 젊은 남녀의 분열된 내면을 지극히 간결하면서도 시적인 언어로 묘사해 찬사를 받은 유디트 헤르만의 『여름 별장, 그 후』와 어디에도 정착하지 못한 18세 소녀의 성장통을 테크노 파티, 마약, 컴퓨터 게임 등 최첨단 문화 코드 속에 버무려 치밀하게 그려 내며 25만 부 이상 판매고를 올린, 초에 예니의 『꽃가루방』도 말하자면 '처녀들이 일궈 낸 기적'에 속하는 작품이다.

셋째, "키비 보이의 기적(KiWi Boywunder)"[40]을 이룬 서독 출신 남성 작가 그룹이 있다. 키비 보이라는 명칭은 벤야민 레버트(1982년생), 벤야민 폰 슈투크라트바레(1975년생), 크리스티안 크라흐트(1966년생) 등 이른바 '팝문학'을 주도하는 작가들이 대부분 '키비(KiWi = Verlag Kiepenheuer & Witsch)'라는 특정 출판사에서 책을 출간해 주가를 높이고 있기 때문에 붙었다. 언론의 순발력과 출판사의 상업적 전략이 합작해 탄생된 심히 마뜩지 못한 개념이지만, 현재 독일 문단에서 신세대 남성 작가들을 지시하는 편리한 이름표로 통용된다. 이 그룹에 속하는 작가들은 다양한 미학적 실험을 감행하며 문학의 경향 변화를 주도하고 있다. 1940년 여름 출생한 서독의 '68세대' 작가들(페터 슈나이더, 보토 슈트라우스, 니콜라스 보른, 페터 한트케, 우베 팀 등)과 달리 이른바 '89세대'[41] 작가들은 비판과 성찰, 진지함과 감동이 아니라, 아이러니와 충격, 대중문화와 팝, 유희와 도발 등으로 무장했다. 원래 팝문학은 미국의 급진적 문화 이론가 레슬리 피들러가 '비트 세대'의 문학적 특징을 규정하기 위해 창안한 개념이다. 그는 1960년대 당시 문단과 문화계를 지배하던 모더니즘과 고급문화에 저항하고 대중문화와 하위문화에 애정을 표하면서 포스트모더니즘의 탄생을 이끈 장본인이다. 1968년 롤프 디터 브링크만은 독일 시민 계급의 전통적인 주류 문화와 상아탑에 고립된 진지한 본격 문학에 저항하기 위한 유용한 도구로서 이 용어를 수입했다. 하지만 최근 독일에서 유행하는 팝문학에서는 '반문화'로서의 저항적 정체성, 즉 언더그라운드 정신을 찾을 수 없다. 오히려 이 개념은 자본주의 문화 산업의 논리에 포섭되어 '편안한 읽을거리' 정도를 가리키는 말로 변질되었다. 따라서 최근 독일에서 유행하는 팝문학은 소비 자본주의의 덫에 걸려 오락 문화를 좇는 스노비즘에 지나치게 경도되었다는 비난에서 그리 자유롭지 못하다. '키비 보이'에게는 문학적 명성보다는 시장의 이윤이 더 중요하다. "현대 대중문화의 댄디"[42]로서 이들은 다양한 패션과 양식을 실험하고 즐기며 자본주의 사회의 흘러넘치는 상품과 현란한 이미지 사이를 산책한다. 또한 자신을 문화 상품으로 치장하는 전략에도 익숙해 차츰 통일 독일 출판 시장을 점유해 나가고 있다. 팝문학 유행의 물꼬를 튼 크리스티안 크라흐트의 『파저란트』는 '키비 보이의 기적'에 속하는 작품 가운데 가장 높은 수준을 보여 준다. 왜냐하면 이 작품은 디지털 시대를 살아가는 한 젊은이가 자신의 잃어버린 정체성을 결국 시에서 발견하는 여정을 유쾌하게 묘사함으로써, 사망 직전의 문학이 아직도 살아 있음을 역설적으로 증명하는 데 성공하기 때문이다. 패션모델로도 활동하는 크라흐트는 동료 네 명(벤야민 폰 슈투크라트 바레, 에크하르트 니켈, 알렉산더 폰 쇤부르크, 요하임 베싱)과 함께 '팝 문화 오중

주단'을 구성해 공동 창작집 『제왕의 비애』(1999)를 내놓기도 했다. 이 작품은 5인조 '팝문학 밴드'가 사흘 동안 베를린의 한 고급 호텔에 투숙하면서 경제적 안정이 주는 축복인 일상의 권태, 최신 패션 경향, 섹스, 대중문화의 잠재력 등 주제를 언어로 자유롭게 즉흥 연주한 것을 녹취한 일종의 '문학 개그' 앨범이다. 그 밖에 실연한 청년이 팝 음악에서 위안을 찾는 여정을 톡톡 튀는 광고 언어를 차용해 속도감 있게 묘사한 『솔로 앨범』(1998)의 벤야민 폰 슈투크라트바레와 열일곱 살에 첫 소설 『크레이지』(1999)를 발표해 일약 문단의 신동으로 떠오른 벤야민 레버트도 '키비 보이의 기적'을 일으킨 주역 중 빠뜨릴 수 없는 작가다.[43] 어쨌든 이들의 문학은 통일 이후 정치, 경제, 사회, 문화의 영역에서 빠르게 확산되고 있는 탈정치적, 보수적 경향 속에서, 말하자면 "포스트모더니즘적 비더마이어"[44]의 토양에서 곱게 자란 화초다.

넷째, 통일 후 독일어로 작품 활동을 하는 이주민 작가들이 있다. 이들이 본격적으로 문단에 합류하면서 '이주자 문학', '외국인 문학'이란 개념이 자리를 잡기 시작했다. 프란츠 카프카나 파울 첼란처럼 독일어권 문학의 소수자인 유대인들의 문학은 이미 독일 주류 문학에 포함되어 높이 평가되었지만, 독일로 이주해 온 터키인이나 이탈리아인이 독일어로 쓴 문학은 한갓 주변인의 문학으로 치부되어 지금까지 큰 주목을 받지 못했다. 하지만 통일 이후부터 이주민 2, 3세대에 속하는 터키 출신 페리둔 자이몰루(1964년생)와 자말 투시크(1961년생), 루마니아계 헤르타 뮐러(1953년생), 일본 출신 여성 작가 요코 타와다(1960년생) 등은 주류 문단의 냉소와 차별을 비웃기라도 하듯 문제작들을 내놓고 있다. 특히 1995년 발표된 자이몰루의 소설 『터키인의 언어-사회 변방에서 울리는 스물네 가지 불협화음』은 통일 이후 이주자 문학의 시대를 본격적으로 알린 신호탄이었다. 이 소설에서 래퍼로 활동하는 압두라만은 속도감 있는 랩 리듬에 맞춰 가식과 위선의 가면을 쓴 지루한 복지 국가 독일에 야유와 조롱의 따발총을 갈겨 댄다. 이런 맥락에서 소수자 문화 특유의 전투적 저항 정신으로 무장한 자이몰루 그리고 주류 문화와 어울리지 못하는 방외(方外)적 체질을 지닌 투시크가 반문화로서의 저항적 정체성을 포기한 팝문학에 손사래를 치는 것은 당연하다.

다섯째, 최첨단 멀티미디어와 디지털 문화 속에서 성장해 사이버 공간을 무대로 작가와 독자의 경계를 허무는 독특한 글쓰기 실험을 벌이는 젊은 작가들이 있다. 이들은 문학을 '잘 빚어진 항아리'가 아니라 서로 같이 만들어 나가는 '진행 중인 작업'으로 본다. 실례로 작가와 독자 모두 '작독가(wreader)'가 되어 함께 열린 텍스트를 엮어 가자는 취지에서 라이날트 괴츠가 '온라인 일기' 형태로 창안한 '만인을 위한 쓰레기'(1999), 크리스트안 크라흐트, 에크하르트 니켈 등이 참가해 팝문학의 인터넷 전진 기지로 구축한 '풀'(1999), 일리야 트로야노프의 사이버 글쓰기 프로젝트 '아우토폴'(2000)등이 있다.

지금까지 편의상 다섯 그룹으로 나눠 신세대 문학을 살펴보았지만, 실제로 이들 그룹 간 경계는 희미해서 이들의 문학은 서로 경계를 넘나들며 엇섞이고 뒤엉키는 경우도 있다. 신세대 문학의 등장은 한편으로는 통일 이후 독일 문단의 세대교체를 가속화하는 중요한 계기가 되었고, 다른 한편으로는 독일 문학이 그 어느 때보다도 심각한 위기에 직면했다는 불안감을 증폭하는 원인을 제공하기도 했다. 전후 독일 문학을 대표하던 기라성 같은 대가들이 1990년대 들어 무대에서 사라진 후 홀로 고군분투하고 있는 노장 귄터 그라스의 눈에 이들 신세대 문학(특히 팝문학)이 곱게 비칠 리 만무하다. 그는 갈수록 연성화(軟性化)되는 이들의 문학에 가시 돋친 고언을 아끼지 않는다.

> 신문 문예란은 새로운 문학관을 퍼뜨리고 있습니다. 코카콜라 라이트가 있듯이 문학에도 '라이트'가 있어야 한다는 식입니다. 가볍고 편안하고 재미있고, 누구에게도 거슬리지 않는 문학 말입니다. 유감스럽게도 많은 작가들이 이 개념을 따르고 있습니다. 그들은 매우 겁이 많으면서도 천재인 척하는 데는 능하지요. 그러나 사회와의 관계에 대해서는 매우 소심하고 조심스럽습니다. 저는 이 점을 대단히 안타깝게 생각합니다.[45]

참을 수 없는 문학의 가벼움! 그라스는 최근 독일 문학계에 만연한 풍토병인, 겉멋에 물든 예술적 치기와 비판적 자의식의 부재를 질타한다. 비판의 목소리는 젊은 세대 작가들 내부에서도 들린다. 유대계 작가 막심 빌러는 최근 유행하는 팝문학이 "미지근한 이야기"만을 쏟아 내는 "졸장부 문학"[46]이라고 일갈한다. 그의 동료 마티아스 알텐부르크는 "유감스럽게도 모든 것이 우리가 바라던 바와는 다른 방향으로 흘러갔다. 새로운 문학은 단지 부드러운 프랑스제 제르베치즈처럼 가벼운 대안에 지나지 않는다."[47]라며 실망감을 토로한다. 시인 게르하르트 팔크너도 "최근 독일 소설을 읽는 일은 이탈리아제 구두를 사는 것처럼 어리석은 행동이다. 그런 구두는 기껏해야 몇 달밖에 견디지 못한다."[48]라며 독일 문학의 질적 저하를 우려한다. 이에 맞서 신세대 문학을 옹호하는 발언도 들린다. 우베 비트슈토크는 "단지 지루한 것만 제외한다면 문학의 모든 종류가 허용된다."[49]라며 신세대 문학의 흡입력과 가독성에 후한 점수를 준다. 매체학자 요헨 회리슈는 젊은 작가들을 과소평가하지 말 것을 웅변하며, 특히 두르스 그륀바인의 시가 어떤 고전과 비교해도 전혀 손색없는 작품이라고 주장한다. 폴커 하게도 신세대 작가들의 작품 세계를 전적으로 옹호하지는 않지만, 내심 이들 가운데서 그라스에 이어 독일의 열 번째 노벨 문학상 수상자가 탄생하길 바라는 야무진 꿈을 버리지 못하고 있다. 그는 『양철북』이 출간된 후 꼭 사십 년 만에 그라스가 노벨 문학상을 받았다는 사실을 새삼 환기하면서 「손자들이 온다」를 이렇게 마무리한다.[50] "한 무명 작가가 지금 남독일 어딘가에 앉아, 2001년 출간될, 자기 세대에 대한 방대한 이야기를 쓰고 있을지 누가 알겠는가? 지금부터 꼭 백 년 전 토마스 만이라는 이름의 한 젊은이가 뮌헨에서 그의 첫 번째 소설을 집필하기 시작했다. 그 소설은 1900년에 완성되었고 1901년 10월 출판되었다. 그로부터 이십팔 년 후 그는 『부덴브로크 가의 사람들』로 노벨상을 받았다."[51]

통일 이후 급부상한 신세대 작가들에 대한 평가를 둘러싸고 벌어지는 논쟁에서 선뜻 어느 한편의 손을 들어 주기는 어렵다. 다만 한 가지 자명한 것은 이들의 손끝에 독일 문학의 미래가 달렸다는 사실이다. 싫든, 좋든, 손자들이 오고 있다.

4 무질서하게 융기한 고원의 풍경

통일 이후 독일 문학계의 변화된 지형에 나타난 특징을 간추려 보자.

첫째, 동독 문학은 일괄 재고 정리되지 않았고 온갖 멸시와 푸대접 속에서도 살아남았다. 박설호의 비유를 들자면 "마치 폐허 속에 감추어진 진주같이, 쓰레기통에 숨어 핀 장미처럼."[52] 이는 동독 문학의 내공과 저력이 만만치 않았다는 증거가 되는 동시에 문화적, 심리적 차원에서는 아직도 통일이 완결된 과거가 아니라 현재 진행형이라는 사실을 웅변한다. 특히 다른 문화 예술 영역에서와 달리 문학 영역에서만큼은 서독에 의한 동독의 흡수 통합이라는 '독일 통일의 논리'가 온전히 관철될 수 없었다. 이는 무엇보다도 문화 제도에 대한 의존도가 높을 수밖에 없는 영화와 연극에 비해, 상대적으로 제도의 영향을 덜 받는 문학 장르의 특성에 기인한다. 동독 국영 영화사 데파(DEFA)의 몰락은 동독 영화인들로 하여금 카메라를 놓게 만들었고, 동독 극단의 해체는 동독 연극인들의 운신 폭을 좁혔다. 하지만 통일이 동서독 문단을 통합하고 동독 출판사들을 문 닫게 만들었다고 해서 동독 작가들의 펜마저 꺾을 수는 없었다. 통일이 동독 문학이란 운전 면허증을 말소하지는 못했던 것이다. 그래서 "지금 이 순간에도 독일 문학의 기차들은 분리된 두 철도 노선망 안에서 달리고 있다."[53]

둘째, 1990년은 '제2의 영(零)시점'으로 보기 힘들다.[54] 물론 전후 독일 문학이 공식적으로 종결되는 극적인 순간, 즉 독일 문학이 '분단 문학'에서 '통일 문학'으로 전환되는 시점이라는 측면에서 1990년을 1945년 '영시점'과 맞먹는 문학사적 분수령으로 볼 수도 있을 터다. 하지만 분단 문학과 통일 문학 사이를 완전한 단절로 보기에는 무리가 많다. 앞서 언급했듯이 통일 이전부터 동서독 문학에는 일정한 통일성이 있었고, 통일을 계기로 과거와는 전혀 다른 새로운 독일 문학이 쏟아져 나오지도 않았기 때문이다. 오히려 통일 독일 문학은 전후 두 독일 문학이 변증법적으로 지양된 문학으로 봐야 타당할 것이다. 또한 통일을 완전히 새로운 출발의 계기로 보기도 힘들다. 통일 독일 문학에서 다수가 인정할 수 있는 미래의 지향점을 찾아보기 어려울

뿐만 아니라 통일 논쟁과 문학 논쟁을 거치면서 작가들의 정신적 연대도 많이 느슨해졌기 때문이다. '제2의 영시점'이란 개념은 통일 공간에서 전후 사회 비판적 독일 문학의 종언을 선언하고 예술적 심미성을 새로운 문학의 전범으로 제시했던 프랑크 시르마허, 울리히 그라이너 등 보수적 비평가들 사이에서 통용되던 전략적 수사법 중 하나였다. 이 개념에 감추어진 고도의 정치적 노림수를 요헨 포크트는 이렇게 폭로한다. "[시르마허와 그라이너는] 서로 다른 조건에 놓인 서독의 비타협주의자들과 동독의 비판적 재야 문학이 정치적 반대파와 비판적 여론이 부재하거나 상대적으로 취약한 상태에서 수행해 왔던 역할을, '제2의 영시점' 이후 통일 독일의 문학이 또다시 떠맡는 것을 미리 막고자 했다."[55] 통일 공간에서 싹틀지 모르는 동서독 비판 문학의 씨를 발본색원하겠다는 잔혹한 청산 의지가 '제2의 영시점'이란 수사에 고스란히 담긴 것이다. 전후 독일 문학의 '폐허' 위에 새로운 독일 문학의 깃발을 꽂겠다는 보수 평단의 욕망과 초조가 이 개념에서 비친다. 그 깃발 위에는 이런 모토가 수놓여 있을 것이다. '신념 미학과 정치성의 속박에서 해방되어 문학 본래의 순수한 위엄을 회복하라!'

셋째, '한 세대 문학'의 신화가 무너지고 '다세대 문학'의 시대가 본격화되었다. 전후 독일 문학은 서독에서는 47그룹이, 동독에서는 2세대 작가들이 주도해 온 한 세대 문학이었다고 해도 과언은 아니다. 하지만 통일을 전후로 대가의 반열에 오른 작가들 대부분이 세상을 떠났고, 그나마 생존 작가들도 통일 직후 문학 논쟁에 휘말려 머뭇거리는 사이, 동독 3세대 작가들과 서독 차세대 작가들이 차츰 목소리를 높이고 있다. 이제 젊은 작가들은 더 이상 조연 역할에 만족하지 않고 당당한 주연으로서 선배 작가들과 어깨를 나란히 한다. 지금 통일 독일 문학계에서는 열일곱 살에 등단한 팝 아이콘 벤야민 레버트부터 팔십을 바라보는 대가 귄터 그라스까지 다양한 세대 작가들이 이상한 동거를 하고 있다.

넷째, 통일을 계기로 문단의 세대교체가 이뤄졌다. 그렇다면 신세대 문학이 급부상할 수 있었던 배경은 무엇일까? 무엇보다도 베를린 장벽 붕괴와 더불어 동서 냉전 체제의 팽팽한 긴장이 사라진 이후 생성된 탈이념적, 탈정치적 진공 상태, 그리고 이와 맞물려 확산된 정치적 보수주의 경향, 지구촌을 하나의 '시장'으로 통합하는 자본주의의 세계화, 이러한 전 지구적 자본의 운동과 결합된 문화 산업의 팽창, 매체 환경의 변화 등은 신세대 작가들이 통일 공간에서 자유롭게 유영할 수 있도록 활동 무대를 마련해 주었다. 물론 전후 독일 문학의 주역들, 예컨대 하이너 뮐러, 슈테판 헤름린, 에르빈 슈트리트마터, 유레크 베커, 볼프강 쾨펜, 헤르만 렌츠, 에리히 프리트, 엘리아스 카네티, 프리드리히 뒤렌마트, 막스 프리슈 등이 1990년대 들어 유명을 달리하면서 자연스럽게 생긴 문단의 공백도 젊은 작가들이 재빠르게 자리 잡는 데 도움이 되었다.

다섯째, 독일어로 글을 쓰는 이주민 작가들의 등장으로 독일 '민족 문학'이라는 개념이 흔들리기 시작했다. 단일 민족 문학이 '다인종적' 문학으로 진화해 가는 것이다. 이런 맥락에서 다양한 문화와 인종이 뒤죽박죽 섞인 대도시 베를린의 풍경을 치밀하게 묘사한 터키계 젊은 작가 페리둔 자이몰루의 소설 『독일 광란』(2002)은 통일 이후 변화된 독일 문학계의 단면을 이해하는 데도 뜻깊은 시사를 던져 주는 작품이다. 어쨌든 이주민 작가들은 9. 11 사태 이후 대두된 종교, 인종, 민족 차별주의 문제에 적극적으로 대응하면서 서구 문화 패권주의라는 철옹성을 허물고 있다.

여섯째, 독일 문학은 지금 위기와 변화의 시기를 맞고 있다. 자신에게 도전장을 내민 '젊은' 디지털 문화 양식에 저항하면서 정체성과 품위를 지켜 나가려 부심하는 '늙은' 문학도 있다. 두 사회와 두 문화를 겪으면서 형성된 이중 시각으로 서독 문학이 볼 수 없는 부분을 주시하려는, 저편에서 '넘어온' 문학도 있다. 멀티미디어와 가상 현실의 시대를 꼭 끌어안고서 새로운 문학의 가능성을 실험하는 '최첨단' 문학도 있다. 순수 문학과 대중 문학, 본격 문학과 통속 문학 사이 경계에 선 '아슬아슬한' 문학도 있다. 아예 대중문화의 궁전에 들어앉아 우아한 자태를 뽐내는 '여피족'의 문학도 있다. 독일에서 태어나고 자랐지만 독일 빵을 먹지 않고 살아온 이주민 2, 3세대가 쓰는 '타자'의 문학도 있다. 어쨌든 지금 독일 문학은 새로운 문학으로 거듭나기 위한 산고를 겪고 있다.

일곱째, 1990년 이후 독일 문학을 특징짓는 하나의 또렷한 모델은 존재하지 않는다. 다양한 미학적 실험들, 주제들, 글쓰기 전략들이 세대 사이에서, 작가들 사이에서, 텍스트 속에서, 특정한 그룹이나 학파나 기구로 고착되지 않은 채 무질서하게 공존한다. 1990년대 독일 문학계 전반에 대한 베르너 미텐츠바이의 간명직절한 결산은 다음과 같다. "개별적인 고함은 들리지만 하나의 경향은 보이지 않는다."[56]

지금까지의 검토에서 드러나듯, 통일 독일 문학계는 역사상 유례를 찾아보기 힘들 정도로 복잡하고 다양한 모습을 보여 준다. 볼프강 엠머리히는 최근 독일 문학의 텃밭을 이렇게 그린다.

지금 독일 문학이라는 텃밭에는 서로 다른 미학적 강령과 정치적 신념을 표방하는 다양한 세대 작가들이 경쟁하고 공존하는 '비동시적인 것의 동시성'(에른스트 블로흐) 현상이 두드러진다. 이제 우리는 독일 현대 문학을 생각할 때, 단단하고 명백히 정의할 수 있으며 철저히 제도화된 성향들과 그룹들이 이루어 놓은 사고들과 결별해야 하며, 더욱이 '하나'의 독일 문학이라는 소망과도 정말이지 작별 인사를 해야만 한다. 물론 공통분모가 전혀 없는 것은 아니다. 문명 비판적인 기본 입장과 단순한 의미 구성에 대한 회의 그리고 예기치 못한 비약과 다차원성을 보여 주는 역사 앞에서, 그렇게도 친숙했던 진보에 대한 믿음을 거부하는 태도가 그것이다. 하지만 이러한 공통점 맞은편에는 다양한 미학적 구상과 글쓰기 전략 및 매체 지향성, 다채로운 문학 영역들과 사회적 기능들, 다양한 작가 세대들과 그들의 정치적 입장들이 대치한다. 이러한 차이와 다양성을 인식하고 인정하는 것은 소득이지 결코 손실을 뜻하지 않는다. 게다가 독일 태생이 아닌 작가들이 대거 등장해 문학의 국제적인 신진대사와 상호 교류까지 고려해야 하는 현시점에서 독일의 '민족 문학'을 운위하는 것은 더 이상 소용없는 일이다. 독일어로 쓰이는 현대 문학은 서로 열린 여러 현장으로 존재한다. 통일 독일 문학이 취하는 삶의 형식은 '무질서한 다원성'이다.[57]

엠머리히는 통일 이후 변화된 문학계의 양상 및 특징을 '비동시적인 것의 동시성'과 '무질서한 다원성'이란 개념으로 잡아내는데, 이는 통일 독일 문학계에 대한 합당한 진단으로 읽힌다.

끝으로 통일 독일 문학계에 대한 보다 입체적인 이해를 위해 지리적 상상력을 동원해 보자. 그렇다면 통일 독일 문학계의 변화된 지형을 조망해 봄으로써 우리는 어떠한 풍경화를 그릴 수 있는가? 전후 독일 문학계는 서독 문학과 동독 문학이라는 두 줄기 산맥에 작은 곁가지 산맥들이 연결되고, 그 산맥들을 따라 산들이 우뚝우뚝 솟은 험준한 '산악 지형'에 가까웠다고 볼 수 있다. 전후 독일 문학에는 '극복'해야 할 과제(나치 과거)와 '정복'해야 할 이상(사회주의 유토피아)이 공존했다. 그래서 문학의 지형이 가팔랐다. 하지만 통일 이후 독일 문학의 현장에서는 차츰 목적도, 중심도, 위계도, 질서도 사라지고 있다. 모든 문학적 콘셉트를 수렴할 수 있는 구심점, '초월적 기의' 같은 것이 없어지는 것이다. 그래서 "통일 독일 문학이 취하는 삶의 형식은 '무질서한 다원성'이다." 모든 '다름'이 당당한 주체로서 독립성을 주장하며 혼재하고, 동시에 다양한 연결로와 교통망을 통해 서로 평등하게 소통하며 공존하기 시작한 것이다. 따라서 통일 독일의 문학은 분단 시대 독일 문학에 비해 훨씬 평평해졌다. 비유하자면 통일 독일 문학계는 크고 작은 수많은 고원들이 무질서하게 융기한 평탄한 '고원 지형'으로 바뀌고 있는 것이다. 물론 아직도 산악 지형의 흔적들이 도처에 남아 있는 것이 사실이다. 하지만 이미 변화의 대세는 기울었다. 질 들뢰즈와 펠릭스 가타리가 『천 개의 고원』에서 무수한 무질서들의 공존과 접속이라는 노마드적 사유의 전형을 보여 주기 위해 장대하게 그려 낸 '천 개의 고원'까지는 아닐지라도, '무질서한 다원성'의 네트워크로 요약될 수 있는 통일 독일 문학계는 분명 고원의 풍경을 닮아 가고 있다. 들뢰즈는 고원을 이렇게 정의한다.

> 고원은 중간에 있지 시작이나 끝에 있지 않다. (……) 자기 자신 위에서 진동하고 정점이나 외부 목적을 향하지 않으며 자기 자신을 전개하는, 강렬함들이 연속되는 지역. (……) 표면적인 땅 밑 줄기를 통해 서로 연결 접속되어 리좀(rhizome)을 형성하고 확장해 가는 모든 다양체를 우리는 '고원'이라 부른다.[58]

무질서하게 융기한 수많은 고원들의 접화군생(接化群生), 통일 이후 변화된(되고 있는) 독일 문학계의 지형을 조안각(鳥眼角)으로 그린 진풍경이다.

독일 신세대 문학의 글쓰기 전략

노영돈 · 류신

1 독일 문학의 샛별

최근 지구촌 문학의 최전선에서 독일 신세대 작가들의 활약이 눈부시다. 토마스 브루시히, 잉고 슐체, 카렌 두베, 초에 예니, 유디트 헤르만, 벤야민 레버트, 벤야민 폰 슈투크라트 바레, 크리스티안 크라흐트, 다니엘 켈만 등 기성 문단에 도전장을 내민 젊은 작가들이 '문학성'과 '대중성'을 확보하며 평단의 관심을 받는 것은 물론 전 세계 독자들로부터도 널리 사랑받고 있다.

예컨대 신세대 문학의 기수로 평가받은 토마스 브루시히의 『우리 같은 영웅들』(1995)은 발표되자마자 독일의 각종 베스트셀러 순위에서 1위를 차지하며 스물여덟 개 언어로 번역되었고, 서른 곳 이상의 독일어권 연극 무대에서 장기 공연되었으며 영화화되기도 했다. "프리드리히 뒤렌마트와 막스 프리슈의 대를 이을 작가"[1]로 인정받는 스위스 출신 여성 작가 초에 예니의 데뷔작 『꽃가루방』(1997)은 출간과 동시에 베스트셀러가 되었으며 현재까지 21개국에서 번역되면서 전세계 독서계에 돌풍을 일으켰다. "지극히 간결한 문체로 복잡한 인간 내면을 생생하게 그려 낸 수수께끼 같은 작품"[2]이란 찬사를 받은 유디트 헤르만의 첫 소설집 『여름 별장, 그 후』(1998)도 25만 부 이상 판매고를 올리며 열일곱 개 언어로 번역되는 성공을 거두었다. 열일곱 살에 등단해 문단의 화제가 된 벤야민 레버트의 성장 소설 『크레이지』(1999)는 독일에서 30만 부 이상 판매고를 올리고 20개국에서 번역되었으며 영화화되어 흥행에도 크게 성공했다. "이야기 전체를 지배하는 완벽한 이야기꾼"[3]으로 평가받는 독일 문학의 기대주 다니엘 켈만의 소설 『세계를 재다』(2005)는 출간되자마자 『다빈치 코드』와 『해리 포터』를 밀어내고 베스트셀러 정상에 오른 후 현재까지 100만 부가 넘게 팔리는 신기록을 수립했다.

이처럼 '젊은' 독일 문학이 '가볍게' 질주하고 있다. 관념적이고 난해하며 근엄했던 독일 문학의 전통과 결별한 신세대 작가들이 재미있고 가벼우며 쿨한 문학으로 독일에서는 물론 세계에서 성공 행진을 이어 가고 있다. 이들의 문학은 현시대가 안고 있는 '무거운' 문제의식을 '가벼운' 글쓰기 전략으로 형상화함으로써 예술성과 대중성을 함께 확보한다는 점에서 이전의 난해하고 지루한 독일 문학 전통에서는 볼 수 없었던 새로운 문화 현상으로 이해된다. 또한 본격 문학과 대중 문학의 이분법을 파기하는 신세대 작가들의 문학은 독일 문학의 지형을 급격히 바꾸고 있으며, 독일 문예학계에서 도발적인 도전으로 받아들여지고 있다는 점에서 각별한 주목을 요한다.[4]

2 아르키메데스의 지렛대

　무엇보다도 젊은 독일 작가들의 문학이 경쾌하게 내달릴 수 있는 것은 이들이 '묵직한' 문제의식을 '가볍게' 들어 올리는 글쓰기 전략을 구사하기 때문이다. 이들은 기성세대 작가들처럼 독자가 이해하기 힘든 난해하고 지루한 글쓰기를 추구하지 않는다. 그렇다고 신세대 작가들이 통속적이고 대중 친화적인 가벼운 글쓰기만을 좇는다고 오해해선 곤란하다. 왜냐하면 이들은 인간과 세상에 대한 진지한 고민과 성찰을 글쓰기를 통해 쉽고 재미있게 형상화하기 때문이다. 비유하자면 이들은 '무거운' 돌을 긴 지렛대를 이용해 '가볍게' 들어 올리는 지레의 원리를 글쓰기 전략으로 삼음으로써 쉽고 재미있으면 좋은 문학이 되기 어렵다는 독일 문학의 고정 관념을 경쾌하게 깨부순다. 신세대 작가들이 전략적으로 사용하는 글쓰기 방식은 '혼종과 변용', '몽환과 환상', 'Cool & Dry', '희화와 유머' 등이다. 좀 더 구체적으로 말하자면, 이미지가 메시지를 압도하는 다매체 시대에 성장한 이들은 신화와 전설은 물론 영화, 텔레비전, 만화, 게임 등에서 나타나는 서로 다른 소재와 모티프 들을 자유롭게 섞거나(혼종), 뒤바꿔(변용) 흥미롭고 독특한 서사를 창조해 내고, '몽환과 환상'이라는 글쓰기 전략을 통해 실제와 허구, 과거와 현재, 세계와 자아의 관계를 해체하고 재구성하여 자신들만의 고유한 시공간을 만들어 가기도 한다. 또한 신세대 작가들은 심각한 상황에 대해 가볍고 무심하게 반응하거나(Cool), 인간과 사물을 무미건조한 시선으로(Dry) 바라보는 것을 즐긴다. 한편 금욕적 엄숙주의로 대표되는 독일 문학의 전통에 맞서 인물들을 우스꽝스럽게 왜곡해 표현하는 희화와, 익살, 풍자 등의 장치를 사용해 웃음을 유발하는 유머도 1990년대 이후 대중적인 호응을 얻은 문제작들에서 나타나는 중요한 글쓰기 전략 가운데 하나다.

1) 혼종과 변용: 다니엘 켈만(1975년생)

혼종과 변용은 최근 신세대 작가들의 역사 소설, 전기 소설, 판타지 소설에 나타나는 중요한 글쓰기 전략이다. 기존 역사 소설이 과거 역사적 사건을 재현하거나 부활하는 데 초점을 맞추었다면, 움베르토 에코의 『장미의 이름』(1980)을 분기점으로 역사적 사실과 작가의 상상력을 결합하는 새로운 역사 소설이 등장하기 시작했다. 최근 독일에서도 다니엘 켈만, 카렌 두베, 타냐 킹켈 등 작가들이 혼종과 변용이라는 글쓰기 전략을 통해 역사뿐만 아니라 신화와 전설을 참신하게 재구성해 냄으로써 '역사 소설 붐'을 일으키고 있다. 이들은 모두 역사와 신화에 대한 방대하고 정교한 지식과 작가 특유의 개성 있고 재기발랄한 상상력을 결합해 '역사와의 유희'를 벌인다.

독일 문학에서 그리스, 로마 신화 및 게르만 신화를 재해석하여 수용한 것은 비단 어제오늘의 일은 아니다. 특히 동독 문학을 대표하는 하이너 뮐러, 크리스타 볼프, 폴커 브라운 등은 현실 사회주의 국가의 모순을 비판하기 위해 전략적으로 신화를 차용했고, 한스 마그누스 엔첸스베르거와 같은 서독 작가들도 냉혹한 자본주의 논리를 비판하기 위해 신화를 사용했다. 이들에게 신화는 일종의 사회 비판 기제로 쓰였던 셈이다. 하지만 최근 신세대 작가들에게 신화는 '문학적 재미'를 창출해 내는 상상력의 보고(寶庫)다. 이들 신세대 작가들은 신화에 나타나는 서로 다른 소재와 모티프 들을 자유롭게 뒤섞고, 다양하게 뒤바꾸면서 기존 독일 문학에서 볼 수 없던 독특한 이야기를 엮어 낸다. 이렇듯 혼종과 변용은 새로운 서사(敍事)의 출현을 불러왔다는 점에서 각별한 주목을 요한다. 또한 혼종과 변용은 다매체 시대에 성장한 신세대 특유의 글쓰기 전략으로 읽힌다. 이들은 영화, 텔레비전, 만화, 게임으로부터 특정한 장면이나 상황을 차용하고, 이를 자신들의 소설에 거리낌 없이 삽입해 새로운 문학적 재미를 만들어 낸다. 이처럼 서로 다른 장르로부터 소재나 모티프를 빌려오는 혼종과 이를 상황에 맞게 변화시키는 변용은 신세대 작가들이 즐겨 쓰는 기법이다.

 이들 가운데 단연 두각을 나타내는 소설가는 다니엘 켈만이다. 예컨대 그는 『세계를 재다』에서 독일 고전주의 시대의 두 실존 인물, 탐험가 훔볼트와 수학자 가우스의 파란만장한 삶에 재기발랄한 작가적 상상력을 접목해 이야기를 만들어 간다. 켈만은 실제로 이 두 사람이 1828년 베를린에서 만났던 기록을 근거로 소설 속에 수많은 허구적 장치들을 배치함으로써 독일 계몽주의를 대표하는 천재들의 '신화'를 무릎을 치며 웃게 하는 재미있는 에피소드로 변용하는 것이다. 여기서 켈만은 이들을 학문 영역에서는 타의 추종을 불허하는 천재지만, 타인과의 관계에서는 때로 유치하거나 '자폐적' 증상을 보이는 범인(凡人)으로 묘사함으로써 학문의 위대함과 삶의 초라함 사이 엄청난 괴리를 드러내 보여 준다. 이렇듯 이 소설은 독일 고전주의를 대표하는 두 상징적 인물의 만남을 주선하며 독일이 만들어 낸 '천재 신화'를 파괴한다고 해석할 수 있다.

2) 몽환과 환상: 카렌 두베(1961년생), 유디트 헤르만(1970년생)

　기존 페미니즘 문학과는 차별되는 새로운 글쓰기를 선보이는 카렌 두베, 유디트 헤르만, 초에 예니 같은 신세대 여성 베스트셀러 작가들이 1990년대에 등장하기 시작했다. 이들 여성 작가들의 작품은 무엇보다도 개인적 경험이나 일상에 대한 이야기를 담고 있다. 여기서 주목해야 할 점은 지극히 사실적으로 묘사되는 이야기 안에서 현실과 허구가 분명하게 구분되지 않고 혼재한다는 것이다. 이들은 몽환과 환상을 통해서 이야기 속 현실을 한 편의 영화나 꿈처럼 구성하거나, 이야기의 등장인물들을 마치 무대 위에서 희미하게 어슬렁거리는 몽유병자들처럼 형상화한다. 말하자면 이 여성 작가들은 자기만의 고유한 시공간 안에서 '내 안의 이야기들'을 한다. 이들에게 몽환과 환상은 이야기들을 만들어 내는 중요한 문학적 기제인 동시에 외부 세계와 내면세계, 과거와 현재, 실제와 허구의 관계를 해체하고 재구성하는 글쓰기 전략이다. 이러한 글쓰기 전략은 이들 특유의 현실 인식에서 출발한다. 이들은 소통 불가능한 세계에서 파편화된 현대인의 자화상을 자신들만의 시공간 안에 담아냄으로써 인간 실존에 대한 비판적 성찰의 계기를 제시하며, 다른 한편으로는 견고한 질서와 제도로 무장된 일상 세계로부터의 일탈과 해방을 통해 정치적, 사회적 차원의 변혁과는 사뭇 다른 '사적(私的)' 저항을 표현한다. 사실 몽환과 환상은 독일 낭만주의 문학을 특징짓는 핵심적인 요소였다. 노발리스는 『하인리히 폰 오프터딩겐』에서 신비주의적 이미지를 만들어 냈으며, 티크는 『금발의 에크베르크』와 『루넨베르크』에서 환상적 예술 동화라는 장르를 탄생시켰다. 하지만 낭만주의자들이 계몽주의적 시민 사회로부터 도피하여 '푸른 꽃'을 찾아 방랑의 길을 나섰다면, 신세대 여성 작가들은 특정한 동경 대상을 거부하고 현실과 허구, 일상과 환상의 경계 지점을 넘나들면서 독특한 문학적 시공간을 창출해 낸다는 점에서 차별성을 보인다.

젊은 여성 작가들을 대표하는 카렌 두베의 장편 소설 『폭우』(1999)의 시작은 결코 몽환적이지 않다. 주인공인 38세 작가 레온은 홍등가 포주의 전기를 써 주는 대가로 받은 거액으로 옛 동독 지역 습지대에 집을 사서 갓 결혼한 아내 마르티나와 함께 이주한다. 이러한 지극히 일상적이고 현실적인 출발은 그러나 곧 악몽으로 돌변한다. 몽상적인 분위기의 늪지대를 중심으로 전개되는 작가의 상상력은 노아의 홍수를 연상시키는 폭우를 불러오고 달팽이 떼를 출몰시키며, 급기야 집을 붕괴시키고, 결국 집의 붕괴와 함께 주인공의 실존조차도 가차 없이 파괴해 버린다. 이 소설은 끊임없이 내리는 비, 쓰러져 가는 낡은 집, 그 주변의 음습한 늪지대, 가공할 만한 규모의 달팽이 떼, 정체가 모호한 슐라이 자매를 통하여 현실의 개연성을 조금씩 박탈해 가면서 결국은 '문명' 세계를 묵시록적 '자연'이라는 대체 현실로 탈바꿈한다. 이러한 자연의 흡인력과 확장력 앞에서 주인공 레온은 자신의 사회적 정체성뿐만 아니라 성적 정체성까지 상실함으로써 초현실 세계로 유입되는 것이다.

유디트 헤르만의 『여름 별장, 그 후』 역시 '현실-비현실-대체 현실-초현실'의 좌표 안에서 이야기가 진행된다는 점에서 몽환과 환상의 전형적인 서사 전략을 잘 보여 준다. 개인의 삶과 일상 현실에 관한 이야기 아홉 편을 담은 이 작품에서 시간은 이야기의 연속성을 뒷받침해 주는 서사(敍事)의 틀이라기보다는 단절된 순간의 연속으로만 존재하는 듯하다. 따라서 각 장면 묘사는 마치 깔끔한 스냅 사진과도 같으며, 작품의 언어 또한 카메라 렌즈가 포착해 놓은 순간의 장면처럼 극도로 투명하고 사실적이며 명징하다. 그럼에도 이러한 현실적 묘사는 곧 초현실 같은 환상으로, 과거의 기억인지 화자의 백일몽인지 알 수 없는 대체 현실로, 혹은 불투명하고 몽환적인 비현실적 이미지로 바뀐다. 이로써 이야기 구조 안에서 과거와 현재의 시공간이 혼재하기도 하며, 과거의 이야기들이 현재 안에서 해체되어 흩어지기도 한다.

3) Cool & Dry: 벤야민 레버트(1982년생)

통일 이후 이른바 '팝문학'을 주도하는 서독 출신 남성 신세대 작가들로 벤야민 레버트, 벤야민 폰 슈투크라트바레, 크리스티안 크라흐트 등을 꼽을 수 있다. 1940년대 출생한 서독의 이른바 '68세대' 작가들(페터 슈나이더, 보토 슈트라우스, 니콜라스 보른, 페터 한트케, 우베 팀 등)과 달리 이른바 '89세대'에 속하는 이들 작가들은 비판과 성찰, 진지함과 감동이 아니라, 아이러니와 충격, 대중문화와 팝, 유희와 도발 등으로 무장했다.

"현대 대중문화의 댄디"[5]로서 이들이 추구하는 글쓰기 전략은 '쿨'이다. 쿨은 시대와 문화에 따라 다양한 양상을 보여 주면서도 청년 문화의 역사를 가로지르는 어떤 공통적 기질이나 취향을 드러내는 양식으로서 나르시시즘, 역설적 초연함 그리고 쾌락주의가 그 특징이다. 즉 나르시시즘은 외양을 과장되게 드러내는 행위에서 느끼는 도취감이며, 역설적 초연함은 감정을 숨기기 위해 의도적으로 반대 행동을 취하는 것으로, 이를테면 위기 상황에서 권태를, 모욕적인 상황에서 즐거움을 표현하는 태도를 말한다. 또한 쾌락주의는 개인의 육체적 자율성을 극대화하려는 성향을 일컫는다.[6] 독일 신세대 작가들의 팝문학에서도 나르시시즘, 권태, 쾌락주의라는 쿨의 핵심적인 요소를 찾아볼 수 있다. 이들은 쿨한 자세로 팝 음악, 파티, 사이버뿐만 아니라 마약, 섹스, 엽기, 변태, 환각에 이르기까지 현대 대중문화의 코드를 거리낌 없이 받아들인다.

열일곱 살에 첫 소설 『크레이지』를 출간해 30만 부 이상 판매 부수를 기록하며 화제가 된 벤야민 레버트 역시 팝 음악이나 영화, 섹스 등에 대해 젊은 세대의 변화된 문화적 감수성과 태도를 잘 보여 준다. 작가와 이름이 같은 화자 레버트는 다른 아이들과는 달리 몸 반쪽이 마비되었기 때문에 항상 아웃사이더의 위치에 놓인다. 그러나 그는 아웃사이더로서 자신의 위치를 슬퍼하거나 한탄하지 않고 당당하면서도 쿨하게 처신하며, 자신만의 독특한 시각과 방식으로 주변 상황을 관찰한다. 섹스 경험과 사랑에 대해서도 스스로 냉소적이며 건조한 시선을 견지한다. 새로운 성장 소설의 가능성을 보여 주는 이 작품은 전통적인 교양 소설의 틀에 박힌 정체성 형성 과정이나 갈등 극복 후 성숙한 시민이 되는 사회화 과정을 다루지 않는다. 주인공은 어떤 지향점도 없이 방황하거나 나르시시즘에 빠지거나 냉소적인 태도를 취하는 등 쿨의 전형적인 자세를 보여 준다.

4) 희화와 유머: 토마스 브루시히(1965년생)

인물들을 우스꽝스럽게 왜곡해서 표현하는 '희화'와 반어, 익살, 풍자 등 장치를 사용해서 웃음을 유발하는 '유머'는 1990년대 이후 큰 대중적인 호응을 얻은 독일 문학 작품들에서 중요한 글쓰기 전략으로 나타난다. 크리스토프 브루메의 『오직 그것뿐』(1994)과 『천 일』(1997), 옌스 슈파르슈의 『실내 정원 분수』(1995), 토마스 브루시히의 『우리 같은 영웅들』과 『존넨알레』(1999), 벤야민 폰 슈투크라트바레의 『솔로 앨범』(1998), 케르스틴 헨젤의 『라바터의 가면』(1999), 프리츠 루돌프 프리스의 『론칼리 효과』(1999) 등이 1990년대에 독일 독자들에게 웃음을 불러일으키며 사랑받았고, 2000년대에 들어서는 브루시히의 『남자가 될 때까지 살기』(2001), 카렌 두베의 『납치된 공주』(2005), 다니엘 켈만의 『세계를 재다』 등이 재미와 웃음을 선사하며 성공을 거두었고 비평가들의 주목을 받았다. 웃음은 분명 최근 독일 문학이 독일 국내와 해외에서 독자들의 호응을 얻는 데 톡톡히 제 몫을 해내고 있으며, 이는 독자에게 '배가 아니라 머리로' 읽을 것을 권유해 온 독일의 문학적 배경을 생각해 볼 때 새로운 글쓰기 방식임에 틀림없다.

 1990년대 이후 독일 문학계에서 주목받는 젊은 작가들 중에는 브루시히, 브루메, 슈파르슈, 헨젤, 잉고 슐체, 야나 지몬 등 옛 동독 출신 작가들의 질주가 유독 돋보이며, 특히 동독 체제에서 태어나고 자란 이들 젊은 작가들에게서 희화와 유머가 주로 나타난다는 점이 우리의 관심을 끈다. 좋든 싫든 삶의 토대였던 사회주의 체제의 몰락을 경험한 이들에게는 일견 이들이 통과해 온 역사의 무게만큼이나 웃음이 별로 어울리지 않아 보인다. 그런데 이들은 '사라진 국가와 역사를 어떻게 기억할 것인가?'라는 필연적인 질문에 희화와 유머라는 반어법으로 대답한다. 이들은 비탄과 회한이 서린 앞 세대의 우울한 글쓰기 방식에서 등을 돌리며, 대상에 대한 냉소에서부터 따스한 이해의 웃음에 이르는 넓은 스펙트럼의 유머가 문화적 기억의 유용한 방식임을 보여 준다. 동독 출신 젊은 작가들은 유머를 통해 개인의 체험을 집단적, 문화적 기억으로 만들어 내는 것이다.

　브루시히의 최근작『남자가 될 때까지 살기』의 유일한 등장인물인 축구 감독은 세상 모든 일과 희노애락을 오로지 축구를 통해서만 바라본다. 그는 몰락한 조국 동독도 축구와 비교하고, 이혼, 사업 실패, 실업으로 이어지는 자신의 추락도 축구 경기와 비교한다. 사회주의 이데올로기를 외설, 변태와 연결하고 희화화된 인물의 성적인 상상을 통해 표현함으로써 웃음을 유발했던 브루시히의 출세작『우리 같은 영웅들』에서 울치트에게 통일이 엽기적인 희극이었다면, 이 축구 감독에게 통일은 자신이 지도하는 팀이 언제든지 바이에른 뮌헨과 경기할 수 있다는 유일한 장점만 빼면 하나도 좋을 것이 없다. 그는 제자들에게 축구야말로 원칙, 질서, 극기, 동료애를 나타내는 최후의 사회주의적 스포츠라고 강변한다. 마치 법정에서 자기변호를 하듯이 혼자서 일인극을 펼치는 축구 감독은 인종(여성) 차별주의자지만 자신의 '차별주의'를 인식하지 못한 채 자가당착에 빠져 있다. 하지만 감독이 쏟아 내는 말들은 그가 시대의 흐름에서 낙오되어 현실 감각을 상실해 가는 패배자임을 드러내기 때문에 그의 과대망상과 자가당착은 오히려 인간적 허점으로 나타나며 분노가 아니라 웃음을 불러일으킨다. 이처럼 이 소설은 통일 이후 십여 년의 세월을 축구에 비유하면서 실업의 고통과 심리적인 좌절이 동독 사람뿐만 아니라 통일 독일의 전반적인 분위기가 되었음을 희화와 유머의 서사 전략을 통해 형상화한다.

3 귄터 그라스의 손자들

신세대 작가들의 출현과 상업적인 성공은 한편으로는 독일 문학이 세계의 독자들과 만나는 중요한 계기가 되었지만, 다른 한편으로는 독일 문학이 진정성을 상실했다는 우려를 낳게 한 원인을 제공하기도 했다. 전후 독일 문학을 대표하던 작가들이 1990년대 들어 무대에서 사라진 후 고군분투하고 있는 노장 귄터 그라스는 신세대 문학을 코카콜라 라이트처럼 "가볍고 편안하고 재미있고, 누구에게도 거슬리지 않는 문학", 즉 "문학 라이트"[7]로 규정하며 젊은 작가들의 비판적 자의식 부재를 질타한다. 이와 비슷한 맥락에서 중견 작가 마티아스 폴리튀키는 패스트푸드처럼 소비되는 신세대 문학을 "빅맥 문학"[8]이라고 폄훼한다.

마땅히 신세대 문학에 대한 이와 같은 부정적인 평가에 귀 기울여야 할 필요가 있다. 왜냐하면 이들의 문학이 오락 문화를 좇는 소비 자본주의의 덫에 걸리거나 대중 매체의 궁전 속에 갇혀 문학적 정체성을 포기할 위험이 있을 수 있기 때문이다. 하지만 문제는 신세대 문학에 대한 비판 대부분이 '본격 문학/대중 문학'이라는 이분법적 가치 평가를 준거점으로 삼는다는 데 있다. 주지하듯 이 평가 체계가 유효했던 근대는 막을 내렸고 이 평가 잣대로는 최근 신세대 작가들의 문학을 제대로 평가할 수 없다. 내일의 문학을 가늠하기에는 잣대가 너무 오래 사용되어서 닳았기 때문이다.

또한 기성 문인들이 신세대 문학을 비평할 때 한결같이 내세우는 진정성의 결여란 부분도 다시 생각해 보아야 한다. 왜냐하면 진정성이란 개념도 사실은 작가들이 항상 받아들여야 할 불변의 도덕이라기보다는, 당대의 주어진 객관적 조건에서 작가들이 취해야 할 태도로 보는 것이 타당하기 때문이다. 이전과는 다른 환경에서 새로운 문제의식으로 글을 쓰는 신세대 작가들에게 여전히 역사의식과 비판의식 같은 전대(前代)의 잣대를 들이밀며 그것만이 진정성이라고 강변하는 것은 불합리해 보인다. 진정성이란 개념은 보편적인 미학적 범주의 지위로부터, 그리고 작가들에게 강요되곤 했던 도덕적 지위로부터 내려와 매 시기 주어진 시대적 조건에서 작가가 취할 수 있는 최선의 태도로 재구성될 필요가 있다. 이렇게 볼 때, 최근 독일 신세대 문학을 두고 갈수록 진정성이 사라진다고 푸념하는 태도는 진정성의 범주를 고정불변의 도덕과 동일시하는 데서 비롯된 것이다. 분명 신세대 문학에는 진정성이 있다. 문제는 그 진정성이 어떤 형태로 발현되는가 하는 것이다.

이런 배경에서 매체학자 요헨 회리슈의 다음 언급을 경청할 필요가 있다. 그는 "작가들을 시험할 경우 우열의 판단은 뒤집히기 일쑤"며, "애초의 기대와는 반대되는 짜릿한 판정 결과를 종종 얻게 된다."라고 웅변한다.

> 문학의 질은 최고 속도, 제동 거리, 가속치 같은 것으로 측정될 수 없다. 자동차를 시험할 때 우리는 1997년형 일반 소형차가 여러 면에서 1950년형 고급 세단을 능가한다고 '선험적'으로 생각하게 된다. 하지만 작가들을 시험할 경우 우열의 판단은 뒤집히기 일쑤다. 괴테, 횔덜린, 클라이스트, 폰타네, 트라클, 토마스 만. 정말이지 이들은 오늘날 우리가 결코 넘볼 수 없는 대가들이 아니던가? 하지만 예술 문외한이라는 질책을 두려워하지 않고, 자동차를 비교 시험하는 자세로 작가들을 비교 시험하는 사람은 애초의 기대와는 반대되는 짜릿한 판정 결과를 종종 얻게 된다.[9]

요컨대 그는 젊은 작가들을 과소평가하지 말 것을 주장하고 이들에 대한 선입견 없는 판단을 요구하는 것이다. 최근 독일 문학을 평가하는 데 인식의 전환이 절실함을 유추할 수 있다.

통일 이후 급부상한 젊은 작가들을 새로운 문학의 시대를 알리는 전령으로 봐야 할지, 문학의 진정성을 홀대하고 문학의 키치화를 가속화하는 타락한 댄디로 봐야 할지(특히 '키비 보이의 기적'을 이룬 작가들), 이들의 문학이 돌연변이 괴물로 진화할지, 그중 몇몇은 보물로 남게 될지, 아직 섣불리 예상할 수 없다. 신세대 작가들이 지치고 노후한 통일 독일 문단에 신선한 활력을 불어넣고 있는 것은 분명하나, 이들이 하인리히 뵐(『9시 반의 당구』), 우베 욘존(『야콥을 둘러싼 추측들』), 마르틴 발저(『하프 타임』), 귄터 그라스(『양철북』)가 일궈 낸 1959년 '독일 문학의 기적'을 재현할 수 있을지는 아직 미지수다. 다만 한 가지 자명한 것은 이들의 손끝에 독일 문학의 미래가 달렸다는 사실이다. 싫든 좋든, 독일 문학의 미래는 이들 신세대 작가들의 몫이다. 1999년 폴커 하게는 "손자들이 온다."라고 진단했다. 분명한 것은 이제 이미 그들이 왔다는 것이다.

트라반트 세대의 멜랑콜리
동독에 대한 문학적 기억의 방식들

박희경

    1970년대 동독에서 출생해서 통일 당시 아직 십 대였으며, 역사의 행운아이자 통일의 수혜자 내지는 서독화된 첫 세대라고도 불리고, 2000년대에 등단한 젊은 작가들을 서독식 "골프 세대"에 빗대어 동독 시절 자동차에서 따온 말로 "트라반트 세대"[1]라고 부른다. 이 글은 통일의 수혜자로 일컬어지는 트라반트 세대의 문학적 출발점이 '상실의 상실' 혹은 멜랑콜리적 상실에 있다는 문제 제기 아래, 야나 헨젤의『동쪽 지역 아이들』, 요헨 슈미트의『성공담』, 율리아 쇼흐의『도롱뇽의 몸』등을 대상으로 동독을 기억하는 문학적 방식들을 살펴보고자 한다. 이를 통해서 동독 출신 젊은 작가들이 동독을 기억하고 형상화하는 방식이 1990년대 초반 폴커 브라운의 시가 웅변했던 '멜랑콜리적인 분노'와 뚜렷이 구별될 뿐 아니라 1990년대 중반 토마스 브루시히가 대표했던 신랄한 풍자와 자학적인 아이러니와도 차별됨이 드러날 것이다.

1 트라반트 세대의 상실

볼프강 엠머리히는 동서독 통일이라는 역사적인 전환기에 직면해서 동독의 대표적인 작가들이 "멜랑콜리적 분노"에 빠졌다고 진단한 바 있다. 그들이 현실 사회주의 국가였던 동독의 체제에 비판적이었음에도 불구하고, 동독의 몰락으로 환상이 깨어지고, 버림받았으며, 실패의 상흔이 있는 사람이 그렇듯 혼란스럽고 공허한 정체불명의 상태에 처했다는 것이다. 엠머리히의 멜랑콜리 테제는 동서독 통일 이후 동독 문학 연구에 상당한 영향을 미쳤으나, 통일 이후 동독 문학이라는 풍성하고 다양한 문학장을 멜랑콜리로 재단할 수 없다는 반대와 유보의 입장 또한 만만치 않게 대두되었다.

이를테면 아힘 가이젠한스뤼케 같은 이는 통일 이후 나타난 동독 문학의 다양성을 멜랑콜리와 같은 상위 개념 하나로 묶으려는 여하한 시도에도 반대한다.[2] 그는 모니카 마론, 토마스 브루시히, 브리기테 부르마이스터의 작품들을 동독 과거 청산을 주제로 한 문학적 담론으로 읽으며, 이 작가들이 동독을 되돌아보는 시선에는 멜랑콜리가 전혀 깃들지 않았다고 강조한다. 한편, 프라우케 마이어고자우는 멜랑콜리를 시간적으로는 1990년대 초반에 한정하면서, 1990년대 중반 이후에는 멜랑콜리적 오스탤지어가 문학적 동인으로 작동하지 않는다고 본다. 또한 멜랑콜리는 1920, 1930년대 태어난 개혁 사회주의

자들의 정서며,³ 토마스 브루시히, 아돌프 엔들러, 카탸 랑에뮐러 등 1960년대 출생 작가들은 아이러니와 비판적 유머의 글쓰기를 구사한다는 것이 마이어고자우의 주장이다.

요컨대 비평가 및 문예학자 들의 공통된 견해는 이런 것이다. 통일 직후 독일 문학장을 휩쓸었던 후폭풍이 시간이 흐르면서 차차 잦아들었고, 동독 출신 작가들이 통일 후 시대의 사회와 문화에 적응하면서 동독 문학의 지형에 변화가 있었다. 그 변화는 상실을 인정하지 않고 사라진 대상을 포기하지 않으려는 멜랑콜리적 분노의 후퇴, 그리고 사회주의 유토피아와 동독 현실 간의 분열을 비판적으로 그리는 패러디의 등장으로 요약될 수 있다. 위와 같은 견해에 동의하면서 이 글이 통일 이후 동독 문학의 경향 변화에 관련해서 제기하는 의문은 다음과 같다. 1970년대 동독에서 태어났으며 통일 이후 사회적 정체성의 형성을 경험한 트라반트 세대는 동독을 어떻게 기억할까? 이들에게도 세대적인 특징이 나타나는가? 이들의 문학에는 멜랑콜리, 패러디와는 다른 어떤 기억 유형이 있는가? 이리스 라디슈는 통일 후 사회화 과정을 겪은 매우 젊은 작가들이 등단하면 동독 문학은 자연스럽게 사라질 것이라고 예견한 바 있다. 그런데 라디슈의 예상과 달리 동독은 트라반트 세대에게도 여전히 창작의 모태가 된다.⁴ 아네트 그뢰슈너의 『모스크바의 얼음』(2000), 야코프 하인의 『나의 첫 번째 티셔츠』(2001), 야나 헨젤의 『동쪽 지역 아이들』(2002), 팔코 헤니히의 『트라반트』(2002), 안드레 쿠비체크의 『젊은 인재』(2002), 요헨 슈미트의 『성공담』(2000), 율리아 쇼흐의 『도롱뇽의 몸』(2001) 등, 동독을 채 경험하지 않은 작가들이 동독을 기억하는 작품으로 등단했다. 동독이 역사의 무대에서 사라진 후 체제와 이념의 굴레에서 벗어난 순수 동독 문학 시대가 열렸다면,⁵ 동독 문학 기록 보관소는 트라반트 세

대에 이르러 더욱 풍부해지고 있는 것이다.[6]

트라반트 세대 작가들의 문학적 기억은 몇 가지 점에서 특별한 주목을 요한다.

첫째, 동독에 대한 이들의 기억에는 슬픔, 분노, 비애 등 멜랑콜리적 분노가 나타나지 않는다. 이들의 서사는 애증과 죄책감으로 사회주의 유토피아의 상실을 곱씹고 되씹는 음울한 반성을 보이지 않는다. 또한 이들은 1960년대 출생 작가들처럼 아이러니와 패러디를 통해서 이상과 현실, 체제와 인간 사이 분열에 (자기)비판적인 칼날을 들이대고 치부를 파헤치지도 않는다. 동독 과거에 대해서 죄의식이나 책임감을 느끼지 않고 분노하지도 않는 이들은 동독을 문학으로 표현할 때 훨씬 자유롭고 때로는 너무 가벼워서 경박스럽게 보이기조차 한다고 비판받기도 한다. 동독을 기껏해야 "테마파크"로서 글감으로 삼거나 "잘 팔리는 상표"로서 수단으로 쓸 뿐이라는 동독 출신 비평가 슈테펜 리히터의 질책이 한 예가 되겠다. 리히터는 그 이유를 이들이 "늦게 태어난 은총"을 받은 세대로서 동독의 몰락으로 잃은 것이 없다는 데서 찾는다. 요컨대 멜랑콜리에는 상실이 필요한데, 이들은 상실을 경험하지 않았다는 것이다.

둘째, 1970년대에 출생한 젊은 작가들은 동독의 몰락을 사회주의 유토피아의 소실로 경험하거나 현실 사회주의 체제의 붕괴로 인식하지 않았다. "사춘기에 접어들어 동독 체제에 대한 거부감이 구체적으로 형성될 무렵에 갑자기 하루아침에 동독이 망가져 버렸다."라는 야코프 하인의 말처럼 동독의 몰락을 거대 패러다임의 변환으로 인식하기에는 아직 어렸던 것이다. 당시 십 대였던 이들에게 동독의 몰락은 성장 과정에서 생긴 예기치 못한 굴절로 다가왔다. 그것은 야나 헨젤의 말처럼 "절대적인 단절의 경험"으로서, 이들은 영문도 모른 채

"유년기"에서 쫓겨났으며, 이 "상실 속에서 한 세대 전체가 생겨난 것"이다. 따라서 이들이 동서독 통일 때문에 잃은 게 전혀 없다는 리히터식 평가는 선입관에 따른 오해가 아닌가 한다. 이들의 앞 세대가 역사에 의해서 추월당했다면, 이들은 역사에 등 떠밀려 사춘기와 청년기를 건너뛰고 성장 과정을 압축해야 했다. 역사의 속도가 성장 속도보다 빨랐고 트라반트 세대 작가들은 너무 일찍 어른이 되어야 했다. 이들은 1960년대에 출생했으며 동독 사회와 부모에 대항했던 "최후의 동독 세대"와 확연히 다르게, 사회와 부모에 맞서서 갈등하고, 거기에서 해방되는 성장 과정을 겪지 않았다. 역사를 따라잡지 못한 부모 세대는 오히려 이들에게 보살펴야 할 막내 동생 같았다. 이들의 부모는 어떤 경우 아예 자식의 동의하에 죽음을 선택함으로써, 새 질서에 적응해야 하는 사회적 과제를 자식에게 떠넘겼다.

셋째, 사회주의 유토피아의 실패가 멜랑콜리적 분노를 낳았고, 현실 사회주의의 모순이 지독한 패러디를 배태했다면, 트라반트 세대의 문학적 출발은 유년기의 단절 혹은 성년기로의 갑작스러운 이동에서 일어난 상실이다. 하지만 보다 늦게 태어난, 역사의 행운아이자 독일 통일의 수혜자라는 집단적, 세대적 규정은 이들의 상실을 부정한다. 동독을 형상화하는 이들의 문학에 진정성이 없고, 이들이 동독을 상품화한다고 비난하는 비평가들에게서도 트라반트 세대의 상실을 인식하지 않거나 인정하지 않으려는 태도를 엿볼 수 있다. 혜택 받은 세대, 역사의 수혜자, 행운아 등등 현란한 수사들로 호명되는 이들에게는 정작 자신의 상실에 이름을 붙일 권리가 없다. 그 결과 이들의 상실은 이름도 없고 형태도 없이 애매한 과거로, 불명확한 모습으로, 일종의 의식 부재 상태로 남아 있다. 이 글은 리히터의 입장에 반대하며 동독 출신 신세대 작가들의 문학이 '상실을 겪었지만 그 상실의 정체가 무언지 도무지 알 수 없는' 멜랑콜리적 조건에서 출발한다고 본다.[7] 요컨대 트라반트 세대의 동독 문학은 멜랑콜리적 조건에서 끊임없이 소실의 지점을 되찾고 잃어버린 대상을 의식 속으로 불러내는 애도의 언어를 조탁하는 것이다.

2 동독에 대한 문학적 기억

1) '셀프메이드 서독인'[8]의 멜랑콜리: 야나 헨젤, 『동쪽 지역 아이들』(2002)

야나 헨젤의 『동쪽 지역 아이들』은 야코프 하인의 『나의 첫 번째 티셔츠』와 함께 대중적인 성공을 거둔 데뷔작으로 꼽히며 많은 논란을 불러일으켰고 앳된 작가를 매체 스타로 만든 책이기도 하다. 이 책은 서독화에 성공한 첫 동독 세대가 과거를 되돌아보는 형식을 취하는데, 유년기에 대한 자전적 서사라기보다는 옛 동독, 통일 이후 급변하는 동쪽 지역, 서쪽 지역이라는 세 공간에서의 경험과 관찰을 바탕으로 한 보고(報告)라는 게 이 책에 대한 공통된 평가다. 헨젤은 책의 초입에서 동독 시절 유년기에 대해서 쓰겠다는 계획을 밝힌다. 그런데 흥미롭게도 헨젤은 유년기를 기억할 수 없다고 말함으로써, 유년기를 되찾으려는 시도가 실패할 것이라는 심증을 준다. "우리는, 아무리 기억하려고 애써도, 거의 기억해 낼 수가 없다."[9]

지난 십 년 동안 우리의 유년기는 이름도 없고 주소도 없는 박물관이 되었고, 그 문을 여는 것은 거의 흥미를 끌지도 않는다. (……) 우리의 유년기가 이름 없는 박물관이기 때문에 내겐 그것을 말할 언어가 없다. 그리고 주소가 없는 집인 까닭에 나는 어떤 길로 가야 할지 모르겠고, 유년기에 도착하지 못한다.**10**

헨젤은 자신의 기억에 진정성을 확보하기 어려운 까닭으로 무엇보다도 과거와 현재의 단절을 꼽는다. 통일 이후 십 년 동안 동쪽 지역은 마치 1990년대 이전의 시간은 존재하지 않는 듯 탈바꿈했으며, 그 이전은 "너무 오래전 일이고, 우리는 어렸다. 정말 어렸다."**11** 헨젤이 문법적 주어로 사용하는 '우리'에 해당하는 잠재적 동년 세대에게 동독은 체험의 시공간이자, 책과 이야기를 통해서 알게 된 상징이며, 상상한 허구의 공간이 겹쳐 만들어진 중첩 지대다. 그래서인지 십 년의 변화를 되돌아가서 헨젤이 유년기의 박물관에서 찾아낸 유물들은 얼핏 보기에도 빈약하고 초라할 뿐이다. 학교 생활, 에른스트 텔만 탄생 기념일, 학교 축제, 여름휴가와 같은 일상의 단편들은 동독에 대해서 전혀 알지 못하는 독자에게는 흥미로운 정보들이지만 그 이상의 의미를 주지는 못한다. 헨젤의 책은 동독에 대해 호기심을 느끼는 서독 독자와 비평가에게는 호응을 얻었으나, 그녀가 사용하는 문법적 주어 '우리'를 통해서 호명되었다고 느낀 동독 독자들 사이에 벌어진 논쟁에서는 동조와 반감이 충돌했다. 동독 출신 비평가들은 동독 유년기에 대한 기억이라는 측면에서는 헨젤의 책이 증후적인 실패라고 신랄한 비판을 가했다. 알렉산더 카만은 헨젤이 동독 유년기를 기억한 것이 아니라 한번 느껴 보려고만 했으며 그녀의 추억 속 동독은 값싼 '동독-감상'으로 변질되고 말았다고 혹평했다.**12** 또한 옌스 비스키는 헨젤의 작품이 유년기 박물관에 "관광객을 위한 유리 진열장"**13**을 세우고 그 안에 "유명한 동독 텔레비전 진행자였던 카르멘 네벨,

동독식 교통 신호등, 튀링겐산 증류주, 플라우엔산 레이스, 민사당"[14] 등 동독산 민속품만을 모아 둔 수준이라고 비판했다.

비스키에 따르자면 유년기 기억을 찾겠다는 헨젤의 약속이 용두사미가 되어 버린 까닭은 헨젤의 기억에 성찰이 없기 때문이고, 이는 다시 헨젤이 성찰에 필요한 거리감을 회피하기 때문이다.[15] 이 글은 『동쪽 지역 아이들』의 유년기 기억이 일상의 표면적인 묘사에 그치는 이유가 거리감의 결여에서 비롯된다는 의견에 동의하지만, 비스키의 날선 지적에서 비난의 칼날을 뽑아낼 필요가 있다고 본다. 왜냐하면 헨젤이 기억의 대상으로부터 거리감을 확보하지 못하는 것은 유년기의 무엇이 상실되었는지 스스로도 분명히 알지 못하기 때문이다. 그녀가 유년기의 자리에서 찾은 것은 뭔가가 갑자기 없어지고 남은 소실의 자국뿐이다. 유년기는 '이름도 없고, 주소도 없다'.

『동쪽 지역 아이들』의 진정성은 기억의 옳고 그름 여부와 무관하게, 혹은 애도의 예견된 실패에도 굳이 유년기를 기억하려는 고집스러운 시도에서 찾아야 한다. 기억하지 못하는 데서 기인하는 불안의 증후는 생생한 현실이기 때문이다.

> 내 발밑 바닥을 거의 알지 못하는 것이, 뒤돌아보지 않고 항상 앞만 보았다는 것이 나를 불안하게 한다.[16]

헨젤로 하여금 '잃어버린 기억과 인식되지 못한 경험들'을 되돌아보게 한 동인은 '불안'이다. 통일은 헨젤, 그리고 그녀가 우리라고 부르는 젊은 한 세대를 '갑자기 무(無)에서 온 아이들'로 만들었다. "우리가 무엇을 지향해야 할 것인지가 사방에서 들려왔다."[17] 그것은 뒤돌아보지 않고 앞만 보기, 서독식 생존 게임의 규칙 학습하기, 동독적 하비투스 완벽하게 삭제하기로 요약된다. 그 결과물이 '동독 출신 첫 베시(wessi)', 곧 야나 헨젤과 그녀의 '우리-세대'다. 실제로 유년기 탐사를 목표로 세운 헨젤의 책이 가장 많은 이야기를 할애하는 부분은 자신의 "셀프메이드 서독인"[18] 성공 이야기다. 헨젤은 이를 성취로 파악하는 동시에 상실로 느낀다.[19] 드디어 자본주의에 도착했다는 안도감을 느끼면서도 서독 출신으로 오해될 적마다 '슬퍼진다'. 이런 왠지 모를 슬픔과 애매모호한 불안이 '주소 없는', '아무도 관심을 갖지 않는' 유년기 박물관을 찾아 나선 계기인 만큼, 헨젤이 유년기에서 찾으려 했던 것은 자신이 어디에서 왔는가 하는 정체성이었을 것이다. 그런데 헨젤이 발견한 것은 이 세대가 동독에서 성장한 것도 아니고 서독에서 성장한 것도 아닌 "동쪽 지역 아이들",[20] "혼종의 동서독 아이들"[21]이라는 것이다. 헨젤은 이 모호함에 의미를 부여하지 못하고, 불안의 동인이 되는 잊힌 과거의 맥락을 재구성하지 못한다.

헨젤의 유년기 기억은 동독에도 이념이나 이데올로기를 벗겨 낸 일상이 있었다며 아쉬운 동독 생활 세계를 옹호하는 데 그칠 뿐, 이름도 없고 주소도 없는 유년기 박물관에 문패를 붙여 주지 못한다. 『동쪽 지역 아이들』이 불러일으킨 논쟁의 한가운데서 헨젤은 "혼종이란 여러 정체성들을 맥락에 따라서 바꾸는 것"[22]을 뜻하며, "동독 출신 언론인들은 내가 사라진 유년기를 슬퍼하는 것을 보고 싶어 하는 듯하다. 하지만 나는 슬프지 않다."[23]라고 자신의 현재 위치를 강변했다. 이 의식적으로 발랄한 말은 상실의 슬픔이 지워지는 곳에 오히려 역설적으로 상실이 보존되는 멜랑콜리를 감추고 있다고 보인다.

2) 기억으로서의 이야기: 요헨 슈미트, 『성공담』(2000)

공교롭게도 1970년 11월 9일생이라 베를린 장벽이 무너지던 날 밤 십 대의 마지막 생일 파티를 하고 있었다는 작가 요헨 슈미트[24]는 베를린의 프리드리히스하인에서 새로운 방식의 글쓰기를 시험하는 일단의 글꾼들에 속한다. 이들은 전통적인 본격 문학의 생산 방식 및 작가의 자기 이해에 비판적인 태도를 취하고, 카페나 술집에서 자신들의 글을 손님들에게 직접 읽어 주며 "문학 무대 내지는 낭독 쇼"[25]를 실험한다고 한다. 작가라기보다는 글꾼으로 자신을 보는 슈미트의 태도는 데뷔작인 『성공담(Triumphgemüse)』[26]의 구성 방식과 내용에서도 나타난다. 각각 '성공(Triumph)'과 '채소(Gemüse)'를 뜻하는 두 낱말이 결합되어 정체를 짐작하기 어려운 제목처럼, 이 책에는 딱히 어떤 장르에 편입시키기 어려운 글 스물한 편이 수록되어 있다. 그중 열두 편은 "직업"이라는 제목이 붙은 매우 짧은 단상(斷想)으로서 한두 쪽 정도의 글이며, 아홉 편은 자전적 경험, 관찰, 기록 등을 토대로 작가적 상상력이 소설로 가공한 이야기다. 이 이야기들에는 인물 몇 명이 반복적으로 등장하는데, 삼십 대 초반 만년 대학생이자 소심한 작가 지망생인 위르겐이 한 축이 된다면 다른 한 축은 타치트, 하르누슈, 슈트루츠 등 통일의 새 시대에 편승하지 못한 인물들로, 이들은 이야기가 진행되는 시점에서는 이미 죽은 노인들이다. 이야기의 공간은 각각 베를린과 오더브루흐다. '베를린 이야기'에서는 통일 독일의 수도 베를린의 동쪽 변두리에 사는 위르겐의 현재 경험이 주된 내용을 이룬다. 「하르누슈는 춤추듯 풀을 벤다」, 「타치트 노인은 더 이상 세상을 이해하지 못하고, 아무도 그를 이해하려고 하지 않는다」, 「성공담」 등 '오더브루흐 이야기'는 독일의 동쪽 변방 오더브루흐 지

역 한 시골 마을 토박이들에 대한 이야기들이다.[27]

『성공담』의 부제가 '이야기들'이라는 사실은 특히 눈여겨봐야 할 부분이다. 기억 문화 연구자인 아스트리트 에를은 기억과 문학의 상호 관련성에 주목하면서, 기억이 서사화 과정을 통해서 성립된다고 말한다. 과거에 속하는 정보들만으로는 기억이라고 할 수 없다는 것이다. 기억을 뜻하는 독일어 'er-inner-n'은 기억하는 주체가 과거에 속하는 정보들을 자신의 내면으로 변화시키는 것, 즉 'ver-innerlichen'이기도 하다. 에를은 구조주의적 서사 이론에서 주목했던 내러티브 생성 원칙과 동일하게 정보의 선택과 배열로 기억을 설명한다. 주체에게 의미 있는 과거가 되기 위해서는 과거의 수많은 정보들에서 특정 정보들이 선택되고, 선택된 정보는 시간적인 전후 순서에 따라서 혹은(그리고) 인과 질서에 따라서 배열되어, 정보의 각 요소들이 전체적인 의미 지형에서 자리를 부여받아 의미를 획득해야 한다. 이렇게 기억된 과거는 이야기의 형식으로 존재한다.[28]

기억과 내러티브 간의 구조적 유사성에 따르자면 기억은 내러티브의 형식을 띠며 거꾸로 이야기 또한 기억 중요한 속성을 담고 있음에 틀림없다. 이야기하는 행위는 기억의 행위, 즉 주체가 과거를 자신의 것으로 저장하고 거기에 의미를 부여하는 의식이 되는 것이다. 『성공담』은 이야기가 수행하는 기억으로서의 역할을 잘 보여 준다. 이 책에는 제목과 달리 정작 야나 헨젤의 셀프메이드 서독인처럼 시대의 변화에 편승하여 성공적으로 변신한 인물이 없다. 오더브루흐 이야기에는 독일 동쪽 변방의 '평범하기 짝이 없는' 한 시골 마을에서 소박하게 살았던 인물들의 평범한 일상들이 나타난다. 마을의 학교 선생님이었던 타치트, 농부였던 하르누슈, 동독 시절 말단 공무원이었던 슈트루스 등은 성실히 살았으나 소심하고 겁 많은 노인들로서 그들의 이야기는 상징적으로든 비유적으로든 목가적이지만 협소한 시골 마을의 경계를 벗어나지 않는다. 하지만 모든 마을 사람들은 각자의 개인적인 이야기들을 인정받는다. 요컨대 『성공담』의 이야기는 인물의 과거에 의미를 부여함으로써 인물을 비로소 기억할 만한 특별한 존재로 만든다는 점에서 의미가 있다.

사람들은 친절했고 완고했으며 고집불통이거나 별 볼 일 없었다. 하지만 그들이 살아온 이야기들을 들을라치면 등골이 서늘해지는 것이었다. 저마다 얼룩진 어두운 자국이 있었고 전혀 눈에 띄지 않는 인생조차도 한때는 기로에 처한 적이 있었기 때문이다.[29]

슈미트의 이야기는 심지어 '농기구', '침대'와 같은 물건에도 사연을 부여한다. 하찮아 보이는 인물이나 사물도 고유한 과거를 부여받음으로써 신비로워지고 항상 똑같았을 것 같은 시골 마을은 역사의 단층들을 숨기게 된다.[30] 고고학적인 발견을 하듯 과거의 해묵은 퇴적층들을 조심스레 되살리는 이야기는 역사적 사실의 규명을 목적으로 하는 규범적이고 공식적인 기억의 방식을 거부한다.

"사람들이 전쟁 통에 죽은 사람들을 찾는다고 만슈노브 집에서 땅을 팠지, 훈장 때문에. 신문사에서 나온 양반들이 놀라는 거야. 그이들은 어디를 찾아야 하는지 알았거든. 하긴 여기서는 어디서나 뭔가를 찾을 수 있지. 암튼 그 사람들이 우리 집까지 안 왔다는 게 중요한 거지." "왜요? 이 집에도 뭔가 있나요?" "아, 여기는 어디나 뭔가가 있다니까. 게다가 닭 뼈만 묻혀 있는 게 아니거든. 근데 뭐하려고 그것들을 파 헤집어야 하나 말이지……."[31]

이렇게 말하는 타치트 미망인은 자료 수집과 기록 등에 의존하여 과거 사실을 객관적으로 밝히려는 시도에 회의적인 태도를 숨기지 않는다. "소련군 탱크가 지나갔던 마당에는 나무도 자라지 않고 왠지 감자도 뿌리를 잘 내리지 못한다."[32]라는 증명 안 된 이야기를 더욱 중요시하는 미망인은 과거 복원에 반대하며 과거를 건드리지 않으려고 한다. 과거 복원에 대해서는 타치트 노인 또한 비판적인 태도를 보인다. 「타치트 노인은 더 이상 세상을 이해하지 못하고, 아무도 그를 이해하려고 하지 않는다」에서 그는 "과거 극복 (……) 무슨 말도 안 되는 소리냐!"[33]라며 마땅찮아한다. 비록 슈트루츠와 사이가 썩 좋지는 않았지만, 그가 동독 말단 공무원이었던 경력 때문에 과거 극복의 대상으로 평가되는 것을 "불공평한 흠집 내기"로 보기 때문이다. 타치트의 불만은 과거 극복의 규범이 슈트루츠의 과거를 동독 시절로 제한하고 그의 인격을 직업으로 치환해 버리는 데 있다. 그에게 슈트루츠의 과거란 동독 시절에 국한되는 게 아니라 십 대 시절, 병사 시절, 포로 시절 등 역사의 연속적인 흐름 안에서 생겨나는 전체적인 맥락을 의미한다. 동독을 그 이전, 그 이후의 역사와 단절해 보지 않고 과거, 현재, 미래의 관계 안에 놓는 타치트의 태도는 현재 상황에 대해서 그가 쏟아 내는 불평에서도 나타난다. '먹거리는 유해하고 뉴스는 온통 거짓말'뿐인 '작금의 상황' 뒤에는 '돈만 밝히는 인간들'이 있다는 것이 타치트의 생각이다. 그의 자본주의 비판에서 동독은 비교 준거로서 작동하지만 흥미롭게도 국가나 체제의 모습을 띠지 않는다. 현시대를 옛날과 비교하면서 타치트가 떠올리는 과거는 "아주 훨씬 이전"이라는 불명확한 어떤 시간이다. 동독은 "정말 훌륭하고 건강에도 유익한 커피를 만들었"던 부정(不定)의 시간 속에 발화되지 않은 채 숨어 있다.

앞서 이야기한 바와 같이 기억과 서사는 과거 정보의 선택과 배열이라는 점에서 구조가 서로 같다. 오더브루흐 이야기는 이 점에서 특정한 방식의 기억이라고 할 수 있다. 그것은 과거의 정보를 주관적인 시간인 "아주 훨씬 이전" 내지는 옛날 옛적 속으로 편입시킴으로써 동독 과거를 미적 체험의 대상으로 변형한다. 동독은 역사적 특수성을 탈각하고, 기억하는 주체의 현재적 상태와 관계를 맺지 못한 채 옛날 옛적이라는 신화적 시간 속으로 옮겨진다. 실제로 오더브루흐 이야기는 모두 동독과 연관 있지만 동독이라는 단어는 전혀 나타나지 않는다. 슈미트의 이야기는 과거에 의미를 부여하는 기억의 행위지만 역설적이게도 동독에 대한 선택적 기억 상실 내지는 망각을 이야기의 대가(代價)로 치른다. 과거는 아련한 추억의 대상으로 받아들여지며 인식 과정 안에 들어오지 않는다. 토마스 브루시히가 말한 '노스탤지어의 베일'이 망각을 전제로 한 과거와의 화해를 의미한다면, 슈미트의 이야기에 드리운 노스탤지어의 베일은 망각을 대면하는 주체의 슬픔을 낳는다. 사랑했던 것들에 대한 기억은 기억하는 주체를 감상적으로 만든다.

『성공담』에서 이야기는 명백히 기억하는 행위다. 하지만 동시에 이야기할 수 없음을 걱정하는 이야기로서 기억의 정체성을 지속적으로 회의한다. 책 제목과 동일한 이야기 「성공담」에서 과거를 찾아 타치트의 집을 찾는 리케라는 인물이 이야기를 지어내는 데 실패하는 예술가인 것은 우연이 아니다.

집에 도착하면 리케는 항상 코로 깊숙이 숨을 들이쉬고 모든 것이 그 자리에 그대로 있으며 지난 일 년 동안 아무것도 변하지 않았다는 사실에 기뻐했다. 하지만 시간이 지나면서 이 세계를 서술하여 그대로 붙잡아 둘 능력

이 자신에게 없다는 것이 그녀를 짓눌렀다.[34]

타치트의 옛 제자로 십 대 시절 스승의 집에서 많은 시간을 보냈던 리케는 집이 전소되거나 폐가가 되고 미망인이 다치는 등 악몽을 여러 번 꾼 후, 오랜만에 미망인의 집을 다시 찾는다. 야나 헨젤이 '불안'을 느끼는 것과 유사하게 리케 또한 자신의 유년기 상실을 '불안'해하며 과거 기억의 공간에 발을 들여놓는다. 그리고 변함없이 옛날 모습을 고스란히 간직한 스승의 집에서 자신의 과거 모습을 떠올린다. 그런데 그녀가 만나는 유년기의 흔적에는 헨젤의 경우와 달리 동독적 현실이나 동독 사회의 과거 모습이 전혀 나타나지 않는다. 리케의 유년기와 사춘기는 마룻장 냄새, 바람에 스치는 나뭇잎 소리, 사과 냄새, 먼지와 젖병 냄새, 왱왱거리는 모기 소리 등을 통해서 기억된다. 동독은 냄새, 소리 등이 합쳐져 만들어 내는 분위기 같은 것으로 리케의 오감을 건드리지만 뚜렷한 형태를 띠고 나타나지는 않는다.

리케는 이야기를 할 수 없으며 과거와 현재의 연결 고리를 찾지 못한다. 그녀는 그것을 찾기 위해 옛날 사진들을 들여다보지만, "이 젊고 걱정 없어 보이는 사람들이 늙고 괴상한 노인들이 되었다는 것은 설명할 수 없었다. 그런 일이 일어난 순간을 알 수 없기 때문이다."[35] 과거에 어떤 의미를 부여해야 하는지 알지 못하는 까닭에 리케는 기억을 부정확한 정보의 파편들로 평가한다.

누군가를 잃어버릴지도 모른다는 불안에 맞서서 무엇을 할 수 있을까. 누군가가 사라지면 그와 함께 살았던 시간도 같이 사라지고, 거의 아무것도 이해하지 못하는 미약한 기억만 남는데, 이에 대해 불안해하고 걱정한다 해도 무엇을 할 수 있단 말인가. 밤마다 이러한 상실을 꿈꾼다면? 두 눈을

감고 그것에 대해서 알고 싶어 하지 않고 여태 이별을 배우지 못한 자신이 미워진다.[36]

슈미트의 이야기는 특이하게도 동독을 가리키면서도 동독을 말하지 않는다. 동독을 품고 있되 동독을 이야기하지 않는다는 점에서 트라반트 세대에게도 동독을 어떻게 기억할 것인가의 문제가 힘겨운 숙제임을 짐작할 수 있다. 리케가 시간이 사라지는 것을 두려워하면서도 시간을 어떻게 붙잡을 수 있을지 모르는 것처럼, 동독은 옛날 옛적이라는 태고의 시간을 빙 두르고서야 비로소 발화되고 기억되면서 옛 동독인들과 이별할 수 있을지도 모른다. 하지만 슈미트의 이야기는 동독은 이러저러했다라는 기억의 규범에서 벗어나 개별적이고 주관적이며 특수한 과거들을 조합해 보임으로써 문학적 기억에서 중요한 것은 기억되는 대상이 아니라 이야기를 통한 재현, 곧 형상화에 있음을 보여 주는 데 성공한다.

3) 상상의 기억: 율리아 쇼흐, 『도롱뇽의 몸』(2001)

율리아 쇼흐는 한국 독문학계에서는 아직 낯선 이름이지만 2001년 등단한 이래 꾸준히 작품집을 발표하고, 문학 후속 세대를 장려하기 위한 문학상들을 여러 차례 수상한 작가다.[37] 비평가들의 잇단 호평과 각종 문학상 수상에 빛나는 데뷔작 『도롱뇽의 몸』에는 단편 아홉 편이 실려 있다. 거의 모든 이야기에는 젊은 여성이거나 그렇다고 짐작되는 일인칭 화자가 주인공으로 등장하는데, 이들은 "회구하는 것은 행복이지만 찾아내는 것은 기억"이라는 책 선전 문구처럼 앞을 향해 나아가지만 의도하지 않은 채 과거로 되돌아간다. 이와 연관해서 흥미로운 점은 이들이 향하는 공간이 '동쪽'이라는 것이다. 주인공들은 과거를 찾아서 옛 동독 지역으로 가거나, 행복을 찾기 위해 동쪽으로 향하거나, 유럽의 동쪽 가장 끝에서 무엇인지 명확히 드러나지 않은 임무를 수행한다.「립스카니 거리 3번지」의 젊은 남녀 한 쌍은 독일 동쪽에 위치한 부쿠레슈티로 건너오고,「델타에서」에서는 한 여성이 낙후된 동유럽에 계몽의 이상을 전하는 과제를 안고 서유럽에서 동유럽 끝 흑해의 고립된 한 지역으로 온다.「크반티체크 씨는 날고 싶다」의 주인공 크반티체크 노인은 남몰래 비행기를 제작해서 동쪽으로 날아가려고 한다. 동쪽이 지닌 의미는 슈미트의『성공담』과 비교했을 때 더욱 구체적으로 드러난다.『성공담』에서 동쪽은 작가의 페르소나인 위르겐의 관심 방향이자 이동 경로를 가리킨다. 야냐 헨젤이 서독화에 성공한 첫 세대로서 왠지 모를 슬픔을 느끼는 것과 비슷하게, 슈미트는 '자신은 아무것도 하지 않았는데' 서독 사람이 된 위르겐을 통해서 이유 모를 '죄책감'을 토로한다. '서방의 수도는 봤고, 이제 다른 쪽에 호기심이 발동'한 위르겐은 모스크바로 여행을 떠난다. 쇼흐나 슈미트에게 동쪽이라는 방향은 분명 동독의 은유적 확장으로 기능한다. 이들은 동독을 체험 공간이었던 국가나 체제로 환원하지 않고, 상상의 공간으로 재현하는 것이다.

쇼흐는 동독이 '국가가 아니라 원칙'이라고 토로한 적 있다.

동독, 그것은 내게 하나의 원칙이지 한 국가의 명칭이 아니다. 그것은 사상이 물질보다 더 중시되는 곳의 방위다. 그곳에서 나는 현재를 위해 토론하고 싶은 질문들과 문제들을 가져온다.[38]

동독은 현재를 토론하기 위해서 질문과 문제 들을 가져오는 방위며, 현재를 낯선 시선으로 전망하기 위해서 세운 망루기도 하다. 동독에 대한 문학적 기억은 과거 사실의 저장이나 복원이 아니라 현재의 파악을 목적으로 한다. 따라서 쇼흐에게 문제가 되는 것은 사라진 국가인 동독이 아니라 상상의 시공간인 동독이다. 이러한 동독을 서술하고 고정함으로써 쇼흐의 주인공들은 『성공담』의 리케가 하지 못했던 일을 할 수 있다. 즉 동독과 이별함으로써 현재를 인식하고 미래를 바라볼 수 있게 된다. 그 한 예로 단편 「이방인(Der Exot)」을 들 수 있다.

「이방인」에는 경험을 토대로 '진정성' 있게 '솔직한 이야기'를 써오라는 편집 데스크의 주문에 따라 고향을 찾는 기자가 등장한다. 헨젤의 유년기가 이름 없고 주소 없는 박물관이라면, 「이방인」에서는 화자와 유년기 사이에 '한 나라가 아니라 다섯 나라 정도가 놓인 것처럼' 유년기가 아득한 과거로 멀어져 버린 듯 보인다. 고향에 도착한 화자는 그곳이 완전히 변했으며 과거에 속하는 모든 것이 사라지고 없는 것을 발견한다. 그런데 흥미롭게도 이 화자는 과거를 기억나게 해 줄 아무것도 남지 않았다는 사실에, "내 이야기에서 나를 빼고는 아무것도 남지 않았다는 사실에 안도한다." 과거의 상실을 화자는 상상의 기억을 정당화하는 근거로 삼는다.[39] 상상의 기억이란 실제로 어떠했는가라는 과거 사실들을 따지거나, 기억된 대상과 기억하는 행위의 일치 여부를 문제 삼지 않는다. 그 대신 기억이 일어나는 시점에서 왜 어떤 특정한 것을 기억하는가 하는 선택을 문제 삼는다. 따라서 '과거는 저절로 생기지 않고' 기억하는 주체의 의도와 욕망에 따라서 만들어진다. 「이방인」의 화자는 아예 자신의 '솔직한 이야기'가 사실상 변형과 왜곡에 열려 있음을 드러내어 말한다.

솔직히 말하자면: 나는 솔직하지 않다.
그랬다.[40]

단편 「승천(昇天)」에서 자살한 아버지의 과거 모습을 기억하는 딸의 태도는 상상의 기억이 어떠한 것인지 잘 보여 준다.

이야기는 스스로 발전할 것이다. (……) 나도 아버지가 어땠는지 고를 수 있을 것이다. 너무 멋진 결말이다. 나는 신이 나서 내가 만나고 싶은 유형의 아버지들을 생각해 내었는데, 그건 다시 그들과 이별하기 위해서였다.[41]

아버지의 죽음은 지극히 개인적인 이별이지만, 또한 동독 장교였던 아버지로 대표되는 동독과의 결별이기도 하다. 죽었기 때문에 부재하는 아버지의 빈자리에 딸은 상상으로 아버지들을 기억하고, 자신이 만들어 낸 아버지들과 이별하는 의식을 반복한다. 상상의 기억은 죽은 아버지의 상실을 부정하거나 대체하려는 행위가 아니라 아버지의 부재를 인정하고 받아들이기 위한 것이다. 슈미트의 「성공담」에서 리케가 과거와 이별하는 방법을 배우지 못해 기억하지 못하는 것과는 대조적으로 쇼흐의 주인공은 이별을 반복함으로써, 상실을 인정하고 과거와 새롭게 대면할 수 있는 애도의 기억을 수행한다고 할 수 있다.

「이방인」의 화자는 놀이터가 있었던 자리에서 어릴 적 그곳에서 만난 한 아이를 기억한다. 그 아이는 "분홍색과 밝은 하늘색 옷을 입은, 낯선 이국" 서독에서 온 아이였다. 군청색 체육복을 입은 어린 나와 화사한 옷을 입고 포동포동하게 살이 오른 데다 달콤한 설탕 냄새까지 풍기는 서독 아이가 대비된다. 특수 임무를 띤 장교의 딸인 나는 적국 출신과 접촉해서는 안 되었지만, 난생처음 만난 "자본주의의 표본"인 서독 아이에게 금지 규칙을 어기면서까지 창피를 주고 싶었고, "그래, 자본주의는 어떠냐?"라는 질문으로 그 아이를 놀이터에서 쫓아냈다. 이 기억의 장면은 실제로 있었던 일인지 상상인지 확실하지 않으며, 경험의 진정성을 지향하지도 않는다. 그 대신 화자가 왜 서독과 동독을 대비하는 기억을 하는가라는 문제에 이 기억 장면의 의도가 있다. 기억 속 말은 동서독 통일 이후 동독 사람들이 줄곧 부딪혔던 질문, 즉 '사회주의가 어떠했냐?'라는 질문을 뒤집는다. 화자는 기억에서 질문의 화살을 거꾸로 서독 측에 돌림으로써 승자의 오만과 편견을 폭로하는 것이다. 이런 점에서 상상의 기억은 헨젤의 유년기 복원과 달리 어린 시절의 경험을 통한 현재 인식을 목적으로 한다.

    화자가 상상하는 기억은 사라진 동독을 새로운 기억으로 만든다. 하지만 상상이 기억의 주인인 것은 아니다. 상실과 부재의 빈자리에서 현재의 욕망이 제멋대로 독재할 수는 없는 것이다. "상상은 각기 다른 세 시간 사이를, 다시 말해 재현 행위의 세 순간 사이를 부유한다."[42]라는 프로이트의 말을 떠올리자면, 기억이 없이는 상상도 불가하다. 상상은 기억 행위를 연출할 수 있지만, 이로써 무의식으로 억압되었던 과거가 일깨워지면서 의식으로 떠올라 기억 행위에 일대 파장을 일으킬 수 있다. 불현듯 솟구치는 과거의 등장은 문학적인 반전을 불러온다.

    그 순간까지 내가 전혀 알아차리지 못했던 무언가가 갑자기 과거에서부터 빛을 내며 내게 다가왔다. 처음으로 나는 그것을 알았고, 두 뺨이 뜨거워졌다. (……) 내 나라는 사람을 깜짝 놀라게 하곤 한다. 뒷덜미를 덮치는 놀라움에 나는 그만 고개를 숙이고 두 눈을 꼭 감는다. 오랜 시간이 지났는데도![43]

놀이터에서 집으로 돌아왔을 때, 아버지는 "꼭 그래야 했냐."라며 딸을 질책했고, 수년 후 집에 전화가 배달되어 연결되었을 때도 아버지는 "꼭 그래야 했냐."라는 말을 반복했다. 화자는 자신이 들었던 아버지의 꾸지람이 수년 후 국가의 벌칙으로 닥쳤다는 것을 문득 깨닫는다. 동독 시절 귀하던 전화기는 규칙 위반 때문에 감시 도구로 집안에 들어왔던 것이다. 상상의 기억이 깨달음으로 변모하는 순간은 카를 하인츠 보러가 '시적 기억'의 한 특징으로 꼽았던, 무의식적 기억의 엄중하고 장엄한 현현의 순간을 떠올리게 한다. 사라진 시간들에 휩쓸리면서 억압되었던 맥락이 밝혀지며 인식의 개안이 일어나는 것이다. 주인공은 자신이 욕망하는 대로 과거를 선택하고 과거를 만들어 낼 수 있다고 믿었지만, 상상에 의해서 드러난 과거 때문에 자신의 현재에 의도하지 않은 균열이 일어나는 것을 감지한다. "풍경을 관통하며 균열이 생긴다. 저절로 생긴다."[44] 이렇듯 쇼흐의 「이방인」는 과거를 만들어 내는 주체와 과거에 의해서 호명되는 주체를 통해 두 방향의 기억을 교차시킨다.

3 기억의 문학, 문학의 기억

문학은 기억이 저장된 공간이자 기억을 생산하는 가장 오래된 방식이며, 개인적 기억과 집단적 기억을 매개하는 특수한 역할을 담당한다. 이 글은 동독 출신 신세대 작가들의 문학적 출발점이 동서독 통일로 인해 도무지 정체를 알 수 없는 무엇인가를 상실했다는 느낌, 즉 멜랑콜리에 있다는 문제의식 아래 야나 헨젤, 요헨 슈미트, 율리아 쇼

호의 글들을 동독에 대한 문학적 기억으로 분석했다.

헨젤의 자전적인 기록, 슈미트의 이야기, 쇼흐의 단편들은 각각 다른 방식으로 동독을 그린다. 헨젤의 기록은 동독 시절 유년기를 복원해 내고자 하며, 슈미트의 이야기는 사라진 시간에 속하는 동독의 실재가 파악될 수 없지만 이야기라는 재현 방식을 통해서 기억될 수 있음을 보여 준다. 쇼흐의 픽션은 이와는 다른 각도에서 문학적 기억이 재현으로서 궁극적으로는 상상이며, 상상이 과거와 고유한 관계를 맺어야 상상의 기억이 인식에 이를 수 있음을 보인다. 동독을 기억하는 방식은 각기 다를 수밖에 없지만, 이들 젊은 작가들의 문학은 동독을 체제나 이념의 체현인 국가의 모습으로 환원하지 않는다는 점에서 공통된다. 이들에게 동독은 체험의 시공간이 아니라 기억의 시공간이며 나아가 이들의 앞 세대에서와는 달리 상상의 시공간이기도 하다. 동독은 영원히 소실된 유년기기도 하고(야나 헨젤), 옛날 옛적이라는 신화의 시간이기도 하고(요헨 슈미트), 현실을 이해하기 위한 관점이기도 하다(율리아 쇼흐). 이 글의 출발점인 멜랑콜리적 상실로 돌아와서 말한다면, 이 세 작가들은 유년기의 단절을 경험했고 유년기로부터 추방되면서 생겨난 결여는 이들에게서 동독 과거를 기억하려는 욕망을 낳는다고 하겠다. 멜랑콜리적 상실은 동독 출신 작가들에게 세대를 막론하고 문학의 중요한 동인으로 작동하며, 트라반트 세대의 동독 문학은 그 상실을 기억함으로써 그것과 이별하고 앞으로 나아가려는 애도의 과정이라고 볼 수 있을 것이다. 동독을 말하고 기억하고 상상하는 문학적 작업은 오랫동안 계속될 것이며, 동독 문학 기록 보관소가 더욱 풍성해지는 부수적인 효과도 지속될 것이라 생각한다.

키비 보이의 팝문학과 문화 상품화 전략

노영돈

1 문학 시장과 환경의 변화

한 사회가 '그릇'이라면 문화는 그 '내용물의 총체'고 문학은 바로 그 내용물에 대한 '비판적 성찰의 결정체'라고 할 수 있다. 문학은 정치, 경제, 사회, 문화의 변화를 비판적으로 성찰하는 과정에서 기존 사회 체제를 유지하기 위해 세운 터부의 벽과 첨예한 갈등 및 대립을 빚고, 이러한 갈등은 권력에 의한 검열이라는 형태로 억압되어 왔다. 그러나 작가가 사회의 담론을 주도하거나 대항 담론을 창출하던 시대는 이제 옛말이 되고 있다. 문화 산업의 팽창과 매체 환경의 급격한 변화는 특히 작가들에게 새로운 위기 상황을 불러일으켰다. 작가가 독자를 계몽하고 선도하던 시대가 가고 오히려 작가가 변화된 독자의 입맛을 맞추는 시대가 왔다는 비판의 목소리와 더불어 지금껏 작가가 누리던 '문학적 헤게모니'와 '사회적 공공성'은 심각한 타격을 입었다. 또한 문학은 이제 상업 광고와 언론의 요란한 언어에 맞서 자신을 힘들게 관철해야 하는 상황에 처했다.

최첨단 멀티미디어와 디지털 문화 속에서 성장해 온 젊은 작가들은 고급문화와 대중문화의 구분이나 작가와 독자의 경계를 허무는 새로운 글쓰기 실험을 감행하고 있다. 이들 젊은 작가들이 내세우는 무기는 진지함과 성찰이 아니라, 대중문화와 팝, 아이러니와 충격(폭력과 섹스), 유희와 도발, 자유분방함 등이다. '팝 문화의 댄디'인 이들은 젊기도 하지만 자신을 문화 상품화하는 전략에 익숙해 차츰 출판 시장을 점유하고 있다. 시장 논리가 전면적으로 사회 전반을 지배하는 가운데, 이들은 독자의 기호에 맞추는 글쓰기 방식이나 독자의 의도를 수용할 수 있는 열린 텍스트 구조를 제시하고 대중 매체를 활용한 다양한 연출을 통해서 자신과 작품을 하나의 '상품'으로 적극적으로 광고한다.

최근 독일 문학계에서 일어나고 있는 가장 큰 변화는 경제성 내지는 상업성의 논리가 모든 분야를 지배한다는 점과 매체의 영향력이 이전과 비교할 수 없을 정도로 증대했다는 점이다. 경제적 요인과 대중 매체의 영향력은 비단 문학뿐만 아니라 현대 사회의 모든 영역에서 나타나는 가장 특징적인 면이기도 하다. 출판 업계 역시 경제적인 압박 아래에서 점점 시장의 법칙을 따를 것을 강요받고 있다. 이는 결국 작가들로 하여금 독자들의 관심사와 구매력만을 의식하고 글쓰기의 방향을 설정하게 한다.[1] 독자의 기대와 기호를 충족하기 위한 새로운 글쓰기 방식, 대중 매체를 적극적으로 활용한 작가의 연출과 홍보 등 책이라는 상품을 가능한 한 잘 팔리게 하기 위한 다각도의 노력에도, 책의 유효 기간은 점점 짧아지고 있다.

　매체에서 자신이 이제 하나의 상표로 취급되는 것을 아무런 거리낌 없이 받아들이는 작가들의 태도 역시 새로운 면이다. 젊은 작가들에게 작가로서의 성공은 책 발행 부수와 밀접하게 연결되고, 책 발행 부수는 다시금 어느 정도 대중 매체의 주목을 받느냐에 달린 것이다. 광고나 홍보에 가장 효과적인 대중 매체의 주목은 곧 경제적인 성공과 직접 연결되는 만큼 젊은 작가들은 다양한 방식으로 매체의 관심을 끌기 위해 노력한다. 신세대 팝문학 작가들은 대중 매체에 등장할 때 대부분 팝 스타를 떠올리게 하는 몸짓을 보이며 작품 낭독회를 매체에 적합한 퍼포먼스 형태로 연출한다. 이처럼 더 이상 정치나 도덕 영역이 아니라 경제 영역이 작가에게 가장 큰 영향을 미치는 결정적인 영역이 되었다. "오늘날 작가는 젊고, 세련되고, 쾌활하며, 명철하고, 냉정하며, 매체와 소비 사회를 통해 잠재적으로 배가된 현실과 자연스럽게 교류하며 자랐다."[2]

　작가들이 텔레비전을 비롯한 모든 매체를 이용해서 작품을 소개하고 대중의 관심을 끌기 위한 노력을 기울이고 있지만 문학계와 대중 매체가 경쟁 관계에 있다는 것은 분명하다. 대중 매체와 문화의 관계에 대한 다양한 해석 모델이 있겠으나 텔레비전이 문화를 확대 재생산한다는 점이나 오늘날 문화를 만들어 가는 데 중요한 역할을 담당한다는 점 또는 오늘날 문화적 현상들과 결코 뗄 수 없이 밀접하게 연결된다는 점은 논쟁의 여지가 없을 것이다.[3] 텔레비전이 독자나 문학 시장에, 문학에 대한 독자들의 이해에, 더 나아가 작가들의 글쓰기 방식에 미치는 영향은 다양한 측면에서 관찰할 수 있을 것이다. 문학의 내용에 끼치는 가장 큰 영향이라고 한다면 배타적인 고급문화와 통속적이고 일상적인 문화의 경계를 생산적인 측면에서나 수용적인 측면에서 공히 흐릿하게 한다는 것이다. 이러한 현상은 한편으로는 텔레비전이 다양한 계층의 서로 다른 시청자들과 소통하기 위해서 대중적인 주제 혹은 대중문화의 주제를 선택하는 것과 관련된다. 다른 한편으로 텔레비전은 고급문화의 주제를 일반 대중들이 접할 수 있게 만들고 이로써 고급문화의 엘리트적 성격이 약화된다. 부정적으로 혹은 비판적으로 표현하자면 텔레비전은 문화나 취향을 평준화하고, 획일화하는 데 책임이 있는 것이다.[4]

책은 텔레비전이나 인터넷에 비해 독자들에게 더 많은 것을 요구한다. 책은 직선적이고 순차적으로 구성되어 많은 집중력과 상상력을 요하고 책을 볼 때는 하이퍼텍스트에서처럼 필요한 정보만을 골라서 읽거나 내용을 서로 자유롭게 연결하는 것이 불가능하다. 다른 매체와 비교할 때 책은 정보 시스템으로서 한물간 것으로 치부되기도 한다.[5] 레슬리 피들러는 "의사소통 매체가 한물갈 경우에 그것은 오락의 형태가 되어야 한다."[6]라고 한다. 1990년대 중반 이후로 팝문학 현상에서 두드러지게 나타나는 오락 형태로의 변화는 문학 영역에서뿐만 아니라 문화 전반에서 관찰된다. "슈투크라트바레와 그의 친구들은 자신들을 문화 산업의 동업자로 이해한다. 유효 기간이 빠르게 만료되는, 그들의 잘 팔리는 유행 문학은 여피족의 즐거움을 위해서 사용된다."[7] 문학의 종말이라는 섣부른 진단과 우려의 목소리도 들리지만 아직 속단할 수는 없다. 그러나 독자들은 어쨌든 이전만큼 책을 읽고 싶어 하지 않는다. 그림과 함께 내용을 쉽게 요약해서 설명해 주는 영상 매체의 영향 때문에 독자 스스로 내용이나 의미를 파악하기 위해 많은 노력을 쏟지 않으려는 쪽으로 소비 형태가 변화했다는 뜻이다. 피상성이 그야말로 예찬되는 시대며 이는 사회의 문화 소비 전반에 나타나고 있다.

최근 독일 문학의 독자층이 다양해졌고, 이들의 관심을 끌기 위한 작가들의 연출 방식도 다양하다. 독자층을 분류하기는 쉽지 않다. 더욱이 단일한 집단으로 파악하거나 묘사할 수는 없다. 독자에 관한 최근 연구에서 지속적으로 언급되는 것은 독자들이 작품의 주인공, 혹은 종종 작품의 주인공으로 등장하는 작가와 자신을 동일시하려는 성향을 강하게 드러낸다는 점이다. 특히 최근 독일 문학 독자들은 이러한 동일시를 텍스트에서만이 아니라 작가 개인에게서도 찾는다.[8] 이들은 이전과 달리 작가가 입는 옷의 상표, 즐겨 쓰는 향수, 좋아하는 음악이나 영화 등 작가의 개인적인 면을 알고 싶어 한다. 작가는 "무엇을 믿는지, 누구를 사랑하는지, 무슨 돈으로 생계를 유지하는지, 독일 통일로부터는 무엇을 기대하는지…… 등을 말해야 한다."[9] 변화된 매체 환경에서 독자의 관심에 부응하고 보다 많은 독자를 확보하기 위해서 작가들은 자신과 자신의 삶을 드러낼 것을 강요받는다.

점점 매체와 친숙해져 가는 독자들의 다양한 기호를 맞추기는 어려워졌으며, 독자층의 성향을 파악하기도 쉽지 않다. 독자층은 오히려 불분명해졌으며 수입, 교육 수준, 지위 등 사회적 환경만이 아니라 생활 양식이나 세대를 통해 다양하게 나누어진다. 달리 표현하면 포스트모던 산업 사회에서는 더 이상 동질적인 사회적 영역이 형성되지 않고, "사회 계층의 세분화와 자동화"[10] 경향이 분명하게 나타난다. 이전의 주도적인 문학 독자층 대신에 이제 다양한 환경과 삶의 방식을 따르는 다양한 독자들이 등장한 것이다. 이와 더불어 엄격하게 구분된 고급문화와 대중문화에 대한 인식이나 대중문화의 동질성에 대한 인식은 이미 낡은 것이 되었다.[11] 점점 증가해 파악하기 어려울 정도로 많은 공적 영역의 형성, 세계화, 세계의 네트워크화는 경제와 매체의 영향력을 더욱 강화해 주고 있다.[12] 새로운 독자층을 파악하고 그들의 기호나 성향을 분명하게 파악하기가 쉽지 않으나, 분명한 것은 최근 독일 문학을 읽는 독자들이 있다는 것이다.

2 새로운 팝문학의 등장

팝문학[13]의 개념을 명확하게 규정하는 일은 쉽지 않다. 팝(Pop)이라는 독립된 어휘소는 'popular'에서 온 것이다. 'popular'에는 본래 두 가지 의미가 있다. 하나는 '일반적으로 잘 알려진', '인기 있는'이라는 뜻이고, 다른 하나는 '평이한'이라는 뜻이다.[14] 누구나 이해할 수 있을 만큼 평이하다는 미학적 범주와 인기 있어 잘 팔린다는 경제적 범주가 이 개념에서 결합되어 있음을 볼 수 있다.

팝문학의 발생은 1960년대 미국으로 거슬러 올라간다. 1960년대 미술 분야에서 시작되어 다른 예술 영역과 삶의 영역 전반에 영향을 미친 팝 운동은 대중문화에서 고급문화에 이르기까지 확고하게 자리 잡은 주류 문화에 대한 저항 문화 운동이었다. 마셜 매클루언과 레슬리 피들러는 포스트모더니즘이나 팝문학 개념의 정신적인 아버지에 해당한다고 할 수 있다. 피들러는 「경계를 가로지르고, 틈을 메워라」(1968)에서 누구나 이해할 수 있는 내용과 형식을 지닌, 광범위한 독자층을 향한 문학으로 엘리트 고급 문학과 오락 문학 사이 도랑을 가로지를 것을 요구한다.[15] 팝문학이라는 신조어는 '팝 문화'와 '팝 아트' 같은 개념들의 언어적 유희에서 발생한 것이었다. 'popular'의 파생어로서 'Pop'은 영어의 의성어 'to pop'(펑 하는 소리가 나다, 파열하다, 발포하다)과 연결되면서, 현재 상태에 반대하는 젊은 세대들의 폭발적이고

혁명적인 태도를 암시했고 주류 문화 내지는 고급문화에 대한 반문화의 저항적 정체성을 보여 줬다.[16]

비틀스와 롤링 스톤스의 시기에 서독은 미국 대중문화, 비트 음악과 팝 아트의 영향을 받았다.[17] 페터 한트케는 미국 팝 문화를 인용 형식으로 자신의 텍스트에 연결했으며, 롤프 디터 브링크만은 미국의 전형적인 팝문학을 독일로 들여왔다. 그는 피들러, 워홀, 부코스키의 텍스트를 번역했으며, 코믹이나 콜라주와 연관된 텍스트를 출판함으로써 독일 고유 하위문화의 토대를 마련했다. 다다 작가들의 의도와 비교할 수 있는 브링크만의 작업은 "진부한 언어 그리고 광고 산업이나 매체 산업의 환상 세계를 파괴하여, 훼손된 개인을 훼손된 것들과 함께 드러내 놓고 이와 더불어 감각적인 (자아) 체험을 위한 자유로운 공간을 탐색하고자"[18] 했다. 이런 점에서 브링크만은 마약, 섹스, 음악이라는 주제를 금기시하지 말고 이에 대해 논쟁할 것을 강조했다. 그는 텍스트를 자신을 둘러싼 일상적인 삶에 대한 반응으로 이해했으며, 영화와 같은 직접적인 양식으로 작품을 창작했다. 이와 같은 텍스트를 통해서 그는 도처에 상존하는 상업주의 광고 그리고 대중 매체의 조작과 음모를 사람들에게 인식시키고자 했다.[19]

섹스, 마약, 음악 같은 주제나 미학적인 형식 실험 등은 오늘날의 팝문학에까지 영향을 주었다. 소비문화, 상업적이며 물질적인 관계, 자본주의적 조작에 대한 저항은 그러나 점점 약화되거나 상실되어 갔다. 1970년대 초 신주관성으로 경향이 전환되고, 그와 더불어 팝 문화를 소개하고 다루던 페터 한트케나 후베르트 피히테 등이 점차적으로 확고한 사회적 지위를 얻으면서 팝문학 현상에 대한 관심이 사라지기 시작했다.[20] 라이날트 괴츠, 안드레아스 노이마이스터, 토마스 마이네케 등이 1980년대 말에 이르러 새로운 팝문학 작가 세대를 이뤘다.

그들은 작가로 음악가로 그리고 디제이로 등장하며, 젊은이들의 생활 양식이나 포스트모더니즘 이론을 텍스트에서 다뤘다.

1990년대에 들어서 '89세대'라 불리는 신세대 작가들의 새로운 팝문학이 주목받기 시작했다.[21] 새로운 팝문학은 파괴적이거나 전복적이지 않고 이른바 문화 산업의 한 부분으로 등장했다. 팝문학이 만들어 내는 것들 중 대부분은 오히려 문화적인 주류가 되었다. 그러나 누가 팝문학 작가고 어떤 텍스트를 팝문학 작품이라고 말할 수 있는지는 여전히 논쟁거리다. 토마스 융은 팝문학 작가의 범주를 제한한다. 그는 서독에서 자라면서 사회화 과정을 겪은 작가들을 전제하면서 그중 스스로를 '팝 문화 오중주'라고 부르는 작가들(요아힘 베싱, 크리스티안 크라흐트, 에크하르트 니켈, 알렉산더 폰 쇤부르크, 벤야민 폰 슈투크라트바레)을 핵심적인 인물들로 본다. 물론 거기에다 대표적인 여성 작가로 알렉사 헤닝 폰 랑게와 지빌레 베르크를 포함한다.[22] 소설 『크레이지』를 발표한 벤야민 레버트 역시 팝문학 작가로 불린다. 여기에다 이주민 작가 페리둔 차이몰루, 블라디미르 카미너와 동독 출신 토마스 브루시히가 포함되기도 한다. 벤야민 레버트, 벤야민 폰 슈투크라트바레, 크리스티안 크라흐트 등 통일 이후 팝문학을 주도하는 서독 출신 남성 신세대 작가들은 대부분 '키비(KiWi = Verlag Kiepenheuer & Witsch)'라는 특정 출판사에서 책을 출간해 주가를 높이고 있기 때문에 이들의 활약은 "키비 보이의 기적"[23]이라 일컬어진다.

1990년대 중반 이후 새로운 팝문학의 붐을 일으킨 작품들로는 브렛 이스턴 엘리스의 『아메리칸 사이코』에서 영향을 받은 크리스티안 크라흐트의 『파저란트』(1995), 알렉사 헤닝 폰 랑게의 『릴렉스』, 닉 혼비의 『하이 피델리티』를 본뜬 벤야민 폰 슈투크라트바레의 『솔로 앨범』(1999), 『라이브 앨범』(1999), 『리믹스』(1999), 요아힘 베싱이 펴낸

『제왕의 비애』(1999), 젊은 독일 작가들의 짧은 이야기들을 모아서 펴낸 크라흐트의 『메소포타미아』(1999), 벤야민 레버트의 『크레이지』, 자신들 세대에 대한 일종의 선언이라고 할 수 있는 플로리안 일리스의 『골프 세대』(2000) 등이 있다.

작가들이 대부분 젊다는 것이 겉보기에는 팝문학의 결정적인 특징이라고 할 수 있으나, 팝문학 작가 세대를 묶어 주는 특징은 나이가 아니라 생활 감정, 팝문학의 주제를 다루는 방식이라고 할 수 있다. 팝문학은 대중문화의 주제를 다루며, 물질적인 풍요 가운데서 한 개인이 겪는 여러 가지 경험을 이야기한다. 주로 고독, 소외, 섹스, 폭력, 실연의 경험이 중점적으로 다루어지며, 이러한 경험을 통해서 생활 감정이 전달된다. 이때 음악이나 대중 매체, 클럽 파티, 마약이나 약물 등에 중요한 의미가 부여된다. 이야기의 주체는 거의 예외 없이 일인칭 화자로, 종종 삶을 지루해하며 냉소적이거나 경멸적인 어투로 말하고 다른 사람의 복장이나 태도에 대해 평가하며 스스로 방향성을 상실한 모습으로 나타난다.[24]

스스로를 팝 문화 오중주라 부르는 요아힘 베싱, 크리스티안 크라흐트, 에크하르트 니켈, 벤야민 폰 슈투크라트바레, 알렉산더 폰 쉰부르크는 1999년 베를린의 아들론 호텔에 함께 머무르며 자신들 세대의 상황에 대해서 이야기를 나누고 이 대화 내용을 『제왕의 비애』라는 책으로 출간했다. 독일, 정치, 유행 등에 관한 대화는 그들 세대의 풍속도를 그리지만, 대화 내용과 관련해서 주된 주제는 지루함이라고 말할 수 있을 것이다.

우리는 철저히 즐기며 지낸다. 긴장은 사라졌다. 그것이 게다가 너무 지나쳐서 아주 건강하고 이성적인 우리 같은 사람들이 돈을 벌기 위해서 아들론 호텔에 갇히기도 한다. 부로 인해서 타락한 우리의 현재 상태를 요란스레 푸념하기 위해서. 여기가 베를린이 아니고 케임브리지라면, 그리고 지금이 1999년 봄이 아니라 1914년 가을이라면 우리는 제일 먼저 자원입대한 사람들일 것이다.[25]

"부로 인해서 타락한"이라는 개념으로 알렉산더 폰 쇤베르크는 '89세대'라 불리는 자신들 세대의 문제를 진단한다. 그는 자신들 세대가 산업화가 불러온 여유로운 삶과 소비문화를 향유하는 가운데 총체적으로 지나치게 즐거움만을 추구하는 상태에 빠졌다고 말한다. 따분함, 부유함, 신보수주의적 태도 등은 아들론 호텔에 모인 작가들이 다룬 주제는 아니다. 단지 그렇게 보였을 뿐이다. 고급 호텔의 호화스러운 방에 머물면서 값비싼 옷을 입고 시가를 피우며 비싼 옷과 고급 상표의 의미에 대해서, 계층의 상징에 대해서 이야기하는 그들을 통해 그런 모습이 보였을 뿐이다. "이 책에서 팝 문화의 댄디들은 스노비즘적인 젊은 팝 문화를 신보수주의적인 독일의 가치와 결합하려고 노력한다."[26] 디드리히 디더릭센은 이들 문학에 유토피아가 없다고, 그리고 반어만 넘쳐 난다고 탄식한다. "아들론 호텔 분파의 지루하고 부유한 문학"[27]은 짧은 시간 동일시할 수 있는 표면을 제공할 뿐 의지할 수 있는 발판을 제공하지는 못한다는 것이다.

"나는 단지 써 내려갈 뿐이다. 사람들이 무엇을 걸치고 있는지, 언어는 어떤지, 규칙은 어떤지, 거래란 무엇인지. 일상에서 관찰되는 이 모든 것들은 퇴비로 만들어져야 한다."[28] 슈투크라트바레의 이와 같은 진술은 팝문학을 매력 있게 만들어 주는 것이 바로 일상의 재인식이라는 점을 말해 준다. 독자는 이들의 작품에서 자신의 삶을 재발견하는 것이다. 이처럼 팝문학에서 다루는 일상적인 주제들은 작가와 독자를 연결한다. 그 주제들이 공통적인 사회화 과정과 경험들에 근거하기 때문이다. 플로리안 일리스의 작품 『골프 세대』의 성공은 이러한 관찰을 확인해 준다. 독자는 자신의 어린 시절 체험이 집단적 경험이며, 그것에 대해서 사람들이 서로 의견을 나눌 수 있고 유사한 감정을 느끼며 결합된다고 확신함으로써 자신의 삶이 정당하거나 적정하다는 것을 확인받는 듯 보인다. 크리스티안 크라호트의 『파저란트』, 알렉사 헤닝 폰 랑게의 『릴렉스』, 슈투크라트바레의 『솔로 앨범』에서 일인칭 화자는 상표에 민감하고 유행을 잘 알며, 이들의 행동 양식은 자신들이 '흐름'의 중심에 있다는 것을 잘 보여 준다. 바로 이들의 가치 판단이 독자들의 판단에 확실한 토대가 된다. "이 책에서 얻는 가장 큰 행운은 현실을, 자신의 현실을 발견하는 것이다."[29] 팝문학 독자는 세상에서 자신의 위치를, 자신이 속한 곳을, 그리고 동일시할 대상을 찾고자 한다.

    신세대 작가들의 팝문학은 현실을 있는 그대로 받아들여 사실적으로 묘사하거나 화자가 주관적으로 인지한 현실을 표현하는 글쓰기 방식이며, 초개인적인 혹은 사회적이고 정치적인 문제를 비판적으로 다루지는 않는다. "팝은 현재의 열쇠다. 팝이라는 개념은 탄력성이 있고, 눈부시게 빛나며, 모든 권한을 지녔다. 팝은 스쳐 가는 것과 새로운 것, 일상적인 것의 화제성, 시장과 유행을 찬미한다."[30] 팝문학 작가들의 이와 같은 글쓰기 방식에 대해서 라디슈는 "어떤 상승도 없고, 표상도 없고, 특성도 없고, 감동도 없고, 자신의 접힌 비곗살 속을 파고드는 것도 없고, 표현 기법을 위한 고된 작업도 없고, 다른 모든 것들과 마찬가지로 제멋대로 망가진 텍스트들이다."[31]라고 일갈한다.

    자신들을 둘러싼 매체와 소비 세계에서 강한 영향을 받은 작가들은 이러한 현실을 주제로 삼고 그 세계 가운데서의 경험을 자연스럽게 표현하는 것이다. 따라서 팝문학은 매체에서 자주 사용되는 언어에서부터 폭력적인 언어에 이르기까지 다양하면서도 아주 일상적인 언어들로 채워진다. 밴드 이름, 노래 제목, 상표나 상품 이름, 영화 제목, 광고 문구 등도 자연스럽게 사용된다.

> 아마도 이전의 의미에서 문학과 삶을 일치시키려는 것이 아니라, 문학과 삶의 양식을 일치시키려는 이들 젊은이들은 (……) 비록 귀족적이지는 않으나, 어쨌든 고상하게 차려입고, 긴장이 풀린 채 자포자기하며, 예의 바르고, 시대정신의 모범생이며, 체인점 점장의 옷을 입은 소시민의 소름끼치는 모습이고, 엘리트적이고, 지적이고, 유연하며 그렇기 때문에 그 반대기도 하다. 이들은 팝모던 댄디들이며 아마도 새로운 시대의 사신일 것이다.[32]

작가들은 상업적인 소비문화를 받아들이는 데에도 아무런 거리낌 없을 뿐만 아니라, 그것을 작품 주제로 다루기도 한다. 이런 점에서 팝은 확실히 상업과 미학이 만나는 자리라고 할 수 있을 것이다. "피 앤 드 시(P&C, 의류 체인점) 광고에 나오는 금발 소년 같은 얼굴이 키보드 연주자이며, 라디오 진행자이며, 작가인 것을 누가 알겠는가?"[33]

1990년대 중반 이후에 나타난 최근 팝문학의 근원은 1960년대 팝문학에서 찾을 수 있다. 그러나 외형적인 특징이나 작가 의식 등 몇 가지 점에서는 근본적인 변화가 일어났다고 할 수 있다. 팝문학은 더 이상 하위문화의 표현 양식과 수단이 아니라, 대중에게 접근하고 대중을 움직이는 효과적인 표현 방식으로 파악된다.[34] 최근 팝문학은 문화 산업에 포섭되지 않으면서 고급문화에 대한 저항적 정체성을 지닌 하위문화를 창출하고자 했던 브링크만의 의도와는 명백히 다른 길을 가고 있는 것이다.[35] 에른스트는 "소수자의 위치로부터 나오는 파괴적인 힘을 얻고자 했던 초기 의도와 사고 방향은 시민적 중간 계층의 문화에 흡수되어 버렸다."[36]라고 평가한다.

3 대중 매체와 작가의 자기 연출

팝문학 작가들은 대부분 대중 매체를 통해, 특히 텔레비전을 통해 적극적으로 자신을 알리기 위해서 노력한다. 매체의 활용은 팝 현상의 한 부분인 것이다. 슈투크라트바레는 다른 작가들보다 말재간이 뛰어나고 재미있는 토크 쇼 출연자의 이미지를 풍기며, 그룹 '베스트밤'의 대부로서 팝 음악계나 텔레비전 쇼 프로의 저명인사들과 함께 2004년 3월 19일 그랑프리 예선에 참가하기도 했다. 유명한 텔레비전 쇼 프로 진행자 하랄트 슈미트를 위해 개그 작가로 일했던 그는 2002년 1월 27일에는 '하랄트 슈미트 레이트 나이트 쇼'에도 초대 손님으로 출연했다. 방송이 시작되자 카메라는 쾰른 전경과 스튜디오 위를 맴돌았고, 이때 진행자와 함께 초대 손님 슈투크라트바레가 소개되면서 "독일 최고 작가"라는 수식어가 붙었다. 그는 새로 출간된 그의 작품 『독일 극장』을 소개하기 위해서 쇼에 나왔다. 팝문학 작가들은 이미 사회화 과정에서 텔레비전의 영향을 받아 대중 매체의 서사 방식과 밀접하게 연결되어 있으며, 팝문학은 대중 매체의 구경거리로 바뀌고 있다. "대중 매체 전체가 오늘날 어떤 의미에서는 팝인 것이다."[37]

작품 낭독회 연출은 결코 새로운 것은 아니다. 작가의 특성과 이미지가 잘 드러날 수 있도록 공간, 장식, 분위기를 선택하고 의도적으로 연출하는 것은 이전부터 있어 왔던 일이다. 그러나 팝문학 작가들의 낭독회 연출은 새로운 면을 보여 준다. 팝 스타의 공연을 연상시키듯 다양한 기술자들이 동원되어 조명이나 음향 효과를 만들어 내며 팝문학 작가를 마치 팝 스타처럼 보이도록 한다. 텍스트 역시 완성된 형태만을 사용하는 것이 아니라 텍스트의 한계를 벗어나거나 없앤 형태도 선택한다. 관객들과 대화하고 토론하며 텍스트를 완성해 가는 것이다. 이는 오로지 연출 효과만을 의도한 것은 아니다. 노래를 부르거나 대화 내용을 녹음하는 것은 내용상 중요한 의미를 지닌다. 이 모든 것이 텍스트를 완성해 나가는 과정이며, 넓은 의미의 텍스트 개념으로 본다면 역시 텍스트의 한 부분인 것이다.

팝문학 작가들의 낭독회 연출에서 특히 눈에 띄는 것은 이들이 친밀감을 표현하는 자연스럽고 즉흥적인 언행을 통해서 관객 및 독자와 밀접한 관계를 형성한다는 점이다. 가령 슈투크라트바레는 낭독회에 참석하는 사람들에게 자신의 책을 사 가지고 올 것을 요구하며, 참석한 독자에게 가져온 책의 한 부분을 같이 읽자고 하기도 한다.[38] 이러한 연출의 목적에 대해 슈투크라트바레는 다음과 같이 말한다.

> 가능하면 많은 사람들이 우리 책을 사서 읽어야 한다. 그것이 중요하다. 독일의 최근 상황은 문학이 소위 대중을 위한 것은 아니라는 점을 보여 준다. 사람들은 문학이 작고 고약한 냄새가 나는 문학의 집들에서 생겨나야 한다는 생각을 장려하고 참고 견뎌 낸다. 그렇다면 이러한 틈새에서 가능한 한 시끄럽게 행동하고 실제로는 보잘것없는 책의 출판을 사건으로 미화하는 것이 우리의 목적이다. 왜냐하면 오직 그래야만 보도가 보장되고 그와 더불어 광고도 보장되기 때문이다.[39]

책은 이들에게 하나의 상품이며 이것을 어떻게 독자에게 가지고 가느냐가 중요하다. 슈투크라트바레에게서 확인할 수 있는 또 한 가지 원칙은 그가 자신이 속한 팝문학 그룹 안에서도 자신과 다른 작가의 차이를 분명하게 한다는 것이다. 그리고 이러한 차이가 연출되면서 관객들은 흥미를 느낀다. "이러한 극적인, 그리고 다시금 자기 반어적으로 전복되는 아무것도 아닌 차이들이 재료다. 그런 재료에서 개성, 새롭고 젊은 개성이 생성되는 것이다."[40] 여기서 분명히 밝히고 넘어가야 할 점은 이들에게서 차이라는 것이 결코 서로 다른 정치적 견해나 세계관에서 기인하지 않는다는 사실이다.

인터넷을 검색해 보면 벤야민 레버트, 벤야민 폰 슈투크라트바레, 크리스티안 크라흐트 등 팝문학 작가들이 대부분 홈페이지를 이용해서 자신을 연출한다는 것을 알 수 있다.[41] 마케팅 전략의 일환이기도 한 이런 사이트를 통해서 독자는 작가에 대해 더 많은 것을 알 수 있고, 일련의 링크된 사이트를 들여다볼 수 있으며, 최근 유행하는 용어나 시의적인 주제에 대해 물을 수도 있고, 방문자로서 글을 남길 수도 있으며, 당연히 책, 시디, 카세트 혹은 그 밖의 상품들을 주문할 수 있다.

팝문학 작가들은 자신들의 이미지를 부각하고 각인하기 위해서 인터넷 매체를 적극적으로 활용한다. 크리스티안 크라흐트의 홈페이지에 들어가면 작가의 이름과 함께 잘 차려입은 세련된 남자의 뒷모습이 나타난다. 그리고 붉은 매니큐어를 바른 가늘고 긴 여자 손가락이 그의 목덜미에 놓여 있어 그가 여성들에게 매력 있는 성공한 남성임을 보여 준다. 사진 옆에는 그의 이름이 마치 상품 이름처럼 나타나며, 사진과 이름의 조합을 통해 전체적으로 젊고 섹시하며 성공한 작가의 이미지가 잘 드러난다. '나에게로 달려가는 여행' 링크로 들어

가면 작가의 친구인 요아힘 베싱이나 에크하르트 니켈의 스냅 사진과 언급을 볼 수 있다. 이와 같은 사진과 언급, 링크 제목은 작가의 사생활을 들여다본다는 인상을 주고 이를 통해 친근감이나 공감 또는 호감을 불러일으킨다. 이러한 인상은 가령 개 사진이 들어 있는 '게오르게' 링크를 통해 더 강화된다. '나의 집에서'나 '아버지의 아름답고 멜랑콜리한 세계'에서는 작가의 아버지가 오랜 기간 동안 찍은 사진들을 볼 수 있다. '상품' 링크에서는 크라흐트의 상표가 붙은 모든 제품이 소개되며 방문자는 인터넷 서점 아마존을 통해 제품을 바로 주문할 수 있다.

대중 매체를 적극적으로 활용한다는 점과 더불어 팝문학 작가들의 연출에 나타나는 공통적인 현상은 팝의 세계와 자신을 연결한다는 점이다. 『솔로 앨범』은 제목에서부터 의도적으로 대중 음악과의 가까운 거리를 나타낸다. 이러한 의도와 구상은 책의 목차를 통해서 강조된다. 밴드 오아시스의 곡 제목을 단 각 장들은 음반과 마찬가지로 A면과 B면 두 부분으로 나뉜다. 낭독회나 방송에서도 작가들은 팝 음악과 팝 문화에 대해 많이 언급한다. 이들은 실제로 음악과 연관된 다양한 일을 한다. 음악가, 방송 진행자, 디제이, 음악 잡지사 기자, 문예란 기고자 등으로 일하는 작가들은 이러한 경험(인터뷰, 음악평, 편지 교환, 노래 가사와 제목, 텔레비전 토크 쇼)을 바탕으로 작품을 완성해 나간다.

작가들은 팝 스타의 언어나 행동을 따라하면서 자신의 스타일을 만들어 간다. 장비나 의상도 역시 특정한 이미지를 지닌다. 이들은 재치 있고 거침없는 답변, 젊음과 발랄함, 잘생긴 얼굴 혹은 섹시함, 자연스러운 무대 태도 등의 이미지로 독자들에게 다가간다. "쇼는 오늘날 모든 것이다. 그 밖에 물질주의, 쾌락주의, 몸과 젊음의 숭배, 이것들은 모두 어느 정도는 고대 말기를 떠올리게 한다. 용암이 삼키고 야만인들이 유린하기 전까지의 고대 말기를."[42]

팝문학 작가들의 이러한 스타일이나 이미지는 동시에 매체를 통해서 추구할 만한 가치로 부각된다. 독자들은 이와 같은 가치를 자신들이 추구하는 가치와 동일시하며, 이와 더불어 자신을 작가 개인과도 동일시한다. 이처럼 작가의 외모나 이미지는 독자들에게 항상 중요하게 작용한다. "책 표지 밖과 책 표지 안의 관계는 아직 생겨나지 않았다. 이처럼 명백하게 불균형한 것이다."[43]

4 변화된 작가상

독자나 출판사는 쉽게 읽히고 소비될 수 있는, 그리고 무엇보다도 잘 팔리는 책에 대해 어느 때보다도 강한 관심을 나타내고 있다. 팝문학 작가들은 그들을 위해 글을 쓸 준비가 되어 있으며, 그들이 기대하는 것으로만 작품을 채우고 있다. 이러한 태도는 자본에 철저하게 종속된 모습으로, 이전과는 달라진 작가상을 보여 준다. 팝문학 작가들은 지배적인 시장 원리에 완전히 열린 자세를 보인다. "오직 쉼 없는 재미, 앞서 스케치한 인생의 쾌락, 욕망, 본능에 의해 움직이는 향락주의를 목표로 하는 것이 잘 팔리고 있다."[44]

문학은 반드시 재미있어야 한다는 것이 팝문학 작가들의 기본적인 입장이다. "즐거움을 주는 예술가의 도리 중 한 가지 우선하는 것이 있어야 한다. 그것은 말하자면 온 사람들이 제대로 즐겁게 대접받고 싶어 한다는 걸 아는 것이다."[45] 엔터테인먼트는 팝문학 작가들의 시각에서 보면 당연한 과제인 것이다. 좀 더 정확하게 말하면 자기 이해의 한 부분인 것이다.

언제나 누텔라 초코 크림을 두껍게 바른 빵을 먹고 자란 사람에게는 방종한 생활도 역시 별다른 재미를 주지 못한다. 왜냐하면 환각이 정상적인 여가 시간의 한 부분으로 제공되기 때문이다. 우리들은 산업화로 말미암아 완전히 재미와 오락에 빠졌다.[46]

이전의 교육받은 엘리트 계층을 위해서 고급문화가 있었다면, 새로운 엘리트를 위해서는 팝 문화가 있다. "지난날에는 고급문화가 중요했지만 오늘날 새로운 시민들의 정체성을 위해서는 음반, 비디오 그리고 스타일의 문제가 중요한 의미를 지닌다."[47] 슈투크라트바레는 팝문학이 문학에서 "장애인 주차장" 정도로 평가받는 것을 거부한다. 왜냐하면 그는 자신이 지식인의 전통에 서 있다고 보기 때문이다.

이 꼬리표는 언제나 과소평가에 사용되었다. 소위 제대로 된, 진정한, 깊이 있는 문학과 비교해 구분할 때 사용되었다. 문학의 장애인 주차장인 팝문학. 이것은 신문 문예란이 공포에 사로잡혀서 현재 지닌 것을 보존하는 방식이다. 우리가 그들의 도움 없이도 사람들에게 다가가리라는 것을 그들은 안다. 가장 가혹한 평가에도 독자들이 우리 책을 살 만큼 뻔뻔하다는 것도. 마침내 그들은 우리 책을 경멸적으로 팝문학이라고 부른다. 왜냐하면 그들은 팝이 무엇인지 파악하지 못했기 때문이다. 그렇다. 팝과 진지한 관계를 맺은 사람은 아무것도 말해 주지 않는 이런 단어를 사용하지 않을 것이다.[48]

다양한 형태의 파라텍스트를 통해서 나타나는 팝 문화와의 친근성, 팝 문화의 수용이 결코 지성과 모순되지는 않는다는 것이다. 그는 팝 문화의 인물이나 현상에 대해서만 이야기하는 것이 아니라 고급문화의 대표적인 인물에 대해서도 언급한다. 슈투크라트바레의 홈페이지 링크 목록을 보면 로비 윌리엄스 이외에 토마스 베른하르트나 막스 프리슈의 이름도 있다. 『라이브 앨범』의 책 표지 뒷면을 보면 프리슈의 『작가들의 저녁 시간』 인용을 볼 수 있다.

이 새로운 엘리트들은 대중문화와의 구분을 통해서 고급문화 취향을 정의하는 것이 아니다. 이들은 대중 매체 현상에 대한 풍부한 지식을 바탕으로 자신들이 대중 매체에서 영향을 받고 있다는 것을 냉철하게 파악하고 이를 때로는 반어적으로 끌어들이면서 자신들의 문화적 취향을 정의한다. 하랄트 슈미트나 슈투크라트바레는 매체와 상표를 충분히 의식하며, 고유한 방식과 격을 갖춘 깐깐한 엔터테이너로서 스스로를 새로운 지식인으로 인식한다.

작가라는 것은 더 이상 조심스럽고 잘 나서지 않는 이전의 예술가 유형을 연상시키지 않는다. 작가란 이제 항상 흐름의 중심에 있으며 돈을 잘 벌고 성공적인 이미지로 남들의 부러움을 받는 것을 의미한다. 신세대 팝문학 작가들은 유행을 따르고 외모와 스타일을 통해서 유행을 함께 만들어 가기도 한다. 좋아하거나 추천할 만한 음반이나 책을 웹 사이트에 올리고, 음악 또는 영화 장면 인용이나 특정한 상표 이름을 텍스트에서 거리낌 없이 강조한다. 이는 대중과 동일한 삶의 감정을 묘사하는 것이며, 이러한 삶의 감정은 독자들에게 동일시할 수 있는 표면을 제공해 준다. 하랄트 슈미트나 슈테판 라프처럼 작가 이름이 일종의 상표 이름이 되기도 한다. 소비자들은 이 상표를 사용함으로써 자신의 취향을 나타내거나 취향이 같은 그룹에 속한다.

팝문학에서 주제로 다루는 집단적인 경험은 항상 새로운 이름으로 묶이는 그룹을 묘사하고 대상으로 삼는 것처럼 보인다. X 세대, 베를린 세대, @ 세대 혹은 골프 세대 등 명칭이 다양한 세대들을 정확히 구분하고 파악하는 것은 쉽지 않아 보인다. "그들의 상표로 그들을 식별해야 한다. 혁명 이후에 나타난 '세대'에게는 의견이 아니라 삶의 스타일이 있다. 그들의 정체성은 어느 그룹에 속했는가가 아니라 청바지 상표가 진짜인가에 토대를 둔다."[49] '온순한 젊은이'[50]들의 성공적인 삶을 평가하는 척도가 무엇인지 분명해 보인다. "우리들은 거리낌 없이 긍정한다. 전에 없이 돈을 벌 수 있는 가능성이 많다. 그리고 우리는 무엇을 위해 돈을 써야 하는지에 대해 생각이 같다. 우리는 상품을, 상표를, 가격을 알고 지불할 준비가 되었다."[51]

소비 지향적인 사회에서 자란 이들의 관심은 외모나 스타일인 것이다. 그리고 팝문학은 정확히 그것을 다룬다. 나는 어떻게 보일까? 나는 어떤 인상을 줄까? 난 누구와 구별될까? 이들에겐 알맞은 장신구를 골라서 삶을 완전하게 치장하는 것이 중요하다. 정치적인 문제나 유토피아 논쟁은 이들에게 불쾌하고 불안한 느낌을 준다. 팝문학 작가들은 "안전한 생활 양식, 취향의 탁월성, 부러워할 만한 자유, 돈과 관련되는 것"[52]을 형상화하며, 자기들의 이야기를 해 줄 수 있는 문학에 대한 독자들의 기대를 충족해 준다.

모든 세대는 앞선 세대와 자기 세대를 구분 지어 왔으며 지금 이 세대도 마찬가지다. 여기서 언급되는, 오로지 재미와 오락에 빠진 상태, 그로 인한 유토피아의 결여, 비정치적이고 이기적인 태도 등은 젊은 엘리트 세대를 명확하게 구분해 주는 내용들일 것이다. "다른 일에 간섭하지 않는 새로운 휴식용 문학이 세상과 체결한 불가침 조약은 하나의 도발이다."[53]

5 팝문학과 문학의 위기론

단순히 외면적으로 볼 때 독자들의 관심 부족으로 문학이 위기에 처한 것 같지는 않다.[54] 출판 업계의 집중 현상[55]을 제외한다면 문학에 대한 관심, 책의 시장 가격, 발행 부수 등을 볼 때 문학계에 종사하는 사람들에게는 걱정할 이유가 전혀 없어 보인다. 이전 작품들이 대부분 1000부 정도 판매에 만족해야 했던 반면에, 젊은 팝문학 작가들의 작품은 데뷔작의 경우에도 발행 부수가 10만 부에 다다른다. 벤야민 레버트가 17세에 발표한 소설 『크레이지』는 출판과 더불어 판매부수 18만 부를 기록했다. 『솔로 앨범』 역시 30만 부 이상 발행 부수를 기록하며 20여 개 언어로 번역되었고 영화화되어 흥행에도 성공을 거두었다.

공감하든 거부하든 팝문학 현상은 문학과 연관하여 논의할 만한 가치가 있는 것으로 받아들여졌고 주요 신문 문예란의 토론 주제가 되었다. 고급 문학과 통속 문학이라는 전통적인 구분 기준에 매여서 무엇이 문학이고, 무엇이 문학을 위협하는지에 대한 목소리가 높지만, 문예란은 매체와 결합되어 관심을 끄는 팝문학 현상에 대해 논하지 않을 수는 없다. 문예란이 존속하기 위해서는 대중적인 현상과 대중들의 관심을 외면할 수 없기 때문이다. 전통적인 문예란도 텔레비전이나 인터넷 등 매체에서 점점 더 직접적인 영향을 받고 있으며 이에 적응하고 있는 것처럼 보인다.

대중 매체를 통해 신세대 작가들이 자주 등장함으로써 대중들은 팝문학을 독일 문학의 새로운 현상으로 자연스럽게 받아들인다.[56] 미학적인 관점에서도 폴커 하게를 비롯한 많은 비평가들은 젊은 작가들을 긍정적으로 평가한다. 하게는 "일련의 동독과 서독 출신 젊은 남녀 작가들에게서 서사에 대한, 훌륭한 이야기에 대한 그리고 뚜렷한 의식으로 세상을 인지하는 것에 대한 적극적인 관심"을 볼 수 있다고 말한다.[57] 그러나 문학의 위기에 대한 오래된 불평과 한탄이 여전히 계속 문학계 내에서 들리고 있다. 최근 독일의 문학 시장을 볼 때 문학의 위기라는 현상을 객관적으로 묘사하기는 쉽지 않아 보인다. 왜냐하면 신세대 작가들이 등장하고 이들의 문학이 매체 혹은 시장과 지나치게 가까워진 것에 대해, 현재 상황이 자신들의 기대와는 다른 방향으로 전개되는 것에 대해 불만스러워하는 비평가들이 여전히 문학의 위기를 이야기하기 때문이다.

지나치게 부정적으로 미래를 전망하는 것에 반대하거나 위기라는 용어를 사용하는 것조차 적절치 않다고 여기는 비평가들도 현재 문학계에 커다란 변화가 일어나고 있다는 사실만큼은 부인할 수 없을 것이다. 이러한 변화 가운데 가장 눈에 띄는 것은 문학계가 앞서 언급한 경제적인 영향력에 강하게 종속되고 있다는 점이다. 그럼에도 이러한 변화는 미학적인 관점에서 해석되기도 한다. "시장 체제에 비열하게 적응하는 듯 보이는 것 역시도 새로운 자기 이해, 문학의 새로운 사회적 공간을 더듬어 찾는 노력을 포함하는 것이다."[58] 달리 표현하면 문학에 대한 이해뿐만 아니라 문학에 대한 사회적 기대와 문학의 기능 또한 변하고 있다는 것이다. 최근 신세대 작가들의 작품이 높은 발행 부수를 기록하는데도 여러 문학계 종사자들의 심기가 불편한 것은 문학의 사회적 역할이 근본적으로 변화하고 있다는 사실을 감추거나 부인할 수 없기 때문일 것이다. "그들의 모습에 대한 공공의 관심이 미미하기에 그들은 거의 모든 것을 제멋대로 할 수 있는 것이다. 정치적이며 도덕적인 규범에 대해서는 거의 아무도 말하지 않는다."[59]

문학의 역할 혹은 예술의 새로운 이해에 관한 최근 문학계의 토론에서 분명한 것은 지금의 발전 흐름을 어떻게 평가할지에 대해서 의견 일치를 보지 못한다는 점이다. 이는 무엇보다도 주제와 소재 그리고 표현 양식이 다양해졌으며 그것을 평가하는 기준도 이전보다 더 임의적이기 때문이다. 신세대 문학을 특징짓는 것은 무엇보다도 젊은 작가들이 새로운 문학적 실험을 즐긴다는 점이다. 그리고 이들의 이러한 과도한 실험은 문학과 예술에 대한 이전의 평가 기준을 갈라지게 한다.[60] 막심 빌러는 이런 작가들을 현재의 "체제에 자신을 맞추는 기회주의자"[61]라고 목청 높여 비난하며 이들의 문학에 이상이 없고 도덕이 사라져 버렸음을 한탄한다. 그러나 이와 달리 신세대 문학을 옹호하는 목소리도 만만치 않다. 신세대 문학의 흐름을 "문학이 정치적, 윤리적, 미학적 의미를 제공해야 한다는 사회적인 기대의 압박으로부터 필연적으로 벗어나는 것"[62]으로 인식해야 한다는 것이다.

보그달은 이와 같은 현상에 대해 변화된 매체 환경이 한편으로는 일상의 삶을 변화시켰고 다른 한편으로는 교육이나 오락의 주된 담당자로서 문학이 누려 왔던 전통적인 역할과 지위를 상실하게 했다고 진단한다.[63] 이러한 변화는 다시금 자신과 사회의 관계에 대한 작가들의 인식, 즉 작가들의 자기 이해에 영향을 준다. 예술이 전통적인 기능과 역할을 고수해야 하는가 혹은 위기라고 이야기되는 것들을 이겨 낼 수 있는가, 예술이 사회와 제도의 변화를 이끌어 내야 하는가 혹은 사회와 제도의 변화와 더불어 변화하는 것인가 또는 그 변화를 반영해야 하는가. 현 상황은 이렇듯 여러 질문들을 던져 준다.

6 팝문학의 미래

팝문학을 포스트모던 시대정신을 반영하는 문학이라고 표현할 수 있다면, 팝문학의 성공은 무엇보다도 넓은 독자층, 특히 젊은 독자들이 팝문학의 내용이나 작가들의 취향, 행동 양식, 표현 방식 등과 자신을 동일시할 때 가능하다고 말할 수 있을 것이다. 팝문학 작가들은 고급 문학과 통속 문학의 기준을 해체하고 넓은 계층에 읽힐 수 있는 대중적인 문학을 추구한다. 이들은 팝 음악의 형식적, 내용적 주제를 문학으로 옮기고, 일상적인 삶과 생활 감정을 묘사하며, 대중 매체나 소비문화를 거리낌 없이 받아들인다.

완전한 긍정, 절대적인 예스, 일상적인 것을 예술로 양식화하는 팝은 보수적인 가치를 추구하는 방향으로 나아가기도 하지만, 다른 한편으로는 반소비문화나 안티팝 운동을 야기한다. 팝문학이 주로 피상적인 삶을 다룬다고 해서 피상적인 문학과 동등하게 취급될 수는 없지만 문단 내에서는 문학 고유의 비판적인 태도나 사회 비판이 담긴 다른 형식을 요구하는 목소리가 점점 커지고 있다. 팝문학에 관한 토론은 대부분 다음과 같은 질문으로 귀착되곤 한다. 이것이 우리가 필요로 하는 문학인가? 좀 더 일반적으로 말하자면, 문학이 우리 사회에서 어떤 기능을 수행해야 하는가? "팝은 사람을 피곤하게 만든다. 긍정은 헛돌고 있다. 언제나 '예스!'라고 말해야 하는 사람은 문학에서 반항적인 '노!', '그러나', '다른 한편으로는'을 강탈하는 것이다. 완전히 현재에만 고착된 사람은 현재를 설명할 가능성을 빼앗긴 채 그것을 블랙박스라고 설명한다."[64]

팝문학은 소비와 소비문화의 책동에 완전히 넘어간 것처럼 보인다. 재미와 오락만을 추구하고 아무것에도 신경 쓰지 않는 삶의 방식인 소위 팝. 의식은 확신에 차서 다가왔지만 이제는 더 이상 재미를 주지 못한다. 오히려 반대로 "그 자리에 안티팝, 안티 재미, 안티힙스터, 즉 게릴라전이 필요한 것은 아닌가?"[65] 팝문학 작가들도 이러한 문제를 의식하고 있다. 크리스티안 크라흐트는『메소포타미아』의 책 표지에 다음과 같이 적었다. "앞으로 어떻게 계속될 것인가? 공기는 점점 엷어지고 호흡은 가벼워질 것인가? 아이러니는 끝났다. 바이바이."[66]

팝문학이나 그 연출은 무엇보다도 "잘 알려진 것의 시뮬레이션"[67]을 통해 독자들의 관심을 불러일으키는 것처럼 보인다. 그러나 우리는 이러한 이벤트 자체로는 충분하지 않고 흥미나 오락이라는 측면이 결국 전면에 머무를 수 없다는 인상을 받는다. 독자들은 팝문학의 가볍고 피상적인 묘사 방식에 점점 흥미를 잃었고, 일상적인 것을 숭배하며 예술적 대상으로 만드는 원칙 역시 매력을 잃어 갔다.[68]

2부

소설과 전위

카렌 두베 Karen Duve, 1961~

1961년 독일 함부르크에서 태어났다. 1990년부터 프리랜서 작가로 활동하기 시작했다. 이전엔 여러 직업을 두루 거쳤는데, 함부르크에서 택시 기사로 일한 적 있으며, 잡지사에서 교정보는 일을 맡기도 했다. 1999년 『폭우』를 발표하며 일약 베스트셀러 작가 대열에 들어섰고 『이것은 사랑 노래가 아니다』(2002)는 《슈피겔》 베스트셀러에 오르기도 했다. 이후 동화적인 요소를 가미한 페미니즘 소설 『납치된 공주』(2005)를 발표하면서 '동화 소설'이라는 독특한 장르를 개척했다. 『납치된 공주』 이전과 이후에도 아동 도서 『토마스 뮐러와 함께 크리스마스를』(2003), 『토마스 뮐러와 서커스 곰』(2006)을 발표했고, 최근엔 그림 동화에 나오는 몇몇 이야기들을 비판적으로 각색한 『그림』(2012)을 내놓았다. 2008년에는 택시 기사로 일했던 자신의 이력을 바탕으로 쓴 소설 『택시』를 발표해 그해 독일 도서상을 받았다. 이외에도 티스 쾰커와 함께 『동물 사전』(1997), 『식물 사전』(1999) 등을 편찬했다. 동물 애호가로서 채식주의를 선호하는 두베는 2009년부터 브란덴부르크 주 한 자연 농가에서 동물들을 키우며 살고 있다. 1991년 아른스베르크 시 젊은 작가 상, 1995년 베티나 폰 아르님 상, 1997년 하인리히 하이네 장학금, 2004년 프리드리히 헤벨 상, 2008년 후베르트 피히테 상 등을 받았다.

물의 제국

카렌 두베, 『폭우』

류신

1 비의 여사제

폴커 하게는 세대교체가 본격화되고 있는 최근 독일 문단의 풍경을 흥미로운 비유로 스케치한다.

> 전설적인 47그룹의 작가들이 '라스트 댄스'를 추고 있는 무도회장에서 재능 있는 젊은 소설가들이 성공적인 퍼스트 스텝을 밟고 있다.[1]

21세기 독일 문학을 주도할 젊은 춤꾼 가운데 단연 "강렬하고, 유쾌하며, 거리낌 없는"[2] 서사적 동선(動線)을 선보이는 여성 댄서는 카렌 두베다. 그녀는 "메테르니히 시절을 기리는 왈츠", 즉 "4분의 3박자 비엔나 왈츠"³를 추지 않는다. 그녀의 거침없고 격렬한 춤사위는 금기를 모르는 탱고를 닮았다. 하게가 두베를 "서사 기법의 새로운 야수"⁴로 일컫는 이유는 여기에 있다.

두베의 첫 장편 소설 『폭우』⁵는 출간되자마자 1000만 부 이상 판매고를 올리며 대중적인 성공을 거두었고, 열다섯 개 언어로 번역될 정도로 전 세계 독자의 폭넓은 관심을 받았을 뿐만 아니라, 세기말 타락한 세계 속에서 좌표를 잃고 몰락하는 인간의 고독과 광기를 "신랄함과 재치를 동시에 표현하는 언어"⁶로 밀도 있게 형상화했다는 비평계와 언론의 호평도 얻었다. "그녀는 독자를 즐겁게 해 주지만 결코 천박하지 않다. (……) 카렌 두베는 같은 세대 젊은 작가들 가운데 예외적 현상이다. 그녀의 원칙은 간결하고 그녀의 서사적 재능은 엄청나다."⁷ 이처럼 평단이 두베에 주목하는 이유는 그녀가 탁월한 이야기꾼이라는 사실에 있다.

이런 맥락에서 『폭우』는 최근 독일 문학의 주요 흐름 가운데 하나인 '서사의 귀환'⁸과 맥이 통한다. 이 집단적 문학 현상은 기성세대 독일 작가들의 소설을 난해하고 지루하다고 보는 비판적 성찰의 소산이다. 부연하자면 지나치게 계몽적이고 도덕적으로 엄격한 교양 소설, 나치와 관련된 원죄 의식과 과거 청산의 그림자에 짓눌린 전후 독일 소설, 1960년대 정치화된 참여 문학에서 "데카르트적 전환"⁹을 시도한 1970년대 '신주관성' 문학 등이 공통적으로 "재미없고 난해하다."¹⁰ 라는 것이 '서사 르네상스'¹¹ 운동의 문제의식이다. 기존의 본격 문학에 대한 작가 막심 빌러의 비판은 신랄하고 도발적이다. "문학은 더이상 존재하지 않는다. 출판사 편집인과 문학 평론가, 작가 자신과 마지막 소수 궤산(潰散)된 교양 시민을 제외하고는 현재 독일에서 이른바 문학이라고 명명되는 것을 사서 읽는 사람은 아무도 없다."¹² 이러한 인식 아래 1990년대 중반 이후 "새로운 문학의 쾌락 원칙"[13]을 표방하는 문학, 즉 문학적 진정성을 견지하면서 "독서욕"[14]을 자극하는 소설이 집중적으로 출판되기 시작하는데, 이러한 현상을 총칭하는 개념이 바로 '서사의 귀환'이다. 1980년대 파트리크 쥐스킨트의 『향수』를 필두로 토마스 브루시히의 『우리 같은 영웅들』, 잉고 슐체의 『심플 스토리』, 마르셀 바이어의 『박쥐』, 다니엘 켈만의 『세계를 재다』 등은 '서사 르네상스' 운동을 주도한 문제작으로 꼽힌다.

물론 이 목록에서 두베의 『폭우』가 빠질 수 없다. 끝까지 독자의 시선을 붙잡는 이 소설의 흡인력은 속도감 있게 전개되는 서사의 힘에서 비롯된다. 치밀한 서사적 구조와 더불어 목표가 분명한 비유적 언어, 지적 쾌감을 선사하는 재치와 블랙 유머, 독자의 호기심을 자극하는 추리 소설과 괴기 소설 요소, 컬트 영화와 같은 엽기적 장면 구성, 군더더기 없는 간결한 문체 등은 이 소설의 가독성을 높이는 요소들이다. 무엇보다도 이 소설의 미덕은 물 흐르듯 막힘없이 전개되는 이야기의 돌파력에 있다. "이 소설은 아주 빠른 속도로 전개된다. 말하자면 마치 내적 흡입력과 원심력에 의해 가속도가 붙은 양 몰락의 나락으로 괄괄괄 흘러 들어간다."[15] 이처럼 『폭우』는 물의 천성을 많이 닮았다. 물론 형식적인 차원에서만 물과 유사한 것은 아니다. 이 소설은 (빗)물의 모든 상징적 의미들을 미학적으로 형상화하기 때문이다.

이 소설의 제목을 직역하자면 '비의 소설(Regenroman)'이다. 요컨대 『폭우』는 (형식적, 내용적인 차원에서 모두) 소설의 제목이 약속한 바를 충실히 지키는 것이다. 형식은 "침전된 내용"[16]이라는 아도르노의 변증법적 발상은 적어도 이 소설에서는 유효하다. 이 글은 『폭우』에 나타나는 물의 상징적 함의를 해독해 봄으로써 이 작품이 '비를 위한, 비에 의한, 비의 소설'이라는 테제를 증명하려는 의도에서 썼다. "비의 여사제" 두베의 독창적인 상상력으로 세워진 '물의 제국'의 성문을 열고 들어가는 데 프랑스 학자 시인 가스통 바슐라르의 물질적 상상력에 관한 시론(詩論)이 중요한 열쇠가 되었음을 밝힌다.

2 복합적인 물

> 물은 H_2O / 수소 두 개와 산소 하나/ 하지만 물을 구성하는/
> 세 번째 요소가 있다/ 다만 그것이 무엇인지 아무도 모를 뿐이지
> ─D. H. 로렌스

기원전 탈레스는 만물의 아르케를 물로 파악했다. 물은 삼라만상의 근원을 비추는 우주의 거울로 인식되었던 것이다. 피조물의 거울이라는 물의 이미지는 성경의 창세기에서도 나타난다.("어둠이 깊은 물 위에 뒤덮여 있었고 그 물에 하나님의 기운이 휘돌고 있었다."[창세기 1장 2절]) 이처럼 예로부터 물은 철학적, 종교적 차원에서 우주 창조의 재료이자 근간으로 여겨졌다. 여기서 간과하지 말아야 할 점은, 물이 만물의 핵자(核子)지만 그 자체로는 미완의 존재라는 사실이다. 무엇보다도 물은 스스로 자신의 존재 양식을 초월할 수 없는 운명이기 때문이다. 헤겔은 물의 '대자적(für sich selbst)' 속성을 이렇게 꿰뚫은 바 있다. "물은 타자를 위한 존재다. 물의 운명은 아직 분화되지 않은 그 무엇이다. 따라서 물은 모든 구체적인 것(분화된 만물)의 어머니다."[17] 문화 인류학자 엘리아데의 성찰도 헤겔의 생각과 그리 멀지 않다.

물은 가능성의 우주적인 총체를 상징한다. 그것은 모든 존재 가능성의 원천이자 저장고다. 즉 물은 모든 형태에 선행하며 모든 창조를 떠받친다.[18]

물은 어떤 형태로도 고정되지 않는 유동적인 잠재태기 때문에 항상 창조에 선행해서 대상에 흡수된다. 물은 만휘군상(萬彙群象)의 타자 속에 스며듦으로써 자신의 존재를 증명하는, 가능성의 종요로운 씨앗인 것이다. 바슐라르의 표현을 빌리자면, "물은 만능의 풀이다."[19]

바슐라르는 늘 타자와의 결합을 욕망하는 물의 점착력과 삼투력에 착안하여 '복합적인 물'이라는 개념을 고안했다. 그는 이를 물과 다른 물질이 결합된 이미지를 일컫는 개념으로 사용했는데, 가령 물과 흙(진흙과 늪), 물과 밤(검은 호수와 연못), 물과 공기(안개와 물거품) 등의 혼융을 그 대표적인 예로 들었다.[20] 공교롭게도 바슐라르가 말하는 복합적인 물의 이미지는 『폭우』 도처에서 발견된다. 소설의 처음부터 끝까지 줄기차게 쏟아지는 빗물과 함께 이 작품의 서사적 공간을 지배하는 핵심적인 물질적 이미지는 첫째, 진흙과 늪, 둘째, 검은 호수와 연못, 셋째, 안개(수증기)와 물거품 등이다.

첫째, 괴테가 「나그네의 폭풍우 노래」에서 "물과 흙의 자식"[21]이라고 묘사한 진창은 이 소설을 열고 닫는 기능을 한다는 점에서 주목을 요한다. 이 소설은 성공하지 못한 시인 레온 울브리히트가 젊은 아내 마르티나와 함께 옛 동독 습지대에 위치한 작은 시골 마을을 방문하면서 시작된다. "사창가의 제후이자 유곽 소유주이며 한때는 세계 챔피언이 될 뻔했던 전직 복서"[22] 피츠너의 전기를 써 주는 대가로 거액의 선수금을 챙긴 레온은 분주한 도시를 떠나 목가적인 환경 속에서 애오라지 집필에 집중하기 위해 시골집을 구입할 요량이었던 것이다. 그러나 이 마을로의 진입부터가 이 신혼부부에게 녹록지 않다.

폭우가 쏟아지는 궂은 날씨도 문제지만 질퍽한 진흙을 통과해야 하는 난제가 이들 앞을 가로막는다. "죽처럼 질척한 진흙바닥"에 "고생대에 살던 절지동물의 화석처럼 물결무늬"를 그리며 찍힌 레온의 부츠 자국과 "부드러운 낙엽과 미끄러운 진흙이 뭉쳐 있는 곳에 널브러져 두 다리가 바보처럼 꼬이고 스커트는 허리춤까지 올라간"[23] 마르티나의 몰골은 앞으로 이들 부부에게 닥칠 몰락의 서사를 암시하는 복선으로 읽힌다. 한편 진흙과 늪은 이 소설을 매듭짓는 결정적인 역할을 한다. 물컹한 진흙의 통과 제의를 힘겹게 통과한 레온이 최후를 맞는 곳도 진흙 속이기 때문이다. 소설의 마지막 장면을 보자.

> 그의 발밑에 디딜 곳이 없어졌다. 그의 두 손은 따뜻하게 젖은 수렁의 흙을 움켜쥐었고 수렁은 꿀꺽 소리를 내며 그의 두개골 위에서 닫혔다. 레온은 완전한 어둠과 부풀어 오르는 물컹함의 세계로 잠겨 들었다.[24]

늪은 레온이 생매장되는 무덤인 셈이다. 한편 레온에게 늪은 에로스적 환상이 실현되는 무대기도 하다. 늪이 "흙과 물의 실체적 결혼"[25]이 성사되는 곳이라는 바슐라르의 상상을 받아들인다면, 레온이 매몰되는 "부풀어 오르는 물컹함의 세계"는 풍만한 여인의 육체(자궁)와 새로운 전이의 계약을 맺을 수 있다.

> 그는 걸쭉한 반죽 속에 몸을 담갔다. 뚱뚱한 여자와 자는 것은 지금이 처음이었다. 좋았다. 뭐랄까…… 물컹했다. 아주 많이. 마치 늪 전체와 잠을 자는 것 같았다. 수렁과 이탄덩이와 썩은 나뭇잎과 종양버섯과 물에 잠긴 나무껍질 그리고 그런 곳을 기어다니며 똥을 싸고 번식하는 늪지개구리, 두꺼비, 무당개구리, 도롱뇽, 동굴영원 등의 양서류와 온갖 종류의 올챙이와

알 그리고 결코 빼놓을 수 없는 비, 끝없이 모든 것을 붕괴시키다 늘수렁 속에서야 평정을 되찾는 비. 이 모든 것이 마치 한 여자에게 구현돼 있는 것 같았다. 살 오른 두꺼비 다리 같은 여자의 허벅지, 허리춤의 작은 주름들, 엉덩이의 무한정한 쿠션. 그 모든 것을 헤집고 들어가는 일은 결코 쉽지 않았다. (……) 거대하고 뜨거운 몸뚱어리가 그를 마시고 그가 쏟은 액체를 안으로 빨아들였다.[26]

새로 이사 온 집에서 드넓은 늪지대를 내다보면 글쓰기 영감이 저절로 활짝 날개를 펴리라는 레온의 기대는 망상으로 판명된다. 밤마다 시달리는 악몽과 쉬지 않고 내리는 비는 그의 집필을 부단히 방해하고, 설상가상으로 레온의 글에 만족하지 못한 홍등가 포주 피츠너는 그를 계속 협박한다. "처음부터 모두 새로 써. 내가 얘기해 준 그대로 쓰란 말이야. 네 멋대로 이야기를 지어낼 거면 아예 관둬! 알겠나?"[27] 피츠너의 돈과 위협 앞에서 레온의 알량한 예술적 자존감은 무력할 뿐이다. "피츠너가 원하는 대로 쓰지 않으면 일어나게 될 두려움"[28]에 사로잡힌 그는 심한 자괴감과 절망감에 빠진다. 그는 노동자가 손을 빌려 주듯이 두뇌를 세놓은 고용된 지식인, 브레히트의 표현을 빌리자면 '투이(Tui=Tellektuellin)'인 것이다. 이런 그에게 아내도 위안이 되지 못한다. 그런 이유로 그는 자신을 유혹하는 이웃집 여인 이사도라에 끌려 그녀의 육체를 탐닉한다. 그에게 이사도라는 "위안과 사랑과 나긋나긋한 부드러움으로 채워진 커다랗고 따뜻한 쿠션",[29] 요컨대 "걸쭉한 반죽"인 셈이다. 그는 이사도라의 "엄청난 살덩어리",[30] 즉 그녀 육체의 수렁으로 자신의 전 존재가 흡수되는 원초적인 성적 결합을 생생하게 체험한다.

둘째, 물과 흙이 뒤섞인 진흙과 늪의 이미지와 함께 물과 뒤엉킨

'검은 호수'의 이미지도 자주 출몰한다. 햇빛을 머금은 호수와 샘물은 "목가적 풍경의 중심"[31]이지만, 해가 지면 사정은 많이 달라진다. 이 소설에서 물에 침투한 어둠은 무엇보다도 레온의 존재론적 불안감과 두려움을 배가하는 기능을 한다. 바슐라르는 많은 문학 작품에서 저주받은 장소의 중심에 어둠과 공포의 호수가 등장하는 데 주목하여,[32] 연못가의 밤은 "특수한 두려움, 몽상하는 사람을 떨게 하는 일종의 '축축한 두려움'"[33]을 생산하는 최적의 장소라고 설명한다. 깊은 밤 물가는 차가운 냉기를 분무(噴霧)하며 '촉각적 전율'을 일으킨다. 또한 야밤의 호수가 특별한 두려움을 생산하는 이유는 유동적인 물의 표면에 있다. "물 위의 그림자는 땅 위의 그림자보다 더욱 동적"[34]이기에 시각적 환영과 공포를 자아내기에 안성맞춤이다.

> 날이 어슴푸레해질 때까지 계속 비틀대며 걷다가 그는 연못 가까이에 다다랐다. 잡초로 무성한 연못의 검은 수면으로는 앙상한 나무와 관목이 드리워 있었다. 연못은 늪지의 호수, 나무들과 관목들의 죽음을 예고하고 있는 검은 호수였다. 층 위에 층을 지며 잠겨 있는 것들……. 관목과 나무들은 시든 야생홉과 덩굴식물로 묶이고 엮여서 잎사귀도 잘 보이지 않는 야생의 밀림을 이루었고, 그 모습은 풍요로우면서도 죽음의 냄새를 풍기고 수려하면서도 두려움을 일깨웠다.[35]

아내 마르티나가 자신을 버리고 떠나자 극심한 우울증과 무력감에 빠진 레온은 폭우로 붕괴된 집에서 탈출하여 몽유병자처럼 정처 없이 늪지대를 헤매다가 '검은 호수'에 다다른다. 이런 레온의 피부에 '촉촉한 두려움'이 해파리처럼 달라붙고, 나무와 관목 들의 하중이 무겁게 드리운 "무거운 물"[36]은 죽음의 공포를 시각적으로 환기한다. 바슐라르가 말하는 검은 호수의 기능을 충실히 수행하는 셈이다.

셋째, 물과 공기의 합작품인 안개와 습기 그리고 물거품도 이 소설에서 작란(作亂)하는 이미지다. "보랏빛 안개로 뒤덮인 늪은 환각적인 효과를 내며 거의 모든 사물의 윤곽을 흩트리고 있었다."[37]라는 표현에서 드러나듯이, 하늘과 땅을 흐리멍덩하게 뒤섞는 "죽처럼 짙은 안개"[38]는 등장인물의 시야를 가림으로써 소설 전체에서 몽환적이고 음울한 풍경을 그려 낸다. 이는 경계를 지우고 만물을 불투명하게 만듦으로써 인식을 무기력하게 하는, 김승옥의 「무진기행(霧津紀行)」 속 안개를 연상시킨다. 늪지대에 위치한 레온의 집 주변에는 항상 "멀리서는 죽처럼 보이지만 가까이 갈수록 점점 투명해지다가 결국 사라져 버리는 물안개"[39]가 자욱하며, 신비로운 여인 이사도라의 저택에도 "짙은 안개"[40]가 마야의 베일처럼 휘감겨 있다. 여기서 안개에 대한 작가의 해석이 참신하다. 두베는 안개를 억수같이 내리는 빗물의 융단 폭격에 의해 무장 해제된 대지가 패잔병처럼 들어 올린 굴복의 백기로 상상한다. "물로써 땅의 기를 꺾고 완전히 적시니 마침내 땅은 모든 저항을 포기하고 수증기를 올려 하늘에 답하는 것이었다."[41]

우기의 늪지대에 습기가 높은 것은 당연지사일 터다. 소설 전체는 "축축한 공기"[42]와 "뿌연 수증기"[43]로 흥건하며, 습기가 등장인물의 "피부 온 구석을 샅샅이 정복"[44]한다. 그렇다면 습기는 무엇을 상징하는가? 작가가 소설의 모토로 인용한 메리 올리비아 수녀의 일갈(一喝) 속에 답이 있다. "악은 습한 곳에 깃들인다."[45] 요컨대 습기는 레온의 생의 근기를 전 방위적으로 무력화하는 부패와 타락의 원소인 것이다. 『오즈의 마법사』에서 악한 마녀는 물벼락을 맞자 사라지고 만다. 악이 자연의 순수하고 성스러운 소독제인 물을 만나면 힘을 잃는다는 의미일 것이다. 그러나 『폭우』에서 악령은 물로 정화되지 않는다. 오히려 습기는 악의 창궐과 산포를 촉진한다.

또한 소설 곳곳에서는 지저분한 물거품이 부글부글 끓는다. 새로 이사 온 집의 욕조는 하수구가 막혀 "거품 섞인 갈색 수프"[46]로 가득 차 있고, 늪 표면에는 수많은 거품이 흰 곰팡이처럼 뭉글뭉글 피어 있다. 또한 집 안은 민달팽이 떼가 백만 대군처럼 무리를 지어 레온의 정원을 점령한 후 이내 거실로 진군해 들어와 남긴 족적, 즉 달팽이의 분비물인 점액으로 충일(充溢)하다. "거품을 흘리는 작고 완벽한 유기체"[47]의 번식을 향한 광기 앞에 레온의 달팽이 박멸 작전은 언제나 속수무책이다. 한편 달팽이의 끈적끈적한 거품은 관능적인 늪의 이미지와 유사하게 성적 욕망의 자연적 대응물로 묘사되기도 한다.[48] 달팽이의 온몸을 뒤덮은 점액은 레온의 성기와 정액을 암시하고("레온은 이사도라에게 달팽이를 던지고 그녀는 달팽이를 주워 입에 넣고는 꿀꺽 삼켰다.")[49] 이사도라의 혀와 침을 상징하기도 한다.("이사도라의 혀는 마치 생식기를 음경 모양으로 변화시키고 있는 달팽이의 서로 다른 두 개의 피부 표면 같았다.")[50]

3 난폭한 물

> 후드득 후드득 유리 없는 창문으로 들이치는 빗소리를 들으며, 사십 주야를 비가 퍼부어서 산꼭대기에다 배를 묶어 둔 노아네 가족만 남고 세상이 전멸을 해 버렸다는, 구약 성경에 나오는 대홍수를 원구는 생각해 보는 것이었다.
>
> ─ 손창섭, 「비 오는 날」

물은 만물을 연결하고 용해한다. 물은 창조적인 동시에 파괴적인 속성을 지닌 것이다. "하늘 아래 물보다 더 부드럽고 연약한 것은 없다. 그런데 단단하고 강한 것을 치는 데 능히 물을 이길 것은 없다.(天下莫柔弱於水 而攻堅强者莫之能勝)"**51**라는 노자의 경구나, "물은 약하지만 돌보다 강하다."**52**라는 각성은 물의 양면적인 속성을 잘 보여 준다. 종교적인 차원에서도 물의 기능은 이중적이다. 동서고금을 막론하고 하늘로부터 생명을 전해 주는 축복의 비는 신의 호의와 은총 그리고 계시를 상징한다. 하지만 노아의 홍수처럼 폭우는 타락한 지상의 인간을 처단하는 진노한 신의 의사 표현이기도 하다. 『폭우』는 후자의 물로 넘쳐흐른다. 이 소설에서는 만물을 분해하고, 형태를 파괴하며, 부패한 지상의 인간과 문명을 쓸어버리는 재앙과 죽음의 비가 부단히 내리는 것이다. 물의 이러한 부정적인 이미지는 바슐라르가 『물과 꿈』에서 설명한 '난폭한 물'과 흡사하다. "난폭한 물은 곧 폭력을 가하는 물이다. 인간과 물 사이에 악의의 결투가 시작된다. 물은 원한을 품고 성(性)을 바꾼다. 심술궂게 됨으로써 물은 남성이 된다."**53** 난폭한 물은 생명의 원소(元素)이자 만물의 모태로서 여성적 천성을 지닌 '부드러운 물'과 달리 해체의 욕망과 파괴적 분노로 가득 찬 남성적 속성을 지닌다. 『폭우』에서 조포(粗暴)하게 쏟아지는 빗물, 비유하자면 "그 누구의 목마름도 삭히지 않는 차갑고 무용한 비"**54**는 세 가지 기능을 수행한다. 난폭한 물은 첫째, 집(문명)을 붕괴시키고, 둘째, 인간의 의지를 꺾으며, 셋째, 죽음을 완성한다.

1) 집의 붕괴

프랑스 시인 클로드 비제는 집을 이렇게 노래한다. "초원의 한 부분인, 저녁의 불빛인 집이여/ 너는 갑작스레 사람의 얼굴을 얻는다/ 너는 안으며 안기며 우리 곁에 있다."[55] 집은 모성적 존재다. 집은 야성적 자연으로부터 인간을 지켜 주는 어머니의 품과 같은 공간이다. 우리의 삶은 집의 품속에 포근하게 숨겨지고 따뜻하게 보호된다. 이런 맥락에서 바슐라르는 『공간의 시학』에서 "집은 인간에게 안정된 근거와 그 환상을 주는 이미지들의 집적체다."[56]라고 말한다. 계속해서 그는 광란의 폭풍우가 오히려 집을 단련한다고 상상한다. 폭풍우 한복판에 고독하게 서 있는 집의 이미지에서 자연의 폭력에 맞선 인간의 저항 의지를 엿본 것이다. "폭풍우에 대항하는 집은 정녕 순수한 인간적 존재, 결코 공격의 책임이 없으면서 방어만 하는 존재, 즉 인간의 저항 자체인 것이다."[57] 하지만 레온의 신혼집은 사정이 많이 다르다.

서독 출신 작가 레온은 대도시의 부박함으로부터 멀리 떨어진 시골집에서 "고요하고 진지한 삶"을 꿈꾸며 아내와 함께 "옛 동독의 작은 마을 가장 구석진 곳에 자리 잡은 집"[58]을 구입한다. 늪지대 한복판에 천연 요새처럼 자리 잡은 이 낡은 집은 그러나 오래잖아 결함을 드러내기 시작한다. 이사 온 후 매일 하늘에 구멍이라도 난 듯 쏟아지는 비 때문이다. 목재 창틀은 빗물에 불어 심하게 휘고, "벽지는 도무지 고르게 붙어 있지를 않았다. 여기저기 물이 스며 나와 접착풀을 녹이거나 겨드랑이에 밴 창피한 땀자국 같은 얼룩을 남겼다. 창틀 내벽에서는 물방울이 뚝뚝 떨어졌다."[59] 물론 빗물은 집의 측면만을 공격하는 것은 아니다. 물은 지반으로 깊숙이 스며들어 집의 근간을 뒤흔든다. 비유하자면 레온의 집은 언제 터질지 모르는 거대한 "물침대"[60] 위에 위태롭게 놓인 셈이다. "땅속에는 물이 많을수록 좋은 거야. 물은 곧 생명이야. 물은 우리에게 즐거움을 주지."[61]라는 이웃집 여자 이사도라의 말은 적어도 레온의 집에는 해당되지 않는다. 이처럼 지상에서 들이닥치고 지하로 스며든 빗물은 레온의 집을 부식시키고 해체한다. 물론 레온은 건물 기초에 방수 외장을 두르거나 건물 대지에 배수 처리를 시도하는 등 난폭한 물과 일대 격전을 치른다. 바슐라르가 말한 "인간과 물 사이에 악의의 결투"가 벌어지는 것이다. 하지만 모두 헛수고다. 화염을 쏘아 건물 기초 벽을 건조하려는 시도도 고육지책일 뿐이다. 바슐라르는 『촛불의 시학』에서 불꽃을 "벌거벗은 그대로의 동물성"이자 "닥치는 대로 집어삼키는 더할 나위 없는 대식가"[62]로 규정한다. 하지만 남성으로 전환된 난폭한 물을 막기에는 불도 역부족이다. 이 소설에서 물은 불보다, 아니 인간보다도 강하다.

> 물, 물, 물! 그리고 위에서는 비. 아마 지금쯤 개구리까지 도랑물에 오줌을 깔기고 있겠지. 지금껏 그는 뭘 하려 했던 것일까? 소용없는 일이었다. 이 대지에서 언젠가 물이 빠져나가게 한다는 것은 가당치도 않은 일이었다. 보덴 호수를 나일론 양말 한 켤레로 막겠다는 것이나 다름없는 수작이었다.[63]

애당초 레온은 파죽지세인 물의 적수가 되지 못한다. 그가 벌이는 방수 작전은 고작 "보덴 호수를 나일론 양말 한 켤레로 막"는 무모한 짓에 불과하다. 더 큰 문제는 그가 비에 저항하면 할수록 집의 운명은 더더욱 가파르게 몰락으로 기운다는 데 있다. 방수를 위한 레온의 노력을 비웃기라도 하듯이 스펀지처럼 빗물을 흠뻑 빨아들인 집은 "전보다 더 자주 그리고 더 큰 소리로 삐걱대며 신음"[64]하더니, 여름이 지나고 폭풍우가 몰아치는 11월에 접어들자 "깊은 탄식 같은 소리"[65]를 낸 직후, 마침내 완전히 두 동강이 나 천천히 늪 속으로 함몰되기 시작한다.[66] 이처럼 레온의 집은 폭풍우 속에서 담금질되기보다는 오히려 "뻥튀기 과자처럼"[67] 부서진다. 다시 비유하자면 "곤죽처럼 물러 터져 버린 나뭇등걸"[68]같이 으스러진다. 따라서 그가 집에서 얻는 것은 안정과 위안이 아니라 고통과 시련뿐이다. 그렇다면 난폭한 물에 의해 허망하게 바스러진 집의 굴욕이 의미하는 바는 무엇인가?

문화가 삶의 질서를 조형하고 보존하는 그릇이라면, 이 조형과 보존은 집의 은유 속에서 이해될 수 있다. 집 짓기는 문화의 일차적 상징이다. 서양에서 문화의 어원은 경작을 뜻하는 라틴어 'cultura(colere)'다. 문화란 땅을 갈아 농사를 짓는 행위, 즉 인간이 자연을 가공해 생산해 낸 모든 것과 이러한 인간 활동의 총화를 의미한다. 자연 속에서 인간적인 삶의 질서를 확장하기 위해, 자연의 폭력 앞에서 생명을 보전하기 위해 인간이 최초로 고안한 것은 움막이다. "인간의 삶, 인간적인 삶은 집 안의 삶이다."[69] 집이 인류 문명의 시원이자 모태라는 상징성을 획득할 수 있는 까닭은 여기에 있다. 이런 맥락에서 폭우로 집이 붕괴되는 사태는 자연을 정복하려는 인류의 오만에 대한 자연의 보복과 응징으로 볼 수 있다. 카를빌헬름 슈미트가 이 소설을 "질서 잡힌 구조에 돌연 내습(來襲)한 카오스의 세계"[70]를 형상화한 작품으로 분석하는 이유는 여기에 있다. 수장(水葬)된 집의 이미지와 함께 문명 비판 정신을 환기하는 결정적인 장면이 있다.

음험하게 찌적 하는 소리를 내며 수렁이 레온의 다리를 놓아 주었다. 그러나 이때 운동화가 발에서 벗겨졌다. (······) 나이키. 비싼 운동화였다. (······) 레온은 더 깊이 손을 넣어 이리저리 뒤척거렸지만 축축함과 그 어떤 성긴 느낌만 감지할 수 있었다. 운동화는 이미 수렁이 삼켜 버렸다.[71]

자연은 아름답지 않다. 자연은 잔인하며 비정하다. 이렇듯 이 소설에서 자연과 인간, 자연과 문명은 서로 반목한다. 인간은 자연을 경외하지 않고 자연은 문명과의 상생을 꾀하지 않는다. 레온과 마르티나는 달팽이를 삽으로 찍어 잔인하게 살해하고("짓이겨진 갈색 덩어리와 점액의 파편이 분수처럼 레온의 방수재킷에 튀고 그의 얼굴과 머리를 뒤덮었다."),[72] 달팽이 부대는 이러한 학살에도 아랑곳하지 않고 촉수를 "승리의 브이 자"[73] 모양으로 벌린 채 낮은 포복으로 레온의 집을 향해 진군한다. 인간의 공격에 인해 전술로 맞서는 이 괄태충(括胎蟲)의 우군도 있다. 물의 공격을 방어하기 위해 집 둘레에 성곽의 해자처럼 판 배수 도랑에는 "무수히 많은 개구리들이 들끓고 있었다."[74] 또한 레온의 친구 하리는 마르티나의 애견을 학대하고 개는 그에게 으르렁대며 달려든다.

여기서 흥미로운 점은 이 소설의 기저에 깔린, 자연의 야성에 대한 두려움이 원초적 자연에 대한 동경으로 이어진다는 데 있다. 자연의 폭력 앞에 굴복당할수록 원시적 자연과 합일하려는 레온의 욕망은 커진다. 폭우에 의해 무너져 가는 집, 모성적 온기를 상실한 황폐한 집에서 어떠한 위안도 얻을 수 없는 레온은 '새로운 집'을 갈구한다. 그것은 바로 "모성적 잔혹함"[75]을 구현하는 이사도라의 풍만한 육체와 자궁이다. "그녀의 살진 몸과 원초적 너절함이 그를 자극했다."[76] 몇 겹으로 층져 펄럭거리는 갈색 원피스를 입고 긴 머리를 풀어헤친 이사도라는 기형적으로 뚱뚱한 여인이다. 레온은 그녀의 거대한 브래지어를 보고 "풍요를 상징하는 신화 속의 뿔 두 개를 함께 붙여놓기라도 한 듯한 모습"[77]이라 생각한다. 그에게 이사도라는 "석기시대의 모권적 사회집단에서 생식력 숭배를 관장하는 여사제"[78]와 다름없는 것이다. 이처럼 이사도라는 두려움과 역겨움을 유발하는 대상이자 남성의 무의식에 내재된 태곳적 여인의 이상이다.

> 기모노가 벗겨지면서 이사도라의 커다란 젖가슴이 드러났다. 젖가슴은 모래를 채워 넣은 자루처럼 그녀의 배 위로 무겁게 늘어져 있었다. (……) 레온의 눈어림으로 그녀의 엉덩이는 마르티나의 두 배 내지 세 배는 되었다. 이 희고 불그레하며 볼썽사나운 달덩이를 무엇에 비교할 수 있을지 얼른 잘 떠오르지 않았다. 어쨌든 이사도라의 엉덩이는 레온의 기분을 싹 잡쳐 버렸다. 그러나 무의식의 가장 어두운 구석, 말하자면 문명의 빛이 통과하지 않는 내부 어딘가에서 그는 이 여자를 갈망하고 있었다.[79]

이사도라에 대한 "혐오와 매혹 사이"[80]를 진자처럼 오가는 레온의 내면이 약여(躍如)하게 나타나는 대목이다. "대학 입학 시험을 치른 현대적 인간"[81]으로서 레온은 이사도라를 거부한다. 그러나 그의 원초적 욕망은 이사도라를 갈구한다. "문명화되고 고도로 복잡하며 섬세한 레온의 인물됨은 어느새 추적하는 수컷의 원시적으로 헐떡이는 '난 원한다'로 오그라들어 있었다."[82] 합리적 이성은 뚱뚱한 그녀를 혐오하지만 "문명의 빛이 통과하지 않는 내부"[83]는 그녀의 외설적인 육체를 소유하려는 것이다. 왜냐하면 그녀의 자궁은 세상 모든 사람들로부터 철저하게 소외된 레온이 모성의 온기를 느낄 수 있는 유일한 요람이자, 계몽의 이성이 결코 찾아낼 수 없는 자연의 처녀성이 보존된 웅녀(熊女)의 동굴이기 때문이다. 이사도라는 레온에게 이렇게 외친다. "이리 와, 이리 와! 당신이 그리웠어. 이번 가을은 너무 추워. 내가 안아 주고 덥혀 줄께!"[84]

2) 좌초된 의지

괴테의 『친화력』에 삽입된 노벨레 「별난 이웃 아이들」은 물에 내재된 정화와 재생의 상징성을 잘 보여 준다. 특별한 이유 없이 반목하던 청춘 남녀가 어느 날 맑은 강물에 빠지는 불상사를 당하면서 서로 간의 사랑을 극적으로 확인하고 결혼에 이르게 된다는 것이 이야기의 골자인데, 여기서 물은 대립하는 앙숙을 사랑하는 부부로 전환하는 장소의 정령으로 기능한다.[85] 이처럼 맑고 신선한 물은 경신(更新)의 의지를 대변한다. 예컨대 세례식의 성수는 죄의 세정(洗淨)과 도덕적 순결에 대한 인간의 의지를 대변한다. 슈테판 게오르게의 장시 「공중 정원의 책」에 이런 시구가 있다. "나에게서 떠오를 수 있도록 내 속에 잠기소서."[86] 인간은 새롭게 다시 태어나기 위해서 물속에 잠긴다. 『폭우』에서 마르티나 역시 죄를 씻기 위해 온몸으로 비를 맞는다. 도대체 무슨 죄를 용서받기 위해서일까?

레온은 자신의 신작 시집 「글을 쓰지 못하면 소리라도 질러라」를 소개하는 한 지역 방송 토크 쇼에 출현했다가 그곳에서 편집 조수로 일하는 마르티나를 만나 첫눈에 반하게 된다. 무엇보다도 그녀의 외모가 "사진 모델"[87] 뺨칠 정도로 매혹적이기 때문이다. 스물네 살 이 꽃다운 처자가 서른여덟 살 노총각 레온과 결혼을 결심하는 이유는 의외로 간명하다. 그녀는 경제적으로 무능한 빈털터리 시인 레온을 헌신적으로 사랑한다기보다는 작가 레온의 예술적 지성과 인문학적 교양을 소유하고 싶어 한다. 그래서 둘 사이에는 처음부터 동등한 관계가 맺어지기 힘들다. 말하자면 이들에게 결혼은, 베티나 폴레가 적시했듯이, 합리적이고 지성적인 남성이 여성을 계도(啓導)하는 시민사회의 "지속적인 교육 과정"[88]으로 기능하는 셈이다. 작가로서 지식인을 자처하는 레온은 "경주마의 우아함을 지닌 늘씬한 미인"[89]이지만 지성과는 동떨어진 속물적인 부인 마르티나를 계몽하기 위해 노력한다. 하지만 이 일은 늘 허사다. 그는 아내가 수준 높은 교양서, 즉 "책다운 책"[90]을 읽는 고상한 취미를 갖도록 '책 읽어 주는 남자'를 자처하지만, 언제나 그녀가 잡고 있는 것은 여성 잡지와 형편없는 처세술 관련 책뿐이다. 정작 그녀의 관심은 독서에 있지 않다. 그녀는 늘 책장에 릴케와 쇼펜하우어의 전집을 꽂고 정리하는 등 소일거리에만 분주하다.

그녀의 이러한 허위의식은 그녀의 내면을 짓누르는 원죄 의식과 이로부터 파생된 아버지에 대한 강한 반감에 뿌리박은 것으로 보인다. 마르티나는 열세 살 때 아버지가 운영하는 고물차 전시장의 차 속에서 같은 학교 남학생과 함께 알몸으로 뒹굴다가 아버지에게 적발당하는 끔찍한 경험을 한다. 그런데 탈선 현장을 목격한 아버지는 딸에게 폭언보다 더 잔인한 말을 남긴다. "오냐, 그래 맘 편히 계속하렴. 많이 즐겨라."[91] 그 후 이 말은 마르티나의 영혼에 부단히 속죄를 강요하는 주홍 글씨로 화인(火印)처럼 찍힌다. 아버지는 자신의 딸이 처녀성을 잃은 "연노란색 아우디"를 끝내 팔지 않고 "타락에 대한 경고 기념물"[92]로 남겨 둠으로써 딸의 죄를 말없이 징계하고, 다른 식구들은 오불관언(吾不關焉) 모르쇠로 일관함으로써 마르티나를 철저하게 소외시킨다. 여기서 그녀를 옥죄는 보속(補贖)에 대한 강박증은 폭식과 구토의 악순환인 신경성 폭식증으로 이어진다.

> 난방을 하지 않은 손님용 화장실은 몹시 추웠다. 브래지어와 셰퍼드 체크 무늬 바지만을 입은 채 그녀는 타일 바닥에 무릎을 꿇었다. 그리고 변기 덮개와 좌대를 올린 후 변기 깊숙이 머리를 숙였다. '아빠, 저는 속죄했어요.'

(……) 그녀는 턱이 빠져라 입을 벌렸다. '오냐 그래! 많이 즐겨라!' 식도가 애벌레처럼 꿈틀거렸다. (……) 더 많은 것이 위장을 떠날수록 그녀의 몸은 차갑게 식어 갔다. 자신까지 다 토해 내고 물을 내려 버릴 수 있다면 그보다 더 좋은 일은 없으리라. (……) 그녀는 텅 비어 있었다.[93]

그녀의 무절제한 탐식이 아버지에 대한 분노를 삭이려는 이상 행동이라면 위장의 내용물을 게워 내는 행위는 타락한 자신의 전 존재를 쏟아 버리려는 강박감의 표현으로 읽힌다. 마르티나는 시골의 작은 집으로 이사한 후 자신이 쓰던 물건들을 가져오기 위해 함부르크에 있는 부모 집을 방문한다. 그러나 이 여행은 새색시의 즐거운 친정 나들이가 아니다. "부모님 집에 가까이 갈수록 무엇인가가 그녀를 더 압박해 왔다."[94] 잠시 잠자고 있던 트라우마의 악령이 눈을 뜨기 시작하기 때문이다. 결국 그녀는 부모와 화해하지 못하고 몰래 부엌에서 음식을 닥치는 대로 먹어 치운 뒤 곧바로 모두 게워 내고 도망치듯 함부르크를 떠난다. 그러고는 귀갓길에 차를 세운다. 흠뻑 비를 맞기 위해서다.

마르티나는 고개를 젖히고 몸이 완전히 젖을 때까지 어두운 하늘을 쳐다보고 서 있었다. 얼마나 더 오려나? 쏟아지는 빗속에 서 있다 보니 언젠가 모든 죄지은 것들을 쓸어버렸다는 대홍수가 생각났다.[95]

마르티나는 옛날의 자아를 폐기하고 새로운 자아로 거듭나기 위해 빗물을 맞으며 죄를 씻는 제의를 치른다. 원죄로부터의 해방과 구원에 대한 그녀의 갈망은 이사 온 후 새 식구로 받아들인 개에게 '노아'라는 이름을 지어 주는 장면에 고스란히 투영된다. 타락한 인간을 벌하기 위한 대홍수 심판에서 방주로 '작은 세계'를 구한 노아처럼 개 노아는 그녀에게 구원과 희망을 상징한다. 레온이 무능한 작가로서 허송세월을 보내는 동안 마르티나는 노아에게 더 많은 애정을 쏟는다. "마르티나의 상체에 흐르는 탈모제 거품을 개가 핥"[96]는 데서 변태적인 성적 쾌락을 즐길 정도로 노아에 대한 그녀의 집착은 강하다. 이는 그녀의 무의식 속에서 암중비약(暗中飛躍)하는 참회의 강박이 얼마나 용의주도한지를 반증한다. 그러나 빗물을 통해 죄를 씻어 내려는 그녀의 의지는 잔인하게 꺾이고 만다. 비가 억수같이 쏟아지는 날 그녀는 남편의 친구인 하리에게 무참히 성폭력을 당하기 때문이다. 피츠너는 자신의 자서전 집필 작업이 계속 지체되자 하리를 앞세워 레온의 집을 방문한다. 그리고 레온을 볼모로 잡은 후 남편이 보는 앞에서 마르티나를 겁탈하도록 하리에게 명령한다.

"정말 지독한 비예요. 이삼 주 전만 해도 이제 완전히 그친 거겠지 생각했어요. 그런데 날씨는 점점 더 나빠질 뿐이더군요!" (……) "자, 어서. 옷을 벗으라니까." 하리는 이미 자기 물건을 꺼내 들고 두 손으로 빙글빙글 돌려 대며 만지작거리고 있었다. 마르티나는 그에게 등을 보이고 서서 셔츠의 맨 아래 단추를 풀었다. 하나 그다음에 또 하나. 가능한 한 아주 천천히. 기묘한 일이지만 갑자기 아버지가 생각났고 아버지의 얼굴이 눈앞에 떠올랐다. 그 얼굴이 속삭였다. '오냐, 그래 많이 즐겨라!'[97]

비는 마르티나의 죄를 씻어 주는 듯 은총을 베풀기도 하지만 재차 그녀에게 원죄를 각인하고 트라우마를 환기한다. 빗물은 속죄에 대한 그녀의 의지를 잔인하게 배반하는 것이다. 비는 심술궂고 잔인하며 악랄하다. 한마디로 "정말 지독한" 것이다. 난폭한 비의 전형적인 속성이다.

비는 마르티나의 의지만을 꺾는 것은 아니다. 레온도 격노한 비의 공격을 피해 갈 수 없다. "자연은 악하고 제멋대로이며 더러웠다. 그리고 레온과 그의 노고와 희망에 철저히 적대적이었다. 자연은 그의 기를 꺾고 그를 굴종시켰다."[98] 레온은 휘몰아치는 폭풍우를 뚫고 힘의 의지를 단련하는 불굴의 차라투스트라가 아니다. 그에게 비는 극복과 정복의 대상이 아니라 생의 파토스를 꺾는 대립자며 방해물인 것이다.

"위험한 것은, 이 집 밑에 지하실이 반만 만들어져 있다는 거예요. 다시 말하면 경우에 따라서는 집이 반으로 쪼개질 수도 있다는 거지요."[99] 이웃집 여자 이사도라의 여동생 카이의 경고에 따라 레온은 비를 맞으며 삽으로 집 주변에 배수 도랑을 파기 시작한다. 그러나 "키가 작고 유약한"[100] 레온에게 이런 육체노동은 힘에 부치는 일이다. 레온은 펜을 사용하는 '호모 인텔렉투스'지 도구를 부리는 '호모 파베르'는 아니다.

> 돌과 진흙을 함께 퍼서 힘겨운 듯 큰 원을 그리며 도랑 밖으로 던졌다. 다시 허리를 굽혔을 때 레온은 흡사 감전된 듯한 통증을 느꼈다. 마치 붉게 달아오른 철사로 척수 신경을 쑤시는 것 같은 격렬한 통증이 척추를 타고 오르내렸다. 뒷골이 찌르르 하고 허리가 욱신거리면서 동시에 왼쪽 다리에까지 움찔하는 충격이 내려갔다. 레온에게서 곧 당연히 있어야 할 반응이 나왔다. 그는 째지는 소리로 비명을 질렀다.[101]

이 급성 요통 발작은 불행과 몰락의 씨앗이다. 첫째, 척추의 통증은 레온의 성적 리비도를 거세한다. 레온은 부인과 동침할 수 없는 지경에 이르고 그럴수록 마르티나가 애견 노아 그리고 레즈비언 카이와 보내는 시간이 많아진다. 언니 이사도라 못지않게 카이 역시 독특한 인물이다. 그녀의 '생리적 성'은 분명 여성이지만 '사회적 성(Gender)'은 남성이다. "1미터 90센티미터의 큰 키"를 가진 카이는 기골이 장대할 뿐만 아니라 "기업체에서 작업복으로 나눠 줄 법한 녹색 멜빵바지 안에 회색 남자 셔츠를 받쳐 입는"[102] 등 영락없는 남성이다. 외모뿐 아니라 그녀의 성 정체성 역시 마르티나에게 사랑을 고백할 정도로 남성적이다.

둘째, 거동을 방해하는 요통은 운동 부족으로 인한 비만을 낳는다. 불과 한 달 사이에 그의 몸에는 25킬로그램의 "추악한 살덩어리"[103]가 늘어붙는 것이다.

> 자신의 꼬락서니가 어떨지 그도 잘 알고 있었다. 그는 피둥피둥 살이 쪘다. 몸무게가 25킬로그램은 더 는 것 같았다. 살이 오른 몸통에 비해 팔다리는 가늘어서 마치 풍뎅이 같은 꼴이었다. 몇 주째 누워만 있었기 때문에 부어오른 얼굴이 잿빛으로 추하게 찌들어 있었다.[104]

허리 디스크는 그를 침대에서 기식하는 식물인간으로 전락시킨다. 그는 '매트리스 무덤'에 누워 말년을 보낸 시인 하이네처럼 "산송장"[105]과 다름없다. 여기서 특히 카프카의 작품 『변신』의 그레고르 잠자를 연상시키는 "풍뎅이"란 표현에 주목할 필요가 있다. 사회와 가정 그리고 세계로부터 완전히 소외된 인간의 비루함과 비속함 그리고 나약함을 가장 충격적인 방법으로 구현한 카프카의 갑충처럼, 레온은 세상의 밑바닥 가까이에 놓인 붕괴 직전의 집 안에 풍뎅이처럼 누워 버적거린다. 급기야 레온은 자신을 "패배한 자의 추하고 가련한 얼굴"을 한 "진흙 똥덩어리"[106]라고 비하한다. 이제 그에게는 집필은 고사하고 책 읽을 기력조차 남아 있지 않다.

> 그는 더 이상 무엇인가를 읽고 싶지도 않았다. 읽는다는 것은 노동이었다. 더 이상 노동할 필요가 없었다. (……) 오케이. 그는 패배자였다. 그는 아무것도 아닌 진흙덩어리에 불과했다.[107]

이런 레온에게 생의 원기 충전을 기대하는 것은 불가능하다. 폭우에서 비롯된 요통은 그의 글쓰기 작업을 부단히 방해한다. 폭우는 그에게 남은 마지막 자존심, 즉 작가로서의 자기 정체성마저 무참히 짓밟아 버린다. 그는 이제 "좌절한 남자들, 말하자면 자신과 비슷한 남자들에 관한 단편 소설과 운율도 맞지 않고 팔리지도 않는 시"[108]를 쓰는 작가에서 스스로 실패한 낙오자, 즉 풍뎅이로 전락한 것이다. 아래 인용문은 레온이 "그레고르 잠자의 후예"[109]로 독일 문학사에 기록될 수 있는 결정적인 증거로 읽힌다.

> 그는 풍뎅이처럼 누워 있었다. 세상의 밑바닥 가까이에 놓인 붕괴 직전의 집 안에서. 그는 통증 때문에 움직일 수 없었고 밤일을 할 수도 글을 쓸 수도 없었으며, 포주 나부랭이에게서 협박이나 받고 자동차도 없었다. 그리고 그의 아내는 남편보다는 개를 더 염려했고 그의 집은 물로 차 버리거나 가라앉거나 아니면 다 무너질 지경에 있었다. 그것 말고 또 없나?[110]

지금까지 언급한 것에서 드러나듯이 물은 마르티나와 레온의 생의 의지를 좌초시키는 절대적 억압의 타자다.

3) 죽음의 완성

바슐라르는 어떤 것이든 "물은 보다 완벽하게 분해하고 완벽하게 죽도록 돕는다."[111]라고 상상한다. 죽음은 물속에서 완성된다. 그에 따르면 물은 생명의 양수지만 동시에 죽음의 심연이기 때문이다. "물은 죽음의 원소를 갖는다. 물은 죽은 것을 다시 분해하고 자신 역시 스스로 죽는다. 그때 죽음은 실체적 허무가 된다."[112] 물과 밤이 결합된 검은 호수가 죽음을 환기하는 기능을 수행하듯이 이 작품에서 물은 근본적으로 죽음의 비극을 연출한다. 특히 진흙과 더불어 『폭우』의 수미쌍관을 이루는 익사한 시체의 이미지는 물과 죽음의 결합을 잘 보여 준다. 작품 서두에서 레온과 마르티나는 신접살림을 차릴 집을 보러 가는 도중 강가의 갈대 사이에 뜬 벌거벗은 여인의 변사체를 발견한다.

> 죽은 여자의 피부는 푸르뎅뎅한 빛을 띠고 부풀어 있었다. 발바닥과 양손 그리고 무릎과 발꿈치처럼 생전에 가장 단단했을 부분이 특히 심했다. 여자의 살은 두 손으로 쉽게 찢어 낼 수 있을 만큼 물컹해 보였다. (……) 한 덩이의 푸딩으로 변하기 전에 여자의 외모는 보기 좋았으리라. 그녀의 머리털은 말할 수 없이 길었다. 검은 머리털. 한때는 허리까지 늘어져 있었을 칠흑같이 검은 머리털. 이제 그 머리털은 굼뜬 물의 흐름을 타고 둥둥 떠 있었다. (……) 안구는 없었다. 처음에 마르티나는 여자가 눈을 감고 있는 것이라고 생각했다. 비어 있는 동공이 몸뚱어리 전체와 마찬가지로 핏기 없이 새하얗기 때문이었다. 몸뚱이는 너무 연약하고 부드러워 보였고 치모에는 섬세한 녹조류가 자라고 있었다.[113]

어떤 사정으로 죽었는지는 헤아릴 길이 없으나 생전에 분명 아름다웠을 이 젊은 여인의 모습에서 셰익스피어의 오필리어를 떠올리는 것은 그리 어렵지 않다. 햄릿과의 사랑이 실현되지 않자 광기에 빠져 시냇물 속에 몸을 던진 비운의 여인 오필리어. 그녀는 왜 물을 선택했을까? 무엇보다도 물은 비극적 죽음을 완성하는 공간이기 때문이다. 바슐라르 역시 비슷한 생각을 했다. "물은 죽음의 우주이다. 그때 '오필리어되기'는 실체화되고, 물은 밤의 세계가 된다. 물 옆에서는 모든 것이 죽음 쪽으로 기운다."[114]

『폭우』의 대미를 장식하는, 바닷가로 떠밀려 온 정체불명의 시구(屍軀) 역시 물에 투영된 죽음의 이미지를 기괴하게 재현한다. "아버지는 목에 철사가 감긴 동물의 오이 쪽 같은 기묘한 머리 모습과 반쯤 썩어 부풀어 오른 몸통을 유심히 바라보았다. 시체에는 귀와 발이 없었다. (……) 그는 살갗이 찢어지는지 어떤지를 꼭 알고 싶었다. 살갗은 찢어졌다."[115] 이 작품은 물에 빠진 여인의 살갗을 나뭇가지로 찢는 장면으로 시작해 동물의 시체를 널빤지 조각으로 찢는 장면으로 맺는다. 시신을 "한 덩이의 푸딩"으로 물컹하게 만드는 물의 이미지는 모든 것을 해체하고 분해함으로써 죽음을 '실체적 허무'로 완성하는 물의 권력을 환기한다. 요컨대 물속의 두 시신은 이 소설 전체를 지배하는 죽음의 이미지를 앞뒤에서 괄호로 묶는 것이다. 결혼 전 레온이 살던 집 주변에 위치한 도축장의 피 냄새, 삽에 찍혀 죽고 바퀴에 압사한 민달팽이 떼, 달팽이 점액에 질식사한 꽃들, 아버지 엽총으로 자살한 마르티나의 소꿉친구 주자네, 하리에게 맞아 죽는 강아지 로키, 마르티나가 하리에게 성폭력 당하는 장면을 목격한 여장부 카이의 화염 방사기에 조개탄처럼 새까맣게 타 죽는 하리와 피츠너, 그리고 이 "인상적인 최후의 결투"[116] 이후 늪 속에서 최후를 맞는 레온. 이 모든 죽음의 사건마다 어김없이 비가 내린다. 축축한 사자(死者)가 빗줄기를 타고 지상에 강림한다. 요컨대 폭우는 재앙과 파멸을 관장하는 '죽음의 마이스터'인 것이다.

특히 비는 레온의 죽음을 완성한다. 하리와 피츠너가 죽고 아내가 떠난 후 레온은 금 가는 소리가 점점 커지는 집 안에서 모든 희망을 포기한 채 비몽사몽간 무위도식한다. "그는 그 무엇에도 욕구를 느끼지 못했다."[117] 비는 계속해서 내리고 그는 텔레비전에 눈을 박고 있거나 욕조에 누워 있기가 다반사다. 그에게 물은 절망의 원소이자 우울한 인자인 것이다. 그런데 이런 "형체 없는 고깃덩어리 꼴"[118]을 한 레온이 사력을 다해 풍비박산이 난 집 밖으로 뛰쳐나온다. 아내의 개 노아를 뒤쫓기 위해서다. 다분히 이는 무능한 자신을 버리고 떠난 아내가 돌아오기를 바라는 갈망의 표현이자 절망의 진창 속에서 일말의 희망이라도 붙잡으려는 의지의 표출로 읽힌다. 신의 계명을 위반한 타락한 인간을 벌하기 위한 대홍수(폭풍우에 의한 집의 붕괴)의 도래를 직감한 레온이 마지막 구원의 상징인 노아를 향해 애걸하듯 부르짖는다. "노아아아아아!"[119] 하지만 그는 끝내 '노아의 방주'에 승선할 수 없다. 숲 속으로 들어간 노아의 행방은 오리무중이고, 결국 그가 도착하는 곳은 죽음의 늪이다. 그리고 그는 비를 함빡 맞으며 깊이를 가늠할 수 없는 흙탕물 한가운데로 저벅저벅 들어가기 시작한다.

언젠가 그는 태어났으며 이제 그는 죽는다. 그리고 그 사이에 일어났던 일들은 엄밀히 보자면 대단한 의미가 있는 것은 아니었다. 탄식하며 그는 축축이 젖어 오는 포옹을 받아들였다. 곧 수렁의 진흙이 그의 폐 속으로 밀려들어 강렬한 통증을 일으켰다. 레온은 숨을 쉬어 보려 했지만 그저 진흙만을 삼킬 뿐이었다. 이제 늪은 더 이상 따뜻하고 부드럽지 않았다. 늪은 잔혹하게 그의 체액에 섞여 들고 모래에 덮인 선박의 조각처럼 그를 채워 버렸다. 그는 단말마의 고통 속에서 몸을 비틀었다. 마침내 레온은 의식을 잃었으며 그가 삼십팔 년 동안 결코 제대로 편하게 느껴 보지 못했던 육체를 떠났다. 가운 끈을 목에 감은 살진 몸뚱어리는 그렇게 어둠 속에 묻혀 버렸다.[120]

레온은 "공허와 무"의 세계와 한 몸이 된다. 비와 진흙(물과 흙)은 레온의 죽음을 '실체적 허무'로 완성한다. "물의 가루"[121]인 진흙 속에서 존재는 우울하게 분해되고 완벽하게 괴저(壞疽)된다. 카를빌헬름 슈미트의 해석처럼 늪은 "주체의 사라짐"[122]이 종결되는 공간의 알레고리인 것이다. 그러나 완결된 죽음 속에서 생명이 잉태되기 마련이다. 신화 종교학자 조셉 캠벨의 표현처럼 "우리는 '자궁이라는 이름의 무덤'에서 '무덤이라는 이름의 자궁'까지 완전한 순환주기를 산다."[123] 생명의 끝이 죽음의 입구라면 "죽음은 생명의 전령이다."[124] 앞서 강조했듯이 물속에서 죽음과 재생은 서로 맞물려 돌아가기 때문이다. 작가는 물의 이런 천성을 간파한 듯, 레온이 늪으로 들어가는 장면 직전에 의미심장한 문장을 배치한다. "물의 영원한 회귀에서 비롯된 물방울 하나가 레온의 머리 위로 떨어졌다."[125] 물의 세례를 받은 레온은 이제 진흙 속에서 완벽히 죽음으로써 생명의 모태인 '어머니 대지'의 품속으로 안겨 든다.

이사도라는 미소 지었으며 한 손으로 자신의 가슴을 가지고 장난을 쳤다. 그녀의 검고 긴 머리는 나뭇가지들과 엉켜 하나가 되어 있었다. 그리움에 젖어 레온은 두 팔을 그녀에게 뻗었다. 그의 발밑에는 디딜 곳이 없어졌다.

그의 두 손은 따뜻하게 젖은 수렁의 흙을 움켜쥐었고 수렁은 꿀꺽 소리를 내며 그의 두개골 위에서 닫혔다. 레온은 완전한 어둠과 부풀어 오는 물컹함의 세계로 잠겨 들었다. 그는 썩은 식물 줄기에 얼굴을 문질렀다. 따뜻한 느낌이 들었다. 고개와 두 손을 휘저었다. 진흙이 그의 입과 코로 밀려들었다. 진흙이 그의 귓구멍으로 스며들고 몸의 주름 하나하나를 채웠다. 레온은 입을 쩝쩝대고 꿀꺽거렸으며 그의 위장은 진흙과 어두움으로 채워졌다. 진흙 아래 진흙이 된다는 것은 얼마나 좋은 일인가. 레온은 참된 어머니의 품으로 다시 가라앉는다.[126]

레온에게 늪은 이사도라의 자궁이다. 진흙의 블랙홀로 빨려 들어가는 레온이 몸 자체가 질펀한 흡반(吸盤)인 이사도라와의 성적 결합을 떠올리는 것은 자연스럽다. 물에 내재한 죽음의 에너지가 우세할 때 늪은 모래 무덤처럼 차갑고 꺼끌꺼끌하지만, 생명의 에너지로 충만한 늪은 어머니 품처럼 따뜻하고 물렁물렁해진다. 레온은 "진흙 아래 진흙"으로 하강하는 죽음의 제의를 통해 생명의 시원인 "참된 어머니의 품으로" 침잠한다. 슈미트는 레온의 죽음을 이렇게 분석한다. "레온의 죽음은 자연과의 성적인 합일로 읽히며, 이 소설에서 표면적이지만 자연과 조화를 이루며 사는 유일한 인물, 즉 물의 요정 운디네를 연상시키는 이웃집 여인 이사도라 슐라이와의 성행위와 흡사하다."[127]

하지만 이 소설의 매혹은 레온의 죽음을 원초적 모성과의 신비로운 합일로 읽는 독자의 기대를 잔인하게 배반한다는 데 있다. 참된 어머니의 품으로 안겨 죽은 레온은 끝내 부활하지 않는다.

창조의 원형 중 하나는 큰 물결 가운데 갑자기 현현하는 섬이라는 이미지다. 다른 한편, 물속에 가라앉는 것은 무형태로의 회귀, 존재 이전의 미분화된 상태로 되돌아감을 상징한다. 부상(浮上)은 우주 창조의 형성 행위를 재현하고, 수몰(水沒)은 형태의 해체를 의미한다. 그렇게 때문에 물의 상징은 죽음과 재생을 포함한다.[128]

엘리아데의 언급처럼 수몰과 부상은 죽음과 신생을 상징한다. 물속에 가라앉은 것은 언젠가는 다시 떠오르게 마련이며 그것은 또다시 가라앉는 법이다. 레온은 분명 "존재 이전의 미분화된 상태"로 돌아간다. 하지만 그는 결코 복귀하지 않는다. 오히려 물 위로 부상하는 것은, 앞서 언급했던, 형체를 알아볼 수 없을 정도로 심하게 부패한 송장이다. 죽음을 확인하는 장면으로 시작한 소설은 이렇게 다시 죽음을 검증하는 장면으로 끝난다. "살갗은 찢어졌다."[129] 소설의 대미를 장식하는 이 인상적인 문장은 죽음의 끝은 영원한 죽음임을 암시하는 대목으로 읽힌다.

4 비를 위한, 비에 의한, 비의 소설

『폭우』는 빗물의 다양한 속성과 기능을 미학적으로 형상화한 '비의 소설'이다. 빗물은 타자와 결합하여 제3의 물질을 만들어 내고(복합적인 물), 무엇에든 스며들어 부식시키고 분해하고 파괴한다(난폭한 물). 물은 콘크리트 외벽보다 강하고 불을 이긴다. 그리고 인간보다도 힘이 세다. 물은 생의 파토스를 꺾고 실존의 형해(形骸)를 바스러뜨리며 존재 자체를 무로 만든다. 또한 인간의 정체성과 주체성까지 무력화한다. 한편 물은 얄궂기도 하다. 물은 인간의 죄를 깨끗이 씻어 주기도 하지만 동시에 원죄를 각성시켜 준다. 물은 야누스다. 잿빛 타나토스와 황금빛 에로스의 얼굴을 지녔기 때문이다. 물에서 생명이 잉태되고 죽음이 완성된다. 자비로운 물은 만물을 포용하고 세상을 창조하지만 성나면 자연을 파괴하고 세계를 침몰시킨다. 한마디로 물은 전지전능하다. 이런 물의 권능은 합리적 문명의 힘으로 제압되지 않는다. 오히려 자연이 문명을 처단하고 과점(寡占)한다. 비는 인간 문명을 파괴하고, 인간을 굴복시키며, 인간과 인간 사이 관계(사랑)를 끊고, 종국에는 인간을 파멸시킨다. 이처럼 이 소설은 난폭한 물에 의해 철저하게 지배당한다. 요컨대 『폭우』는 비의 신 유피테르 플루비우스(Jupiter Pluvius)란 절대 제후가 통치하는 '물의 제국'이다. 이렇게 보면 이 소설의 주인공은 레온과 마르티나가 아니라 빗물이다. "실제로 『폭우』의 원래 주역은 늪이다."[130] 소설 처음부터 끝까지 비는 거의 쉼 없이 내린다. 비는 분명 소설의 배경이다. 하지만 비는 소설의 기상 상태를 예보하는 데 그치지 않는다. 비가 사건을 주도하고 서사를 이끌기 때문이다. 비가 이 소설의 실제 주인공인 셈이다. 정리하자면 『폭우』는 '비를 위한, 비에 의한, 비의 소설'인 것이다. 두베가 이 작품에 '비의 소설'이란 이름표를 달아 준 이유는 바로 여기에 있다.

끝으로 이 소설의 의미를 두 가지로 추슬러 본다. 첫째, 이 소설은 여러 독법의 길이 복잡하게 교차된 해석의 미로다. 그래서 빠르게 읽히지만 결코 녹록지 않다. 적재적소에 다양한 문학적 주제들과 의미심장한 모티프들이 잠복해 있기 때문이다. 십계명을 연상시키는 열 개의 장과 노아, 대홍수 등 성서 모티프가 우선 눈에 띈다. 레온(가부장적, 성차별적 남성상),[131] 피츠너("마초 유형"),[132] 마르티나(남성이 기대하는 전형적인 부인상에서 페미니스트로 역할 변화), 이사도라(원초적 모성의 모델), 카이(남성 몫을 담당하는 레즈비언) 등 개성 강한 등장인물이 보여 주는 남녀 양성 간의 갈등과 투쟁은 젠더의 시각에서 소설을 다시 톺게 한다. 또한 작가 레온과 복서 피츠너의 반목에서 문학적 이상과 삶의 현실 사이 괴리라는 전형적인 예술가 소설의 주제가 발견된다. 특히 흥미로운 것은 『폭우』를 전환기 소설의 범주에 넣을 수 있다는 점이다. 통일로 인한 동서독 사람들 사이 갈등의 골이 소설 군데군데 패여 있기 때문이다. 서독 출신 레온이 동독 지역으로 이사 와 목격하는 풍경과 일상, 예컨대 "멜라닌 색소증을 앓는 듯 검게 퇴색된"[133] 낡은 건물들과 쇼윈도에 진열된 "알디 비스킷, 일디 국수, 리버콜라"[134]와 같은 싸구려 생활용품이 통일 이후 동독 지역의 경제 상황을 가늠케 한다면, 동네 꼬마들이 레온을 향해 "빌어먹을 서독놈!"[135]이라며 텃세를 부리는 대목은 동서독 주민 간 심리적 갈등을 짐작케 한다. "서독 사람 하나가 이사 오면 다음에는 더 많은 수가 몰려오리라는 것을. 그렇게 되면 장사도 더 잘될 것이다. 서독인들이 이 지역으로 몰려오고 있다. 조금만 참으면 된다."[136]라는 동네 잡화점 주인 케르벨의 말 속에서 동독인의 헛된 기대가 엿보인다면, "남자들이 고향을 떠난다. 이 기사에 따르면 행운과 일자리를 찾아 서독 지역으로 떠나는 것은 주로 남자들이군."[137]이라는 레온의 독백에서는 통일 이후 동독 사회의 간난(艱難)한 현실이 목도된다. 그 밖에 각 장 서두에 기상 예보를 인용한 점에서 이 소설은 무질의 『특성 없는 남자』와 구성이 흡사하며, 거식증으로 고통받는 마르티나는 그라스의 『양철북』에 등장하는 아그네스 마체라트(불륜을 저지른 데 대한 그녀의 죄의식은 생선 통조림을 뜯어 먹고 날생선을 걸귀 들린 듯이 먹어 치우는 등 엄청난 폭식을 낳는다.)의 패러디로 읽힌다.

둘째, 이 소설은 암울한 세기말적 상상력의 소산이다. 『폭우』는 1999년 출간됐다. 20세기 끝자락에 선 두베의 가치관과 인간관은 이른바 19세기 말 '세기말(Fin de Siècle)' 작가들보다 훨씬 더 암울하고 어두워 보인다. "기와장이가 추락하여 두 동강이 난다./ 그리고 해안에선 해일이 일고 있다는 기사가 났다."**138** 표현주의 시인 야코프 반 호디스의 「세계의 종말」 시구가 상징적으로 보여 주듯, 지난 세기 전환기의 젊은 예술가들도 세계 몰락의 징후를 소리 높여 부르짖었다. 하지만 이들의 도저한 부정적 세계관과 문명 비판 정신은 낡은 세계의 폐허 위에서 부활할 '신인류'의 출현에 대한 뜨거운 갈망의 역설적 표현이었다. 요하네스 베허는 주창했다. "인간이여, 인간이여, 인간이여, 일어나라! 분기하라!"**139** 이들은 절망했지만 희망의 불씨를 가슴속에 품었던 것이다. 하지만 두베의 전망은 잔혹하고 냉정하다. 두베는 파멸과 해체가 구원과 재생의 모태로 이어지는 단계까지는 지난 세기말 작가들의 상상에 동감하지만 '그 이후'는 동의하지 않는다. 두베의 상상력에 따르면 난폭한 비가 자연의 매트릭스마저 부패시켰기 때문이다. 그래서일까. 생명의 거대한 시원인 바다 위로 부상하는 것은 "오이 쪽 같은 기묘한 머리 모습과 반쯤 썩어 부풀어 오른 몸통"**140**에 악취를 풍기는 주검이다. 두베가 그린 세기말 묵시록적 살풍경은 이렇게 요약된다. 태초에 죽음이 있었다. 상상컨대, 두베가 이 소설을 쓰면서 줄곧 들었던 애창곡은 밥 딜런의 「우디에게 바치는 노래」가 아니었을까.

헤이, 헤이, 헤이, 우디 거스리
당신에게 드릴 노래를 썼어요.
다음에 올 세상은 정말 우스꽝스러울 거예요.

배고프고 힘들고 괴롭고 아파 보여요.

죽어 가는 것 같고, 태어난 걸 후회하는 것 같아요.

마치 세상에 태어나지도 않았다는 듯이 죽어 가는 것 같아요.[141]

혼종과 변용의 서사
카렌 두베, 『납치된 공주』

배기정

1 메르헨 르네상스

1990년대 후반부터 현재에 이르기까지 독일 문단을 휩쓸고 있는 신예 작가들의 역사 추리 소설, 판타지 소설, 동화 소설, 전기 소설 등은 기성세대들의 소설과는 전혀 다른 새로운 양상을 보여 준다는 점에서 눈길을 끈다. 1980년대까지만 해도 독일 문학계는 역사의 큰 줄기를 세계사적 안목에서 바라보는 거대 서사가 지배했으며, 이에 따라 환상적 요소, 비의적 요소, 오락적 요소, 통속 소설의 요소 등은 소설 쓰기에서 주변적 위치에 머물렀다. 미하엘 엔데의 동화 소설 『모모』(1973)나 『끝없는 이야기』(1979)가 100만 부가 넘는 판매고에도 독일 평단에서 그다지 주목받지 못했던 것이나, 전후 독일 문학에서 처음으로 귄터 그라스의 『양철북』에 비견되는 세계 문학으로 인정받는 파트리크 쥐스킨트의 『향수』(1985)가 처음에는 독일 출판사들로부터 거부당해 스위스의 디오게네스 출판사에서 발행된 것은 당시 독일 문단이 역사의식과 계몽성을 담지 않은 문학에 대해 얼마나 배타적이었는가를 말해 주는 좋은 예라고 할 수 있다.[1]

이러한 전후 독일 문단의 지배적 경향에 반기를 든, 이른바 '손자'들로 일컬어지는 젊은 신세대 작가들은 과감하게 장르의 벽을 허물고, 기존 문학이 지켜 온 원칙과 가치 들을 무너뜨리는 동시에 시장에서 큰 성공을 거두며 새로운 문학 세대로 등장했다. 이들은 스스로를 독일 문학이 숙명적으로 안고 있던 역사에 대한 부채 의식과 분단의 질곡에서 해방된 최초의 세대로 자각하며, 독일 문학 특유의 엘리트적 소명 의식과 완전히 결별한 것처럼 보인다. 마치 "독일이 저지른 범죄에 대한 기억이 더 이상 혀를 마비시키지 않는 것처럼 보이는"[2] 이들은 근엄한 독일 문학이 외면해 오던 문학의 '즐거움'을 맘껏 펼치며, 실험적 글쓰기를 시도하고 있다. 그러나 젊은 신세대 작가들의 작품은 쉽고 재미있게 읽히면서도 인간과 세상에 대한 진지한 고민과 성찰이 담긴 새로운 차원의 서사를 탄생시킨다는 점에서 통속 소설과는 명백한 차이를 보인다. 이들의 문학은 진지한 역사의식과 흥미로운 서사라는 두 마리 토끼를 함께 잡을 수 있는 가능성을 보여 줌으로써 현대 베스트셀러 문학의 새로운 모델을 제시한다.[3]

현대 대중문화의 다양한 코드를 작품 도처에 배치해 문학과 대중문화가 만나도록 함으로써 개방적 태도를 드러내는 신세대 작가들 특유의 문화적 감수성과 가치관은 이전 문학의 존재 방식과는 매우 다를 뿐만 아니라, 정전(正典)에 대한 전통적인 고정 관념을 깨트림으로써 지금까지 통용되던 본격 문학 대 대중 문학, 통속 문학이라는 이

분법적 가치 평가 기준을 근본적으로 뒤흔들어 놓고 있다.[4]

이 글에서는 1990년대 이후 변화된 독일 문단에서 새로운 위상을 차지한 동화 소설, 판타지 소설에 특별히 주목하고자 한다. 이전에는 순전히 오락물이나 통속물로 알려졌던 추리 소설, 판타지 소설 등이 본격 문학에 스며들어 전에는 볼 수 없었던 새로운 변종 문학이 탄생되고 있는바, 동화, 전설, 신화를 소재로 한 판타지 소설들이 무더기로 쏟아져 나와 새로운 붐을 일으키고 있다. 이러한 현상을 가리켜 '메르헨 르네상스'라고 지칭하기도 한다.[5] 여기에 해당하는 대표적 작품으로는 발터 뫼르스의 『차모니아 소설』(1999~2007), 카렌 두베의 『납치된 공주』(2005), 레오니 스완의 『글렌킬』(2005) 등을 꼽을 수 있다. 이 소설들은 비록 기존 판타지 장르처럼 현실과 동떨어진 세계를 무대로 하면서, 종종 통속 소설의 특성들, 즉 사랑, 살인, 추리, 납치 등의 모티프를 통해 이야기의 긴장감을 고조하지만, 또 한편에선 동화나 우화의 단순한 서사 기법에 사실성, 현재성, 일상성을 부여하는 독특한 변형의 서사를 보여 준다. 여기에는 영미권의 판타지 소설과 판타지 영화가 큰 영향을 끼쳤다. 『반지의 제왕』, 『해리 포터』, 『슈렉』에 이르는 판타지 소설들이 영화로 만들어져 세계적으로 큰 성공을 거두면서 독일에서도 환상적 소재와 초자연적 세계를 다루는 판타지 문학이 어린이들뿐만 아니라 어른들에게도 관심을 불러일으켰고, 문학과 영상 매체의 상호 작용으로 매체 간 교류가 그 어느 때보다 활발하게 이루어지는 등 독일 문학에서 이전에는 볼 수 없었던 새롭고도 특이한 현상이 나타났다. 그러나 이러한 새로운 현상에 대한 평가는 아직 제대로 이루어지지 않고 있다. 장르의 벽을 허물고, 기존 문학이 지켜온 원칙과 가치 들을 무너뜨리면서, 시장에서 큰 성공을 거두고 있는 신세대 작가들의 '질주'를 두고 본격 문학에 천착해 온 비평

계가 당혹스러움을 나타내거나 아예 붓을 피하려는 것은 자연스러운 결과일지도 모른다.[6]

이 글은 이러한 상황 인식을 바탕으로, 기성세대 작가들과 평단에 의해서 그동안 도외시되었던 통속 문학의 모티프들이 1990년대 이후 본격 문학 속으로 용해되어 들어가, 그 둘의 경계가 와해되고 새롭고 독특하며 재미있지만 진지한 성찰을 담은 소설들이 탄생해 많은 독자들에게 읽히는 현상을 '혼종과 변용의 서사'라는 개념을 통해 설명하고자 한다.

2 혼종과 변용의 서사학

분단과 냉전의 시대가 종식된 후 독일 문단에 등장한 신세대 작가들의 글쓰기 방식에서 나타나는 두드러진 특징은 다음 세 가지로 요약될 수 있다. 첫째, 이들은 기존의 소설 쓰기에서는 찾아볼 수 없는 다양한 방식으로 서로 다른 장르나 모티프 등을 뒤섞어 놓는다. 둘째, 독일의 문학장 안에서 중심부를 차지하던 본격 문학과 변두리로 밀려났던 통속 문학의 경계가 와해되고 있으며, 상하위 관계를 맺고 있던 성인 문학과 아동 문학의 구분이 모호해지고, 문학의 계몽성과 상업성이라고 하는 대립적 요소들이 뒤섞이며 상호 교차함으로써 제3의 독특한 변형체가 생겨나고 있다. 셋째, 이러한 실험은 윤리적 책임 의식이 강조되던 분단 시대에 억눌렸던 유희적 글쓰기에 대한 욕망이 분출되어 나타난 일종의 '대항 서사'로 볼 수 있다. 기존 서사를 지배하는 통일성과 순수성의 원칙을 깨트리고, 순수 문학과 통속 문학의 이분법적 구분을 넘어서는 이러한 '혼종과 변용의 서사'는 포스트모던 글쓰기에서 자주 언급되는 인용이나 상호텍스트성 개념을 통해서도 설명될 수 있을 것이다. 하지만 최근 독일 신세대 작가들이 실험하는 글쓰기 방식을 굳이 혼종 개념과 연결하려는 것은 이 개념이 1990년대 이후 독일이 처한 새로운 문화적 상황과 밀접한 관련을 맺고 있기 때문이다.

혼종은 둘 이상의 서로 다른 체계가 결합되거나 섞여 있는 형태를 일컫는 개념으로서 본래 동물학과 식물학에서 유래했지만, 포스트식민주의 이론가들이 이 용어를 문화 변동 현상에 적용함으로써 문화이론의 개념으로 의미가 확장되었다. 포스트식민주의 이론가들은 탈식민 과정에서 한 민족이나 국가의 정체성이 순수하고 안정적인 본질로 환원될 수 없으며, 오히려 숱한 외상과 균열에 대한 반응을 통해 새로이 생성된다는 사실에 주목했다. 또한 이들은 지배자와 피지배자의 인종, 언어, 문화가 결합됨으로써 기존 권력의 위치가 전복될 수 있다는 점을 상기시키며, 안정성 대신에 불안정성과 변화 가능성 그리고 역동성을 강조했다. 이러한 사유 방식과 관련하여 호미 바바는 자아와 타자, 주인과 하인, 자국 문화와 타국 문화라고 하는 이분법적 경계를 넘어서는 양가적 '경계선상' 혹은 제3의 공간을 설정하려 했다. 이것은 인종적 순수성에 천착하여 인종 차별주의를 정당화해 왔던 식민 담론에 대한 저항의 공간을 의미하며, 동시에 지배자와 피지배자의 협상과 소통의 장을 뜻한다.[7] 또한 동일자도 아니고 타자도 아니며, 혼종으로 생겨난 이 불확정 공간은 문화적 변용이 끊임없이 진행되는 과정을 설명하는 데 매우 유용하다.[8]

혼종의 징후들이 발견되는 곳은 근본적으로 불균형한 권력의 조건들 속에서 서로 다른 문화의 발화자들 간에 새로운 형식의 교차 소통이 이루어져 친숙한 의미와 정체성에 균열과 긴장이 초래되고, 텍스트 생산의 변두리로 밀려났던 글쓰기 방식과 중심부에 있던 글쓰기 방식이 서로 교차 및 변형되는 지점이다. 통일이 가져온 새로운 문화적 조건 아래 독일 신세대 작가들이 기존 글쓰기 방식과의 교차 소통을 통해 실험하고 있는 텍스트 생산은 이러한 혼종의 징후들을 드러내 보여 준다. 이하에서는 동화, 설화, 신화 등이 서로 뒤섞여 독특한 서사의 변용 방식을 보여 주는 대표적 작품 중 하나인 카렌 두베의 소설『납치된 공주』를 중점적으로 분석하여, 서사의 혼종과 변용 양상이 구체적으로 어떻게 나타나며, 이 작품이 독특하고 재미있지만 진지한 성찰을 잃지 않은 채 어떠한 방식으로 문학성과 상업성을 동시에 획득하는지 살펴보기로 한다.

3『납치된 공주』: 판타지 공간에서 펼쳐지는 동화 소설

1) 서사의 혼종을 통한 판타지 공간의 창출

카렌 두베는『납치된 공주』에서 여러 장르, 다양한 문학적 모티프, 서로 다른 층위의 시간성을 뒤섞어 놓는다. 이 소설에는 전통적인 문학 장르인 동화, 전설, 신화, 영웅 서사시, 궁정 서사시, 모험 소설, 성장 소설 등의 요소가 현대적 영상 매체의 특성과 뒤섞여 있을 뿐만 아니라, 다양한 모티프와 소재 들이 과거와 현재의 시간적 경계 없이 줄거리에 녹아 있다. 이런 이유로 인해 몇몇 짧은 서평들은 이 소설을 가리켜 두베의 "순전한 장광설"[9]과 탁월한 "합성 능력"[10]이 만들어 낸 "크로스오버 설정"¹¹이라고 일컫는가 하면, 이 소설의 장르에 대해서도 동화 소설, 기사 소설, 판타지 소설 등 의견이 분분하다.

『납치된 공주』는 어느 북쪽 나라에 사는 아름다운 공주를 두고 그녀를 흠모하는 기사와 부유한 남쪽 나라 왕자 사이에서 벌어지는 삼각관계가 주를 이루는 사랑 이야기다. '옛날 옛적에'로 시작되어 왕자와 공주의 결혼이라는 해피엔드로 끝나는 이 소설이 애초에 단순한 동화의 체계로 쓰였다면, 전체 분량이 대여섯 쪽을 넘지 않아도 됐을 법하다. 두베는 이렇게 간략한 요지의 이야기에서 마흔네 개 에피소드가 담긴 사백여 쪽짜리 장편 소설을 만들어 냈다. 이 소설에서는 중심 사건인 공주의 납치와 구출, 그리고 결혼을 둘러싸고 때론 긴박하게, 때론 해학과 유머를 동반하여 희극 같은 상황들이 연출된다. 왕이 다스리는 봉건제 사회 질서를 배경으로 왕자와 공주의 결혼을 다룬다는 점에선 전형적인 동화의 틀을 갖췄다고 할 수 있다. 하지만 세 젊은이들, 즉 공주와 왕자 그리고 기사가 우여곡절 끝에 자신들이 무엇을 원하는지 스스로 발견해 내고 이를 이루어 낸다는 점에서 이 소설은 성장 소설의 핵심을 보여 준다. 이런 의미에서 이 소설은 서사의 혼종과 변용 과정을 통해 동화와 설화의 고정된 틀을 깨트리고 성장을 담아 새롭게 일궈 낸 현대적 동화 소설이라고 할 수 있다.

『납치된 공주』가 처음 시작되는 장소는 이름이 너무 복잡해서 대개 그저 "북쪽 나라"라고 불리는 "스뇌글린두랄토르마인가 뭔가"¹² 하는 가상의 왕국인데, 이 왕국의 역사적 지형은 "바이킹 시대에서부터 바로크를 거쳐 오늘날에까지 이르는 그 어떤 곳"¹³으로서 다양한 여러 시대를 대담하게 가로지른다. 그리고 리스바나 공주와 결혼하게 되는 남자 주인공 디에고 왕자가 사는 바스카리아는 지중해에 있는 이탈리아 지방 왕국이고, 또 다른 남자 주인공 브레두르 기사가 오디세이적 모험을 경험하는 장소는 아랍과 아프리카 문화가 맞닿은 곳으로서 이 소설이 그리는 지도는 유럽 북단에서 지중해를 거쳐 아시아와 아프리카에까지 이른다. 이야기가 어느 해에 전개되는지는 분명히 규정되지 않으며, 다만 "10월 어느 날 첫눈이 내리기 직전"[14]부터 다음 해 "쌀쌀하고 청명한 9월 아침"[15]까지 대략 일 년 동안이라는 것만 알 수 있다. 이 소설이 전개되는 시간과 장소, 그리고 인물들의 행동과 사고방식을 살펴보면, 기사들이 활동하던 중세 시대, 절대 왕정이 지배하던 바로크 시대, 우아한 문화를 자랑하던 로코코 시대뿐만 아니라, 고대 그리스의 아마존 족을 연상시키는 여자들만의 섬, 이기심과 허영심을 휘감고 살아가는 현대 최상류층 어머니를 닮은 왕비 등에서 나타나듯 서로 다른 층위의 시간성이 아무런 장애 없이 교차, 결합됨을 발견하게 된다.

시간과 장소의 이러한 교차와 혼종은 등장인물들의 특성에도 그대로 적용된다. 이 소설은 기본적으로 '공주의 납치'를 모티프로 하는 게르만 족의 「구드룬 설화」에서 소재를 가져오지만, 여기에 다양한 동화와 문학 텍스트에서 차용된 인물들과 요소들이 합성되고 변용되어 '서사적 유희'의 극치를 보여 준다. 금발과 푸른 눈을 가진 북쪽 나라 공주와 남쪽 '행복의 섬'에 살며 검은 피부와 갈색 머리를 가진 사릴리사 공주가 소설 속에 등장하는 것은 북구 동화와 『천일야화』의 합성이라 할 수 있다. 환상의 식물을 찾으러 가는 배 위에서 기사와 왕자가 서로 변장하는 것이라든가, 여인 천하인 고대 아마존 족의 땅과 유사한 '행복의 섬'에서 브레두르 기사가 여장하는 것, 그리고 두 사람이 리스바나 공주가 갇힌 루덱 성으로 가기 위해 신분을 바꾸는 것 등은 셰익스피어를 연상시킨다. 브레두르 기사가 용(龍)과 싸워 이기는 것은 물론 지크프리트 신화에서 빌려 온 것이다. 하지만 브레두르 기사는 끊임없이 환경과 욕구 그리고 성격이 빚어내는 내적 갈등에 시달릴 뿐만 아니라, 때로는 나약하고 때로는 비열하기 그지 없는 행동을 보여 준다는 점에서 신화적인 인물인 지크프리트와는 거리가 먼 복합적인 인물로서 현대성을 획득한다. 용 그렌델에게서 도 악의 화신이라는 전설적 위엄을 갖춘 중세 괴물의 모습은 찾아볼 수 없다. 이 소설 속에 등장하는 그렌델은 오히려 우스꽝스럽고 치기 어리며 덩치 큰 애완동물에 가깝다고 할 수 있다. 용을 길들이는 조련 사로 등장하는 가스파요리는 자칭 마술사지만 실제로는 도박에 미친 노름꾼에 불과하며, 용 경기장도 현대 놀이공원과 흡사하다.

두베는 또한 동물과 식물에 대한 백과사전적 지식을 바탕으로 세 밀한 정보와 상상력이 결합된 기이하고 신비한 환상적 존재들을 만 들어 낸다. 소위 '고롱지아'라는 식물은 환상과 언어가 어우러져 함 께 새로운 것을 빚어내는 판타지 문학의 좋은 예를 보여 준다.[16]

> 야생 고롱지아는 아프리카 정글 속, 뚫고 들어가기 매우 어려운 지역에서 자랍니다. 높이는 3미터고 마디가 있습니다. 뻗은 가지들 사이로 보라색 멜론처럼 생긴 커다란 열매가 단 하나만 달려 있는 것을 상상해 보십시오. 멜론이 익어 너무 무거워지면 가지가 땅에 닿을 정도로 휩니다. 멜론은 땅 에 닿으면 곧바로 터져 버리는데, 그 안에서 뿔이 네 개 달리고 어린 양처 럼 순한 작은 동물이 나옵니다. 고롱지아라는 동물이죠. 돼지를 약간 닮고, 코끼리도 좀 닮았지만 훨씬 작지요. 피부는 하늘색입니다.[17]

이러한 문학적 판타지는 명백히 영상 판타지를 지향하는데, 이는 특히 판타지 영화 속 모티프와 세트를 연상시키는 장면들에서 잘 확 인된다. 브레두르 기사와 디에고 왕자가 그렌델이 사육되는 루덱 성에·갇힌 리스바나 공주를 구출하려 할 때, 그렌델은 킹콩처럼 리스바나를 찾아 온 성을 헤매며 성을 파괴하기에 이른다. 바스카리아의 레오 왕과 디에고 왕자가 배를 타고 북쪽 나라로 가는 도중 뿔 고래나 멧돼지 이빨이라고 하는 바다 괴물들과 만나 벌이는 한바탕 소동을 보면 기괴하고 현란한 판타지 영화의 영상을 대하는 듯하다.

> [멧돼지 이빨 괴물은] 에스페란토 호보다 네 배나 더 큰 엄청난 덩치에다 여기 저기 끔찍한 이빨이 솟아 있었다. 코에서는 김을 뿜어냈고, 등 전체가 조개로 덮여 있었으며, 앞발로 물길을 가르며 무서운 속도로 다가왔다.[18]

두베는 이렇듯 시간과 공간을 제약 없이 가로지르는 판타지 세계를 오늘날의 영상 문화와 자연스럽게 연결함으로써 현대 대중문화가 지닌 혼종과 변용의 재미를 문학 영역 안으로 적극적으로 끌어들인다.

2) 설화의 현대적 변용: 구드룬 설화에서 페미니즘적 성장 소설로

이 소설의 중심에는 「구드룬 설화」에서 차용된 '공주의 납치'와 '혼인 거부'라는 모티프가 자리 잡고 있다.[19] 「니벨룽겐의 노래」에 이어 두 번째로 규모가 웅장한 중세 영웅 서사시 「구드룬 설화」는 세 부분으로 나뉜다. 첫 번째 부분은 이미 어린 시절에 용을 때려잡았다고 알려진 구드룬의 조부, 아일랜드의 사나운 하겐이 구드룬의 조모 힐데 공주와 결혼하기까지의 과정을, 두 번째 부분은 구드룬의 아버지 헤텔이 그녀의 어머니 힐데와 결혼하기까지의 과정을, 세 번째 부분은 구드룬이 헤르비히와 결혼하기까지의 과정을 다룬다. 구드룬은 세 남자, 즉 지크프리트, 하르트무트, 헤르비히로부터 구혼을 받지만 모두 거절하고, 이에 헤르비히가 구드룬의 아버지 헤텔을 공격한다. 결국 헤텔과 평화 협정을 맺은 헤르비히는 구드룬과 약혼하기에 이른다. 이로 인해 지크프리트가 헤르비히의 영토로 쳐들어가고, 구드룬의 아버지 편에 선 헤르비히와 오랜 싸움을 벌인다. 한편, 하르트무트는 구드룬의 아버지가 없는 틈을 타서 자신의 성으로 공주와 시녀들을 납치해 온다. 구드룬은 전투가 끝나기까지 십삼 년이라는 기간 동안 하르트무트의 성에 갇힌 채 더러운 빨래를 하는 등 그의 어머니로부터 갖은 구박을 받으며 모욕적인 세월을 보낸다. 그러나 이러한 고통들이 구드룬의 마음을 움직이진 못한다. 마침내 그녀를 구하러 군대를 몰고 온 어머니 힐데 덕분에 구드룬은 자유를 되찾고 약혼자 헤르비히와 결혼하게 된다는 것이 이 서사시의 주된 내용이다.[20]

구드룬은 「니벨룽겐의 노래」의 여주인공 크림힐트와는 완전히 다른 여성상을 보여 준다. 크림힐트가 고통과 복수의 화신으로 변하는 반면에, 구드룬은 굴욕적인 상황에서도 여성적인 겸양과 미덕을 잃지 않으며 자존심과 따뜻한 마음씨를 동시에 지닌 여성으로 그려진다. 이런 이유로 구드룬은 늘 문학사에서 전범을 보여 주는 여성으로 평가되어 왔다.[21] 두베는 이렇듯 중세의 모범적인 여성상을 대표하는 구드룬을 페미니즘 시각에서 변용하여 리스바나 공주라고 하는 현대적인 여성을 만들어 냈다. 두베의 『납치된 공주』에서는 「구드룬 설화」의 차용과 변용이 다음과 같은 방식으로 이루어진다.

개인적 사랑이 전제된 결혼관

구드룬의 경우, 비록 자신이 원한 것은 아니었지만 이미 헤르비히와 약혼한 사이였던 까닭에 중세 여성에게 부여된 정절의 미덕을 지키기 위해, 그리고 아버지를 죽인 왕의 아들과 결혼할 수 없다는 이유로 헤르비히 이외의 남자와 결혼하는 것을 거부한다.[22] 리스바나 공주도 자신을 납치해 온 디에고 왕자와의 결혼이 북쪽 나라 사람들이 가장 소중하게 여기는 가치인 명예심과 자존심을 손상하는 일이기 때문에 이를 거부한다는 점에서 구드룬과 유사한 성격을 보여 준다. 하지만 그녀가 결혼을 승낙하지 않는 가장 큰 이유는 결국 왕자에 대한 자신의 사랑에 확신이 없기 때문이며, 이를 확인하는 과정이 『납치된 공주』의 가장 중요한 줄거리를 이룬다. 「구드룬 설화」에서 결혼이란 중세 여성에게 부여된 미덕을 지키는 것이고 이웃과의 평화를 정착시키기 위한 정략적 차원에서 추진되지만, 리스바나를 둘러싼 디에고와 브레두르의 경쟁에서는 개인적 사랑이 전제된 결혼의 의미가 가장 중요하다. 더 나아가 왕자와 공주의 결혼이 판에 박힌 듯 왕자에 의해 결정되며, 이것이 곧 공주에 대한 구원의 해피엔드가 되는 전래 동화와는 달리, 결혼 상대를 누구로 할 것인가 하는 결정권이 여자 주인공에게 달렸다는 점에서 『납치된 공주』는 페미니즘 시각을 뚜렷하게 부각한다. 이로써 이 소설은 결혼이 남녀 간의 사랑보다는 정치적, 사회적 동기에 바탕을 두었고, 또 사랑조차도 남성에게만 부여된 인격과 정체성을 형성하는 계기였던 중세 궁정 서사시나 영웅 서사시와는 근본적인 차이를 보여 준다.[23]

『납치된 공주』의 리스바나는 기사와 왕자 사이에서 마음을 정하지 못하고 갈팡질팡함으로써 인물들의 심리적 변화와 극적 반전의 계기를 마련해 준다. 리스바나는 비록 왕인 아버지로부터 완전히 자유롭지는 않지만, 자신의 높은 명예심과 자존심을 아버지나 가족을 위해서가 아니라 디에고 왕자에 대한 자신의 사랑을 위해 지켜 냄으로써, 해피엔드를 맞는다.「구드룬 설화」와는 달리, 납치를 주도한 왕자가 마침내 납치된 공주로부터 사랑을 얻어 내 결혼에 골인한다는 점은 서사의 혼종과 변용을 통해 이 소설이 궁극적으로 풀어내고자 한 핵심적 결말이라고 할 수 있다.

자기 시험과 자아 성장 과정으로서의 모험

결혼이 남녀 간의 개인적인 사랑을 통해 이루어져야 한다는 생각은 공주의 상대역인 브레두르 기사에게서도 확인된다.『구드룬 설화』에서는 구드룬이 납치된 지 십삼 년이란 세월이 흐른 후, 그녀의 어머니 힐데를 중심으로 연합한 군대가 복수를 위해 하르트무트를 침략해 오지만,『납치된 공주』에서는 브레두르 기사가 군대를 동원하지 않고 혼자서 공주를 구출하기 위해 모험에 나선다. 브레두르는 공주를 사랑하는 마음과 아버지에게 자신의 능력을 보여 주려는 욕망이라는 두 가지 이유에서 모험을 감행한다. 이 점에서 브레두르는 '전쟁을 치르는 능력'이 곧 결혼 승낙을 얻어 낼 수 있는 유일한 가능성이었던 중세 기사들과는 출발점이 다르다.[24] 브레두르는 남쪽 나라 바스카리아로 가는 길 위에서 갖가지 위험에 직면하거나 모험을 겪는다. 결국에는 이런 모험을 통해서도 자기 자신이 처음에 원하던 공주와의 결혼을 이루지 못하지만, 그는 이와 같은 결말에 대해 스스로 책임지는 성장 과정을 체험함으로써 모험의 보상을 얻는다. 공주를 구출하고 마침내 그녀와 결혼할 수 있는 기회를 얻은 브레두르는 '행복의 섬'에서 사랑에 빠졌던 사릴리사를 마음속에 품고 있기 때문에 리스바나와의 결혼을 포기한다. 브레두르의 이런 모습은 중세 기사보다는 오히려 자신의 내면에 충실하려 하는 현대 드라마의 주인공에 가깝다. 이렇듯 모험을 통한 자기 시련과 시험, 그리고 내적 성장의 체험은 납치되어 온 리스바나 공주에게서도 발견된다. 카렌 두베는 「구드룬 설화」에서 '공주의 납치'라는 모티프 외에도 구드룬이 갇힌 성 안에서 힘들게 빨래하는 내용을 차용한다. 구드룬이 하르트무트 어머니의 구박을 받아 빨래를 하는 것처럼, 리스바나 공주도 디에고 왕자의 어머니 이사벨라 왕비에게 미움을 받아 빨래를 하게 된다. 하지만 "고집과 사나움으로 똘똘 뭉친"[25] 리스바나는 더 이상 빨래할 필요가 없어졌을 때도 자진해서 계속 빨래를 하겠다고 억지를 부린다. 구드룬에게 빨래가 자신이 속한 가족과 사회로부터 격리된 채 신분 하락이라는 굴욕적 상황에서 길들여지는 과정이라면, 리스바나에게는 자신을 향한 왕자의 진심이 어디까지인지를 스스로 시험할 수 있는 기회가 된다.

연적에 대한 복수 대신 우정을 택하는 남자 주인공의 의리

한 여자를 둘러싸고 벌어지는 궁정 연애시의 '삼각관계'에서는 보통 권력이 강한 자가 자신보다 약한 자를 죽음에 이르게 하며 '복수'를 행하거나, 혹은 정략결혼을 통해 이웃과의 평화를 정착시키고 화해를 꾀한다. 하지만 『납치된 공주』에서 디에고 왕자는 브레두르 기사와 정략적으로 화해하는 게 아니라, 남자 대 남자의 우정을 맺는다는 점에서 파격적인 모습을 보인다. 소설 결말에서 극적으로 공주와 결혼하게 된 왕자는 한때 변장한 채 먼 항해를 떠나는 배 위에서 브레두르 기사의 정체를 알아보지 못하고 그와 깊은 신뢰와 우정을 쌓았던 적이 있기에, 브레두르가 자신의 연적임에도 그의 미래를 보장해 주며 너그러움을 보여 준다. 이렇듯 브레두르를 향한 우정을 지켜 내는 디에고 왕자의 행위는 신선한 반전이 아닐 수 없다. 용 사육사에게 납치된 공주를 구출해야 하는 공동 과제를 눈앞에 두었을 때,

왕자가 공주를 구하기 위해 신분까지 내던지며 위기에 대처하는 것도 중세 설화보다는 현대 드라마에서나 볼 수 있는 설정이라고 하겠다. 절대 왕권의 수호자로서 군림하고 명령하는 자가 아니라, 우정을 존중하고 양보할 줄 아는 지혜로운 젊은이로서 따뜻한 성품을 보여 주는 디에고 왕자는 이 소설을 읽는 현대 독자들에게 큰 매력으로 다가온다.

지금까지 살펴본 바와 같이 두베는 남녀 주인공 모두가 내적 고뇌와 갈등을 겪으며 결혼에 이르게 함으로써 이 결혼이 개인적인 사랑을 바탕으로 하는 자기실현의 형태임을 보여 주고, 특히 여자 주인공이 독립적이고 주체적인 면모를 갖추게 함으로써「구드룬 설화」를 페미니즘 시각에서 현대적인 성장 소설로 변용한다.

3) 동화의 패러디

『납치된 공주』는 한편으로 전래 동화의 모티프를 차용하면서도, 다른 한편으로는 그 전형성을 깨트리고 희화함으로써 독자로 하여금 현대적인 설화 해석의 실마리를 놓치지 않도록 한다. 동화가 제공하는 초자연적이고 마술적이며 환상적인 요소는 '여기'라는 공간과 '지금'이라는 시간으로부터 거리를 두게 하고, 현실에서 용인된 모든 질서를 무너뜨리며, 익숙한 현실의 법칙으로는 설명할 수 없는 상상의 공간을 만들어 주게 마련이다. 이에 따라 독자들은 현실 세계와 환상 세계라는 서로 모순된 두 세계의 경계에 있는 불확정적인 공간에 처해, 어느 정도 현실로부터 일탈한 초자연적인 세계의 경이로움을 체험한다.[26] 또한 독자는 현실과 환상의 경계선상에서 빚어지는 '모순적이고 애매하며 의심스러운 상황'을 경험함으로써 낯설고도 새로운 지각 방식을 취하게 된다.[27] 두베는 이러한 동화의 환상성을 바탕으로 한 자신의 소설 속에 동화의 모티프를 재배치하여 현대의 독자들이 개입할 수 있는 '틈'을 만들어 준다. 말하자면, 동화의 세계가 지닌 단순하고 소박한 질서와 규칙이 부단히 깨지면서, 소설 속 인물들에게는 동화의 인물들에게 나타나는 전형성이 제거되고 '현대적인' 개성이 부여된다. 따라서 각각의 인물들은 그저 단순하게 명명될 뿐 구체적인 성격을 나타내지 않는 전래 동화 속 인물과는 달리 내면의 변화를 경험하게 된다. 이로 인해 독자들에게는 작중 사건들을 실제 자신들이 처한 일상과 연관해 생각해 볼 수 있는 여지가 생긴다. 또한 각 인물의 행동을 지배하는 원리도 선과 악 같은 윤리적 동기보다는 성격 같은 개인적 동기에서 주로 기인한다. 예를 들어 브레두르 기사에게서는 명예욕이, 리스바나 공주에게서는 자존심이, 로자몬데에게서는 허영심이 각각 행위의 주된 동기가 된다. 이렇게 하여 환상과 탈환상의 경계선상에서 수행되는 자기 성찰과 성장의 과정은 진지한 성장 소설의 그것과 달리 가볍고 자유로운 느낌을 준다.

두베가 포착하는 동화의 모티프는 매우 단순해 보인다. 자신들에게 주어진 '과제'를 수행하기 위해 어떠한 환경에도 굴하지 않고 도전하는 주인공들, 그리고 정해진 운명이나 알 수 없는 마력에 끌려 움직이는 이들의 행동은 전래 동화에서 가장 흔히 접할 수 있는 서사 구도다. 동화의 세계에 등장하는 주인공이 본질적으로 방랑자인 것처럼 디에고 왕자나 브레두르 기사 모두 각자에게 주어진 과제를 수행하기 위해 집을 떠난다.[28] 디에고 왕자는 리스바나 공주와 결혼하기 위해 북쪽으로 여행하고, 브레두르 기사는 납치된 공주를 구출하기 위해 남쪽으로 길을 떠난다. 그러나 이 두 사람이 집을 떠나는 보다 근원적인 동기가 공통적으로 부모와의 갈등 관계에서 비롯된다는 점에서 주인공들의 내적 고뇌의 흔적을 읽을 수 있다. 디에고 왕자는 자식보다 정원 가꾸는 일에 더 많은 애정을 쏟는 어머니 이사벨라 왕비와의 관계로 인해 반항아의 모습으로 자란다. 어머니가 사랑하는 "식물을 가능한 한 많이 없애 버리려"[29] 채식주의자가 된 디에고 왕자는 어머니에게 절망적인 거리감을 느끼고 "아무것도 자라지 않는"[30] 북쪽 나라의 공주와 결혼하려 한다. 또한 브레두르 기사는 그를 낳다가 어머니가 죽는 바람에 그를 미워하고 능력을 인정해 주지 않으려는 아버지와의 관계로 인해 늘 뭔가 성취해야 한다는 강박 관념 속에서 성장한다. 부모의 애정 결핍 속에서 부모에 대한 반항을 마음에 품고 살아온 두 젊은이의 내력이 공주를 찾아 떠나게 하는 동인이 된다는 점에서 이 소설의 설정은 현대 청소년들에게 호소력을 지닌다.

전래 동화의 주인공은 자신에게 주어진 과제를 해결하기 위해, 어떤 불가능한 것도 이루어 낼 수 있는 피안의 존재를 만나게 된다. 그리고 이 피안의 존재는 주인공이 직면한 어려움을 해결하는 데 꼭 필요한 물건을 건네주기 마련이다.[31] 동화의 이러한 고유한 법칙에 따라 브레두르 기사가 손에 넣는 것이 마술 방울이다. 말하자면, 마술 방울의 힘으로 요정을 불러내 '세 가지 소원'을 이루는 전형적인 동화의 모티프가 소설에 차용된다. 하지만 이 세 가지 '기적'은 항상 묘한 결함과 함께 이루어짐으로써 읽는 사람으로 하여금 독특한 긴장을 느끼도록 한다. 이뿐만 아니라 3이라는 숫자의 완전성은 자기 충족적인 것으로 나타나지 않고, 인간에 의해 채워져야 하는 불안정한 요소로 설정된다. 세 가지 소원이 초월적 힘에 의해 실현되는 동화의 모티프가 이러한 방식으로 패러디됨으로써 기적의 실현 자체가 매우 현실적인 차원에서 논의된다. 브레두르 기사는 자신이 원하던 세

가지 소원이 제대로 이루어지지 않았다고 요정에게 불만을 토로하며 한 가지 소원을 더 들어 달라고 떼를 쓰기도 한다. 이에 대해 요정은 마법의 힘이 아무 소원이나 다 들어주는 것은 아니라고 합리적인 근거를 대며 조목조목 반박한다. 그리고 소원의 충족을 위해서는 무엇보다 자신이 진정으로 원하는 것을 깨닫고 스스로 변해야 한다고 충고한다.

> 아니, 넌 알아. 네 세계가 바뀌어야 한다는 걸 너 말고 또 누가 알 수 있겠어.[32]

요정은 브레두르에게 진정한 자기 자신으로 돌아가면 자기 힘으로 소원을 실현할 수 있다고 말하며, 스스로 노력하는 자만이 소망을 이룰 수 있다는 메시지를 전한다. 두베는 이처럼 마술 방울과 세 가지 소원이라고 하는 전형적인 동화의 모티프를 현대적으로 변용, 희화함으로써 성장의 고통에 동반되는 '진지한 재미'를 이 판타지 소설에 불어넣는다.

4) 언어의 동시대성: 통속적 일상의 미학

카렌 두베의 이전 소설 『폭우』와 『이것은 사랑 노래가 아니다』를 익히 아는 독자에게 『납치된 공주』는 작가의 갑작스러운 변화로 받아들여질 것임에 틀림없다. 작가의 관심이 여전히 '사랑'이라는 주제에 있다는 것을 제외하면, 『납치된 공주』에서는 이전에 발표된 소설들에 나타나는 쾌활한 멜랑콜리나 환상적인 광기 같은 요소를 발견할 수 없기 때문이다. 이 동화 소설에서 작가는 등장인물들의 행동 양식에 주목하며, 해학적인 이야기의 재미를 거침없이 추구할 뿐이다. 인물들의 행동과 태도도 이전 작품들에서처럼 깊은 심리적 동인에 의거하기보다는 주어진 상황에 주로 의존하며, 이들이 전래 동화의 인물들과는 명백하게 다르다고 할지라도 심각한 내면의 위기나 깊은 정신적 갈등이 돋보이는 것도 아니다. 그러나 『납치된 공주』를 바라보는 이러한 회의적인 시선에도, 이 동화 소설이 현실로부터 유리된 추상적인 동화의 세계를 일상의 영역으로 환원해, 본래 동화가 지닌 '유희'의 속성을 현재화한 점은 새롭게 평가되어야 할 것이다. 두베는 소설의 인물들에게 금실과 은실로 짜인 환상적인 의상을 입히고 동화의 소품들로 소설의 무대를 꾸며 놓는 등 일관성 있게 동화의 세계를 그리지만, 여기에서는 피안의 세계나 마력이 힘을 발휘하지 못한다. 현대적 사고방식을 가진 등장인물들은 불합리하거나 모순적인 상황에 대해서 가차 없이 의문을 제기되거나 거부 반응을 보이기가 일쑤며, 또 그것을 희화하여 웃음을 자아낸다. 주인공들은 자신들이 추구하는 참된 삶을 위해 고민하며, 외적 행복의 조건이 바로 눈앞에 보이는데도 내적으로 갈등함으로써 스스로 행복의 방해자가 되기도 한다. 이렇듯 전통 설화와 동화, 그리고 현대 판타지 소설과 영화로부터 다양한 모티프들이 차용되어 서로 뒤섞일 뿐만 아니라, 이것들이 부단히 현대적으로 희화됨으로써 본래 동화에 나타나는 전형성을 해체한다는 점에서 이 소설은 포스트모던 동화 소설의 한 독특한 유형을 보여 준다. 이로써 『납치된 공주』는 현실 세계와 동화 세계가 엄연히 둘로 나뉘면서도 이 둘의 경계가 기이한 주인공들에 의해 모호하게 체험되며 교류되는 낭만주의자들의 창작 동화나, 현실과 마법 세계라는 이분법적 원리가 뚜렷한 대조를 이루며 교차되는 『해리 포터』 등 판타지 소설과도 구별된다.

『납치된 공주』와 전래 동화나 낭만주의 창작 동화 등의 뚜렷한 차이는 무엇보다도 인물들의 사고방식과 언어에서 포착된다. 특히 이들의 언어를 관찰해 보면 최근 젊은 독자들의 하비투스와 일치점이 많다. 등장인물들이 사용하는 언어가 소설의 무대가 되는 중세 궁정에서 쓰였을 법한 격조 있는 언어보다는, 오늘날 대학생들이 기숙사에서 서로 주고받는 말에 가깝기 때문이다.

> 리스바나에게 그들의 얘기가 들리지 않을 만한 거리에 이르자 브레두르가 낮은 목소리로 화를 냈다. [브레두르 기사] "이봐, 내 말에 절대 복종하겠다고 맹세했잖아. 너를 데려온 조건이 그거였어. 그런데 왜 약속을 지키지 않았지?" [디에고 왕자] "그렇게 하려고 했는데, 돌발적인 사건이 많았잖아. 지금부터라도 약속을 지킬게." [브레두르 기사] "좋아. 이제부터 공주에게 한마디도 하지 마. 공주가 뭔가를 물어볼 때만, 가능하면 짧게 대답해. 공주를 바라보는 것도 안 돼. 눈길도 주지 마! 무슨 말인지 알지? 그리고 어떤 상황에서건 사랑이라는 단어를 꺼내면 안 돼! 절대로!" 디에고가 고개를 끄덕였다.[33]

독일의 전통적 성장 소설이 계몽주의 전통 아래 교육적 목적과 예술적 형식을 염두에 둔 교양 소설의 유산을 답습하는 반면에, 두베의 『납치된 공주』는 문학의 계몽성에 의거하여 독자들을 '교육'하려 한다거나 환상성에 근거하여 독자로 하여금 현실로부터의 '일탈'을 꿈꾸게 하기보다는, 오히려 환상이 녹아든 '통속적' 일상을 체험하는 기회를 열어 줌으로써 젊은 독자들과 보다 더 가깝게 '소통'할 수 있는 가능성을 보인다.[34]

4 대항 서사로서 서사의 혼종

카렌 두베는 전래 동화, 설화, 궁정 서사시 등 전통적인 문학 장르에서뿐만 아니라, 영화, 텔레비전, 만화, 게임으로부터도 특정한 장면이나 상황을 차용하고, 이를 자신의 소설에 거리낌 없이 삽입해 새로운 문학적 재미를 만들어 낸다. 이 소설에서 그녀의 글쓰기 전략은 이미지가 텍스트를 압도하는 다매체 시대에 성장한 신세대를 명백히 겨냥한다. 두베는 자신의 거침없는 서사 기법에 대해서 이것이 이전의 서사 기류에 맞서 부는 "역풍"일 뿐이라고 설명한다.[35] 1980년대에는 직접적이고, 경쾌하며, 가벼운 글쓰기가 경시되었지만 이제는 경향이 바뀌었다는 뜻이다. 그러면서도 두베는 대중적인 판타지 문학을 전적으로 받아들이지는 않는다. 본래 신화, 전설, 동화에 뿌리를 둔 판타지 장르의 유행에 대해 그녀는 "아주 끔찍하게" 여긴다며 강력한 거부 반응을 나타낸다.[36] 이것은 자칫 키치로 전락하기 쉬운 대중적이고 통속적인 판타지 문학과 자신의 문학 세계를 근본적으로 구별하려는 의도로 읽힌다.

『납치된 공주』에서 두베는 동화와 설화의 환상적이고 기이한 요소들을 끌어들여 새롭고 다채로운 방식으로 이야기를 엮어 내지만, 이는 독자로 하여금 현실에서 도피하여 판타지에 함몰되도록 하려는 것이 아니다. 오히려 독자가 환상과 현실이 양가적으로 결합해 변형된 판타지 공간에 들어섬으로써 현실에 대한 성찰로 나아갈 수 있게 하려는 것이다. 두베가 이 동화 소설에서 시도하는 서사의 혼종은 그 자체에 목표가 있지 않다. 그것은 기존 서사에 이의를 제기하는 한 방식이라고 할 수 있다. 작가는 전통적 동화와 설화의 환상적 모티프들을 평범한 일상적 인간관계 속에 옮겨 놓는 방식으로 신화와 탈신화의 경계를 집요하고 철저하게 탐색하여 새로운 서사의 가능성을 제시한다. 또한 기존 동화와 설화의 전형적인 틀을 해체하고, 숭고한 덕과 위계적 권위로 무장된 신화적 인물을 희화한다. 이렇듯 이 소설은 경쾌하고 재미있는 글쓰기 유희를 벌임으로써 기사도, 구원, 충성, 희생 등의 기호에 내재된 엄숙한 윤리주의에 결별을 고한다.

유디트 헤르만 Judith Hermann, 1970~

1970년 베를린 템펠호프에서 태어났다. 베를린 언론인 학교를 다닌 후 뉴욕에서 일 년 동안 언론인으로 활동했다. 1997년에는 베를린 문학 콜로키움의 산문 분야 작가 양성소에 참여하기도 했으며, 베를린 예술아카데미의 알프레트 되블린 장학금을 받았다. 1998년 발표된 첫 작품집 『여름 별장, 그 후』의 성공으로 이른바 "처녀들의 기적"을 일으키며 독일 문학계의 신동으로 떠올랐다. 현대인의 진부하고 평범한 일상을 간결한 극사실주의적 문체와 시적이고 몽환적인 분위기로 탁월하게 그려 낸 이 데뷔작으로 각종 문학상을 수상했다. 2003년에 출간된 두 번째 단편집 『단지 유령일 뿐』에 실린 작품 네 편은 2007년 영화감독 마르틴 쿱켄스에 의해 단편집과 동일한 제목으로 영화화되기도 했다. 육 년간의 공백기를 깨고 2009년에 출간한 소설 『알리스』에서는 죽음의 주변에서 펼쳐지는 통속적인 일상을 특유의 건조함과 담담함으로 그려 냈다. 1999년 후고 발 상, 1999년 브레멘 문학상, 2001년 클라이스트 상, 2009년 프리드리히 횔덜린 상을 수상했다.

현실과 몽환의 경계

유디트 헤르만, 『여름 별장, 그 후』

이영기

1 "처녀들의 기적"

통일 이후 독일 문단에서 "젊고, 멋지고, 쾌활한" 신세대 여성 작가들이 '기적'을 일궈 내고 있다. 1999년 3월 폴커 하게는 독일 문학의 현황을 점검한 「완전히 방향을 돌리다」라는 글에서 통일 이후 젊은 여성 작가들이 몰고 온 문학적 파토스의 부흥과 이들이 거둔 상업적 성공을 "문학적 처녀들의 기적"이라고 명명한 바 있다.[1] "처녀들의 기적"이라는 명칭은 원래 1920년대 독일의 독립적인 직업여성과 2차 세계 대전 종전 후 복구를 위해 일하던 여성, 연방군 점령하 서독에서 미국 담배와 모던 댄스에 열광하면서 완전히 새로운 삶의 양식을 보여 주었던 쾌활한 젊은 독일 여성을 지칭하는 것이었는데, 하게는 이 용어를 빌려 젊은 여성 작가들의 두드러진 활약과 성공을 "처녀들의 기적"이라고 일컬었던 것이다.² "처녀들의 기적"을 일궈 낸 대표적인 작가로는 유디트 헤르만(1970년생)과 카렌 두베(1961년생)를 비롯하여 초에 예니(1974년생), 알렉사 헤니히 폰 랑게(1974년생), 율리아 프랑크(1970년생), 예니 에르펜베크(1967년생) 등을 들 수 있다. 주로 1999년을 전후하여 데뷔한 이들 작가들은 여성 특유의 문학적 감수성과 상상력을 선보이며 베스트셀러 작가 반열에 올랐다. 이런 점에서 "처녀들의 기적"에 속하는 여성 작가들은 "작가들은 젊어야 할 뿐만 아니라 문학 시장에서도 성공해야만 한다."³라는 오늘날의 새로운 요구에 발 빠르게 적응한 작가군으로 볼 수 있다.

하게는 "처녀들의 기적"을 일으킨 젊은 여성 작가들의 문학적 특징을 "이야기에 대한 재미"와 "진부한 모방과 격렬한 감정에 대해서도 거리낌이 없다는 점"에서 찾는다. 특히 이들 작가들의 문학적, 언어적 특징을 '소박함(Naivität)'이라는 범주로 묶어 넘으로써 이들을 '사적인 것이 정치적인 것이다.'라는 구호 아래 태동한 여성주의 문학 계열의 기존 여성 작가들과 구별한다.⁴ 또한 이들 젊은 여성 작가들은 마르셀 바이어나 한스울리히 트라이헬 같은 동년배 남성 작가들처럼 독일 과거사를 문제 삼지도 않는다. 무엇보다도 젊은 여성 작가들에게서 볼 수 있는 가장 두드러진 특징은 이들이 '개인적 경험'이나 '일상'에서 출발하여 이에 결부된 삶의 질문들을 던진다는 점이다. 전후 독일 문학이 작가에게 요구했던 역사와 사회에 대한 '진정성'은 이들에게는 더 이상 도덕적 족쇄로 작용하지 않는다. 오히려 젊은 여성 작가들은 다양하고 개별화된 삶의 양식들을 지극히 예민한 문학적 감수성으로 포착하여, 다채로운 경험적 현실의 가능태를 허구적 세계와의 보족적(補足的) 관계 속에서 구현해 낸다.⁵ 즉, 이들은 새로운 이야기 소재와 서사 전략을 통해 하버마스가 "조망할 수 없다."라고 지적한 지금 여기의 '현실'과 대면하는 것이다.

이렇듯 '거대 서사'가 아닌 '미시적 일상'에서 출발하는 젊은 여성 작가들에게서 두드러지게 나타나는 중요한 문학적 특징과 경향 중 하나는 지극히 사실적으로 묘사되는 이야기 안에서 현실과 허구가 분명하게 구분되지 않고 혼재한다는 점이다. 이들은 '몽환과 환상'을 통해 이야기 속의 현실을 한 편의 영화나 꿈처럼 구성하거나, 이야기의 등장인물을 마치 무대 위에서 어슬렁거리는 몽유병자처럼 형상화하는 것이다. 총체적 세계 인식이나 경험적 현실의 재현이 불가능해진 소위 포스트모더니즘 시대에 몽환과 환상은 무엇보다도 '일상성'에서 출발하여 비일상적이고 낯선 세계의 현실을 구성해 내는 중요한 글쓰기 방법이라고 할 수 있다. 젊은 여성 작가들의 작품이 보여 주는 몽환성은 비현실적이고 초자연적인 구성 요소들을 이용하지 않고 지극히 사실적이고 현실적인 묘사를 통해 현실과 허구의 대립적 공존이 아닌 혼재를 형상화해 내는 것이다.

이러한 몽환과 환상을 중요한 문학적 기제로 사용하는 대표적인 작가로 유디트 헤르만을 꼽을 수 있다. 1998년 9월 첫 작품 『여름 별장, 그 후』가 출간되었을 당시만 해도 베를린 출신 스물여덟 살 유디트 헤르만은 전혀 알려지지 않은 신인이었다. 그러나 1998년 10월에 방송된 '문학 사중주'에서 그녀의 데뷔작이 호평을 받자 각종 신문과 잡지의 문예란은 이 작품에 대한 서평들을 쏟아 내기 시작했고, 헤르만은 짧은 시간 내에 무명 작가에서 독일의 가장 촉망받는 젊은 여성 작가로 가파른 신분 상승을 경험했다. 이 단편집은 40만 부 이상 팔려 나갔으며 열여덟 개 언어로 번역되었다. 특히 "처녀들의 기적"이라는 이미지와 부합되는 여성 특유의 멜랑콜리한 작품 분위기는 이러한 '문학적 성공'에 촉매 역할을 했다고 할 수 있다. 헬무트 뵈티거는 이 단편집 뒤표지에 실린 작가 사진에 주목하면서 "30세가 채 되지 않은 여성의 흐릿한 멜랑콜리, 공허한 무언가를 주시하는 듯한 고독한 눈빛", "가녀림과 강인함의 대조가 감도는 얼굴 표정"을 담아낸 이 사진의 분위기가 대중적 성공을 알리는 징표였으며 비평가들은 이 사진이 연상시키는 분위기를 작품의 비평에도 그대로 받아들였다고 지적한다.[6]

"처녀들의 기적"을 일궈 낸 젊은 여성 작가들 중에서 가장 주목받는 유디트 헤르만의 첫 작품집 『여름 별장, 그 후』는 개인의 삶과 일상 현실에 관한 이야기 아홉 편을 담고 있다. "독일 현대 문학의 상습적인 비방자들을 치유할 수 있을 것"[7]이라는 호평을 받을 정도로 문학성을 인정받은 이 작품집에서 작가는 인상주의적 화풍(畵風)의 분위기를 자아내는 묘사를 통해 현실과 허구, 일상과 비일상의 경계가 불투명한 독특한 문학적 시공간을 형상화해 내면서 새로운 글쓰기의 가능성과 현실 인식을 보여 준다. 이 글은 헤르만의 첫 작품집에 실린 단편들 중에서 몽환적 특징이 가장 농밀하게 응축된 「붉은 산호」를 분석함으로써 이 작품이 분무(噴霧)해 내는 자욱한 몽환적 분위기가 어떻게 형성되는지를 살펴보고자 한다.

2 서사, 시간, 공간을 통한 몽환성의 구축

유디트 헤르만의 『여름 별장, 그 후』에 실린 첫 번째 단편 「붉은 산호」는 작가 스스로도 밝히듯이 나머지 작품들에 내재된 문제의식과 문체적 특징을 응축한, 이 단편집의 핵자(核子)가 되는 작품이다.[8] 이 단편은 또한 작가 특유의 몽환적 성격이 가장 잘 형상화된 작품으로서 작가가 몽환과 환상이라는 문학적 기제를 어떻게 사용하는지를 선명하게 보여 준다. 이 장에서는 이야기가 전개될수록 몽환적 성격이 점점 더 뚜렷해지는 이 작품을 첫째, 서사적 층위, 둘째, 시간적 층위, 셋째, 공간적 층위에서 분석함으로써 몽환성이 어떠한 방식으로 발현되어 형상화되는지를 추적하고자 한다.[9]

1) 서사의 압축

이 작품은 일인칭 서술자 '나'의 증조할머니와 '나'의 애인 그리고 서술자가 받은 심리 치료 상담에 관한 세 가지 이야기를 하나의 서사를 속에 압축한다. 첫 번째 이야기는 세기말쯤 러시아에 살았던 증조할머니에 대한 것이다. 그녀는 불행한 결혼 생활 때문에 독일로 돌아가고 싶어 하지만, 러시아 땅을 돌아다니며 난로를 만들던 증조할아버지는 독일로 돌아가는 것을 계속 미루면서 증조할머니를 삼 년 동안이나 혼자 있게 한다. 외로움 때문에 증조할머니는 애인 여럿을 거느리는데, 이들 중 한 사람인 니콜라이 세르게예비치는 결투를 신청한 증조할아버지를 총으로 쏴 죽인다. 이 결투의 발단은 증조할머니가 세르게예비치로부터 선물로 받은 붉은 산호 팔찌다. 증조할머니는 남편이 오랜만에 돌아온 바로 그날 밤에 보란듯이 "분노"처럼 붉게 빛나는 이 산호 팔찌를 손목에 차고 있었던 것이다. 남편이 죽고 세르게예비치의 아이를 낳은 후 증조할머니는 자신에게 항상 충실했던, 남편의 하인 이삭 바루브를 데리고 러시아를 떠난다. 두 번째 이야기는 증조할머니의 붉은 산호 팔찌를 물려받은 증손녀 '나'의 애인에 관한 것으로, 첫 번째 이야기와 직접적으로 연관된다. 왜냐하면 '나'의 애인은 증조할머니와 함께 독일로 온 하인 이삭 바루브의 증손자기 때문이다. '나'의 상황도 증조할머니의 상황과 비슷하다. 왜냐하면 '나'도 애인과 소통이 원활하지 않은 불만족스러운 관계를 유지하고 있기 때문이다. 세 번째 이야기는 서술자가 받은 심리 치료 상담에 관한 것이다. 이 상담에서 '나'는 붉은 산호 팔찌를 끊어 버림으로써 증조할머니에게서뿐만 아니라 행복한 관계가 불가능한 애인에게서도 벗어나고자 한다.

이러한 세 가지 이야기는 단순히 액자 소설 구조 안에 병렬적으로 나열되지 않고 서로 밀접히 연관되어 전개된다.[10] 작품의 마지막 부분은 이 세 가지 이야기가 어떻게 서로 얽혀 있는지를 잘 보여 준다.

> 나는 니콜라이 세르게예비치를 생각했다. 그가 증조할머니에게 붉은 산호 팔찌를 선물하지 않았더라면, 증조할아버지의 심장을 총으로 쏘지는 않았을 거라고 생각했다. 나는 곱사등이 이삭 바루브를 생각했다. 그가 러시아를 떠나지 않았더라면, 증조할머니는 바루브 때문에 열차를 세우게 하지는 않았을 거라고 생각했다. 나는 물고기 같은 내 애인을 생각했다. 그가 그렇게 늘 입을 다물고 있지 않았더라면, 내가 지금 이렇게 심리 치료사의 책상 밑을 이리저리 기어다니게 되지는 않았을 거라고 생각했다.[11]

작가는 이처럼 증조할머니로부터 증손녀까지 이르는 사 대에 걸친 "백 년도 넘는" 시간 동안 전개되는 이야기를 과감히 압축하고, 이야기의 기원(Ursprung)을 증조할머니(Urgroßmutter)가 살았던 러시아라는 낯선 시공간에 배치함으로써 작품 전체의 몽환적 분위기가 이야기의 심연에서부터 분무되어 나오도록 한다. 작가 특유의 압축 미학이 가장 잘 나타나는 곳은 이 작품의 첫 문장이다.

> 처음이자 유일하게 받은 심리 치료 상담으로 나는 붉은 산호 팔찌와 내 애인을 잃었다.[12]

증조할머니의 붉은 산호 팔찌와 '나'의 애인 그리고 심리 치료 상담에 관한 세 가지 이야기를 모두 담은 이 짧은 첫 문장에는 삶과 죽음, 사랑과 상실, 씁쓸하고 달콤한 기억들이 간결하게 압축되어 있다. 이 첫 문장은 두 번째 이야기 앞에서도 동일하게 반복된다. 이야기 서두마다 반복해서 배치된 이 문장은 마치 '옛날 옛날에 어디에 누가 살았다.'라는 식의 동화적 서술 방식이 환기하는 비현실성의 효과를 이야기 전체에 부여한다.

세 가지 이야기를 이처럼 밀도 있게 압축하는 이 단편에서 비교적 분명한 경험적 현실의 시공간과 서사 내용을 보여 주는 것은 증조할머니의 이야기다. 물론 여기서도 사 년에 걸친 증조할머니의 러시아 체류가 불과 여덟 쪽 분량 이야기로 압축되어서, 그 후 증조할머니의 삶이나 증조할머니 애인의 운명에 관한 다른 이야기들은 과감하게 생략된다. 이에 비해 두 번째 이야기와 세 번째 이야기에서는 갈수록 구체적인 서사 내용이 없어지고 현실성이 조금씩 소실되면서 몽환적 성격이 짙어진다. 이야기의 공간은 "먼지들이 해조류처럼 떠돌고 있는"[13] 애인의 방과 "짙푸른 바다 빛깔의 카펫"[14]이 깔린 심리 치료사의 방으로 한정되며, 이야기의 시간도 밤과 낮의 구별 없이 정지된 듯하다.

서사의 압축과 함께 작품의 몽환적 성격을 강화하는 것으로 서술자 혹은 작가의 '이야기하기' 자체에 대한 태도를 들 수 있다. 서술자 '나'는 첫 번째 이야기를 다음과 같이 시작한다.

> 붉은 산호 팔찌는 러시아에서 왔다. 더 정확히 말하자면, 그것은 페테르부르크에서 왔고 백 년도 넘은 것이었다. 나의 증조할머니는 팔찌를 왼쪽 손목에 차고 있었고, 나의 증조할아버지는 그 팔찌 때문에 목숨을 잃었다. 이것이 내가 하려던 이야기인가? 잘 모르겠다. 정말 모르겠다.[15]

'이야기하기'를 망설이면서 독자를 겨냥하는, 혹은 독백의 양상을 띠는 이러한 서술자의 직접적인 발화는 두 번째 이야기의 서두와 세 번째 이야기의 결말에서도 약간 변형된 형태로 반복된다.[16] 이러한 장치를 통해 서술자 혹은 작가의 현재 의식이 이야기의 차원에 침투하면서 단절과 일탈의 효과를 낳고 이야기 진행에 균열을 불러일으킨다. 특히 과거 시제로 이루어진 마지막 질문("내가 하고 싶었던 이야기가 정말 이거였을까?")[17]은 앞선 이야기의 현실성을 송두리째 의심하게 한다. 이는 지금까지 이야기를 주도하던 서술자 혹은 작가의 동기가 현실의 경험적 사건을 사실적이고 의식적으로 재현하려는 데 있다기보다는, 증조할머니의 "오래된 이야기"[18]뿐만 아니라 "내 안의 이야기들"[19]을 허구의 독자적 시공간 구조 안에서 직조해 냄으로써 '이야기를 지어내려는 욕구' 혹은 '이야기하고자 하는 의지'를 드러내는 데 있다는 점을 암시한다.[20]

2) 시간의 혼재

이 작품에는 과거와 현재의 시간이 혼재된다. 서사의 층위에서도 알 수 있듯 이 단편에서 실질적인 사건으로 간주될 수 있는 일은 증조할머니의 이야기에서만 일어난다. 이 '과거' 이야기는 붉은 산호 팔찌, 그리고 증조할머니가 독일로 데리고 나온 하인의 증손자인 서술자의 애인을 통해서 '현재'의 시간 속에 침투한다. 따라서 증손녀인 일인칭 서술자가 왼쪽 손목에 찬 "백 년도 넘은" 붉은 산호 팔찌와 "러시아와 독일의 피가 섞여 흐르고 있는"[21] 애인은 '과거와 현재가 중첩된 현실'을 상징한다.

이야기 전개에서 붉은 산호 팔찌는 증조할머니와 증조할아버지의 불행했던 관계 그리고 '나'와 애인의 불만족스러운 관계, 즉 과거와 현재를 매개하는 핵심적인 상징으로 작용한다. 증조할아버지와의 관계에서 증조할머니가 겪었던 감정적 소외와 소통 불가능성은 서술자 '나'와 애인의 관계에도 고스란히 전이된 형태로 나타난다. 애인은 "하루 종일 아무 말 없이 침대에 누워 있었고"[22] "아무것도 듣고 싶어 하지 않았다."[23] 붉은 산호 팔찌가 증조할머니에게는 니콜라이 세르게예비치와 나눈 사랑의 징표이자, 남편에 대한 "분노"와 도발적 도전, 이를 통한 해방의 상징물이라면, 서술자 '나'에게는 자신을 옥죄는, 증조할머니의 망령과도 같은 과거의 족쇄이자 동시에 현재의 애인에게 구속된 상태의 상징이기도 하다.

몽환적 혼돈 상태에서 서술자 '나'는 또한 내면 속에 잠복한 기억을 끄집어냄으로써 자신의 삶을 지배하는 과거의 침전물을 보듬으며 "증조할머니의 이야기는 바로 내 이야기"임을 고백한다.

나는 증조할머니의 이야기를 알고 있었고, 머릿속에서 말리치 광장에 있는 그 어둠침침한 집을 거닐 수 있었고, 할머니의 눈에서는 니콜라이 세르게예비치를 보았다. 과거는 이따금 마치 내 삶인 것처럼 나와 아주 밀착되어 있었다. 증조할머니의 이야기는 바로 내 이야기였다. 그런데 증조할머니가 없는 내 이야기는 어디에 있을까? 나는 알지 못했다.[24]

붉은 산호 팔찌 이야기가 애인에게는 듣고 싶지 않은, 이미 "지나간" 이야기에 불과하지만, '나'에게 증조할머니의 이야기는 과거 지층 속에 파묻힌 화석이 아니라 '여기 지금' 현실의 삶에 관여하는 진행형인 것이다. 이렇듯 서술자 '나'가 자기 자신의 삶과 이야기를 찾기 시작하는 지점에서 과거와 현재는 서로 겹치고 맞닿는다. 또한 과거와 현재의 시간적 중첩과 공간적 혼융은 서사의 층위와 시간의 층위를 서로 맞물리게 한다.

또 다른 한편으로 이 작품에서 시간의 흐름은 정지된 듯한 느낌을 준다. 증조할머니에게 경험적 현실은 "깊고 어둠침침한 꿈"[25]일 뿐이며, 예술가들과 학자들이 방문해도 그녀는 "그저 무거운 눈꺼풀 아래로 천천히 그리고 꿈꾸듯이 쳐다볼 뿐이었다."[26] 또한 서술자 '나'의 애인과 심리 치료 상담 이야기 어디에서도 시각이 밤인지 낮인지를 알려 주는 언술은 등장하지 않는다. "물 밑에 가라앉은 것처럼 하루하루는 고요했고" 그렇게 "한 해 한 해가 지나갔다."[27] 이처럼 과거와 현재의 혼재 혹은 중첩, 정지된 시간 흐름은 현실성이 박탈된 몽환성을 강화하는 기제로 작동하며, 이와 동시에 현실의 시간적 궤도에 균열과 혼돈을 불러일으킴으로써 시간의 법칙에서 벗어난 몽환적 분위기를 연출해 낸다.

3) 공간의 회화성

이 작품의 공간은 '바닷속 심연'을 연상시킨다. 증조할머니의 집을 감싼 "어스름한 빛은 바닷속 심연"[28]과 같으며, 증조할머니의 방은 "바다처럼 어두우면서도 부드럽고 춥고"[29] "바다 밑과 같은 정적"[30]에 휩싸여 있다. 애인의 방은 "물기를 머금은 빛"으로 가득 차 있고, "먼지들이 해조류처럼 방안을 떠돌고"[31] 있다. 심리 치료사의 방 또한 "짙푸른 바다 빛깔의 카펫"이 깔린 공간이다.[32] 이러한 묘사를 통해서 이야기의 공간은 바닷속 심층의 고요가 깃든 곳으로 뚜렷하게 부각된다. 따라서 진공 상태와도 같은 이 공간에서 시간은 일상적 시간을 벗어나 "물속에 있는 물고기의 삶"[33]처럼 비일상의 시간으로 변환된다.

작가의 공간적 상상력은 또한 '나'의 애인을 "소금기 있는 입술"[34]을 가진 "한 마리 물고기"처럼 묘사하는 것으로 이어진다.

> 그는 회색 물고기의 눈과 회색 물고기의 피부를 갖고 있었고, 한 마리의 죽은 물고기 같았다. 그는 하루 종일 침대에 누워 있었고, 몸이 찼고 말이 없었다.[35]

여기서 애인을 특징짓는 '잿빛'은 죽음, 냉담함, 무관심과 같이 감정과 인간적 따뜻함이 결핍된 상태를 나타내는 색채로 볼 수 있다.[36] "차가운 손"을 가진 애인은 부모의 무덤 앞에서도 "회색 눈물 세 방울"[37]만을 흘릴 뿐이며, 입을 다물고 거의 말을 하지 않고, 자기 자신에 대해서도 관심이 없을 뿐만 아니라 서술자 '나'가 들려주려는 이야기조차 들으려고 하지 않는다. 심리 치료 상담을 마치고 서술자 '나'가 애인에게 들렀을 때, 그는 "창백한 배를 위로 하고 젖은 침대에 누워 있었고 (……) 불빛은 호수 밑바닥 같은 잿빛이었다."[38] 붉은 산호 팔찌가 산산이 부서질 때 동시에 물고기 애인도, 물리적으로 죽지는 않더라도, '나'에게는 죽은 것이나 다름없다.

이야기 전체를 감싸고 있는 이 '바닷속 심연'에 작품의 표제어이며 가장 핵심적인 상징물이기도 한 붉은 산호 팔찌가 자리한다. 애인은 뜻밖에도 '나'의 "675개의 작은 산호들로 만들어진"[39] 팔찌를 보면서 그것의 근원적 모태가 어디인지를 알려 준다. 이 장면은 또한 바닷속을 유영하는 "한 마리 물고기"인 애인과 바닷속 심연에서 자라는 산호의 친연성(親緣性)을 암시하기도 한다.[40]

"이건 고르고닌과(科)에서 나왔어. 그건 일 미터 높이까지 자라는 기둥을 만들고, 석회로 된 붉은 뼈가 있지. 석회."
"이건 사르디니아와 시칠리아 해안에서 자라지. 트리폴리스와 튀니스와 알제리에서도 자라고. 그곳 바다는 터키석처럼 푸르고, 매우 깊어."[41]

이렇듯 이 작품은 강렬한 회화적 색채 이미지를 불러일으키는 묘사를 통해 경험적 현실성이 결여된 공간을 창출함으로써 몽환성의 효과를 극대화한다.[42] 구체적인 사건이 벌어지는 첫 번째 이야기의 무대인 러시아는 "슬픔과 아름다움과 낯섦"[43]의 아우라가 지배하는 공간으로 형상화되며, 두 번째 이야기의 공간은 바닷속 심연의 이미지와 상징으로 가득 차 있다. 세 번째 이야기의 장소인 심리 치료사의 방은, 다음 장에서 밝혀 나가겠지만, 초현실적 공간으로 탈바꿈한다.

3 현실과 몽환의 경계 지우기

위에서 살펴본 것처럼 이 단편은 몽환적 효과를 불러일으키는 장치들을 서사와 시간과 공간의 층위에 각각 마련해 놓는다. 이야기 전개에서 눈에 띄는 점은, 선명한 서사적 구조와 명백한 현실성을 보여주는 증조할머니의 이야기에서보다 두 번째 이야기에서 몽환성이 더욱 두드러지게 나타난다는 것이다. 여기서 서술자 '나'는 "창문이 저절로 열리는" 환각이나 "공동묘지에서 망자를 위한 종소리가 미친 듯이 들려오는"[44] 환청을 체험하고, 심지어는 증조할머니가 자신의 방문을 두드리는 일을 경험한다.

> 가끔 증조할머니가 나타나 뼈만 앙상하게 남은 손으로 문을 두드리면서 방에서 나와 같이 집으로 가자고 소리쳤다. 그녀의 목소리는 문 주위에 소복이 쌓인 먼지를 뚫고 들려왔다, 아득한 곳에서 들려오는 것처럼. (……) 증조할머니는 귀염둥이, 꼬마밤톨, 예쁜 눈동자 같은 어릴 적 애칭으로 나를 부르며 유혹했다. 그녀는 삐쩍 마른 손으로 끈질기고 완강하게 문을 두드렸다. "그 사람한테 날 보낸 건 할머니잖아요. 그러니 끝날 때까지 기다려야 해요!" 나는 의기양양하게 소리쳤고, 그때서야 할머니는 사라졌다. 계단에서 들리던 증조할머니의 발자국 소리가 점점 멀어졌고, 그녀가 문을 두드리는 바람에 사방으로 흩어졌던 먼지가 가라앉아 다시 모여 촘촘한 먼지뭉치를 만들었다.[45]

이 장면에서는 '이야기하는 나'에게서 '경험하는 나'로 관점이 순간적으로 바뀐다. 일인칭 서술자에 의해 이야기되는 현실이 환영과 뒤섞임으로써 이야기 전체를 지배하는 몽환적 효과가 도드라지게 나타난다.

 이러한 몽환적 분위기는, 심리 치료 상담이라는 내용에서도 이미 암시되듯이, 세 번째 이야기의 마지막 부분에서 극에 이른다. "내 안에 너무 많은 이야기가 있어서 그것이 내 삶을 힘들게 한다고"[46] 말하고 싶은 '나'는 심리 치료사를 찾아간다. 이 심리 치료사는 또한 '나'의 애인의 심리 치료사기도 하다. 증조할머니의 이야기를 떨쳐 버리고도 싶고 "말이 없는" 애인과의 관계에도 절망한 '나'는 심리 치료사 앞에서 갑자기 붉은 산호 팔찌를 잡아당긴다. '나'의 손목에서 "폭죽처럼" 튀어 나간 붉은 산호 구슬들은 검푸른 바다 빛깔 카펫 위로 미끄러져 내려가며, 구슬 하나하나는 증조할머니의 이야기를 구성하는 각각의 이야기 구슬이 되어 굴러떨어진다.

> 붉은 산호들은 그[심리 치료사]의 책상 위로 후두둑 쏟아져 흩어졌다. 그것들과 더불어 페테르부르크 전체가 굴러 흩어졌고, 크고 작은 네바 강과 증조할머니와 이삭 바루브와 니콜라이 세르게예비치와 버드나무 가지로 짠 바구니 속에 눕혀져 있는 할머니와 물고기 애인과 볼가 강과 루가 강과 나로바 강과 흑해와 카스피 해와 에게 해와 걸프 해와 대서양이 굴러 흩어졌다.[47]

 이 장면은 증조할머니의 "옛날 이야기들"[48]에게서 '해방'되고자 하는 '나'의 몸부림과 소통 불가능한 애인에 대한 "분노" 표출이 서술자의 몽환적 상태 속에서 일어남을 보여 준다. 그리고 더 나아가 산산이 부서지는 붉은 산호 구슬들은 심리 치료사의 방을 거대한 바다로 만들어 버리면서 이야기를 초현실적 차원으로 전환한다.

대양(大洋)의 물이 거대한 초록의 파도를 이루며 심리 치료사의 책상 위로 밀려와 그를 의자에서 밀쳐 냈고, 빠르게 더 높이 차오르면서 책상을 뒤집어 올렸다. 높이 솟은 물마루에서 파도가 다시 한 번 심리 치료사의 얼굴을 치고는 물러갔다. 물이 콸콸거렸고, 부서졌고, 노래했고, 치솟았다. 이야기도 함께 떠내려갔다. 정적과 산호도. 물은 그것들을 해조류 숲으로, 조개들이 사는 곳으로, 바닷속 심연으로 되돌려 보냈다. 나는 숨을 들이마셨다.[49]

이제 사 대에 걸쳐 전해진 붉은 산호 팔찌는 본래의 태곳적 고향으로 되돌아가고 이와 더불어 과거 이야기들도 바닷속 심연으로 깊숙이 가라앉는다. 이 장면은 서술자 '나'가 "옛날 이야기들"로부터, 즉 과거로부터 궁극적으로 벗어난다는 점을 상징적으로 암시한다.

앞서 살펴보았듯이 작품 전체 이야기를 지배하는 '물'의 이미지가 고요나 정적과 같은 정태적 상태를 나타낸다면, 이 장면에서 '물'은 역동성과 파괴력을 지닌 자연의 근원적 힘으로서 나타난다.[50] 특히 물의 유동성, 즉 파도의 넘실거림과 바닷물의 흘러넘침은 이야기가 현실의 차원을 초월하여 다른 차원으로 전이되는 데 결정적인 역할을 한다. 이를 통해 '이야기의 현실'에 균열이 일어나면서 이야기가 현실인지, 비현실인지 혹은 초현실인지 구분할 수 없는 불분명한 경계 지점이 드러난다. 분명한 현실적 묘사에서 시작된 이야기는 이렇듯 서사와 시간과 공간의 층위에서 점차적으로 구축된 몽환적 성격을 통해서 초현실 같은 환상으로, 서술자의 백일몽인지 아닌지 알 수 없는 대체 현실로, 혹은 불투명하고 몽환적인 비현실적 이미지로 전이된다.

작가가 의도적으로 연출하는 이러한 몽환성에서 또한 주목해야 할 부분은 언어다. 카메라 렌즈로 순간의 장면을 포착해 놓은 것처럼 작품의 언어는 극도로 투명하고 사실적이고 명징하며, 간결하고 절제되어 있다. 인물의 성격을 분석하거나 사건의 의미를 해석해 내는 심리적이고 사변적인 어투도 찾아볼 수 없다. 이러한 짧고 간결한 언어 구사는 색채 이미지 및 상징과 결합하여 이야기의 몽환적 성격을 돋을새김한다.[51]

4 젊은 독일 여성 작가들의 몽환성

지금까지 유디트 헤르만의 단편 「붉은 산호」에서 세 가지 층위와 상징적 장치를 통해 몽환성이 형상화되는 과정을 분석하고 추적해 보았다. 이 단편에서 작가는 서로 다른 세 가지 이야기들을 하나의 서사틀 속으로 압축하고, 과거와 현재의 시간적 중첩을 통해 시간의 연속성을 깨트려서 흩트려 놓으며, 회화적 이미지를 사용해 경험적인 현실 공간을 묘사함으로써 독특한 몽환성을 창출해 낸다. 최근 독일 문학의 젊은 여성 작가들에게 나타나는 몽환성의 의미를 세 가지로 간추려 보면 다음과 같다.

첫째, 낭만주의자들이 계몽주의적 시민 사회로부터 도피하여 밤의 세계나 동화의 세계와 같이 현실과 유리된 몽환과 환상의 세계에서 '푸른 꽃'을 찾아 방랑의 길을 나섰다면, 젊은 여성 작가들은 몽환과 환상에 특정한 동경의 대상을 담지 않는다. 이들에게 몽환과 환상은 '시원(始原)으로의 회귀'나 '먼 곳의 부름에 대한 응답'을 위한 문학적 장치도 아니다. 그것은 섣부른 낙관적 유토피아나 멜랑콜리적 체념으로 귀결되지도 않는다.

둘째, 젊은 여성 작가들은 몽환과 환상을 '현실-비현실-대체 현실-초현실'의 좌표 안에서 이야기를 만들어 내는 중요한 문학적 기제로 사용하여 현실과 허구, 일상과 환상의 경계 지점을 넘나드는 독특한 문학적 시공간을 창출해 낸다. 이들은 현실 세계와 대척되는 환상 세계 속에서 몽환성을 형상화하는 것이 아니라, 지극히 일상적인 현실에서 출발하여 현실 세계와 환상 세계를 서로 중첩시키거나 엇섞으면서 둘 사이 경계가 불분명한 지점에서 몽환성을 연출해 낸다. 따라서 이들의 몽환성은 외부 세계와 내면세계, 과거와 현재, 실제와 허구의 관계를 해체하고 재구성하는 전략적 기능을 수행한다.

셋째, 이러한 독특한 몽환성은 젊은 여성 작가들 특유의 현실 인식에서 출발한다. 이들은 "이상을 주고받고, 환상을 부수며, 높이 떠받들었던 공동체 의식"[52]에 관한 '거대 서사'를 이야기하기보다는 소통 불가능한 세계에서 파편화된 현대인의 자화상을 자신들만의 시공간 안에 담아냄으로써 인간 실존에 대한 비판적 성찰의 계기를 제시한다. 그리고 다른 한편으로는 견고한 질서와 제도로 무장된 일상 세계로부터의 일탈과 해방을 통해 정치적, 사회적 차원의 변혁과는 사뭇 다른 '사적(私的)' 저항을 표현하는 것이다.

크리스티안 크라흐트 Christian Kracht, 1966~

1966년 스위스에서 태어났다. 부유하고 저명한 아버지 덕분에 독일, 미국, 캐나다, 프랑스 등지에서 성장했고 각국 엘리트 사립 학교에서 교육을 받았다. 소설가로 데뷔하기 전 언론인으로 활동했으며 잡지를 편집하기도 했고 기행문 성격의 책을 다수 출판했다. 자칭 코스모폴리턴답게 동남아시아, 히말라야, 아르헨티나 등을 포함해 세계 곳곳을 여행하면서 살았고 현재도 아프리카와 피렌체를 오가며 살고 있다. 2010년에는 한국에서 지내기도 했다.

크라흐트는 1995년 『파저란트』로 작가로 데뷔했다. 두 번째 소설 『1979』(2001)에서는 전작에서 강력하게 의문시된 유럽적 가치의 몰락을 동과 서의 갈등 구도를 통해 다루었고, 세 번째 소설 『나 여기 햇빛 아래, 그늘 속에 있으리』(2008)에서는 유럽 백 년 전쟁을 대체 역사물 형식으로 그렸다. 문명에 대한 총체적인 비판과 출구 없는 상태에 관한 종말론적 상상은 최근작 『제국』(2012)에서도 주된 주제를 이룬다. 크라흐트의 작품들은 발표될 때마다 논쟁을, 특히 작가의 정치적 의도에 대한 엇갈린 평가를 불러일으키지만, 최근작을 뺀 모든 작품이 연극으로도 공연되었으며, 스무 개 언어로 번역되었다. 『나 여기 햇빛 아래, 그늘 속에 있으리』로 2009년 베츨라 시의 환상문학상을, 『제국』으로 2012년 빌헬름 라베 문학상을 수상한 바 있다.

팝모던 댄디의 스타일링

크리스티안 크라흐트, 『파저란트』

박희경

1 팝모던 댄디의 자기 연출

1999년 독일 신문 《디 차이트》는 크리스티안 크라흐트와 벤야민 폰 슈투크라트바레를 인터뷰하면서 팝문학 작가는 항상 자신에 대해서 쓰는 것 같다고 질문을 던졌다. 마치 당연한 사실을 왜 묻느냐는 듯, 슈투크라트바레는 "잠깐만요. 그럼 도대체 누구에 대해서 쓰라는 말입니까?"라고 대꾸했다. 슈투크라트바레의 대답은 작가란 어떻게든 자신의 경험을 고유한 세계관 속에 녹여 낸다는 전통적인 작가관과 일맥상통한다. 하지만 이 말이 새삼 흥미로운 것은 1990년대 독일 팝문학 작가들이 작가적 '나'에 대해서 나르시시즘적인 태도를 보이기 때문이다. 이들의 글쓰기 형식도 '나'를 중심으로 한다. 올라프

그라빈스키에 따르면 팝문학 작품의 약 75퍼센트에서 일인칭 화자가 등장하거나 일인칭 주인공의 서사 형태가 나타나며 종종 화자와 주인공이 일치한다.[1]

팝문학 안팎에서 '나'에 대한 과도한 관심이 나타나는 것은 흥미로운 문화적 현상이 아닐 수 없다. 왜냐하면 팝문학이 나타난 1990년대 중후반은 해체주의, 구성주의, 젠더 연구 등에 의해서 이미 '나'라는 말에 응축된 자아 정체성의 기반이 뿌리째 흔들리던 시기였기 때문이다. 자아 정체성이란 개념은 오랫동안 주체 내부의 본질적인 핵으로서 개인에게 내적 통일성과 일관성을 보장해 주는 근거로 이해되었다. 자아 심리학을 발전시킨 에릭 에릭슨은 자아 정체성을 변화하는 외부 환경 속에서도 "자기 동일성과 지속성을 유지할 수 있는 내적인 능력"에서 찾았다. 하지만 늦어도 푸코 이래로는 고정되고 안정된 본질적 범주로서 근대적 의미의 자아 정체성은 해체되었으며, 자아 정체성이란 주체가 맺는 관계들 속에서 끊임없이 새롭게 구축되어야 하고 구축될 수밖에 없는 과정이자 항상 임시적일 뿐인 중간 결과로 규정되었다. 요컨대 절대적인 중심이 담론 이전에 존재한다고 전제될 수 없는 시대적인 맥락에서 팝문학은 자아에 대해 리비도의 과도한 고착을 보이는 것이다. 이 글은 이 점에 주목하면서 팝문학이 던지는 자아 정체성 문제를 팝문학의 신호탄이자 아이콘으로 평가받는 크리스티안 크라흐트의 소설 『파저란트』(1995)를 통해 중점적으로 살펴보고자 한다. 우선 『파저란트』와 팝문학의 관계를 일별한 후, 부모 세대의 상징적인 부재가 팝문학을 낳은 시대적인 조건임을 밝히고, 이 조건하에서 팝문학의 자아가 어떻게 구성되는지 분석하며 그 특성을 살피기로 하겠다.

2 팝모던 산책자

현재 독일 문학계에서 가장 논쟁적인 작가라고 할 크라흐트의 데뷔작『파저란트』는 1995년 출판되었다. 익명의 화자이자 주인공 '나'이기도 한 어떤 부유한 청년이 독일 북단 쥘트 섬에서 함부르크, 프랑크푸르트, 하이델베르크, 뮌헨, 메어스부르크를 거쳐 취리히까지 남쪽으로 여행하면서 겪는 일들이 이야기의 주요 내용을 이룬다. 독일을 종단하는 그의 여행에는 이유가 제시되지 않고 목적지도 알 수 없으며, 여행 경로 또한 거의 우연에 맡겨진다. 게다가 그는 모험에 자신을 내맡기거나 체험을 추구하는 적극적인 여행자도 아니다. 한 세기 이전에 등장했던 대도시의 산책자(Flaneur)와 달리, 이 팝모던 댄디는 도무지 걸으려는 생각 없이 비행기, 기차, 자동차 등을 타고 도시에서 도시로 이동한 후 곧장 택시로 갈아타고 호텔이나 친구 집으로 간다. 그의 눈은 이동 수단의 차창을 향하며, 세상은 명멸하는 화면처럼 현실성을 잃고 "창밖으로" 혹은 "창 밑으로" 매우 빠르게 스쳐 지나간다. 그의 경험 또한 술과 마약에 취해 즐기는 파티들, 말이 겉도는 대화들, 우연하고 순간적인 만남들이 반복되는 순환 속에서 현실성을 잃어 간다. 그의 말로 하자면, "삶이 그렇게 내 옆으로 흘러간다."[2]

『파저란트』의 화자는 세상의 표면 위를 부유(浮遊)하면서 자신을 둘러싼 피상성을 응시하고 기록하되, 표면의 '너머', 혹은 그 '뒤'나 '안'을 들여다보려 하지는 않는다. 그의 말로는 "나는 도무지 애쓰는 게 싫다."[3] 세상과 인간에 대한 냉소적이고 방관자적인 태도, 향락적인 생활 양식, 상품 상표의 공공연한 과시 등, 『파저란트』에서 익명의 나를 특징짓는 요소들은 1990년대 팝문학이 창조해 낸 다른 '나'들에게도 공통적으로 발견된다.[4] 이 소설과 동시대 팝문학의 공통점은 작품 속 일인칭 화자에만 국한되지 않는다. 소설의 메타 화자인 작가 크라흐트의 태도는 팝문학 작가의 세대적인 특성을 대표적으로 보여 준다. 한눈에도 드러나는 예로는 현재형을 고수하는 글쓰기 방식, 순간 포착, 일상생활에 대한 세밀한 묘사, 깊이 있는 성찰과 계몽에 대한 거부, 정치적인 무관심 내지는 조롱 등을 들 수 있다.

> 이 세대 작가들에게는 처음으로 68세대의 후계자들과 근본적으로 구별되는 공통된 세계관과 경험의 지평이 있다. 이 세대야말로 유토피아를 한 번도 느껴 보지 않은 첫 세대다. (……) 이 세대는 타당한 이유에서 도덕적인 책무감의 종말을 자신들의 중요 주제로 삼았다. 포스트 68세대가 지닌 보다 더 나은 세상을 향한 열정으로는 이들과 대적할 수 없다.[5]

평론가 하랄트 마르텐슈타인의 이 말처럼, 팝문학 세대는 유토피아를 꿈꾸지 않는다는 점에서 68세대와 확연히 구별된다. 68세대가 권위적인 아버지와 부딪치고 반항하며, 아버지가 만든 현실을 극복하고자 했다면, 팝문학 세대는 강력한 아버지의 부재를 경험했다. 이들은 자신을 "후기 물질주의의 산물"로, 라인 강의 기적 이후 풍요가 낳은 "권태와 싸우는 일만이 과제로 남은" 세대로 정의한다. 꿈의 소멸 이후 권태라는 보이지 않는 적을 향해 필봉을 휘둘러야 하는 이들에게는 현실과 이상의 간극에서 배태된 반어(Ironie)라는 무기가 더 이상 유효하지 않아 보인다. "독일 사회는 반어에 푹 젖어 있다. 우리까지 반어적인 태도를 취한다면 오만하고 외람되지 않겠는가."라는 크라흐트의 비아냥거림은 기성세대가 전유한 반어에 대해서 '반어적인 태도'를 보여 준다. "속이고, 숨기고, 막말하기. 이것이 지금 작동하는 메커니즘이다."[6] 크라흐트가 반어에 대한 반어적인 태도로 택하는 것은 전 방위적인 도발이다.『파저란트』에서는 "유명 회사 상표가 찍힌 티셔츠를 입는 게 가장 큰 도발이자 선동"이고, 도발의 대상은 "좌파, 나치, 환경주의자, 지식인, 버스 운전사, 한마디로 모두"[7]다.『파저란트』의 화자는 사적으로나 공적으로나 천연덕스럽고 위악적이며, 별 망설임 없이 뻔뻔스럽게 행동한다. 낯선 이를 면전에서 "사민당 나치"라고 모욕하거나, "나치"라고 욕해 주기 위해서 일부러 금연석에 앉아 담배를 피우며 누군가가 담배를 끄라고 하기를 기다리는 것은 단적인 예다. 그는 무모하리만치 극우 보수와 무정부주의의 경계선들을 넘나들며 조롱과 왜곡을 서슴지 않는다. "투표에서 녹색당을 뽑아야만 했었다, 솔선수범하여 자동차를 타지 말아야 한다, 사고(思考)는 전 지구적으로, 행동은 지역적으로라는 모토에 따라 행동해야 한다."[8] 등 말에 이죽거리거나 딴청을 부리며 일부러 생뚱맞게 대꾸한다. 마르텐슈타인이 권고한 대로 계몽의 파토스를 옆으로 치워두고 보자면, 화자의 도발적인 언행과 어기대는 태도는 정치적 실천과 도덕적 책임감이 중산층의 상투적 태도로 변질된 독일의 현재 상황, "모든 게 이해할 수 없을 만치 썩은"[9] 세상에 대한 심각한 부정일 수 있다. 이 글의 문제 제기에서 벗어나지 않기 위해서 여기서는『파저란트』의 '비판적 태도에 대한 비판'을 의도적인 도발로 해석할 수 있는 가능성만을 제시하는 것으로 만족하고, 이제부터 자아 정체성의 문제와 관련해서『파저란트』, 나아가 팝문학의 고유한 문학적 구도를 살펴보기로 하겠다.

3 부모 없는 세대

　벤야민 레버트의 소설『크레이지』에서 작가와 이름이 같은 주인공 벤야민은 "명망 있는 사람들"인 부모가 자신을 무척 사랑한다고 말한다. 롤링 스톤스를 좋아하는 아버지는 아들을 콘서트에 데려가고, 벤야민이 스스로 "마마보이"라고 할 만큼 어머니는 몸 왼편에 장애가 있는 아들을 많이 걱정한다. 하지만 중년의 위기를 겪는 부모는 아들의 사춘기적 방황을 조율할 만한 권위가 되지 못한다. 조숙하다 못해 애늙은이 같은 벤야민의 인생살이에 도움말을 주는 이는 우연히 길에서 만난 한 노인이다. 크라흐트의『파저란트』에서 화자의 친구 롤로의 아버지는 백만장자지만 정신적인 공허를 채우기 위해서 히피 문화에 탐닉하며 인도의 명상 센터에 머문다. 롤로의 부모는 자신들의 문제에 몰두한 나머지 보덴 호수에 면한 대저택에서는 항상 부재중이다. 68세대 아버지와 어머니, 특히 어머니들은 자아실현을 인생의 목표로 삼으며 부모 되기를 스스럼없이 거부한다. 초에 예니의『꽃가루방』에서 어머니 루시는 어린 딸을 떠나고, 성년이 되어 루시를 찾아간 딸은 애인의 죽음에서 벗어나지 못하는 어머니를 보살피게 된다. 딸이 어머니 때문에 불안해하고 염려한다는 점에서 모녀 관계가 역전되는 것이다. 토마스 마이네케의『톰보이』에 나오는 어머니 게어린데는 자칭 해방된 여성으로 남녀 겸용 청바지를 입고 그룹 도어스의 음반을 들으면서 해방을 생활화하다가 어린 남자 애인과 미국으로 가 버린다.[10] 팝문학에 등장하는 부모는 자식 세대에 동화되어 있을 뿐 아니라, 늙기를 거부하고 젊음의 특권인 방황을 독점하며 자식에게 넘겨야 할 미래를 여전히 점유한다. 이렇듯 팝문학에는 부모가 상징적으로 부재하는 구도가 나타난다.『파저란트』에서는 화자인 '나'가 이름조차 없이 등장한다. 부모는 그가 일하지 않아도 될 만큼 경제적으로 부유한 것으로 막연히 추측될 뿐이며, 그의 가족 환경이나 성장 배경은 전혀 드러나지 않는다.(문득 기억하는 아버지는 유년기 때 아버지로서 단편적인 편린으로 남아 있다.)

부모의 부재라는 팝문학의 구도는 20세기 후반의 문화적 맥락과 긴밀히 연관된 것으로 보인다. 부모가 부재하는 문학적 현실이 기성 문화가 사라지는 사회적 현실에 상응한다는 말이다. 주지하다시피 더욱 젊게 살고, 오래 젊음을 유지하려는 욕망은 현대 사회의 생활 양식을 구성한다. 이와 함께 외모, 재미, 소비, 자아실현 등 청년 문화를 특징짓던 고유한 코드가 전 세대를 아울러서 나타난다. 젊은이들의 언어, 행동, 관심 등이 기성 문화와 대비되는 하위문화의 속성을 결정짓는 것에 그치지 않고 현대 문화 전체의 중요한 특징이 되는 것이다. 그 결과 사춘기 청소년이나 젊은 세대가 자기주장을 내세우고 부모에게 저항하면서 성년의 문턱을 넘는 전통적인 통과 의례 관념이 권위의 재현이자 사회적 역할 모델인 부모가 사라지는 현실에 추월당하고 있는 듯하다. 반항과 저항이 향할 과녁이 현실에 없기 때문이다. 부모가 부재하는 팝문학에는 성장을 주제로 하는 문학 텍스트에 흔히 나타나는 세대 갈등 서사가 없다. 갈등의 결여는 자녀가 부모 세대로부터 차별화되는 과정을 통해서 개별적인 고유성을 지닌 성년으로 성장하고 사회에 편입되는 구도를 불가능하게 한다. 팝문학의 서사를 성장 소설로 읽는 연구자들은 팝 청년들을 괴테의 베르터나 카를 필리프 모리츠의 안톤 라이저와 비교하기도 한다. 하지만 젊은 팝 댄디들이 진정한 자아 발견을 위해서 집을 떠났는가 의문스럽다. 그렇다손 치더라도 20세기 말 댄디들은 자아 발견의 성장 행보를 하지 않고 쇠락과 소멸의 노정을 밟는다.『파저란트』의 젊은이들은 모두 개별적인 방식으로 그 여로에 있다. 화자의 친구 알렉산더는 인생을 근대 이후 "더 이상 존재하지 않는 직업인 무위(無爲)"로 보내고, 다른 친구 롤로는 보덴 호수에서 익사체로 발견되며, 화자는 취리히의 호수에서 사라진다.

소설의 제목 '파저란트'는 '파터란트(Vaterland)'(아버지의 나라=조국=독일)에 대한 은유로 해석되곤 한다. 그런데 문자 그대로 '파저(Faser)'는 씨줄과 날줄로 짜인 직물을 뜻하므로 '파저란트'란 독일을 일종의 직물로 표현한 은유로 이해될 수 있다. 이 직물의 나라에 부모가 부재하니 『파저란트』는 세대와 세대를 짜 내려가는 수직의 날줄이 풀린 나라다. 그럼 수평적인 씨줄의 올은 풀리지 않았을까? 화자는 소설의 한 부분에서 독일을 거대한 "기계"라고 말하며, 그 안에 사는 사람들을 기계 안쪽에 있는 "선택된" 사람들과 그들 주변에서 사는 "모든" 사람들로 나눈다.

> 선택된 이들에 대해서 설명하자면, 그들은 기계 안쪽에 살면서 좋은 차를 타고, 좋은 마약을 하고, 좋은 술을 마시고, 좋은 음악을 듣는다. 그들을 둘러싼 모든 사람들도 그것을 똑같이 하는데 단지 아주 조금 못한 걸로 할 뿐이다. 선택받은 자들은 자기네들이 조금 더 잘 하고, 조금 더 강하고, 조금 더 스타일 있게 한다고 믿기 때문에 계속 살 수 있다.[11]

씨줄을 이루는 것은 선택된 자들과 모든 이들이라는 두 요소다. 이들을 구별하는 것은 '조금 더' 혹은 '조금 덜'이라는 가변적인 차이에 지나지 않으며, 자신을 타자와 차별화하고 다름을 확인함으로써 고유한 정체성을 형성해 나갈 차이의 지점들은 그 '조금'이 만들어 내는 모호함 안에서 확연히 나타나지 않는다. 비유컨대 날줄의 올이 풀리는 것과 함께 씨줄의 올도 치밀한 얼개를 잃고 함께 풀리면서 자아의 자리가 사라지는 것이다. 모든 타자와 구별되면서 자기 자신과 동일한 정체성이라는 거대 상징체계가 와해되자 역설적으로 자아와 타자의 경계가 무너지는, 동일자의 현실이 등장한다.

 크라흐트의 소설에서 읽어 낼 수 있는 차이의 소실은 1990년대, 그러니까 정체성을 형성하는 구별 짓기의 확실한 준거였던 나이 차이가 제 역할을 하지 못하는 시대에 오히려 "골프 세대, 베를린 세대, 제네레이션 @, XTC 세대, 68세대, 78세대, 89세대" 등 세대 구분이 경쟁적으로 나타난 것과 상관있어 보인다. 갑자기 생겨난 세대 구분 용어들은 생산품(골프), 지역(베를린), 매체(IT), 마약(XTC) 등을 차이의 준거로 차용한다. 세대와 세대 사이 수직적인 차이가 생활 양식이라는 복수의 차이들로 대체된 것이다. 또한, 세대 구성의 요소가 증가하고 세대 구분이 세분화되는 현상에서 구별 짓기의 욕망이 더욱 강화되는 경향을 볼 수 있다. 생활 양식이 다양한 만큼이나 복수(複數)의 경계들이 한 개인의 정체성 형성에 관여하고, 구별 짓기는 일회적이기보다는 지속적으로 일어나며, 그 유효 기간은 고정적이지 않고 임시적이다. 이에 따라 정체성 또한 안정된 것이 아니라 불안정하며 고정되지 않고 변모하는 구성물의 성격을 띠게 된다. 이는 개인적 정체성이 형성되는 조건에 일대 변동이 일어난 것을 의미한다.

 『파저란트』의 또 다른 의미 층위는 '파저'의 어원이 무엇인가를 '찾고 구하는 것'을 뜻하는 데서 찾아볼 수 있다.

 그건 당연히 설명하기 좀 힘든데, 그러니까 사람이 이 세상에서 자신의 자리를 찾는 것과 같다. 자신의 옆에서 흘러가는 삶에 직면하여 휘말리거나 무기력해지는 게 아니라 가만히 정지하는 것이다. 그래, 바로 그것이다. 멈

취 서는 것. 정적.**12**

어떤 한 도시에서도 하루 이상 머물지 않고 떠도는 화자는 여행의 어느 순간 자신이 찾고 구하는 것이 "세상에서 자신의 자리를 찾는 것이 아닐까." 하고 생각하고 그 자리를 "중심"으로 표현한다. 이 점에서 화자의 여행은 진정한 자아 찾기와 완성을 목표로 하는 독일 교양 소설의 전통적인 주제를 답습한다. 그런데 다분히 근대적인 자아 프로젝트의 흔적을 담은 자아 발견, 곧 "남성 교양 시민의 주체 되기"**13**는 일어나지 않는다. 화자가 여행하는 아버지의 나라, 파저란트 독일은 씨줄과 날줄이 올올이 풀린 시공간으로서 경계선들이 만나는 중심이 없기 때문에 화자가 구하고 찾는 자아를 고정할 수 있는 자리도 없는 것이다. 이렇게 보자면 화자, 익명의 나는 애초에 지속성과 동일성을 보장하는 자아 정체성(의 발견)이 구조적으로 불가능한 시공간을 유동하는 것이라고 말할 수 있다. 발견될 자아 정체성이 없다는 조건하에서 팝모던 댄디의 자아 정체성 문제를 좀 더 구체적으로 살펴보기로 하자.

4 신체적 자아

1) 바버 재킷과 가면

소설 『파저란트』는 이렇게 시작한다.

그러니까 내가 퀼트 섬의 리스트에 있는 피시-고시에 서서 예버 맥주를 병째로 마시는 것으로 시작한다. 피시-고시는 생선 요리 레스토랑인데 독일 최북단에 있다는 이유로 유명하다. (……)

나는 고시에 서서 예버를 마신다. 약간 쌀쌀하고 서풍이 불기 때문에 나는 안감을 덧댄 바버 재킷을 입고 있다. 마늘 소스가 곁들여진 대하 요리 일인분을 먹고 나자 속이 안 좋아졌지만 이 인분째 먹고 있다. 하늘은 푸르다. 때때로 두꺼운 구름이 태양 앞을 가로지른다. 조금 전 카린을 다시 만났다. 우리는 잘렘 기숙학교를 다녔는데, 서로 말을 나누진 않았지만 아는 사이다. 그리고 나는 함부르크의 트랙스와 뮌헨의 P1에서 그녀를 몇 번 봤다.[14]

첫 두 문단에 등장하는 고유 명사들은 화자가 부유층 출신으로 재미와 소비를 지향하는 생활 양식을 지녔음을 알려 줄 뿐 아니라, 팝문학의 한 특징인 "상표 페티시즘"을 단적으로 보여 주기도 한다. 특정 상품의 이름과 소위 명품 상표가 문학 속으로 유입된 것을 두고 많은 비평가들이 스캔들이라며 비판했고, 이리스 라디슈는 팝문학이 소비 지향적인 현시대의 "사용 설명서"일 따름이라고 힐난하기도 했다. 반면 팝문학의 이런 경향을 현시대에 대한 문학적 반영이자 중요한 문화적 현상으로 분석해야 한다는 입장도 있다. "소유한 상품의 목록을 빼고서는 개인의 사회적 정체성을 표현하기 힘들 만큼 상품이 쏟아져 나오고 소비가 일상을 지배하는 시대"에 이를 천박하다고 도외시하면서 문학이 진정성을 찾는다는 것은 어불성설이라는 것이다.

상표가 상품을 가리키는 원래의 기능을 넘어 사회적 정체성을 가리키는 지표 역할을 하는 것은 사실상 어제오늘 일이 아니다. 『파저란트』에 등장하는 바버 재킷이 사용 가치와 교환 가치가 있는 의복을 넘어 화자의 사회적 신분을 나타내는 상징이라는 것은 자명하다. 그런데 이 글이 주목하는 점은 바버 재킷이 팝모던 댄디인 화자의 드레스 코드이자 스타일링의 상징으로서 화자의 자아 정체성 문제와 깊이 연관된다는 것이다. 화자는 바버 재킷에 대해 상당히 특별한 감정을 느낀다. 카린이 입은 푸른색 바버 재킷보다 자기의 초록색 재킷이 더욱 맘에 든다고 말하는 화자의 재킷 사랑은 한 예다. 재킷에 대해서 그가 느끼는 애착은 재킷을 버릴 때 더욱 잘 드러난다. 프랑크푸르트 공항에서 불현듯 "더 이상 마음에 들지 않아서"[15] 재킷을 버리기로 결심한 화자는 마치 제의를 치르듯이 재킷을 벗어 공항 바닥에 깔고 성냥불을 붙여서 태운다. 하지만 화자는 재킷을 배척하지 못한다. 재킷을 태워 버린 바로 그날 밤 술집에서 옛 친구 알렉산더가 벗어 놓은 바버 재킷을(그가 태운 것과 색깔도 같다.) 입고 나오는 것이다.

"나는 길게 생각하지 않고 의자 등받이에서 바버 재킷을 들어 올려 입는다. 아무도 나를 보지 않는다. 하지만 나는 두 귀가 빨개지고 뜨거워지는 것을 안다. (……) 알렉산더의 재킷은 안감을 덧대지 않았지만 꽤 따뜻하다. 호주머니에 손을 찔러 넣고, 나는 돌이 박힌 거리를 걷는다."[16]

이렇듯 바버 재킷에 관한 한 화자는 거의 물신 숭배적인 태도를 보인다. 여행의 종착지가 될 취리히의 호수로 가는 택시 안에서도 그의 생각은 바버 재킷에 미친다. "알렉산더의 바버 재킷을 호텔에 두고 왔다는 게 생각났다. (……) 그게 있었으면 (……) 재킷을 가져올 수 있으면 (……)".[17] 이처럼 화자는 재킷에 리비도적 관심을 쏟으며 집착하고, 그것과 떨어질 수 없는 등 재킷과 복합적인 관계를 맺는다.

일견 바버 재킷은 진정한 자아를 발견하지 못하고 헤매는 화자의 공허한 내면을 가리기 위해서 필요한 듯 보인다.[18] 앙케 비엔다라는 재킷에 화자의 진정한 자아를 숨기는 "보호막"과 실존적인 공허를 가리는 "가면"의 의미를 부여하며, 또한 재킷을 자신이 속한 유한 계층의 속성과 차별되는 다른 자아를 구성하지 못한 화자에게 찍힌 "낙인"으로 본다. 여기서 드러나듯이 가면은 통상 본질을 숨기고 은폐하는 변장, 거짓 내지는 왜곡의 기호로 알려져 있다. 이미 루소가 유명한 저서 『달랑베르에게 보내는 편지』에서 가면을 근대적 삶의 특징으로 규정하는 한편 그것을 퇴폐의 증거로 통렬히 비판한 후, 그리고 『인간 불평등 기원』에서 가면 '이전(以前)'의 진정한 본성을 전제한 후, 가면의 속성은 현대에 이르기까지 은폐와 왜곡에서 벗어난 적이 없었으며 가면을 벗기고 숨겨진 진정하고 고유한 본성을 찾는 것이 중요한 문제가 되어 왔다. 그러나 다른 한편 디드로의 소설 『라모의 조카』에서 조카가 온몸으로 실천한 바와 같이 가면극이 인간 본성과 구별될 수 없다는 비주류적인 이론의 전통도 만만치 않다. 계몽주의의 이단아인 조카는 계몽주의자 루소가 고수하는 인간 본연의 진정한 자아란 환상이며, 이 환상을 현실인 듯 약속하는 가면극이야말로 세상살이의 법칙이라고 단언한다. "내가 누구인지 안다고 한다면 거짓말"이라는 그의 관점에서 가면이 뭔가를 숨긴다면 그것은 동일자로서의 내면이 아니라 가면의 정체성이다. 즉 뭔가를 숨기는 게 아니라 마치 뭔가를 숨기고 있는 척하는 것이다. 가면에 대한 이러한 생각은 문화학자 하르트무트 뵈메의 가면에 관한 인간학적 규정에서 다시금 발견된다. "가면 없는 진정성이라는 환상은 가면 뒤에 있다고 믿는, 전혀 가리지 않은 진정한 상태로 되돌아가고 싶은 내밀한 욕망을 가리키는 가면과 다름없다. 가면을 쓰지 않는다면 인간이 아닐 것이다."[19] 그에 따르면 인간이 언어를 습득하고 "자신을 나타낸다는 것"은 이미 가면극이며 가면이 아닌 상태란 어떤 것도 드러낼 수 없음을 의미한다. 뵈메의 가면 개념이 말하는 것은 무언가가 보이고 나타나도록 하는 가면의 창조성이라고 할 수 있다. 즉 가면을 통해서 인간은 '자신 안의 많은 타자들'을 호출하고 이로써 그의 본성인 "자연"[20]을 실현한다. 독일어 표현 '나타내다, 표현하다(ver-körpern)'는 '몸을 입는다'라는 뜻으로 풀이될 수 있으며, 인간은 몸을 입음으로써 밖을 만들어 내어 비로소 내면이 나타나도록 한다.[21] 신체야말로 언어에 앞서 밖을 나눔으로써 안을 상상하도록 하는 가면일 것이다. 이렇게 보자면 신체의 연장선상에 있는 바버 재킷의 역할은 화자의 공허한 내면을 숨기는 데 있지 않고 화자에게 내면을 부여하는 데 있는 것 같다. 화자가 재킷을, 그리고 재킷으로 대표되는 옷을 "갈아입을 때마다 이상하게도 항상 많은 힘을 얻는다."[22]라고 고백하는 것은 대단히 흥미롭다. 화자는 재킷을 입고 벗는 스타일링을 통해서 스스로를 숨기는 것이 아니라 비로소 인식하는 것이다. 그가 재킷을 유한 계층의 생활 양식을 위한 장식물이 아니라 친구의 대체물로, "따뜻한" 관계의 상징으로 보는 것은 바로 재킷을 통해서 자신이 누구인지를 인식할 수 있기 때문이다. 이렇게 보자면 바버 재킷은 화자가 진정한 자아를 찾기 위해서 벗어 버려야 할 치장이나 자아에게 주석처럼 첨부된 확장자가 아니다. 오히려 그 이상이다. 그것 없이는 화자의 자기 발견도 실패할 수밖에 없다. 재킷을 태워 버린 후 다시 친구의 재킷을 자신의 것으로 취하는 화자의 행동은 필연적으로 보인다.

2) 구토하는 신체

소설 첫 장면에서 화자는 "속이 좋지 않다."라고 말한다. 속이 좋지 않다거나 두통이 있고 식은땀이 나며, 현기증이 일고 먹지 않아도 허기를 느끼지 않으며, 자려고 하지만 잠이 오지 않는다는 등, 화자는 지속적으로 자신의 신체를 섬세한 감각으로 관찰하고 자세히 기록한다. 신체에 관심을 기울이는 것이 한 면이라면, 자기 학대에 가깝도록 신체를 고통스럽게 하는 것은 다른 한 면이다. 속이 좋지 않아도 대하를 먹는 소설 첫 장면은 시작에 불과할 뿐이다. 화자는 항상 취해 있다고 해도 과언이 아닐 만큼 술을 마시며 기차와 비행기 안에서조차도 그의 손에는 술병이 들려 있다. 게다가 쉴 새 없이 담배를 피우고 거의 잠을 자지 않을 뿐 아니라 식사를 잊는 일도 다반사다. 여행의 종착지가 되는 취리히에 와서도 몸을 괴롭히는 버릇은 여전하다. "원래 나는 커피를 마시지 않는다. 심장이 미친 듯이 뛰고 현기증이 나기 때문이다. 하지만 나는 아침에 큰 잔으로 커피 두 잔을 마신다."[23] 팝모던 댄디인 화자의 몸은 노동하지 않고 여행과 파티 등 여가를 즐기는 유한 계층의 신체로 가꾸어지고 다듬어지는 대신 항시 한계 상황에 처한다. 화자의 이중적인 태도, 몸에 대한 관심과 학대는 이른바 포스트모던이라는 맥락에서 상당히 흥미로운 논점을 제공한다. 정신의 진리가 이데올로기적인 신기루로 비판된 후 "자기 확신과 자기 이해가 가능한 최후의 공간"으로 남은 것이 신체라는 주장에 동의한다면, 화자의 신체는 매우 역설적인 방식으로 그 역할을 수행하는 셈이다. 그의 신체는 정상성에서 이탈함으로써 자신의 존재를 알린다. 아프고 병든 신체는 화자가 자기 확신과 자기 이해에 실패하고 있음을 알리는 동시에, 역설적으로 이런 부정의 방식으로써 자기 확신과 자기 이해의 가능성을 담보한다. 그가 사과주를 마시는 이유는 "두 잔째를 마시면 왼쪽 눈 뒤편이 찌르는 듯이 아파 오는 것을 좋아하기 때문이다."[24] 현실의 직접성을 상실해 가는 과정에서 화자는 신체에 생생한 고통을 가함으로써 자신의 실재를 확인한다고 말할 수 있을 것이다.

제대로 작동하지 않는 신체는 구토를 통해서 나타난다. 화자의 여행은 어느 도시에 가든지 파티장과 술집에 종착하는데, 마약이 나누어지고 권태와 고독이 공유되는 이 공간들은 자기 복제적인 반복을 거듭함으로써 거의 비현실적인 모습을 띤다. 이 와중에 화자는 파티에서 만난 한 젊은 여성이 구토하는 것을 옆에서 지켜본다.

> 그것은 정상적인 구토가 아니라, 영화 「엑소시스트」에서처럼 격렬하게 분출되는 그런 구토였다. 초록색이 아니라 빨간색인 것만 달랐다. 토할 때마다 토사물이 욕조에 부딪혀 철퍽거렸는데, 그 여자가 들이켰던 모든 것, 그러니까 엄청난 양의 적포도주를 볼 수 있었다. 군데군데 채 소화되지 않은 음식물 건더기들이 있었는데 당근처럼 보였고 옥수수 알갱이도 약간 있었다. 사람이 한 번에 그렇게 많은 양을 토해 낼 수 있다는 걸 나는 정말 몰랐다.[25]

온몸을 떨면서 토하는 여성의 옆에서 화자는 잠시 전까지 그녀에게 가졌던 관심을 잊고, 토사물에서 느끼는 역겨움과 매혹을 과장된 표현으로 이야기한다.

다른 한편 그는 옛 친구 알렉산더에게 "실수로" 전화한 후 직접 토하기도 한다.

> 나는 일어섰다. 수화기가 손에서 미끄러져 떨어지더니 마호가니 탁자에 부딪쳤다. 검은색 플라스틱 부분들이 깨어져 튀더니 밝은 회색빛 양탄자 위에 이상한 무늬를 만들어 냈다. (……) 나는 그 모양을 응시하다가 토하

고 말았다. 노란색 토사물이 줄기를 이뤄 떨어져 내리며 양탄자 위에서 철썩거렸다. 깨진 수화기 바로 옆이었다. 나는 목을 몇 번 눌렀다. 그러자 욕지기가 다시 치밀어 올랐고 고약한 냄새가 나는 걸쭉한 노란색 액체가 양복 윗도리와 와이셔츠를 뒤덮었다.[26]

화자의 열정적인 구토 열전(嘔吐列傳)은 이제껏 주로 쾌락과 향락을 추구하는 사회적 풍조에 대한 역겨움으로 읽혀 왔다.[27] 1990년대 독일 팝문학의 일반적인 경향에 대해서 프랑크 데글러는 팝문학에 마약, 술, 음식물의 과다한 섭취와 배설이 나타난다는 점을 지적하고, 이를 과잉 생산과 과대 소비의 악순환에 대한 문학적인 반영으로 해석한다.[28] 하지만 소비 사회에 대한 반성이나 비판과는 다른 각도에서 화자의 구토를 살펴볼 수 있다. 특이하게도 화자의 구토 발작은 그가 여성이든 남성이든 누군가와 가까워지려는 순간에 느닷없이 개입한다. 이미 배설과 구토의 믿기 힘든 장관으로 첫사랑을 끝낸 전력이 있는 화자는 여성과 신체적으로 접촉하려 하면 구토하거나 기침 발작을 일으키거나 현기증을 느낀다. 뿐만 아니라 그는 남성이라고 하더라도 동성애적인 친밀감을 느끼는 옛 친구 알렉산더의 음성을 듣고 구토하며, 그리스 해변에서 남성 동성애자 무리를 보았을 때 "끔찍한 두통"[29]을 경험한다. 그리하여 구토로 표출되는, 화자의 작동하지 않는 신체는 밤마다 파티에 젖어서 사는 듯 보이는 이 익명의 나에게 우연찮게도 육체적 순결을 지켜 준다.

게워지고 비워지는 신체는 화자가 자신을 표현하는 독특한 방식이자 자기를 확인하는 특별한 방법이다. 세상에 냉소적이며 무관심하고 인간을 혐오하는 화자에게 구토는 아마도 유일하게 남은 진지함일 것이다. 하지만 그의 구토는 공연(空然)한 존재의 우연성과 무의미성을 인식함으로써 비롯되는 사르트르의 실존적 역겨움과는 다르다. 사르트르의 소설 『구토』는 이름, 의미, 의의, 기호 등등의 관계들을 탈각한 존재 그 자체를 인식하는 순간, "괴상하고 연한 무질서한 덩어리 — 헐벗은, 무시무시한 추잡한 나체 덩어리만이 남아 있다."[30]라는 사실 앞에서 주체가 느끼는 존재의 부조리를 구토로 표현한다. 이 구토가 "나는 영원히 공연한 존재"[31]라는 실존적 인식에서 기인하는 현기증을 가리키는 데 비해서 『파저란트』의 구토는 신체적 현존을 공시(公示)하는 자아의 선언과 같다.

누군가와 접촉하려 하면 두통, 현기증, 기침, 구토와 같은 증상이 나타난다는 사실을 상기해 보자면, 신체적인 징후들은 화자가 실제적이거나 상상적인 접촉에 대해서 의식적, 무의식적으로 느끼는 거부감의 표현으로 해석될 수 있다. 왜 그는 타자와의 접촉을 거부하고 배척하는 것일까? 이 질문에 답하기 위해서 주체의 형성을 타자와의 분리와 자아 경계의 구축을 통해 설명한 쥘리아 크리스테바의 '아브젝시옹(abjection)'[32] 개념에 주목할 필요가 있다. '아브젝시옹'이란 자신에게서 낯선 것을 추방하거나 거부함으로써 자아의 경계를 만들고 타자와 분리된 주체가 되는 행동 내지는 상태를 가리킨다. 크리스테바는 이러한 주체 형성 과정에서 추방되는 것, 달리 표현해서 "우리가 혐오하고 거부하고 거의 폭력적으로 배제하는 것"[33]을 '아브젝트(abject)'라고 명명한다. 그런데 자아로부터 배척되는 이 아브젝트는 자아의 외부에서 기인하는 게 아니라, 자아의 내부에서 생기는 것이다. 그것은 자아에게는 너무나 익숙했던 것, 자아의 일부였던 것으로서 밖으로 배출되기 전까지는 자아와 다름없다. 프로이트가 '섬뜩함(das Unheimliche)'의 기원을 '익숙함(das Heimliche)'에서 찾았듯이, 크리스테바는 주체에게 낯선 것의 원래 자리를 주체의 내부에서 찾는 것이다. 자아는 배출, 분리, 배척, 거부를 통해 아브젝트를 생산하면서 "나 자신을 몰아내고 나 자신을 내팽개치고 나 자신을 추방한다." 이렇게 의식의 지평에 출몰하는 아브젝트는 자아의 경계를 공고히 하는 동시에 그것의 붕괴와 위협을 예고하는 이중적인 역할을 하며, 자아가 아브젝시옹을 통해서 구성하는 정체성은 생성과 와해의 변증법적인 과정 중에 있다. 아브젝시옹 개념을 빌려 오면 『파저란트』의 구토는 접촉이 일어나면서 신체의 경계가 타자에 의해서 침범되는 데 대한 화자의 불안과 이를 극복하려는 방어 전략으로 이해될 수 있다. 요컨대 『파저란트』 속 익명의 나는 '밖'을 확보하는, 쏟아 내고 뱉어 내는 구토 행위를 통해서 자신의 신체적 경계를 공고히 하려는 것이다. 그러므로 구토는 신체의 경계 너머로 타자를 배척함으로써 자아를 구해 내는 행동이 된다. 이런 의미에서 화자의 신체는 최초이자 최후의 가면이고, 구토는 신체가 행하는 진정한 가면극이다. 바버 재킷을 입는 순간 "힘"을 얻고 "따뜻함"을 느끼는 것처럼, 익명의 나는 토해 내고 게워 내는 의식을 통해서 남과 구별되는 자신의 고유성을 확인할 수 있다. 하지만 아브젝시옹으로서 구토는 안과 밖의 경계를 와해함으로써 자아와 타자의 구별 짓기를 위협하는 의미를 내포하기도 한다. 구토하는 신체는 한편으로는 자아에게 정체성을 구축할 수 있는 유일한 가능성이지만, 다른 한편 그것은 정체성에 견고한 안정과 지속성을 부여하지 못한다. 뱉어 내고 토해 내는 비천한 대상 아브젝트는 다름 아닌, 타자가 일깨운 자아 안의 타자, 곧 금지된 욕망이다.[34] 이것은 화자의 '낯선' 일부로, 부단히 구토를, 즉 구별 짓는 행동을 추동하면서 자아의 경계를 위협한다. 그렇기 때문에 『파저란트』의 화자는 구토를 혐오하면서도 그것에 매혹되고 이끌리며, 타자의 구토를 바라보면서 "내 몸의 진이 다 빠져 나간 것 같다."[35]라고 느낀다.

구토의 이중적인 의미, 즉 그것이 자아의 경계를 공고히 하는 동시에 경계를 더럽히고 해체하는 아브젝시옹임을 받아들인다면, 『파저란트』에서 자아 정체성은 안과 밖, 자아와 타자의 차이를 생산해 내는 신체의 가면극을 통해 구성되는 미완의 프로젝트가 된다.

5 '정체성'은 공사 중

『파저란트』로 대표되는 1990년대 독일 팝문학은 청년 문화가 하위문화가 아니라, 20세기 말 포스트모던적 문화를 주도하는 주류 문화가 된 시대적 배경과 연관 있어 보인다. 1960년대 팝문학이 자아를 찾기 위해서 부모를 떠난 문학이었다면, 1990년대 팝문학은 떠나고 버려야 할 부모가 부재하는 '부모 없는 문학'이라고 할 수 있을 것이다. 부모의 부재로 젊은 세대는 해방의 자유를 보장받는 대신 성장을 나르시시즘적으로 거부하고 성숙에 이르지 못한 채 일찍 쇠락해 버리며 방향성을 상실한다. 『파저란트』의 화자는 여행의 도정에 있지만 굳이 여행하는 이유를 따지지도 않으며 어떤 것도 목적으로 하지 않는다. 취리히의 호수에서 일어나는 그의 소실에는 패배의 에토스가 없으며 문학적 죽음에 부여되던 기능인 세계의 새 출발 조짐도 없다. 비유컨대 그의 추락에는 날개가 없다. 그의 신체가 거듭 연출하는 구토의 퍼포먼스는 근대 교양 소설에서 발견하려 했던 자아 정체성이 사실상 도달할 수 없는 유토피아임을 보여 준다. 근대 교양 소설의 전통은 더 이상 가능해 보이지 않는다. 다만, 팝문학은 유토피아의 당위성을 던져 버림으로써 유토피아를 꿈꿀 가능성마저도 파기해 버린 것은 아닐까. 소설『파저란트』는 중심이 해체된 '파저-란트'로서 '파터(Vater)-란트'(조국) 독일에 마지막 남은 자아 정체성 형성의 가능성이 자기 연출과 스타일링에 있다는 점을 설득력 있게 제시하지만, 지속적으로 '공사 중(工事中)'인 정체성은 화자가 맺는 모든 관계에서 오히려 현실성을 탈취해 버리고 피상의 허물만을 남기는 것이다.

벤야민 폰 슈투크라트바레 Benjamin von Stuckrad-Barre, 1975~

1975년 브레멘에서 목사 집안의 넷째 아들로 태어났다. 1994년 괴팅겐에서 아비투어를 마치고 1995년부터 1996년까지 《롤링 스톤》,《디 보헤》,《타게스차이퉁》 등에서 음악 기자로 활동했으며, 1996년부터 1997년까지 함부르크 음반 회사 '모터 뮤직'에서 매니저로 일했다. 뿐만 아니라 《프랑크푸르터 알게마이네 차이퉁》,《알레그라》,《슈테른》,《벨트 암 존탁》 등에 음악 관련 글을 기고했으며, '하랄트 슈미트 쇼'의 개그 작가로도 활동했다. 1998년 발표한 데뷔작 『솔로 앨범』은 곧바로 베스트셀러가 되었으며 그에게 팝문학의 우상 내지는 문학 현장의 팝 스타라는 칭호를 붙여 주었다. 작가로서 유명세를 타면서 다양한 신문과 잡지에서 일했고, 2001년 가을부터는 MTV에서 '레제치르켈'이라는 토크 쇼의 사회를 맡기도 했다. 데뷔작에 이어 나온 『라이브 앨범』(1999), 『리믹스』(1999), 『블랙박스』(2000) 역시 사랑, 이별의 아픔, 마약, 팝, 일상 등에 관한 비꼼이나 혹평, 초상, 짤막한 이야기, 보고 등을 담고 있다. 『솔로 앨범』은 2003년 영화화되어 상영되기도 했다. 2010년 12월부터 정치 토론 프로 '슈투크라트 레이트 나이트'의 진행을 맡고 있다.

Cool & Dry

벤야민 폰 슈투크라트바레, 『솔로 앨범』

노영돈

1 팝 문화의 문학적 시뮬레이션

최근 들어 일련의 동서독 출신 젊은 작가들이 자신들만의 방식으로 세계에 대한 의식을 분명하게 표출하며, 시장을 겨냥한 글쓰기를 거리낌 없이 하고 있다. 2차 세계 대전의 어두운 기억에 짓눌려 왔던 전후 문학 세대와는 다르게, 과거의 어두운 부채로부터 벗어난 '손자 세대'가 등장한 것이다. 1940년을 전후로 출생한 서독의 '68세대' 작가들(페터 슈나이더, 보토 슈트라우스, 니콜라스 보른, 페터 한트케, 우베 팀 등)과 달리 이들 젊은 작가들이 내세우는 무기는 진지함과 성찰이 아니라, 대중문화와 팝, 유희와 도발, 반어와 충격, 자유분방함 등이다. 이들 신세대 작가들은 고전 문학과 대중문화를 거리낌 없이 뒤섞고, 성, 폭력, 해학, 익살, 경악, 유희 등으로 형식과 내용 모두에서 실험을 감행한다. 독일 문학을 반세기 동안 따라다닌 역사적 부채 의식은 이들을 전혀 구속하지 못한다. 이들은 문학 또한 자본주의 시장 체제에 가차없이 내던져진 상황이라는 것을 명확히 직시하는 세대다. 그러므로 이들은 문학 시장에서 소비자의 기호를 알아내고 그 취향을 자신의 문학 속에 반영하는 데 주저하지 않는다.

이들 가운데 이른바 '팝문학'을 주도하며 '키비 보이의 기적'을 일으킨 작가로는 『솔로 앨범』으로 주목받은 벤야민 폰 슈투크라트바레, 열일곱 살에 첫 소설 『크레이지』(1999)를 출간해 화제가 된 벤야민 레버트, 『파저란트』(1999)의 크리스티안 크라흐트 등이 있다. 이 글에서는 '팝문학의 제왕'이라고 불리는 벤야민 폰 슈투크라트바레의 소설 『솔로 앨범』을 분석함으로써 1990년대 이후 등장한 새로운 팝문학 현상과 내용, 그리고 팝문학의 글쓰기 전략을 살펴볼 것이다. 아울러 이 작품을 포스트모더니즘 성장 소설이라는 측면에서도 고찰할 것이다.[1]

『솔로 앨범』은 이름 없는 스무 살 일인칭 화자의 집 문이 경찰관과 소방관 들에 의해서 강제로 열리는 장면으로 시작한다. 이 모든 일이 일어나게 된 것은 밖에서 문을 두드려도 화자가 반응을 하지 않았고 전화를 해도 받지 않았기 때문이다. "몇 주간 잔뜩 가라앉은 채 술독에 빠져 지낸 결과"[2] 그의 집은 아수라장이 되었고, 주인공은 애인 카타리나로부터 버림받은 이후로 정상적인 생활을 유지하는 데 어려움을 겪고 있다. 사 년간 지속된 카타리나와의 관계가 달랑 팩스 한 장으로, 그것도 "우리 그냥 친구처럼 지내자."[3]라는 단 한 문장으로 끝이 난 후 화자는 우울하고 감상적이며 염세적인 감정에 빠져든다. 그는 실패한 사랑에 대한 아픔에 빠져서 술에 취하고, 음악을 듣고,

집을 그야말로 엉망진창으로 만들고, 낮에는 침대에서 계속 뒹굴다가 밤이면 클럽이나 바 혹은 파티에 가고,《빌트》에서 여자 나체 사진을 오리는 등 무의미한 소일거리로 시간을 보낸다.

다른 한편으로 그는 계속해서 카타리나의 마음을 돌려 보기 위해 이런저런 시도를 한다. 그리고 친구들을 만나기도 하고 카타리나를 대신할 섹스 파트너를 찾아보기도 하지만 짧은 일회성 사건으로 그칠 뿐 성공하지는 못한다. 카타리나와의 일로 인한 좌절과 실망으로 주인공은 모든 것을 쓸데없고 멍청하다고 여긴다. 그가 좋아하는 밴드 '오아시스'를 제외하고는 모든 것이 마음에 들지 않는다. 카타리나와 헤어진 지 일 년 반 정도가 흐르고 그는 친구들과 오아시스 콘서트를 보러 베를린으로 간다. 여전히 사랑의 아픔과 그로 인한 삶의 혼란 속에서 허우적거리는 화자는 「분명 아마도(Definitely Maybe)」야말로 세계 최고 음반이라고 칭송하고, 작품은 끝난다.

『솔로 앨범』은 외적 구성에서부터 기존 소설들과는 다른 질적 변화를 보여 준다. 이 작품은 마치 음반처럼 A면과 B면으로 나뉘고, '솔로 앨범'이라는 제목에서 이미 책과 음반의 유사성이 나타난다. 작품의 각 장(章) 목록 역시 음반 형식이며, 쪽수 표시에는 '빠르게 감기(▶▶)'와 '빠르게 되감기(◀◀)' 표시가 붙어 있다. 14장에서 화자가 모든 것이 다시 잘되기를 바라며 헤어진 애인 카타리나에게 보내는 사랑의 시로 A면은 끝난다. 마치 음반처럼 책에서도 잠시 중간 휴지부가 지난 뒤 B면이 시작된다. 이어지는 B면의 14장에서는 그러나 모든 것이 주인공의 바람대로 잘되지 않으며 그는 이제 그녀로부터 벗어나려 한다. 스물여덟 개 장은 전부 오아시스의 곡명을 제목으로 하며, 곡명은 각 장 내용과도 관련된다. 가령 '세상의 반만큼 떨어져(Half the World Away)'라는 장은 카타리나가 파사우로 이사를 가서 이제 "독일의 다른 끝에"⁴ 살고 있다는 내용으로 시작한다. 폴커 바이더만은 각 장의 분위기가 제목으로 붙은 노래들의 분위기와 같다고 말한다. 이어서 그는 "크게 보면 이 작품은 상실한 것들에 대한 사람들의 슬픔을 멜랑콜리하면서 냉담한 사운드로 연주하는 영국 음악가들에게 바치는 경의의 표시다. (······) 바로 이러한 냉담한 사운드가 언어로, 그리고 이야기로 들어온 것"⁵이라고 언급한다. 한 음반을 문학적으로 시뮬레이션하는 형식은 작가가 매체 사회에 반응하는 방식으로 볼 수 있다. 이는 문학이 대중 매체에 대해서 문을 열어야 한다는 레슬리 피들러의 요구와 일치하는 것으로서, 요컨대 포스트모더니즘 문학의 전형적인 특징을 보여 준다.

미리암 슐테는 1990년대 독일 현대 소설에서 팝 문화의 경험을 문학으로 작업해 내는 경향이 활발해졌다는 점을 강조한다. 그리고 이러한 팝문학이 기성 문화에 저항하던 1960년대 팝문학과는 반대로 공적인 문학 시장을 장악하고 있다고 지적한다. 슐테는 그 이유가 1980년대 이후 팝 문화에 대한 변화된 인식과 사회적 관계에 있다고 본다. "흥미, 소비, 스타일, 구분, 자기실현이라고 하는 팝의 정수들이 오래전부터 더 이상 젊은이들만의 문화적 관심사가 아니라 전체 사회적인 것으로 보편화되었다."⁶라는 것이다.

슈투크라트바레는 『솔로 앨범』에서 팝 문화의 내용과 구조를 문학으로 옮겨 놓고자 시도한다. 소설의 시작 부분을 음반처럼 두 면으로 나눈다든가 각종 정보 매체 혹은 신문 문예란 등의 표현 형식인 랭킹이나 카탈로그를 참고해 목록을 만든다든가 하는 방식을 사용하기도 한다. 작가가 팝 문화를 문학 안으로 끌어들이는 또 다른 형식은 밴드, 가수, 노래 제목 그리고 음악 잡지사나 음반사의 내부 사정 등을 직접적으로 언급하는 것이다. 소설에서 직접 언급된 수없이 많은 노래 제목, 그룹사운드 이름, 가수 이름에서 팝 음악이 청년 문화의 구심점이며 화자 삶의 중심이라는 것이 여실히 나타난다. 그 목록은 '레스 댄 제로'의 엘비스 코스텔로에서부터 화자가 좋아하는 '스파이스 걸스'에까지 이르며, 그가 좋아하는 그룹이나 가수는 좀 더 많이 언급된다. 전체 소설에서 가장 많이 출몰하는 그룹은 당연히 오아시스며 작품 마지막 부분을 장식하는 것도 역시 오아시스 콘서트에 대한 묘사다. 이런 점에서 슐테는 "팝 문화가 현실 인식과 세계 해석의 중심적인 양식으로 올라섰다."라고 평하면서 『솔로 앨범』에서 팝이나 매체로부터 자유로운 공간은 하나도 없다."[7]라고 지적한다.

『솔로 앨범』의 주인공 화자에게 가장 중요한 주제는 음악이다. 팝 음악은 그에게 삶의 양식이며 진정으로 열광할 수 있는 대상이다. 『솔로 앨범』에 관해서 슐테는 다음과 같이 견해를 피력한다.

> 거기[솔로 앨범]에서 팝 음악은 단지 각 장 제목과 내용 사이 관계에 대한 지시나 암시의 형식으로 텍스트 가운데 가공된 것이 아니다. 그것은 젊은 이들의 일상적 삶에 매우 중요한 상징체계와 의미 체계를 문학적 표현의 중심으로 가공해 낸 것이다. 이와 더불어 팝 소설들은 다매체 시대 새로운 시청각 매체의 문화적 지배를 반영한다. 다매체 시대에는 일상적 현실에 대해 시대에 적절하게 문학적으로 반응하고자 할 때면 전통적인 소재나 형식 들이 문제가 된다.[8]

이런 이유로 "『솔로 앨범』은 결론적으로 사랑이라는 사건의 최종적인 결정을 향해 달려가는 것이 아니라, 오아시스의 콘서트를 목표로 하는 것"[9]이라는 바슬러의 견해는 설득력을 얻는다.

화자는 각 사건들의 시간적 배경 역시 팝 문화와 관련된 여러 가지 정보 혹은 간접적인 언급을 통해서 제공한다. 작품의 허구적 현실 가운데서 사건들이 일어난 시점을 알게 해 주는 유일한 실마리는 카타리나와 헤어진 때부터 시간이 흘러간다는 간접적인 언급이다. 즉 줄거리는 화자가 카타리나와 헤어지고 삼 주 이틀이 지난 시점부터 시작된다. 독자들은 오아시스의 싱글 「화내며 돌아보지 마(Don't Look Back in Anger)」가 독일에서 나왔을 때 카타리나와 화자의 관계가 끝났다는 것을 알 수 있다.(참고로 영국에서 이 싱글이 나온 때는 1996년 2월 19일이다.) 이처럼 『솔로 앨범』은 음반의 출시일 같은 팝 음악 내지는 팝 문화의 자료들을 간접적으로 제시해 주고, 팝에 대한 정보를 아는 독자들은 사건의 연대기를 짐작할 수 있다. 또 다른 언급은 이별의 시점, 즉 사건이 시작되는 시점이 1996년 2월이나 3월이라는 것을 확신할 수 있도록 해 준다. 왜냐하면 헤어진 지 세 달이 되는 시점에 카타리나가 아비투어를 끝내고 술에 잔뜩 취해서 주인공에게 전화를 걸어 오고, 그는 그녀와의 관계를 다시 시작할 수 있을지 모른다는 희망에 가득 차서 기차를 타고 그녀에게로 가기 때문이다. 독일의 고등학교 졸업 시험인 아비투어는 일반적으로 5월, 늦어도 6월에 치러진다. 그 밖의 시간적 배경은 음반의 발매 시점에 맞추어서 유추해 볼 수 있을 뿐이다. 화자는 오아시스의 새로운 싱글 「내 말 알겠니?(D'You Know What I Mean?)」의 발매 기념일(1997년 7월 7일)에 크리스티안과 영국에 가고, 더운 여름에 새로운 도시로 이사 가면서 「에버그린」을 새로운 '에코 앤드 더 버니맨' 판(1997년)으로 듣는다. 마지막 장에서도 화자는 친구들과 오아시스 콘서트를 보고 호텔방으로 돌아와 마이클 허친스가 죽었다는 소식(1997년 11월 22일)을 접한다. 이로써 독자는 작품의 시간적 테두리가 1996년 초부터 1997년 11월 22일까지 일 년 반 정도 기간이라는 것을 알 수 있다.

여기서 음반 출시나 그룹 활동 등 음악에 관한 다양한 정보나 매체에 대한 보고가 어떤 서사 기능을 하는가 질문이 제기된다. 그것은 무엇보다도 우리 삶에서 실제로 일어나고 있는 사건들을 보여 줌으로써 이 작품이 신뢰할 만한 일기 소설이라는 인상을 준다. 이로써 독자들은 자신을 현재의 사건이나 현상 들과 동일시할 수 있다. 또한 팝 문화와 관련된 여러 가지 언급들은 간접적인 방식으로 시간적 배경을 알려 주면서 독자들에게 흥미와 만족감을 더해 준다.

그리고 여기서는 오아시스의 열렬한 팬으로서 음악에 관한 전문지식을 갖춘 작가의 자기표현이나 자기 과시도 읽을 수 있다. 화자는 자신에게 "좋은 음악"[10]에 대한 확고한 안목이 있다고 생각한다. 그는 "사람들을 골려 주려고" 파티에서 '포티세드' 음반을 튼다. 그러고는 그 곡에 맞추어 춤추는 사람들을 관찰한다. 노래 박자를 맞추지 못하는 술 취한 젊은이들, 육감적으로 보이려고 집요하게 애쓰는 여자들을 보면서 고소해하느라 뒤로 넘어갈 지경이다. 화자가 적어도 음악적 취향에서는 작가의 분신처럼 보인다는 사실은 화자와 작가가 동일하다는 것을 분명히 보여 준다.

화자는 팝 문화의 시선으로 세상을 바라본다. 즉 그는 모든 것을 팝 문화의 미학적인 기준으로 판단한다. 팝 음악에 대한 작가의 비판은 개인적인 취향에 맞지 않는 곡이나 가수에 대한 비판이지 대중문화 전반에 대한 비판이나 탄식은 아니다. 오아시스나 펫 숍 보이스 혹은 블러를 듣는 사람은 멋지고, 페이스 노 모어 팬들의 미학적인 취향은 화자에게 의구심을 산다. "아직 블러 카세트테이프도 없는 여자들은 멋진 여자들은 아니다."[11]

이처럼 스스로 열광적인 팝 팬이며 음악 잡지사 일을 하고 팝 음악에 대한 넓은 지식을 갖췄다는 것도 포스트모던 팝문학 작가들의 특징적인 모습이다. 그리고 이런 팝 음악의 장면들은 언제나 특정한 코드, 의미, 삶의 양식, 모드, 매체, 이데올로기, 행동, 장소 등과 연결된다.『솔로 앨범』의 화자는, 그리고 무엇보다도 작가는 고유한 음악 양식에 내재된 코드를 잘 알며 오아시스의 팬으로서 특정한 삶의 양식이나 자신이 동일시할 수 있는 구조를 선택한다.[12] 빙켈스는 화자가 경외의 대상으로 오아시스를 선택한 것은 이 젊은이들의 오만하고 건방진 태도 그리고 천박하고 궁색하지만 세련된 이미지가 화자의 행동과 잘 어울리기 때문이라고 본다. 젊은이들은 아이돌 스타와 자신을 동일시하거나 그에게 종속되고자 하며, 이러한 환상 가운데서 자신이 느끼는 공허함을 보상받고 대체 만족을 찾는 것이다.[13]

2 언어와 매체 비판: 포스트모던의 미학적 입장에서

카타리나와의 이별이 낳은 화자의 냉소적이고 비판적인 태도는 종종 전체 주변 세계에 대한, 그리고 작가와 동일시되는 화자 자신에 대한 반감이나 혐오감으로 이어진다. 삶의 양식을 향한 이와 같은 비판은 무엇보다도 언어 비판으로 나타난다. 화자는 자신과 다른 사람들의 일상적인 담론들을 정확하게 관찰하고 다양한 상황 속 일상 언어들을 신랄하게 비판한다. 그는 "A-Saft(사과 주스)", "Amiland(미국)" 등의 단어를 쓰는 사람들이나, "그건 다만 시간문제일 거야."[14] "그거 괜찮아. 그거 뭔가 대단한 게 있는 거 같아!"[15]와 같이 세련되어 보이지만 진부하고 내용도 없는 미사여구를 쓰는 인간들을 경멸한다. 그의 형이 하는 말과 조언은 "마치《프랑크푸르터 룬트샤우》의 크리스마스 부록에 나오는 말처럼 들린다."**16**

　화자는 자신의 발언에 힘을 싣기 위해서 괄호 안 삽입구, 기존 언어를 메타 영역에서 해체하는 방식, 아이러니, 반복, 강조 내지는 과장 그리고 서로 다른 언어를 사용한 콜라주 형식을 통해 독자가 기존 언어의 틀에 박힌 형태나 미리 규정된 언어 표현 양식을 비판적으로 인식하도록 한다. 기존 언어에 대한 이와 같은 비판적 입장은 음악 잡지의 기계로 찍어 낸 듯한 표현을 겨냥하며, 화자는 그러한 표현을 다음과 같이 힐난한다.

　새로운 음반에 대해 다음과 같은 글을 쓰는 것은 불필요하다. 뿐만 아니라 그런 행위는 금지되었다. 즉 음반 제목은 수록곡 제목과 같고, 강한 비트와 시대에 맞는 클럽 사운드는 이것저것을 연상시키며, 달콤하고 열광적인 비틀스 멜로디는 매혹적이라든가, 가사들이 더 날카로워졌다든가, 순회공연을 기대해 볼 만하다든가.**17**

　화자는 매일《빌트》첫 면에 실린 여자 나체 사진을 오리고, 거기에 딸린 텍스트를 목록처럼 새롭게 구성하는 일로 시간을 보내기도 한다. 텍스트 속 인물들의 이름, 직업, 나이, 유치한 특징, 취미 등을 새로이 연결하는 것이다. 이러한 놀이는 기괴한 결과물들이나 돌연변이 문장들을 만들어 낸다. 이를 통해 화자는 신문 머리기사를 장난 삼아 일상의 헛소리로 보이게 하며 매체에서 쏟아 내는 틀에 박힌 듯한 언어나 양식을 비판한다.

　나는《빌트》에 실린 여자들의 나체 사진을 모은다. 거기에 달린 기괴한 문구들은 따로 목록에 적는다.《빌트》편집장으로서의 삶은 종속문이나 거창한 설명문과의 싸움이다. 왜냐하면 그것들을 실을 공간도 없고 시간도 없기 때문이다. 모든 것은 간단명료해야 한다. 모든 것은 거창하고 요란해야 한다. 그렇지 않으면 그림은 재미가 없다. (……) 달랑 벗은 모습만 보는 것은 너무 노골적이고 긴장감이 없다. 그래서는 안 되지. 그래서 편집자는 믿기 어려운 이야기를 꾸며 낸다. 그 여자에 대한 난해한 동화를. 이로써 모든 것에 질서가 잡히고, 벗은 몸은 이제 단순히 벗은 몸이 아니다. (……) 벗은 이유를 설명해 주는 독특한 이야기와 함께 그 여자들에게 어떤 이름과 직업을 갖다 붙여 주면 모든 것이 그럴싸해진다. 이쯤 되면 이건 거의 언론 수준이다.[18]

다른 한편으로 화자는 텔레비전 방송을 통해 잘 알려진 코드나 언어를 가지고 유희하며 팝문학적 재치를 보여 준다. 다농 요구르트 광고 문구 "언젠가 우리는 그것을 가질 거야."를 모방하여 "언젠가는 너를 가질 거야."[19]로 변형한다. 매체가 지배하는 세계에서 이미 사용된 문구나 텍스트의 모방으로부터 자유로운 독창적인 언어는 없다는 것을 화자 스스로도 의식하는 듯 보인다. 그가 카타리나에게 보내는 편지 역시 외르크 파우저가 쓴 사랑의 시다. 그리고 그가 열여덟 살 때 읽은 찰스 부코스키의 책들은 화자 자신을 표현하는 데 도움을 준다. 이처럼 화자가 정신없이 쏟아 내는 말들은 언어적 모방의 축적이나 다름없다.

수없이 많은 모방된 언어들과 화자의 언어 개조 혹은 언어 유희는 대비를 이룬다. 화자는 새로운 의미 맥락을 만들어 내기 위해서 철자나 단어를 뒤바꾸거나 새롭게 끼워 맞추어 콜라주 형식으로 사용한다. 신세대 팝문학 작가들에게 "언어, 무엇보다도 공적인 언어는 채석장의 재료나 마찬가지다. 그것은 발음, 어휘, 의미의 구성 요소들로 나뉘고 새로이 결합된다."[20] 문학과 연관하여 이들이 즐겨 사용하는 신조어 'sampeln'은 '새로운 의미 맥락을 만들어 내기 위해서 언어적 도구들을 서로 바꾸거나 새로 끼워 맞추면서 콜라주 형식으로 사용하는 것'을 의미한다.[21] 그 밖에 "greiseln(잔소리를 해 대다, 지루하게 하다)",[22] "knarzen(기계적으로 말하다)",[23] "jovialen(호탕하게 말하다)"[24] 등과 "Wasbishergeschahs(지금까지 일어난 일)",[25] "eine Wim Wenders- und Tom Waits-Gut-find-Diskussion(빔 벤더스와 톰 웨이츠 가운데 누가 좋은지에 대해 벌이는 토론)"[26] 등 창조적인 합성어들도 많이 눈에 띈다. 이를 통해 작가는 현상이나 인물 들을 정확하고 재치 있게 묘사할 수 있다. 솔직하고 꾸밈없으며 즉흥적인 개그 수준의 재치나 재담 등도 눈에 띈다. 이는 화자의 마음에 들지 않는 새로운 여자 친구 나드야(Nadja)의 예에서 볼 수 있다. "그녀의 이름 가운데에 있는 D를 빼면 그녀는 나야(Naja)가 된다."[27] 특히 흥미로운 것은 다른 의미 영역의 동사를 문장에서 동시에 사용하는 방식이다. 가령 이 작품에는 다음과 같은 문장들이 나온다. "그들은 상당한 허튼소리를 말하고 들이마신다.(sie reden und trinken ziemlichen Unsinn.)"[28] "그들은 정신없이 굼뜨게 말한다.(sie reden wirr und träge.)"[29] 이와 같은 은유적인 언어 사용으로 다양한 의미론적 해석의 영역이 열린다.[30]

틀에 박힌 매체 언어를 비판하는 화자는 신문이나 텔레비전 등 대중 매체에 대해서도 회의적이고 비판적인 태도를 보인다. 그는 "토요일 오후 거지 같은 미국 드라마가 나오는 RTL",[31] MTV의 견딜 수 없는 비올레크 요리 프로, 쓰레기 같은 연속극, 판매 부수를 올리기 위해서 "소프트 포르노" 수준의 여자 나체 사진을 1면에 실어 대는 《빌트》의 멍청한 테러를 비판하며, 단지 드물게만 방송 내용에 동조한다. 화자는 대중 매체의 중독자면서 대중 매체에 대해 비판자적 입장을 취하는 것이다. 나드야는 "항상 텔레비전만 들여다본다. 그것도 VIVA나 RTL2 또는 PRO7을 이리저리 돌리면서 제일 멍청한 프로들만 보고 또 본다."[32] 화자는 화젯거리만을 추구하는 언론의 뻔뻔스러움도 공격한다. "텔레비전 아침 방송 엑스플로지프에 다음과 같은 기사가 나온다. '내 아내가 나를 불태우려 했다.' (……) 언젠가 내가 바르바라 엘리히만을 죽일 것이다."[33] 영국 다이애나 왕세자비의 죽음이 요란한 다이애나 신드롬을 몰고 온 것은 "우리 모두의 잘못이고 바로 대중 매체의 잘못이다. 모든 다른 문제들, 사회주의 국가의 붕괴, (……) 축구 관련 법, 유료 텔레비전, 연금 관련 문제 등 모든 것은 뒤로 사라진다."[34] 그러나 화자가 대중 매체에 맞서 바람직한 대안을 제시하기 위해 노력을 기울이는 것은 아니다. 매체에 대한 비판이나 옹호는 단순히 화자 자신의 취향과 판단에 따른 것이다.

이처럼 화자는 세계를 마음대로 조립하고 만들어 보는 자유를 얻는다. 개인적인 취향을 하나의 판단 기준으로, 오아시스의 특정한 음악적 양식과 방향을 척도로 제시하는 것이다. 그 밖에 작가는 복장이나 예술 또는 삶에 대한 자기 나름의 의식을 지닌 채 자신의 입장을 고수하며, 미학적인 것에 별로 신경 쓰지 않는 사람들이 멍청하고, 생활 태도나 처신에 아무런 기준도 원칙도 없이 구역질 날 정도로 유연하며, 판단을 내릴 때도 흐리멍덩하다고 본다. 주인공 화자의 태도는 분명히 자기중심적이며, 그의 관심은 항상 자신에게만 있다. 이러한 극단적 개인주의는 마찬가지로 결핍된 모습을 보여 주는 그의 친구들에게도 분명하게 나타난다. 그의 친구들은 "쉬지 않고 제 얘기만 하고 맴도는 잔소리나 해 대는" 놈들이고, "필요치 않으면 관심을 꺼 버리는 (……) 최악의 놈들"이며, "술집과 극장을 가득 메운 채 제 놈들의 우직한 삶의 쾌락으로 분위기를 오염하는"[35] 놈들인 것이다. 이러한 태도는 종종 오늘날 젊은 세대의 문화를 진단할 때 근거로 인용되는 것이다. 즉 사람들은 청년 문화의 소아적 미성숙함이나 유치함을 지적하며 우려 섞인 진단을 내놓는다.

그러나 여기서 우리는 "새로운 경험들과 새로운 언어들을 추구하는 미학적 노력"을 핵심으로 하는 "개인적인 자기 양식화 작업 혹은 자기 창작의 가능성"[36]에 기반한다는 포스트모던의 미학적 입장을 떠올리게 된다. 결국 삶을 통한 실험 내지는 실험적 삶보다는, 도덕적인 성찰이나 언어 형식 등에 대한 새롭고 주관적인 경험의 목록이 중요하다는 것이다. 아울러 이 경험의 목록은 개개인의 미학적 입장과 판단에 따른다. 이러한 도덕, 미학, 언어의 개인화 내지는 사유화가 포스트모던 입장에서 바라보는 올바르고 공정한 사회의 목표다. 이때 공정한 사회란 "시민들이 원하는 대로 그와 같은 것들을 사유화할 수 있도록, 비이성적이고 유미주의적일 수 있도록 허락하는 것이다. 그들이 주어진 시간 가운데 할 수 있는 한, 그들이 그로 인해 다른 사람에게 해를 입히지 않는 한(……)."[37]

젊은 팝문학 작가들이 마음대로 조립하고 만들어 보는 세계, 이것 저것 가져다 만드는 생애사는 마치 주사위를 던져 나오는 결과에 따르는 것이라는 인상을 준다. 이러한 태도를 단순히 비도덕적이며 제멋대로라고 비판하거나 몰락의 현상이라는 표현으로 간단히 이야기할 수는 없을 것이다. 왜냐하면 비록 정치적인 입장 표명이 피상적일지라도, 인간관계가 표면적이고 짧게 지속될지라도, 사회적 삶의 모든 영역이 스치듯 나타날지라도, 개인적인 입장이나 뉘앙스는 오히려 파악할 수 없을 정도의 다양성을 획득하기 때문이다.

3 정서적 코드와 글쓰기 전략으로서의 Cool & Dry

당시 문단과 문화계를 지배하던 모더니즘적 경향과 고급문화에 반발하던 젊은 세대들의 저항적 정체성이 담긴 1960년대 팝문학과 달리, 1990년대 이후 독일에서 유행하고 있는 팝문학에서는 소비 사회에 대한 비판이나 '반문화'로서의 저항적 성격은 찾아보기 어렵다. 이른바 '89세대'라고 불리는 독일 신세대 작가들은 자본주의 사회의 흘러넘치는 상품과 현란한 이미지 사이를 산책하며, 젊은 세대 특유의 실험적이고 도발적인 삶의 양식과 문체를 보여 준다.

'쿨(Cool)'은 시대와 문화에 따라 서로 다른 양상들을 보여 주면서도 청년 문화의 역사를 가로지르는 공통적인 기질이나 취향을 드러내는 양식으로서 나르시시즘, 역설적 초연함 그리고 쾌락주의가 그 특징이다. 나르시시즘은 "외양을 과장되게 드러내는 행위를 통해 느끼는 도취감"이며, 역설적 초연함은 "감정을 숨기기 위해 의도적으로 반대되는 행동을 취하는 것"으로, 이를테면 "위기 상황에서 권태로움을, 모욕적인 상황에서 즐거움을 표현하는 태도"를 말한다. 또한 쾌락주의는 "개인의 육체적 자율성을 극대화하려는 성향"[38]을 일컫는다. 『솔로 앨범』을 포함한 독일 신세대 작가들의 팝문학 도처에서 나르시시즘, 권태로움, 쾌락주의라는 쿨의 핵심적인 요소를 볼 수 있다.

역설적 초연함을 보여 주는 화자의 태도는 카타리나를 회상하는 부분에서 자주 나타난다. "하지만 나중에 자칫 그녀를 회상하게 된다면 모든 게 너무 고통스러울 텐데. 그러면 그냥 엄청 지루한 척 행동하거나 물벼락 맞은 푸들처럼 어찌할 바 몰라 하면 된다."[39] 여자 친구에게 버림받은 아픔과 혼자라는 사실에 화자는 주변 세계로부터 거리를 두며, 꼼꼼하고 가차 없이 주변 세계를 관찰한다. 이때 자기 자신도 예외는 아니다. 화자는 언제나 동일한 방식으로 거리를 두고 냉소적이고 비판적인 태도로 자기 자신과 주변 세계를 묘사한다. 그럼에도 그는 일종의 자기도취적인 나르시시즘을 드러낸다. "어제 사진을 한 장 선물로 받았다. 빛이 아주 잘 드는 곳에서 찍은 사진이거나 뭐 그런 것 같다. 잘은 모르겠지만 어쨌든 나는 실제보다도 멋있게 나왔다. 나는 사진을 계속해서 들여다본다. 심지어 사진을 보면서 자위를 할 정도다."[40]

젊은 팝문학 작가들은 이처럼 쿨한 태도로 팝 음악, 파티, 사이버, 유비쿼터스, 유시시(UCC)뿐만 아니라 마약, 섹스, 엽기, 변태, 환각에 이르기까지 현대 대중문화의 코드들을 거리낌 없이 받아들인다. 대중문화에 대한 이들의 개방적인 태도에서 신세대 특유의 문화적 감수성과 가치관을 읽어 낼 수 있다. 『솔로 앨범』에서는 팝 음악을 비롯한 팝 문화, 섹스, 매체 세계, 마약 등이 중심적인 역할을 하며 학교, 종교, 가족의 문제와 갈등은 등장하지 않는다. 화자가 왜 동성애자 카페에 가는지에 대한 설명은 화자의 행동 방식을 이해하는 데 도움을 줄 것이다. "나는 동성애자들이나 그들의 카페를 좋아한다. 그들은 (……) 섹스, 사랑, 옷, 미용 그리고 체중 등 실질적으로 중요한 모든 것들에 대해서 이야기한다."[41] 아름다움이나 건강, 헬스 등과 같은 외형적이고 주관적인 삶의 양식에 관한 문제들이 그들의 주요 관심사인 것이다.

이른바 'X 세대', '베를린 세대', '골프 세대'라고 불리는 이들은 정치에 무관심한 가운데 부모 세대의 저항 문화를 비롯하여 정치적인 대안 세력들의 낡아 빠진 은어나 낡은 히피 냄새를 풍기는 것들을 거부한다. 플로리안 일리스는 『골프 세대』에서 팝문학이 이전 문학과 구분되는 점을 다음과 같이 강조한다. "결국 이렇게 말할 수 있을 것이다. 초록색과 푸른색 바버 재킷 가운데서 선택하는 것이 기민당과 사민당 사이에서 선택하는 것보다 더 어렵다고 생각하는 사람은 비단 나뿐만이 아니라고. 언제나 어리석다고 느껴 왔던 68세대의 말과 가치의 모든 재고품을 마침내 공개적으로 어리석다고 말할 수 있었을 때 사람들은 해방감을 느꼈다."[42] 물론 골프 세대가 모든 젊은 세대를 대변할 수는 없다는 것은 분명히 하고 넘어가야 한다.

『솔로 앨범』의 화자는 완전히 비정치적이지도 않고 세상 물정에 대해서 무관심하지도 않으나, 이데올로기나 사회적, 정치적인 문제에 적극적으로 참여하는 일에는 냉소적인 입장을 취한다. 그는 적극적으로 정치 사회 활동에 참여한 68세대를 도덕 선생이라고 조소하며, 올바른 정치적 입장을 견지하려는 그들의 태도를 기만적 행동이라고 폭로한다. 감정과 욕망을 절제하면서 이성적인 판단에 따라 합리적으로 행동하는 게 아니라, 자기감정에 충실하고 일상과 쾌락에 관심을 가지며 자기 판단에 따라 행동하는 새로운 젊은 세대가 출현한 것이다.

1960년대 팝문학 작가들이 대중적 소비문화에 빠진 부모 세대를 비판하며 자신들을 부모 세대와 구별한 데 반해서, 신세대 팝문학 작가들은 소비문화를 자연스러운 일상으로 받아들인다. 자신들을 둘러싼 매체와 소비 세계에서 강한 영향을 받은 작가들이 이러한 현실을 주제로 삼아 그 세계 가운데서 자신을 연출하는 법을 알고 이를 표현하는 문학이 팝문학인 것이다.

아마도 이전의 의미에서 문학과 삶을 일치시키려는 것이 아니라, 문학과 삶의 양식을 일치시키려는 이들 젊은이들은 (……) 비록 귀족적이지는 않으나, 어쨌든 고상하게 차려입고, 긴장이 풀린 채 자포자기하며, 예의 바르고, 시대정신의 모범생이며, 체인점 점장의 옷을 입은 소시민의 소름끼치는 모습이고, 엘리트적이고, 지적이고, 유연하며 그렇기 때문에 그 반대기도 하다. 이들은 팝모던 댄디들이며 아마도 새로운 시대의 사신일 것이다.[43]

『솔로 앨범』의 화자 역시 향락주의적인 태도로 유행을 추구하고 외모에 민감한 댄디로 살아간다. 멋진 옷들은 그에게 자신감을 준다. "정장을 입으면 언제나 기분이 좋다. 정장은 사람을 보호해 주기도 한다. 왜냐하면 그것을 입으면 사람들은 편안하고 안전하다고 느끼기 때문이다."[44] 그는 아무 생각 없이 좋은 옷이나 좋아하는 음반을 사는 데 돈을 아끼지 않는다. "몇 가지 멋진 옷들",[45] 그리고 음반이나 책은 그에게 유일하게 가치 있는 것들이다. 그리고 이 때문에 그의 은행 잔고는 언제나 바닥난다. "잔고 명세서를 나는 결코 확인하지 않는다. (……) 그것을 보려면 용기가 필요하다."[46]

그렇다고 화자가 결코 용기 있는 낙관주의자는 아니다. 그는 오히려 연약하고 혼란스러워하는 모습을 보이며, 운전 면허증도 없고, 칠도 제대로 할 줄 모르고, 자기 자신에 대해 회의하며 조소하는 인간이다. 낙담, 의기소침, 멜랑콜리, 의미 상실의 바닥과 냉소적 우월감 사이를 오르내리는 자기중심적인 젊은 세대의 자화상인 것이다.

음악이나 파티와 관련해 마약은 화자를 비롯한 이들 젊은 세대의 삶에서 자연스러운 한 부분으로 나타난다. 주인공 화자가 여자 친구를 잃고 기분을 전환하기 위해 혹은 일상의 지루함으로부터 벗어나기 위해 참석하는 파티에서 마약은 없어서는 안 되는 것이다. 섹스 역시 이들 젊은 세대 삶의 전형적인 구성 요소다. 자위행위 역시 아주 공개적으로 언급된다. 심지어 화자는 이를 익살스럽게 분석하기도 한다.

나는 자위를 한다. 그러면 언제나 잠시 동안 명료하게 생각할 수 있다. 열이 나면 더 잘된다. (……) 끝났다. 이 자기 혐오의 순간이 중요하다. 오케이하고 사람들은 말한다. 자, 이제 좋아, 진지해져 보자. 그것은 가장 진지한 순간이다.
혼자서 오르가슴에 오르기: 보다 높은 인식의 수준, 다시 땅으로 떨어진다. 현실이 빼기고 있다.[47]

청소년 성장 소설에서 단골처럼 등장하는 사창가 방문 장면도 묘사된다. 그러나 성년식을 치른다는 의미라기보다는 코카인에 흥분된 상태에서 아무 생각 없이 여기저기 쏘다니며 치르는 일로 표현된다. 성행위 역시 아주 건조하게 묘사된다.

"좋아 내가 입으로 해 줄게. 우선 조금만. 그러고 나서 섹스를 하자. 네가 원하는 대로." 그건 아주 별로다. 그렇지만 60마르크밖에 안 되니까. 나는 그녀를 쳐다보았다. 그녀는 눈을 감았다가 나중에는 지루해져서 방안을 둘러보았다. 어찌어찌 난 다행히 사정을 했다.[48]

팝 음악에서 사랑의 실패에 대한 위안을 찾는 여정을 속도감 있게 묘사한 이 작품은 개인의 좌절이나 절망을 진지하게 다루기보다는 쿨하고 건조한 서술 방식으로 세련되게 형상화한다는 인상을 준다. 사랑의 실패부터 삶의 황폐화까지를 세련되게 다듬는 것이 일상 스타일의 모습이다. 즉 화자가 작품에서 그리는 일상 스타일은 배달 피자와 알코올과 마약 가운데 있는 '실제' 삶을 지나치게 꾸미는 것이다. 다른 면들은, 예를 들어 일찍 일어나고, 깨끗이 씻고, 요리하고, 청소하고, 웃는 것은 요구되지 않는다. 접시들은 탑처럼 쌓이고, 옷은 여기저기 뒹군다. 그러나 이 모든 것이 화자에게는 미학적 성찰을 위한 계기가 된다. "언제나 나는 이 모든 태만함의 목록을 만든다. 모든 것을 설명해 보기 위해서. 그건 아마도 초라하게 너덜너덜해진 삶에 구조물을 덮어씌우려는 귀여운 시도일 것이다. 그것은 내가 정말 좋아하는 속임수다."[49] 이것은 삶의 카오스를 어떻게 표현하는가를 보여 주는 많은 예들 가운데 하나일 것이다.

이를 통해 이야기를 쓰게 된 표면상의 동기며 이야기의 대상이었던 여자 친구와의 이별은 단지 부차적인 의미만을 지니게 된다. 이별은 그저 화자에게 세상으로부터 벗어나기 위한, 그리하여 냉소적인 시선으로 세상을 보기 위한 토대를 제공하는 것으로 보인다. 이처럼 거리를 두는 태도에 대해서 빙켈스는 착상은 부족하지만 구체적인 개개 장면은 기발하고 재기가 넘친다고 평가한다.[50] 이렇듯 신세대 팝문학 작가들은 현실 속에서 허우적대는 자신을 또 다른 자신의 눈으로 쿨하고 건조하게 바라보거나, 또는 그 시각을 다중화해 나가기도 하며, 자신이 한 모든 이야기를 마지막 순간에 자신을 향한 반어로 전복하기도 한다.

4 전통과 포스트모더니즘 사이의 성장 소설

20세기 후반 독일 팝문학의 대표적인 작품으로 손꼽히는『솔로 앨범』과『크레이지』는 성장 소설이라는 관점에서도 연구된다. 특히 이 두 작품은 청소년 문학과 성인 문학의 고정된 경계를 단호하게 무시하는 소위 '청소년성인 소설(young adult fiction)'로 주목받는다. 1990년대에 등장한 이러한 새로운 성장 소설은 독일 문학 시장에서 놀라울 만큼 빠르게 확고한 위치를 점했다.

성애나 사랑이라는 주제를 다루는 이들의 작품은 젊은 세대의 성장 과정을 그려 낸다는 점에서 성장 소설로 분류된다. 그러나 이들의 성장 소설은 전통적인 성장 소설과 달리 주인공이 정체성을 형성하는 과정이나 갈등 극복 후 성숙한 시민으로 사회화되는 과정을 묘사하지는 않는다. 주인공은 어떤 지향점도 없이 나르시시즘에 젖은 모습으로, 혹은 자본주의 소비 사회의 쾌락주의 속으로 도피하는 모습으로, 또는 주변 세계에 대한 냉소적 우월감에 빠진 모습으로 그려진다. 『아메리칸 사이코』의 엘리스에게 파티와 환각으로의 도피가 있다면, 『솔로 앨범』의 화자에게는 자신의 집 안에 틀어박히거나 자기 자신 속으로 기어들어가는 형태의 도피가 있을 뿐이다. 그는 삶의 의미에 대한 질문으로부터 도망치지는 않는다. 하지만 줄거리나 주인공은 아무런 발전이 없는 상태로 머무른다.

화자는 팝 음악, 무엇보다도 영국 밴드 오아시스로 온통 삶을 도배하고, 팝송 제목을 자신의 상황을 표현하기 위한 재료로 사용한다. 팝송은 문학적 상호텍스트성 가운데서 능숙하게 다루어진다. 작품 맨 앞 장의 모토는 외르크 파우저의 1970년대 작품 「솔로 포엠」에서 인용한 것이다. "그리고 너는 여기 없어/ 만일 네가 여기 있다면/ 난 이것을 쓰지 않겠지."[51] 사랑의 실패로 인한 좌절이 작품을 쓰게 된 동기며, 항상 글을 쓰는 조건이 되기도 한다. 경험의 압박이 작품을 창작하게 만든다는 오래된 주제가 전개된다. 그러나 중요한 것은 그 반대 결론이다. 즉 작가는 작품을 창작하기 위해서 절망을 만들어 내고 그것을 세련되게 다듬는 것이다.

전통적인 성장 소설과 마찬가지로 이 작품 역시 외적인 사건 진행에 중점을 두지는 않는다. 그러나 서사 기능에서는 명백한 차이를 보인다. 전통적인 성장 소설은 주인공의 내면에서 진행되는 의식 과정에 주안점을 두기 때문에 줄거리가 복잡하다거나 사건이 많지 않다. 작품의 마지막 부분은 주인공의 사회화 과정이 성공적으로 이루어지는지 혹은 좌절되는지를 보여 준다. 『솔로 앨범』은 카타리나와의 이별이라는 허구적인 기본 골격을 제외하고는 일상을 관찰하고 면밀히 살펴보는 일에 주안점을 둔다. 이러한 묘사와 관찰은 전형적인 성장 소설에서처럼 주인공 내면의 영적 삶이나 인식의 과정으로 향하는 것이 아니라, 오히려 외적이고 피상적인 면으로 향한다. 그 이면에서 포스트모더니즘의 현실을, 작가들의 변화된 태도와 위상을 읽어 낼 수 있다. 작가들은 정체성 추구 과정이나 사회화 과정에서 나타나는 개인과 사회에 대한 인식을 통해 저항이나 의미를 제공하던 문학의 문화적 기능으로부터 벗어나서 일상과 현실의 묘사라는 새로운 '겸손함'에 갇히는 것이다. 시대적인 관심사나 대중 매체에 대한 풍자나 비판에서도 포스트모더니즘적인 패러디, 즉 풍자적이고 익살맞으며, 논쟁적인 색깔이 빠진 패러디가 생겨난다.

　『솔로 앨범』은 무엇보다도 표현 양식에서 전통적인 성장 소설과 가장 명확한 차이를 보인다. 슈투크라트바레는 일상어나 속어 등 구어체 표현을 사용하며 주변 인물이나 사건 들에 대해 직접적으로 묘사하고 개인적인 평가를 내림으로써 화자와 독자 사이 소통을 강화한다. 다양한 현장에서 나타나는 일상적인 언어를 정확히 포착하여, 이러한 일상과 언어 들을 사정없이 비판적이고 냉소적으로 묘사하는 것은 이 소설의 큰 강점이라고 할 수 있다. 또한 작가는 이 작품을 모두 현재형으로 서술함으로써 독자들에게 회화적인 상상력과 생동감을 불러일으킨다. 구어체나 일상어, 속어를 그대로 사용하는 다양한 언어 표현 방식과 작품 가운데서 자주 언급되는 광고, 시사적 사건, 음악 등을 통해서도 현재성이나 생동감이 강화된다.

팝문학이 대중들의 일상과 음악, 텔레비전 광고, 더 나아가 일상어까지 다양한 문화들을 저장하는 것에 주목하면서, 바슬러는 팝문학이 시대의 문화적 내용을 충실히 기록하여 저장하는 기록 보관소 기능을 한다고 주장한다.[52] 현대 문화의 전 영역에서 등장하는 자료들을 백과사전처럼 모아서 마치 상품 목록처럼 나열하는 카탈로그식 글쓰기를 통해 현대의 광고, 선전, 상품 목록 들이 충실하게 저장되는 것이다. 팝문학이 표면적이고 깊이가 없다, 즉 '피상적'이라는 비판과 우려는 이처럼 팝문학이 일상의 대화나 대중문화의 여러 요소들을 인용하고 샘플링하는 데에도 원인이 있어 보인다.

전통적인 성장 소설에서와 달리 이 작품에서 인물 묘사는 거의 피상적이고, 뚜렷한 윤곽을 보여 주지 않는다. 독자는 주인공의 부모나 어린 시절에 대해서 아무것도 알 수 없고, 작품을 쓰는 데 외적인 동기를 부여한 카타리나의 성격도 역시 불분명하게 그려진다. 그러나 분명한 것은 이 작품에서 우리가 "모범이 될 만한 성격을 지닌 영웅적 주인공이 아니라, 의미 없는 자신의 현실에 반어와 언어유희 그리고 냉소주의로 반응하는, 그리 호감이 가지 않는 포스트모던 반영웅을"[53] 만난다는 점이다. 주인공은 이별의 아픔을 극복하기 위해 카타리나와의 관계를 다시 한 번 성찰해 보는 식으로 노력하지 않는다. 그는 카타리나의 가족이나 주변 사람들에 대한 욕설을 통해 자신의 고통을 해소한다. 그는 카타리나의 아버지를 "멍청하고 토요일이면 언제나 술에 취해 텔레비전 앞에서 입을 벌린 채 코를 골며 누워 있고 (……) 자기 딸이나, 자신의 배나, 나의 미움에 대해서는 어찌해 보려는 기색도 없다."[54]라고 평가한다.

화자는 카타리나와 헤어진 후 지속적으로 그녀를 되찾으려 하기도 하고 우울에 빠지거나 의기소침해져서 스스로를 질책하거나 혐오하기도 하고 새로운 상대를 찾기도 하는 등 나약하고 망가진 모습을 보인다. 그 밖에 거식증이나 우울증, 약물 복용, 퇴행적인 행동 등 자학적인 행태도 나타난다. 그는 외모 지향적인 시각에 따라 외모 때문에 그녀와 헤어졌다고 생각하고, 다이어트를 통해 멋진 몸매를 만들고 좋은 옷을 사서 변화된 외모를 보이면 카타리나를 다시 찾을 수 있으리라고 믿는다. 또는 눈물을 동원해서 그녀를 되찾고자 시도한다.

일인칭 화자가 자신의 경험을 서술하는 형식을 취한다는 점에서 이 작품은 전통적인 성장 소설과 비슷해 보인다. 외적인 사건 진행이나 줄거리가 빈약한 것 역시 전형적인 성장 소설의 모습이다. 그러나 주인공이 발전하거나 인식에 도달하는 과정이 결여되어 있고, 성공적인 사회화 과정이나 좌절이 나타나지 않는다는 점, 반어와 냉소로 반응하는, 나약하고 이기적인 반영웅적 인물이 등장하며, 구어체나 일상어와 속어를 그대로 사용하는 다양한 언어 표현 방식이 드러난다는 점 등은 포스트모더니즘 성장 소설의 경향이라고 평가할 수 있다.

5 도전인가, 유희인가?

『솔로 앨범』에 대한 평가와 반응은 우리가 예상할 수 있는 것처럼 다양하다. 신문 문예란의 평가는 대체로 부정적이다. 자신의 삶에 대해 거리를 두지 못하는 것, 현실에 대해 전반적으로 긍정적인 태도를 취하는 것, 오만하고 불손한 태도로 남을 판단하고 남과 자신을 구분하는 것 등이 주로 비판의 대상이 된다. 이 작품에 대한 격렬한 거부의 또 다른 이유는 젊은 작가가 매체에 자신을 강하게 드러내며 끊임없이 자신을 상품화한다는 점이다. 매체를 통한 끊임없는 자기 상품화에 대해서는 그를 팝 스타로 소개하는 언론에도 부분적으로 책임이 있다. 다른 한편으로 작가 자신도 매체의 대중성을 탐욕스럽게 이용하고 셀 수 없을 정도로 많이 텔레비전에 출연하며 대중적 신문들과 같이 일한다. 크리스티안 크라흐트, 벤야민 레버트, 알렉사 헤니히 폰 랑게와 마찬가지로 그 역시 소설을 팔기 위해서 자신의 경험과 매체를 최대한 이용하는 것이다. 게오르크 디츠는《프랑크푸르터 알게마이네 차이퉁》에 엘리스의 팝문학 작품『아메리칸 사이코』를 분명하게 암시하는「저먼 사이코」라는 글을 기고했는데, 여기서 초기 슈투크라트바레를 "펄럭이며 타오르는 지성을 지닌 위대한 유머 작가"라고 상찬한다. 그러나 그는 이후 작가가 점차 자기 관찰로부터 벗어나 피상적인 것에 머무르고, 일반 대중을 의식하여 작품의 성공이나 판매 부수가 보증된 길을 가고 있다고 혹평한다.[55]

슈투크라트바레는 1990년 이후 문학이라는 것은 그 시대의 이벤트 문화나 오락 문화에 접근해 갈 때 기능을 발휘한다는 입장을 보여준다. 그는 자신을 "오락 산업의 동업자"로 이해한다. 슈투크라트바레는 상아탑 안에 갇힌 작가가 아니며 혁명가도 아니다. 그는 그야말로 멀티플레이어 작가로 잡지사나 언론사뿐만 아니라 오락 문학을 위해 활동하고, 매체를 통해 자신을 상품화해 가며 자신의 책들로 보다 많은 돈을 벌려는 의도를 숨기지 않는다. 그의 낭독회는 종종 퍼포먼스 이상의 효과를 연출한다. 그는 코미디의 내용이나 형식을 가미하기도 하고, 같은 팝문학 작가 크리스티안 크라흐트 등 저명인사들을 손님으로 초대하기도 하며, 스스로 음반을 틀고 사진이나 그림을 첨가하기도 한다. 그는 연예인으로 활동하며 자신이 출연했던 부분들을 모아서 '슈투크라트바레' 시디 상품으로 만들어 판매한다.[56] 그가 대중문화의 대표적 작가라는 꼬리표를 얻게 된 것도 결코 놀라운 일은 아니다. 그는 자신의 불행이나 비참함마저도 대중 매체를 통해 상품화할 줄 안다. 『리믹스 2』가 발표되는 것과 때를 같이해서 작가는 언론에 나와 자신이 겪었던 우울증, 코카인 중독 그리고 거식증에 대해서 이야기했다.[57]

슈투크라트바레를 비롯한 젊은 작가들 대부분에게는 독일 문학의 전통을 추종할 생각이 전혀 없다. 아울러 이들은 독일 문학을 반세기 동안 따라다닌 양심의 가책에 대해서도 전적으로 무관심한 것처럼 보인다. 새로운 작가 세대에게는 사회의 양심으로 나서거나 정치적 투쟁의 장에 뛰어들려는 야심이 없다. 보토 슈트라우스나 파트리크 쥐스킨트, 베른하르트 슐링크와 달리 대중 앞에 나타나는 것을 꺼리지도 않는다. 팝문학 작가들에게 문학은 오늘날 일종의 사업이다. 젊은 작가들은 시장을 겨냥하고 의식하는 글쓰기를 아무런 거리낌 없이 하고 있다.

팝문학 작가와 텍스트에 대한 커다란 관심을 어떻게 설명할 수 있는가? 과연 주체의 어떠한 욕망이 텍스트의 바탕에 깔려 있으며, 텍스트는 어떠한 질문에 답을 주는가? 문학 영역에서는 팝문학 작가들의 연출이 어느 정도 역할을 하는가? 이런 질문은 팝문학 연구자들이 공통적으로 고민하는 내용일 것이다. 전통적인 문학 평가 기준이나 척도를 지닌 사람들 가운데서는 팝문학 현상을 어느 정도까지 쫓아가야 하는지, 아니면 거절해야 하는지에 대한 논쟁이 뜨겁다. 평가는 열광에서부터 회의 혹은 거부에 이르기까지 다양한 스펙트럼을 형성한다. 연구자들은 팝문학 현상의 중요성이나 대표적인 기능에 대해서는 아직 의견 일치를 보지 못했다. 다만 문학이 끊임없이 소통을 위해 노력할 때, 문학이 의미의 잠재력을 발휘하고 독자 그룹을 다루는 법을 이해할 때만이 문학은 대중에게 통할 수 있을 것이다.

현재 문단에서는 예술적 경향이나 글쓰기 양식, 세대 등이 끊임없이 해체되고 있다. 이와 같은 현상은 팝문학이나 팝문학 작가들의 연출 방식과 기능에도 해당된다. 팝문학은 비교적 최근의 현상이지만 이 역시 이미 위기 상황에 빠져 새로운 흐름 속에서 해체되고 있다고 보는 견해도 만만치 않다. 최근 독일 문학 독자들은 다양한 계층으로 구성되며 문학은 이들에게 접근하기 위해 새롭고 다양한 형식과 표현 가능성을 찾는다. 최근 독일 문학의 변화를 관찰해 보면 인터넷 문학, 이주민 문학, 안티팝문학, 슬램 포이트리(Slam Poetry) 등 새로운 연구 영역이 많이 열려 있음을 알게 된다. 팝문학의 뒤를 잇는 문학으로는 '훼손된 삶을 직접 보고하는' 사회 비트 문학(Social-Beat-Literatur)이나 카나크 슈프라크 문학(Kanak-Sprak-Literatur)이 있다. 아울러 문학과 매체의 관계, 문학과 일상의 관계는 점점 커지는 텔레비전과 인터넷의 영향과 더불어 중요한 연구 주제로 남아 있다. 이런 작업들을 통해 결국 우리는 현대 다매체 사회에서 문학이나 예술의 존재와 기능이라는 가장 근본적인 질문들에 다다르게 된다.

마르셀 바이어 Marcel Beyer, 1965~

1965년 독일 남서부 소도시 타일핑겐에서 태어났다. 지겐 대학교에서 독문학, 영문학, 문예학을 공부했다. 소설가뿐만 아니라 시인, 문학 평론가, 음악 평론가, 편집인, 번역가, 수필가로도 활동하는 다재다능한 작가다. 1989년부터 《프랑크푸르터 알게마이네 차이퉁》에 문학 평론을 기고하고 있으며, 1990년부터는 문학 잡지 《콘셉트》의 편집인으로 일하고 있다. 1991년부터는 《스펙스》에서 음악 평론을 쓰고 있다.

시집 『워크맨 여인』(1990), 『브라우볼케』(1994), 『지리학』(2002) 등을 출간했고, 탁월한 대작으로 평가받은 첫 소설 『인육』(1991)을 비롯해 『박쥐』(1995), 『스파이』(2000), 『칼텐부르크』(2008), 최근작 『푸틴의 우편함』(2012) 등 여러 소설을 발표했다. 롤프 디터 브링크만 창작 지원금(1991), 에른스트 빌너 상(1992), 베를린 문학상(1996), 요하네스 보브로프스키 메달(1996), 우베 욘존 상(1997), 레싱 문학상(1999), 하인리히 뵐 문학상(2001), 프리드리히 횔덜린 상(2003), 에리히 프리트 상(2006) 등 저명한 문학상을 휩쓸며 독일 문학계의 중간 세대를 대표하는 작가로서 확고한 위상을 확보했다.

소리의 제국

마르셀 바이어, 『박쥐』

류신

1 특성 없는 남자

독일의 전후 문학은 동서독 공히 '한 세대의 문학', 그러니까 나치 과거와 홀로코스트의 트라우마가 각인된 의식을 지닌 세대가 주도했던 문학이다. 동독 문학을 대표하는 크리스타 볼프, 하이너 뮐러, 귄터 드 브로인, 폴커 브라운, 볼프 비어만 등은 모두 1920~1930년대를 전후해 태어나 나치 시대에 유년기 혹은 청년기를 보냈으며, 종전 후에야 나치즘이 저지른 엄청난 죄악을 깨닫고 부끄러운 과거에 대한 속죄의 대가로서 사회주의를 선택한 작가들이다. 1920~1930년대에 출생해 47그룹을 중심으로 성장한 하인리히 뵐, 페터 바이스, 귄터 그라스, 마르틴 발저, 한스 마그누스 엔첸스베르거 등과 같은 서독 문인들도 파시즘 과거를 철저히 청산함으로써 민주적인 사회를 실현하고자 분투했다. 이렇게 보면 전후 독일 문학을 이끌어 온 최고 작가들에게 글쓰기란 역사적 "속죄 의식(儀式)"[1]과 다름없었다. 이들은 과거의 잘 못을 통렬히 반성하며 그 죄업을 기꺼이 자신의 문학적 정체성으로 삼고자 했던 것이다. 어두운 과거의 기억과 치유에 몰두한 전후 독일 문학의 기본 정서가 근엄하고 진중하며 무거웠던 까닭은 바로 여기 에 있다.

하지만 나치 정권이 몰락한 지 반세기가 훌쩍 지난 오늘날, 히틀 러와 유대인 대량 학살에 대한 원죄 의식 때문에 '문학적 재미'에 대 한 금욕주의를 지나칠 정도로 견지해 오던 독일 문학이 변하고 있다. 통일 이후 신세대 작가들의 출현으로 독일 문단의 표정이 급속도로 밝고 가벼워지고 있는 것이다. 대개 1960~1970년대에 태어난 이들 은 전후 독일 문학에 족쇄처럼 채워졌던, 역사에 대한 부채 의식에서 완전히 해방된 세대다. 47그룹 세대 작가들의 손자뻘이자 '68세대' 작가들의 아들뻘 되는 신세대 작가들은 자신의 할아버지들이 시달렸 던 나치 과거에 대한 양심적 죄책감도, 아버지 세대가 품었던 부모에 대한 반항적 거부감도 없는 최초의 세대인 것이다. 따라서 이들은 나 치 과거를 짊어지고 가려 하지 않는다. 이들은 브레히트가 「후손들에 게」에서 묘사했던 "암울한 시대"[2]를 고통스럽게 기억하기보다는 오 히려 이미 암울한 시대로부터 멀리 벗어난 자신들의 축복과 행운에 감사한다.[3]

그렇다고 신세대 작가들 모두가 망각의 레테 강물을 들이마신 것 은 아니다. 예컨대 마르셀 바이어(1965년생), 토마스 브루시히(1965년생), 두르스 그륀바인(1962년생) 등은 선배 작가들과는 다른 방식으로 독일 의 과거사 문제를 다룬다. 기성세대 작가들은 이른바 '소통적 기억'

에 의지해 글을 썼다. 소통적 기억이란 동시대인의 직접적인 역사적 경험을 토대로 형성되고 일상의 상호 소통 행위를 통해 유지되는 '역사적 기억'이다. 하지만 히틀러의 국가 사회주의를 체험하지 못한 신세대 작가들에게는 직접적인 의사 소통에 근거한 역사적 기억이 없다. 나치 과거에 관한 이들의 기억은 대부분 영상 매체나 학교 교육, 부모나 조부모 세대의 증언, 역사서나 문학 작품을 통해 형성된다. 따라서 이들의 글쓰기는 "문화적 기억"[4]을 바탕으로 이루어진다. 부연하자면 "경험이라면 진저리가 날 정도인 생존자들의 '현실 과거'에서 경험이 배제된 '순수 과거'"[5]가 이들에게는 창작의 원자재이자 상상력의 지하 수맥인 셈이다. 따라서 이들은 기성세대 작가들의 경우처럼 아직 아물지 않은 나치 과거의 상처 속으로 깊숙이 육박해 들어가는 힘겨운 투쟁을 벌이지 않아도 된다. 이들은 생채기 난 과거를 치유하기 위해 고통스럽게 과거와 독대하기보다는 오히려 과거라는 유령을 '여기 지금'의 무대로 호출해 그것에 새 옷을 입히고 새 역할을 준다. 요컨대 이들에게 과거는 속박의 사슬이 아니라 자유롭게 상상의 나래를 펼칠 수 있는 유희의 공간이다.

비근한 예로, 이 상상력의 날개를 달고 나치 역사의 어두운 동굴을 자유자재로 비상하는 소설이 마르셀 바이어의 『박쥐』(1995)다. '벙커 속 총통' 히틀러와 그의 제1종복이자 제국 선전 장관이었던 괴벨스의 최후를 묘사한 이 작품의 독특한 매력은 나치 요원들의 대중 연설을 위해 음향 장비를 설치하고 연설을 테이프에 녹음하는 음향 전문 기사 헤르만 카르나우라는 인물로부터 분무(噴霧)된다. 특히 나치의 세계 정복 계획에 불을 붙인 방화범인 괴벨스가 자신의 부인과 함께 베를린 총통 관저 지하 벙커에서 잠자고 있는 여섯 아이들을 독살할 때 아이들의 입에서 흘러나온 마지막 비명이 카르나우가 침대 밑에 설치한 녹음기에 고스란히 녹음된다는 기발한 착상은 역사적 기억의 중압감에 짓눌린 할아버지 세대 작가들에게서는 좀처럼 발견할 수 없는 대담한 상상력이다. 결코 녹음될 수 없는 과거의 육성(肉聲)을 고고학적 상상력을 통해 재생하고, 말 없는 역사의 편린들을 발굴해 문학적으로 복원하기, 이것이 바로 젊은 작가 바이어가 선보인 새로운 예술적 기억술의 요체인 것이다.

원래 헤르만 카르나우는 나치 친위대 하급 장교로서 불에 탄 히틀러의 유해를 최초로 발견해 연합군에 신고한 역사적 실존 인물이다.[6] 하지만 작가는 그의 이름만을 차용했을 뿐 실존 인물과는 전혀 다른 허구적 인물을 창조하는 데 성공한다. 결론부터 말하자면 그는 다중적 정체성의 소유자다. 그의 직업은 음향 전문 기사지만 그는 아이들을 돌보는 일도 한다. 낮에는 지휘관의 명령을 따르는 평범한 군인이었다가 밤에는 도축장에서 가져온 소머리를 해부하는 변태적 연구자로 둔갑한다. 누구보다 마음이 따뜻한 동네 아저씨에서 살아 있는 인간을 실험하는 냉혈한으로 돌변하기도 한다. 한밤중에 음악을 감상하며 낭만적 우수에 시나브로 젖어 들다가도 돌연 인간의 두개골 안에 축음기 바늘을 갖다 대는 초현실주의적 몽상에 빠져들기도 한다. 이처럼 그는 일상과 비상(非常), 현실과 환상의 경계를 자유롭게 넘나든다. 한마디로 그는 정확히 규정할 수 없는 인물이다. 특성이 너무 많아 오히려 '특성 없는 남자'다. 소설 속에서 그는 자신을 이렇게 정의한다. "녹음테이프 맨 앞에 붙은, 녹음 안 되는 부분 같은 인간이 나다."[7] 색에 비유하자면, "그저 회색과 검은색 사이를 왔다 갔다 하는 모호한 자국"[8]과 같은 사람이 카르나우인 것이다.

이 글은 정체가 모호한 카르나우라는 인물을 다각도로 분석함으로써 다음과 같은 세 가지 테제를 증명하는 데 집중할 것이다. 첫째,

목소리는 권력이다. 제3제국은 히틀러라는 제왕 단 한 명의 목소리가 지배했던 '소리의 제국'이다. 둘째, 목소리는 진리다. 카르나우는 목소리의 본질이 전도된 이 '단성(單聲)의 제국'에서 자신만의 음색 지도, 즉 '다성(多聲)의 왕국'을 만들고자 분투한다. 셋째, 그러므로 이 소설은 "소리로 형상화한 제3제국"[9]의 이야기이자 동시에 목소리 자체에 집요하게 천착한 이야기다. 나아가 나치를 체험하지 않은 젊은 작가 바이어가 국가 사회주의의 최후를 어떻게 해석하고, 이를 문학적으로 형상화하기 위해 어떠한 글쓰기 전략을 구사하는지가 이 글을 통해 밝혀지기를 기대한다.

2 소리의 권력

"확성기가 없었다면 우리는 독일을 정복할 수 없었을 것이다."[10] 1938년 히틀러가 「독일 라디오 제요(提要)」에서 고백한 말이다. 히틀러가 포효하듯 부르짖는 '한 민족, 한 제국, 한 지도자' 같은 애국주의적 구호를 방대한 군중의 귀에 불어 넣는 확성기, 그리고 이 선동적인 목소리를 독일 전역으로 확산시킨 라디오가 나치 이데올로기 전파의 중요한 수단이자 대중 정복의 요긴한 무기였다는 히틀러의 전언은 의미심장하다. 주지하듯, 숭고한 초인(超人)상으로 돋을새김된 히틀러 '총통 신화'는 총칼과 곤봉보다는 나치 특유의 대중 집회와 라디오라는 매체를 통해 가공, 생산, 유포되었다. 일찍이 "선전이 모든 사람을 하나의 원리를 신뢰하도록 변화시켜 놓는 힘"[11]임을 간파한 히틀러는 독특한 목소리와 화술로 군중을 사로잡은 정치 선동의 탁월한 선구자였다. 이런 맥락에서 보면, 히틀러의 카리스마적 지도력은 튀밥처럼 터져 나오는 그의 광기 어린 목소리에 빚진 바가 크며, 이 목소리를 귀청이 떨어질 정도로 증폭한 확성기는 독일 제3제국 창건의 숨은 공신이라 해도 과언은 아니다.

"어쩌면 무력을 통해 권력을 소유하는 것도 좋을지 모르겠다. 그러나 더욱 좋고 즐거운 일은 국민의 마음을 얻고 장악하는 일이다."[12] 1934년 뉘른베르크 전당 대회에서 히틀러의 제1책사(策士) 파울 요제프 괴벨스가 득의양양하게 강조한, 연설의 한 대목이다. 일찍이 선전이 전문가의 수중에 들어가면 강력한 무기가 된다는 것을 눈치 챈 히틀러에 의해서 1928년 11월 제국 선전 장관으로 임명된 괴벨스는, 나치에 대한 국민의 전적인 지지는 폭력을 통해서가 아니라 대중의 영혼과 감정을 사로잡는 '창조적'인 선전을 통해 더욱 효과적으로 성취될 수 있다고 확신했다. 히틀러의 열광적인 숭배자였던 그는 나치식 대중 계도의 무대인 대중 집회 연설과 라디오, 영화, 전단, 정치 포스터 같은 대중 매체를 요령 있게 활용하면서 독일인들에게 나치즘의 역사적 사명과 히틀러의 위대성을 각인하는 데 총력을 기울였던 마키아벨리주의자였다. 그는 천재적인 언어 감각의 소유자로서 대중 선동을 예술의 경지로 끌어올린, 즉 나치의 매혹에 대한 설명으로 발터 벤야민이 언급한 "정치의 미학화"[13]를 구현한 총통 신화의 창조자였다. 대중을 압도하는 연설을 통해 괴벨스가 빚어낸 최고의 작품은 바로 '히틀러'였던 것이다.

"우리 작업 중 하나는 기술적인 수단을 투입해 목소리의 효과를 극대화하는 것이었습니다. 예를 들면 군중 집회 때 소리를 증폭하는 시설을 설치하는 거죠. 그럴 때는 세분화된 처방으로 겪음들을 조정해야 합니다. 홀이 넓기 때문에 그런 소리들이 너무 강하게 울리는 걸

방지하는 거죠."[14]『박쥐』의 주인공 카르나우의 진술이다. 그의 직업은 음향 전문 기사다. 그는 나치의 대중 집회를 성공적으로 개최하기 위해 마이크와 앰프 같은 음향 기기를 설치, 조정, 관리할 뿐만 아니라 나치 요인들의 연설을 녹음한다. 그는 직업 정신이 투철한 인물이다. 괴벨스가 연설을 예술의 경지로 끌어올렸다면 카르나우는 연단에 음향 기기를 설치하는 일과 "연설하는 동안 목소리의 강약이나 어조에서 오는 특정한 효과를 최대한 살리려고 지속적으로 조절하는" 기술을 "예술 그 자체"[15]로 인식한다. 괴벨스가 대중 선동의 수사학과 예술 사이에 선 인물이라면 카르나우는 음향 기술과 소리 예술의 경계를 넘나드는 인물인 셈이다. 이런 맥락에서 보면 카르나우가 괴벨스에게 발탁되어 음향 및 녹음 전문 기사로 활약한다는 이 소설의 허구적 설정은 논리적이다.[16] 독일 국민들의 귀를 히틀러의 목소리에 종속시키기 위해서, 즉 그들을 "소리의 포로"[17]로 만들기 위해서 괴벨스에게 무엇보다도 성능 좋은 확성기와 그것을 다루는 음향 전문 기사가 필요했을 것이라는 작가의 상상력이 이 소설의 기저를 이룬다. 대중을 선동하고 자극하는 음향 기기의 혁신적인 발명과 발전이 없었다면 히틀러의 권력 장악과 괴벨스의 정치적 성공도 여의치 않았을 것이라는 문제의식에서 이 소설은 출발한다.

그는 대중연설가로 명성을 날리는 자신을 나처럼 영향력 없는 하수인이 좌우할 수 있으리라고 한 번이라도 생각해 본 적이 있을까? 음향 전문가들이 그를 성공으로 이끄는 데 결정적인 기여를 했다는 사실을 그는 과연 이해하고 있는 걸까? 마이크나 엄청나게 큰 스피커가 없었다면 대중연설가로서 결코 성공할 수 없었으리라는 걸 알고 있단 말인가? (……) 초기에 스피커 성능이 무척 열악했을 때, 한번은 그가 체육관에서 연설을 하는데 스피커가 삑삑 소리를 내기 시작했다. 그래서 그는 한 시간이 넘도록 스피커 없이 나머지 연설을 해야만 했는데 마지막에는 완전히 녹초가 되어 거의 졸도할 지경까지 갔고, 하도 소리를 질러 대 목소리가 완전히 갔다. (……) 그의 성공이 대규모 군중집회의 획기적인 음향 설비 개선과 동시에 이루어졌다는 사실을 그는 단순한 우연으로 받아들이고 있을까?[18]

카르나우의 독백은 "획기적인 음향 설비의 개선"이 없었다면 괴벨스의 정치적 호소력과 영향력은 현저하게 감소되었을 터고, 그래서 괴벨스의 연설이 청중의 영혼을 사로잡지 못했다면 '히틀러 신화'가 탄생 못 했을지 모른다는 흥미로운 '대체 역사'적 추리를 유발한다. 이처럼 작가는 '확성기가 없었다면 우리는 독일을 정복할 수 없었을 것이다.'라는 히틀러의 화두를 허구적인 인물 카르나우를 통해 풀어내며 재기 발랄한 상상력을 발휘한다.

이렇게 보면 제3제국은 히틀러라는 단 하나의 호전적인 목소리만이 허용되고 유통되는 세계, 말하자면 민주적 다성(Polyphonie)은 원천 봉쇄되고 독재의 단성(Homophonie)만이 관철되는 소리의 제국으로 해석할 수 있다.[19] 확성기를 통해 증폭된 총통의 거침없는 목소리가 국민의 귓속을 파고들 뿐만 아니라 골수까지 뒤흔드는, 이른바 "소리의 압력"[20]이 지배하는 제국인 것이다. 다른 감각과 비견해 청각이 대중 선동과 세뇌의 유용한 매체가 될 수 있는 이유를 카르나우는 이렇게 설명한다.[21]

소리들은 가차 없이 모든 사람의 귓속에 밀려든다. 빛을 느끼기 위해 눈이 있어야 하고, 맛을 보기 위해 혀가 필요하고, 또 냄새는 코로만 맡을 수 있는 것과 달리, 소리는 귀로만 지각할 수 있는 게 아니다. 소리는 우리 몸의

구석구석을 파먹어 들어간다. 옷으로 가려진 부분이든 아니든 가리지 않는다.[22]

귀를 틀어막는다고 소리의 침투를 저지할 수는 없다. 강력한 소리의 파장은 인간의 신체 "구석구석을" 파고들기 때문이다. 시각은 일정한 거리를 두고 대상을 인식한다. 하지만 청각은 세계를 그대로 받아들인다. 인간의 귀는 무방비 상태로 방치되어 있다. 청각은 보호받지 못하는 감각인 것이다. 이런 맥락에서 볼프강 벨슈는 청각의 속성에 대해 "눈꺼풀은 있지만 귀꺼풀은 없다."[23]라고 말한다. 이러한 청각의 특수성을 꿰뚫는 카르나우의 통찰이 예사롭지 않아 보인다. 평범한 음향 기사의 언급이라고 보기에는 비범한 구석이 많다. 그는 단순한 기능인인가?

3 근원적 음향

카르나우는 음향 전문 기사이자 동시에 목소리 전문가다. 그는 인간 "목소리의 비밀"[24]을 집요하게 추적하는 연구자다. 그는 비밀리에 도축장에서 가져온 돼지머리, 말 머리 등의 음성 기관을 해부하여 머리를 싸매고 발성 원리를 탐구한다. 이렇게 그의 부엌은 밤이면 유혈이 낭자한 해부 실험실로 둔갑하기 일쑤다. 인간 목소리 분석에 병적으로 집착하는 카르나우의 열정은 갖가지 상황에 처한 인간의 다양한 목소리를 수집하려는 욕망으로 이어진다. 그는 "목이 잠길 때 내는 헛기침 소리, 잔기침 소리, 코 훌쩍이는 소리"와 "사랑을 나누는 순간에 내는 소리"[25]를 도청하기 위해 손가락을 오므려 귓바퀴에 대는 것은 기본이고, 전장에서 쓰러진 부상자의 고통 어린 신음 소리와 외마디 비명 소리를 녹음하려고 총알과 포탄이 쏟아지는 최전선을 낮은 포복으로 기는 것도 불사한다. 그는 극한 상황에 내던져져 죽어 가는 병사의 마지막 숨결과 목소리까지도 연구 수행을 위한 자산(資産)으로 만드는 비정한 자신을 "목소리 도둑"으로 명명한다.

> 나는 목소리 도둑이 되고 말았다. 영영 목소리를 잃은 그 목소리의 주인들을 전선에 버려두고, 그들이 마지막으로 남긴 목소리를 내 마음대로 녹음해 필요한 부분만을 잘라 내서 사용하고 있으니까. (……) 나는 녹음테이프마다 어떤 목소리를 편집한 부분들을 가지고 있으니, 그 당사자도 모르는 가운데 그의 내면 깊은 곳까지 들어가 그 심연에서 뭔가를 꺼내 올 수 있는 셈이다. 죽어 가는 사람이 마지막 숨결을 내쉬던 그 순간까지 내 자산으로 만들었으니 말이다.[26]

그가 목숨을 담보로 부상자나 전사자의 신음 소리를 녹음하고자 애면글면하는 이유는, "고함을 지르거나 목쉰 소리를 내거나 신음하는 등의 극단적인 표현에서, 정상적으로 말을 할 때보다 목소리의 특성을 더 잘 파악할 수 있다."[27]라고 생각하기 때문이다. 이처럼 그의 생의 목표는 온갖 종류의 음성이 구비된 완벽한 자료 창고, 즉 "목소리 자료실"[28]을 구축하는 데 있다. 말하자면 인간의 "음색 지도"[29]를 작성하는 일이 그의 숙원 사업인 셈이다. 음향 전문 기사로서 그가 소리의 제국 건설을 위해 봉사한다면, 목소리 도둑으로서 그는 자신만의 소리의 제국을 건설하려는 것이다.

그렇다면 왜 카르나우는 인간 목소리 수집에 광적으로 집착하는

가? 무엇보다도 그는 목소리를 분석함으로써 한 사람이 축적해 온 삶의 정보를 해독할 수 있다고 믿는다. 그는 인간을 소리 상자, 즉 목소리가 내는 진동의 기록이 성대에 고스란히 새겨진 "공명체"[30]로 파악한다.

> 우리는 모두 성대에 흠집이 나 있다. 흠집은 우리가 젖먹이로 태어나 첫울음을 터뜨릴 때 생기기 시작해 살아가는 동안 계속 늘어나며, 말을 할 때마다 매번 흔적이 남는다. 또 기침을 하거나 소리를 지르거나 목쉰 소리로 말을 하면 홈이 패거나 돌기가 생기거나 이음새가 생겨 모양이 계속 흉해진다. (……) 목소리에 흉터가 없는 사람은 흔하지 않다. 달리 말하면 목소리가 부드럽고 연한 맥상(脈相)으로 싸인 사람은 흔하지 않다. 성대의 흉터는 그런 식으로 격렬한 체험과 돌발적으로 터지는 소리의 목록을 새겨 두지만 동시에 침묵을 새겨 넣는다. 성대의 상처들이 지나간 자취와 그것들이 멈추고 가지를 쳐 나간 곳을 손가락으로 만져 볼 수 있다면![31]

카르나우는 성대를 한 사람 삶의 발자취가 낱낱이 보존된 녹음테이프로 상상한다. 그래서 그는 인간의 후두에 난 흠집을 세세히 톺아볼 수 있다면 한 사람이 살아온 내력을 해독할 수 있다고 생각한다. 물론 이러한 상상력은 인간의 역사가 목소리의 역사와 다름없다는 가정 아래서만 작동할 수 있는 것이다. 나아가 그는 발설된 인간의 목소리가 성대뿐만 아니라 두개골 안에도 고스란히 기록된다고 상상한다. 즉 목소리가 크기, 높이, 굵기 등에 따라 두개골 안에 불균등한 주름을 새기며 영구적인 자료로 저장된다고 생각하는 것이다. 이런 엉뚱한 착상은 이 주름에 축음기 바늘을 갖다 대면 한 사람 삶의 기록이 재생된다는, 말하자면 한 인간의 내면에 온축(蘊蓄)된 "근원적 음향"[32]을 들을 수 있다는 대담한 해부학적 상상력으로 이어진다. 여기서 '근원적 음향'이란 개념은 릴케에게서 차용된 것이다. 관찰의 대가이자 견자(見者)의 시인이란 명성에 걸맞게 릴케는 인간의 뇌 활동과 축음기 기능의 유사성을 간파한 최초의 시인이다. 「근원적 음향」(1919)이란 에세이에서 릴케가 보여 준 상상력은 모골을 송연하게 한다.

> 두개골의 관상봉합선은 이제 곧 연구될지 모르지만 — 상상해 보자. — 그것은 축음기의 침이 기계에서 소리를 받아들이며 회전하는 실린더에 새겨 넣은, 조밀하게 감긴 선과 유사하다. 만약 누군가가 이 침을 속여 그것이 되돌아가야 할 곳에서, 음성을 옮겨 놓은 선이 아니라 그 자체로 자연스럽게 존재하는 트랙 위에 침을 올려놓는다면 어떻게 되겠는가. 좋다, 터놓고 이야기해 보자. 예를 들어 바로 그 두개골의 관상봉합선이라면 어떤 일이 일어날 수 있을까? 음성이 나올 것이다. 연결된 음성, 음악. 감정이라면, 어떤 감정일까? 믿을 수 없다는 감정, 부끄러움, 두려움, 경외감. 그래, 모든 가능한 감정 중 어떤 감정일까? 그런 감정은 세상에 나오게 될 근원적인 음향에 대해 내가 어떤 이름도 제안할 수 없게 만들 것이다.[33]

릴케는 어릴 때 과학 시간에 선생님이 직접 제작한 축음기의 음향 실린더에 새겨진 홈을 보고 깊은 인상을 받았다고 한다. 이후 그는 파리 시절 에콜 데 보자르(Ecole des Beaux-Arts)의 해부학 강의에서 본 두개골 관상봉합선과 축음기에 새겨진 홈 사이에서 놀라운 유사성을 발견한다. 이때 릴케의 머리에 스친 생각이 걸작이다. 두개골 관상봉합선을 따라 팬 홈에 축음기 바늘을 갖다 놓는다면? 인간에게 내재된 심령적 울림, 즉 '근원적인 음향'이 흘러나온다는 것이 그의 조심스러운 결론이다.[34] 이런 맥락에서 보자면 카르나우는 릴케의 후예임이 틀림없다.

카르나우는 목소리를 통해 삶의 내력을 해독함은 물론 삶의 본질에 가 닿을 수 있다고 확신한다. 목소리를 분석함으로써 그곳에 임리(淋漓)한 인간의 영혼을 읽어 낼 수 있다는 환상이 그를 물불 가리지 않는 전투적인 목소리 수집가로 만든 것이다.

> 우리는 인간의 내면으로 뚫고 들어가야만 합니다. 그런데 그 내면세계가 목소리로 자신을 표현하기 때문에 목소리는 내면세계를 외부 세계로 연결하는 교량 역할을 하는 것입니다. 그렇습니다. 우리는 인간의 목소리를 정확하게 관찰함으로써 그 내면에 접촉해야 하는 것입니다. 환자를 청진기로 진찰해서 심장과 폐에서 들려오는 소리만 듣고도 벌써 호흡기 질환을 진단해 낼 수 있는 훌륭한 의사처럼 말입니다. 목소리를 포착함으로써 인간 내면을 파악하는 것입니다.[35]

그는 목소리를 인간 내부의 가장 깊은 심연에서 신체 밖으로 타전되는 영혼의 리듬으로 간주한다. 따라서 그에게 음성은 인간의 내면세계와 외부 세계를 연결해 주는 중요한 가교다. 하지만 목소리가 존재의 핵자(核子)에 가 닿는 신비로운 통로가 될 수 있다는 카르나우의 착상은 인종주의적 환상으로 굴절될 수 있다는 점에서 기실 위험한 발상이 아닐 수 없다. 왜냐하면 목소리가 존재의 본질을 열 수 있는 열쇠라면, 반대로 목소리를 가공하여 변화시켰을 때 인간의 정체성 역시 바꿀 수 있다는 섬뜩한 가정이 도출될 수 있기 때문이다.

위에 인용한 텍스트는 카르나우가 인종연구학회에서 발표하는 강연문의 일부다. 여기서 그는 곧 히틀러의 제국에 종속될 동유럽 사람들을 게르만 족 혈통으로 동화시키기 위해서는 독일어를 가르치기보다는 먼저 그들의 "목소리를 가공하고, 극단적인 경우에는 음성기관을 변화시키기 위해 수술의 가능성도 배제하지 말아야"[36] 한다고 주장한다. 이 대목에서 목소리 연구에 대한 카르나우의 과도한 열정이 생체 실험의 망상으로 넘어가는 아슬아슬한 순간이 보인다. 카르나우는 자신의 학설에 동감하는 나치 친위대장의 주치의 슈툼페거에게 발탁되어 생체 실험 현장으로 투입된다. 물론 생체 실험 대상은 강제 수용소의 포로들이다. 그곳에서 그는 학문의 발전이란 미명하에 생체 실험을 통해 음성 기관을 연구하는 의사들, 그 가운데 특히 "기관을 떼어 내는 데 명수"[37]인 슈툼페거의 실험을 보조하고, 생체 실험용 인간의 목소리를 녹음하는 일을 맡게 된다.

> 사방 네 개의 마이크가 생체 실험용 인간을 향하고 있다. 또 하나의 마이크는 특수 파장을 포착하기 위해 실험 대상 가까이에 눈에 띄지 않게 설치한다. (……) 이제 기도(氣道)에 손을 댄다. 집도하는 외과의사의 손가락 주위로 약하고 고른 숨결이 감돈다. 이제 수술용 메스로 작은 구멍에서 출발해 후두 앞까지 절개한다. 다른 사람의 목소리에서 떼어 낸 어떤 것, 즉 목소리의 독특한 성질이나 성향(聲響) 같은 것을 자기 목소리에 갖다 붙일 수 있을까? 다른 사람의 살을 먹음으로써 몸이 더 강해진다고 믿는 식인종처럼 말이다. 어린아이의 싱싱하고 맑은 음성을 꺼내 이식한다면 목소리가 어린아이처럼 바뀔 수 있을까?[38]

결국 카르나우는 목소리 전문가에서 목소리 도둑을 거쳐 급기야 나치의 공범자로, 첼란의 「죽음의 푸가」에 나오는 유명한 시구를 빌리자면 "독일에서 온 기술자(Meister aus Deutschland)"[39]로 변신하는 것이다. 이처럼 작가는 사적 차원에서만 목소리 연구에 몰두하던 철저한 개인주의자 카르나우가 어떻게 파렴치한 나치 전범으로 전락해 가는지를 설득력 있게 그려 냄으로써 '동시대 역사의 광기 속에서 한 인간이 온전히 죄를 짓지 않고 순수하게 남을 수 있는가?' 혹은 '도대체 누가 이 역사의 비극에 책임이 있는가?'라는 묵직한 질문을 독자에게 던지는 것이다.

자신만의 음색 지도, 달리 표현하자면 소리의 제국을 완성하기 위해 수단과 방법을 가리지 않는 카르나우는 "시각 동물인 인간, 모든 현상을 언제나 이제까지의 익숙한 방식으로 관찰하는 인간으로서가 아니라 귀로 작업하는 짐승"[40]으로 볼 수 있다. 여기서 눈이 아니라 '귀로 작업하는 짐승'은 니체의 '전도된 장애인(ein umgekehrter Krüppel)'을 자연스럽게 연상시킨다. 일반적으로 장애인이란 모든 신체 기능 가운데 특별히 한 기능만이 결여된 사람을 뜻한다. 하지만 니체가 말하는 '전도된 장애인'이란 "한 가지만 너무 많이 있을 뿐 다른 모든 것은 결핍된 사람"[41]을 가리킨다. 예컨대 차라투스트라가 만난 다음과 같은 사람이다.

> 나는 내 눈을 믿을 수 없어 거듭거듭 바라보았다가 마침내 말했다. 저 귀를 보라! 사람만큼이나 커다란 귀로구나! (······) 사람들이 내게 말하기를, 이 거대한 귀는 인간일 뿐 아니라 위대한 인간, 곧 천재라는 것이었다. 그러나 나는 사람들이 위대한 인간을 운운할 때 결코 믿지 않았으며, 이 커다란 귀야말로 모든 것이 너무 적게, 다만 한 가지만은 너무 많이 있는 전도된 장애인이라는 나의 생각을 고수했다.[42]

전도된 장애인이란 남과는 차별되는 한 가지 특별한 지각 능력을 소유한 '감각의 천재'를 일컫는 역설적 표현이다. 카르나우의 청력은 남다르다. 파트리크 쥐스킨트의 『향수. 어느 살인자의 이야기』에서 주인공 그루누이가 '거대한 코'를 가진 후각의 사제라면 카르나우는 '거대한 귀'를 소유한 청각의 대가인 것이다. 니체의 전도된 장애인은 시각을 통해서는 포착되지 않는 디오니소스적 원초 세계를 도청할 수 있는 거대한 "사유의 귀"[43]를 달고 있다. 이런 측면에서 전도된 장애인은 시각과 합리적 이성이 지배하는 계몽의 시대를 부랑하는 낭만주의자의 생리를 닮았다. 그렇다면 '거대한 귀'의 소유자인 카르나우의 몸에서도 낭만주의자의 피가 흐르는가?

4 소리의 소멸, 제국의 종말

카르나우를 낭만주의자로 해석할 수 있는 단서들이 텍스트 도처에 숨어 있다. 예컨대 이 소설에서는 밤, 어둠, 검은색, 박쥐, 어린이 등 모티프가 자주 등장하는데, 이들은 전형적인 낭만주의 아이콘으로 볼 수 있다.

빛(시각)이 지배했던 계몽주의와는 반대로 낭만주의는 밤(청각)을 선호했다. 기원전 헤라클레이토스가 "눈이 귀보다 정확한 목격자"[44]라고 규정하고, 바통을 이어받은 플라톤이 인간의 길은 동굴의 어둠과 그림자 이미지로부터 벗어나 빛의 근원, 즉 순수한 선의 모델인 태양의 세계에 도달해야 한다고 주장한 이래로, 서양 철학사에서는 줄곧 청각에 대한 시각의 우위가 관철되어 왔다.[45] 그리고 이러한 시각의 지배는 '어두운 중세'에서 해방되어 빛의 형이상학을 추구하는 근대의 열정, 즉 합리적 이성에 기초한 계몽주의 정신을 규정했다. 하지만 계몽의 광명을 의심하는 낭만주의자들은 이성보다는 직관에 의존해 세계에 잠복된 신비로운 마법의 언어를 귀담아듣고자 했다. 그들은 진리가 시각의 문법을 통해서 포착되기보다는 귀를 통해 감청(監聽)될 수 있는 것이라 믿었던 것이다. 예컨대 슐레겔은 1804년 쾰른대학교 철학 강의에서 청각이 사물의 속박으로부터 해방된 자유로운 영혼의 미동(微動)을 인식할 수 있기 때문에 인간의 오감 중에 "가장 고귀한 감각"[46]이라고 말했다. 클레멘스 브렌타노는「소야곡」에서 "나를 에워싼 밤을 통해,/ 음조의 빛이 나를 바라본다"[47]라며 빛의 로고스가 닿지 않는 달빛 아래서 진리의 음향적 근원을 경청하고자 했다. 한편 노발리스는「밤의 찬가」에서 "정녕 아침은 또다시 와야만 하는가? 불행한 낮의 활동은 밤의 신비로운 흔적을 소멸케 한다"[48]라며 어둠의 왕국을 찬양한 바 있다.

> 난 밤에 불을 켜지 않고 앉아 음악 듣기를 참 좋아하지. 밤이 깊어 정말 칠흑같이 어두울 때는 어둠 속에 앉아 있다는 걸 침울하고 부담스럽게 느끼는 사람이 많아. 하지만 난 대낮처럼 희끄무레하지 않고 아주 짙푸른 빛깔의 도시 하늘을 좋아한단다. (……) 밤새 몇 시간씩 산책하는 일은 재미있어.[49]

노발리스처럼 카르나우도 밤을 예찬한다. 노발리스의 궁정 연애가수 하인리히 폰 오프터딩겐이 낭만주의의 상징인 '푸른 꽃'을 찾아 방랑한다면 카르나우는 "짙푸른 빛깔의 도시 하늘을" 무한히 동경한다. 낭만적 멜랑콜리에 빠진 카르나우는 몽유병 환자처럼 밤새 산책을 즐기기도 한다. 그의 이와 같은 '야행성' 생활 양식에서 전형적인 낭만주의자의 하비투스가 읽힌다.

이 소설은 "새벽의 정적을 가르며 목소리 하나가 터져 나온다."라는 문장으로 시작한다. 밤이 끝나고 낮이 시작됨을 알리는 이 목소리는 복종을 강요하는 "지휘관의 명령 소리"[50]다. 카르나우는 낮의 세계를 지배하는 이와 같은 "부리는 자의 힘 있는 목소리"[51]와 "호전적인 함성"[52] 가운데서 언제나 "투명한 공기 속에서 발소리 하나하나, 속삭임 하나하나가 선명하게 울리다가 흔적도 없이 어둠 속으로 사라지는 그런 밤 시간"[53]을 동경한다. 왜냐하면 그는 고압적인 목소리와 귀 따가운 소음이 창궐하는 낮의 질서가 "모든 소리가 제각각 특별한 의미를 지니는 밤의 시간"[54]을 속박한다고 생각하기 때문이다. 그래서 그는 밤의 조속한 귀환을 청한다. "밤. 호전적인 함성도 체육수업도 없는 세계가 열리는 시간. 오라, 검은 밤이여, 나를 그 어둠으로 감싸다오."[55]

카르나우는 세계가 열리는 시간, 즉 "소리 하나하나가 모두 귓속에 깊숙하게 들어와 박히는"[56] 밤을 선호한다. "조명이 밝으면 밝을수록, 그래서 사물의 윤곽이 뚜렷하게 드러날수록 목소리는 불투명해진다."[57] 하지만 빛이 사라지고 어두워질수록, 그래서 사물의 윤곽이 희미해질수록 소리는 더욱 명징(明澄)해지고 음색은 더욱 또렷해진다. 그가 고요하고 적막한 한밤중에 자신의 개인 연구, 즉 목소리 탐구에 몰두하는 이유는 바로 여기에 있다.

카르나우는 밤마다 자신이 녹음한 음반 위에 축음기 바늘을 올려놓고 귀를 쫑긋 세운다. 여기서 주목해야 할 점은 여러 가지 목소리가 "통조림처럼 보존된" 레코드판이 검은색이라는 것이다. "검은색은 가장 중요한 요소다. 밤과 그을음의 검은색. 거기에 비로소 소리를 담는다."[58] 축음기의 뾰족한 바늘이 검은 음반 표면에 고통스럽게 맞닿아 판이 회전할 때마다 조금씩 홈을 파고들어 가듯이, 카르나우는 밤의 미로 속으로, 청각의 자궁으로, "소리의 원천"으로 침잠해 들어간다. 음향 전문가인 그가 소리와 검은색이 속 깊이 제휴하고 있음을 모를 리 만무하다.

> 블랙 마리아(Black Maria). 에디슨은 자신이 발명한 첫 축음기에 그렇게 이름을 붙였다. 네거티브 필름처럼 온통 새까맣고, 그늘져 있으며, 밝은 선들이 살짝 비쳐 나올 뿐인 검은 기계 안에 가죽 표면이 눈에 띈다. 맑은 정신으로 밤을 지키는 야간 보초병.**59**

에디슨의 상상력에 의하면 음의 세계는, 색으로 치환하자면 검은색이고, 성으로 나누자면 여성이다. 그래서 에디슨은 자신이 발명한 최초의 축음기에 '블랙 마리아'라는 이름표를 달아 주었다. 한 가지 눈여겨보아야 할 점이 있다면, 카르나우가 축음기 안에서 회전하는 검은 음반을 박쥐의 날개로 상상하는 부분이다. 검은 가죽을 온몸에 두르고 밤을 지키는 보초병이란 바로 박쥐가 아닌가. 이 소설의 표제기도 한 박쥐의 상징적 함의를 두 가지로 요약하면 다음과 같다.

첫째, 박쥐는 밤의 전도사다. 박쥐가 대표적인 야행성 동물이란 점을 고려하면, 이는 자연스럽게 이해된다.

> 그들은 해가 떠 있을 때에는 날아다니지 않는다. 마치 날개로 눈곱만큼의 빛까지 삼켜 버리듯 그들의 검은 몸뚱어리는 어둠을 더 어둡게 만들고, 그런 어둠 속에서만 그들은 비행을 한다. 그 박쥐들만이 나를 낮으로부터 지켜 줄 수 있는 유일한 존재였으리라. 그 부드러운 날개가 나를 감싸 빛이 없는 세계로 침몰하게 해 줄 수 있을 테니 말이다. 그것은 밤의 세계며, 대낮의 빛 속에 놓인 세계와는 분리된 세계다.**60**

박쥐의 날개는 빛의 무차별한 공격으로부터 카르나우를 보호해주는 부드러운 망토이자 그를 멜랑콜리한 밤의 세계로 인도하는 신비한 양탄자다.[61] 이 작품에서 세상사의 들뜬 변동에 부화뇌동하며 대낮의 거리를 점령하는 비둘기는 부정적인 이미지로 묘사되는 반면, 밤의 세계를 자유롭게 유영할 뿐만 아니라, 빛을 차단하고 빨아들이는 암흑의 사제 박쥐는 카르나우의 동경 대상으로 그려진다.

둘째, 박쥐는 카르나우에게 내면의 동반자다. 카르나우의 놀라운 청력은 "삼백육십 도로 회전할 수 있는 커다란 귀"를 통해 인간이 들을 수 없는 초음파까지 인지하는 박쥐의 초능력을 빼닮았다. 둘은 모두 거대하고 예민한 귀를 소유했다는 점에서, 그리고 "소리의 세계란 우리가 상상할 수 있는 것보다 훨씬 거대하다."[62]라는 사실을 공유한다는 점에서도 연대의 동지다.

박쥐가 카르나우의 분신이라는 증거가 또 하나 있다. 제3제국의 몰락이 임박할 즈음, 히틀러의 주치의로 승진한 슈툼페거는 생체 실험장에서 근무하던 카르나우를 파시즘 독일의 최후 성지, 즉 베를린의 총리 관저 밑 벙커로 보낸다. 그의 새로운 임무는 "지표에서 수 미터 떨어진 이 햇빛 없는 지하세계"[63]에서 허무맹랑한 상상과 메시아적인 과대망상에 빠져 부질없는 희망 속에서 작전 회의를 이끌며 영웅적인 종말을 준비하는 히틀러의 목소리를 녹음하는 일이다. 이렇게 작가의 상상력에 의해 카르나우는 소련군이 베를린에 진입하고 히틀러와 그의 부인 에바 브라운이 자살함으로써 완결된 제3제국 최후의 순간을 녹취할 수 있는 기회를 얻는다. 명령에 따라 카르나우는 총통 벙커 속에서, 즉 "관(棺)의 내부"[64]와 같은 어두운 동굴 속에서 슈툼페거의 "마지막 환자"[65]인 히틀러의 목소리를 녹음한다. 카타콤과 같은 총통 벙커에 서식하는 한 마리 박쥐 인간, 그가 바로 카르나우인 것이다. 여기서 그는 히틀러의 음성에 중요한 변화가 일어나고 있음을 감지한다.

> 환자가 지난 며칠 동안 거의 아무런 소리도 내지 않고 지낸다는 거야. 그런 날이 계속되고 있어. 며칠 전엔 이 벙커를 완전히 떠나는 동료 하나와 환자가 작별 인사를 하는데, 악수를 하면서 상대방이 뭐라고 말을 하면 환자는 소리를 안 내고 입술만 움직여서 대꾸를 하더라고.**66**

후두가 무쇠로 만들어졌다고 회자될 정도로 발작에 가깝게 목청을 높이며 열변을 토하던 히틀러의 모습은 온데간데없다. 히틀러의 목소리가 갈수록 작아지는 과정은 제3제국의 종말 과정과 일치한다. 제국 전체를 호령하던 위풍당당한 독재자의 목소리가 사그라지면서 나치 정권도 파국으로 치닫는다. 이렇듯 이 소설의 미덕은 제3제국의 흥망성쇠를 후성(喉聲)의 강약으로 형상화했다는 점이다. 이런 맥락에서 히틀러가 영웅주의적 종말을 선택한 1945년 4월 30일, 히틀러의 죽음을 목도한 슈툼페거가 벙커를 탈출하며 카르나우에게 전하는 말은 의미심장하다. "카르나우, 이젠 녹음할 일이 없어졌네. 웅변가는 사라졌어. 더 이상 말을 할 수 없게 됐지."**67**

이 소설에서 아이 모티프도 중요한 역할을 한다. 주지하듯, 무지몽매한 미성년 상태에서 벗어나기 위해 이성을 사용할 용기를 가질 것, 즉 '과감히 알려고 하라!(Sapere aude!)'라는 칸트의 정언 명령은 계몽주의의 기본 정신이다. 칸트에 따르면 유아란 타인의 도움 없이 자신의 지성을 사용하지 못하는 무능력 상태를 뜻하고, 어른이란 독자적이고 올바른 이성 사용 능력에 도달한 계몽화된 상태를 말한다. 반면 낭만주의의 기본 정신은 로고스 중심주의에 빠진 어른의 철학을 부정하고 순진무구한 어린이의 상태로 돌아가는 데 있다. 노발리스의 동화론은 이를 잘 보여 준다. "이성과 감성의 고차적인 종합을 전제로 형성되는 동화의 세계와 비교하면, 논리와 이성만을 신앙으로 해서 구축되는 세계는 일면성의 한계를 지닌다. 따라서 그것은 혼잡한 세계다."[68] 동화를 낭만주의 문학의 전범으로 승격하는 이 구절에서 동심의 세계는 시인의 정신이 도달해야 할 목적이다. 낭만주의자에게 시인이란 동심에 찬 어린이와 같은 존재인 것이다.

낭만주의자 카르나우 역시 "논리와 이성만을 신앙으로 해서 구축되는" 어른의 질서를 사갈시(蛇蝎視)하고 아이의 세계를 동경한다. 정확히 말하자면 아이들의 해맑은 목소리를 동경한다. 그는 어른들의 성대는 흠집투성이지만 "아이들의 성대는 아직까지 매끄럽고 깨끗하다."[69]라고 생각한다. 그에게 아이는 "순수함과 결백함의 대리인"[70]인 것이다. 하지만 아이들은 변성기를 거쳐 성인이 되면서 어쩔 수 없이 음성의 순수함과 자연스러움을 잃어버리게 된다.

> 멋대로 소리 지르고 신나서 외쳐 대고 큰 소리로 엉엉 우는 대신, 방 안 분위기에 맞춰 적당한 소리로 말하게 되는 것이다. 곧 목소리들은 교육을 받으면서 정해진 길을 따라가게 된다. (……) 아이들은 새로운 어조를 익히고 나면 결코 그 이전의 자유롭고 자연스러운 상태로 돌아갈 수 없으리라.[71]

아이들은 어른이 되면서 목소리의 범위가 좁아지고, 교육을 받으면서 규범대로 정해진 소리만 내게 된다. 아무런 계산 없이 입에서 나오는 대로 말을 하던 아이들은 주변 상황을 의식하게 되고, 카르나우는 이런 변화를 목소리가 점차 타락하는 과정으로 인식한다. 오염되지 않은 순정(醇正)한 소리의 시원에 깊이 있게 천착하는 카르나우가 아이들의 목소리를 각별히 사랑하는 이유는 바로 여기에 있다. 하지만 목소리 도둑을 자처하는 그도 아이들의 목소리만은 녹음하지 않는다. 이유를 들어 보자.

> 모든 종류의 목소리를 담아내는 내 지도에도 한계가 있을까? 내가 녹취를 꺼리는 목소리도 세상에 있을까? 그렇다. 바로 저 아이들의 음성이다. 아무런 보호도 없이 방치되어 지금처럼 자기들끼리 놀면서, 누가 엿듣고 있다고는 꿈에도 생각하지 않는 저 아이들의 음성 말이다. 그 목소리들을 제외하고는 완벽을 기하기 위해 내가 들을 수 있는 세상의 모든 소리를 녹취할 생각이다. (……) 그러나 저 아이들의 목소리만은 내 소리 지도 위에 표시하지 않을 것이다. 이 지도가 만천하에 공개되고, 더 끔찍한 경우에는 바로 저 아이들에게까지 공개될 수 있기 때문이다. 저 어린 목소리들을 이상하게 경직된 소리로 바꿔 놓는 데 책임지지 않으려면 저 아이들의 목소리를 노출시키는 무책임한 일은 피해야 한다. 그렇지 않으면 여섯 아이는 내가 어린 시절 그랬듯이, 어쩔 수 없이 낯설어져 버린 자신의 목소리를 들어야만 하는 것이다.[72]

목소리는 공기 중에 물리적인 파동을 일으키며 사라진다. 그래서 한번 내뱉은 말은 다시 들을 수 없는 법이다. 하지만 '기술 복제 시대'는 목소리를 언제든 다시 들을 수 있게 만들었다. 여기서 문제는 녹음기를 통해 재생된 목소리가 실제 말할 때 자신의 머릿속에서 울리는 원래 목소리와는 사뭇 다르고 어색하게 느껴진다는 것이다. 물론 녹음과 재생 사이 시간적 간격이 클수록 충격의 강도는 배가된다. 어린 시절 녹음된 자신의 목소리를 성인이 되어 다시 들을 때, 그 낯선 목소리의 주인이 자신일 수밖에 없다는 것을 깨닫기까지는 적지 않은 시간이 필요하다. 카르나우가 아이들의 목소리를 녹음하지 않으려는 이유는 여기에 있다. 그는 어린이의 깨끗한 성대를 통해 울려 퍼지는 목소리의 원초적 순수함만은 끝까지 보호하려는 것이다.

위 인용문에서 묘사된 아이들은 괴벨스의 여섯 자녀를 가리킨다. 음향 전문 기사로서 괴벨스의 두터운 신임을 얻은 카르나우는 괴벨스의 아이들을(히틀러를 찬양할 의도로 모두 알파벳 H로 시작하는 이름을 지어 주었다.) 돌보는 일을 잠시 맡게 된다.[73] 그는 이 아이들의 순수한 음성에 매혹되어 이들을 자기 자식처럼 돌보며 깊은 사랑의 감정을 느낀다. 이처럼 아이들과 함께 있는 카르나우는 음성 기관을 분석하기 위해 도축장에서 말 머리를 얻어 해부하고 실험용 인간을 관찰하던 비정하고 무미건조한 카르나우와는 전혀 다른 따뜻하고 인간적인 모습으로 변한다. 카르나우는 실험 대상자들에게 공포의 대상이지만 아이들에게는 밤마다 재미있는 동화를 들려주는 친절한 아저씨인 것이다. 이러한 카르나우의 이중적 정체성을 통해 임무를 수행할 때는 잔혹하고 비정한 군인이었다가도 자기 자식들을 대할 때는 자상하고 인정 많은 아버지로 변신하던 대다수 나치 전범들의 야누스적 이중성을 은밀히 꼬집는 작가의 비판 정신을 엿볼 수 있다.

아이들과 아쉽게도 작별해야만 했던 카르나우는 몇 년 후 총통 벙커에서 이들과 해후한다. 히틀러의 음성을 녹음하기 위해 총통 벙커로 투입된 그가 연합군의 공습을 피해 벙커로 대피한 괴벨스의 아이들과 극적으로 상봉하는 것이다. 여기서 그는 곧 다가올 아이들의 죽음을 직감한 듯 그동안 자신이 지켜 온 연구의 기본 원칙을 파기하기에 이른다. 그는 이 아이들의 목소리를 녹음하기 위해 이들의 침대 아래 비밀리에 녹음기를 설치하는 것이다. 그러니까 이 녹음기에는 1945년 4월 23일부터 아이들이 자신의 부모에게 독살당하는 5월 1일까지 정확히 열흘간 목소리의 역사가 고스란히 담기는 셈이다. 그렇다면 카르나우는 왜 아이들의 목소리를 녹음하는 것일까? 이 소설은 이에 대한 명확한 답을 주지 않는다. 물론 해석은 독자의 몫이다. 카르나우는 몰락과 전멸의 의지가 춤추는 생지옥과 같은 콘크리트 입방체 안에서, 온갖 기계들의 윙윙대는 소음으로 가득 찬 지하 세계에서, 부질없는 망상에서 비롯된 실현 불가능한 명령만이 난무하는 파시즘의 마지막 보루에서, 곧 맞닥뜨릴 죽음의 운명을 알지 못한 채 초콜릿을 먹고 싶다고 투정하는 이 천진난만한 아이들의 순수한 목소리만은 끝까지 지켜 내려는 것이 아닐까? 그는 파시즘의 심장부에서 유일하게 나치 이데올로기에 오염되지 않은 순결한 언어를 영원히 보존하고자 아이들의 침대 밑에 녹음기를 설치하는 것이 아닐까? 괴벨스 부부가 나치 이데올로기를 위해 옥쇄(玉碎)하기 직전, 아이들을 청산가리 캡슐로 '안락사'시키는 순간을 묘사한 이 소설의 마지막 장면은 가히 압권이다. 아이들이 독살당한 직후 더 이상 아무 소리도 들리지 않는 완벽한 정적, 이는 소리의 제국 나치가 가뭇없이 사라지는 순간인 것이다.

> 이제 나지막한 어른 목소리가 들린다. 여자 목소리인지 남자 목소리인지 확실히 구분할 수 없을 정도로 말이 짧다. 그 목소리는 마이크에서 멀리 떨어진 곳에서 들려온다. "예, 예, 아, 그래요." 그다음엔 아무도 말을 하지 않는다. 뭔가를 마시는 소리가 전부 합해서 여섯 차례 되풀이된다. 그리고 다음에 들린 건 비명일까? 아니면 짧은 울음소리? 그 뒤엔 숨소리만 들린다. 여섯 아이의 폐에서 나오는 숨결이 제각기 다른 리듬으로 뒤섞여 있다. 그 소리가 점점 느려지고 작아진다. 그러다가 마침내 더 이상 아무 소리도 들리지 않는다. 완벽한 정적이다. 축음기의 바늘은 여전히 홈을 따라가고 있는데도 말이다.[74]

5 역사의 창작

결론을 대신해 이 소설의 세 가지 의의를 간추려 보자.

첫째, "새벽녘의 정적을 가르며 목소리 하나가 터져 나온다."[75] 이 소설을 여는 첫 문장이다. 이렇게 이 작품은 나치 돌격대 지휘관의 명령 소리로 시작해서 "완벽한 정적"과 함께 막을 내린다. 제3제국은 복종을 강요하는 단 한 사람이 내는 절대 권력의 목소리만이 메아리쳤던 소리의 제국이다. 하지만 독재자의 목소리가 작아질수록 제국 붕괴의 굉음은 커진다. 급기야 통치자의 목소리가 역사의 허공 속으로 사라지는 순간, 제국은 완전히 몰락한다. 그러나 소리의 제국이 무너지는 순간 소리의 왕국이 또 하나 완성된다. 소리의 세계를 고집스럽게 탐구하며 제작한 카르나우의 음색 지도에 빈 곳으로 남아 있던 마지막 부분이 드디어 채워지기 때문이다. 이처럼 이 소설은 제3제국을 목소리라는 소재로 재해석했을 뿐만 아니라, 목소리 자체의 의미에 대한 깊은 성찰을 보여 주었다는 점에서 의의가 있다. 페터 베케스가 적시한 대로 이 소설은 "목소리 이야기이자 목소리에 관한 이야기"[76]로 독일 현대 문학사에 기록될 것이다.

둘째, 이 소설은 나치 과거를 다루지만, 그렇다고 루카치가 규정한 '역사 소설'의 범주에 온전히 속하지는 않는다. 루카치에게 역사 소설이란 실제 역사적 사건이나 소재를 문학적 상상력으로 다루되, 반드시 역사를 '현재의 전사(前史)'로서 형상화하는 서사 장르를 뜻한다. 역사 소설은 역사적 기록을 작품 소재로 가져오되, 현재의 역사가 나아갈 바람직한 길을 제시해야 한다는 것이다.[77] 이런 관점에서 『박쥐』는 온전한 역사 소설이라 보기 힘들다. 분명 역사적 소재를 작가의 상상력을 통해 재형상화하기는 하지만, 작품 어디에서도 후대 역사가 나아가야 할 올바른 방향을 제시하기 위해 과거를 탐구하는 기성세대 작가들 특유의 진중함을 발견할 수 없기 때문이다. 오히려 이 소설은 역사적 '사실(fact)'과 문학적 '허구(fiction)'가 결합된 이른바 '팩션(faction)'에 가깝다. 그렇다고 이 소설을 단순히 독자의 호기심을 자극하고 관심을 끌기 위해 익히 잘 알려진 역사를 가공하고 조작하여 신화화하는 대중 추수주의적 팩션으로 이해해선 곤란하다. 왜냐하면 실제 전쟁을 체험하지 않은 풍요로운 복지 세대에 속하는 젊은 작가가 실제와 허구, 역사와 문학을 씨줄과 날줄로 엮어 섬뜩할 정도로 신랄하게 국가 사회주의의 모순을 파고들며 문학적 진정성을 확보하기 때문이다. 이렇게 보면 『박쥐』는 '현재로서의 전사'가 생략된 반쪽 역사 소설인 동시에 문학적 완성도가 높고 잘 쓰인 팩션이다. 요컨대 이 작품의 장르적 위상은 역사 소설과 팩션 사이에 있다.

셋째, 기성세대 작가들이 직접적인 의사소통에 근거한 '역사적 기억'에 의존해 힘겹게 나치 과거사 문제에 접근했다면, 국가 사회주의를 체험하지 못한 바이어와 같은 신세대 작가는 '문화적 기억'을 기반으로 나치 역사와 문학적 상상력을 예술적으로 결합한다. 따라서 바이어에게 제3제국은 더 이상 금기의 대상이 아니라 언제나 "열린 장"[78]이다. 비유하자면 무한한 상상의 나래를 펼치며 자유롭게 유영할 수 있는 "완전한 진공 상태"[79]인 것이다. 이런 맥락에서 볼 때 『박쥐』에 내장된 문제의식은 다음처럼 요약될 수 있다. 시대의 증인들이 지녔던 '역사적 기억'은 망각의 늪에 빠져 소멸되지 않도록 '문화적 기억'으로 보존돼야 하며, 문화적 기억이 다시금 작가의 끈덕진 성찰과 창조적 상상력을 통해 예술적으로 재구성될 때 기억의 정치학은 완성된다.

"미래의 치유를 위해/ 과거의 영혼을 간직할지니."[80] 영국의 낭만파 시인 윌리엄 워즈워스의 이 시구가 과거 청산을 위해 나치 과거와 정면 대결을 펼친 전후 독일 작가들의 신조를 대변한다면, 역사적 속죄 의식에서 완전히 해방되었기에 사실과 가상, 역사와 상상력을 자유자재로 섞고 '리믹스'할 수 있는, 바이어를 비롯한 "문학 디제이"[81]가 내세우는 모토는 다음과 같다.

> 과거는 늘 새롭다. 그것은 마치 삶이 지속되듯 꾸준히 변한다. (……) 현재는 오케스트라 단원들을 지휘하듯 과거를 지휘한다. 현재는 바로 이 음정들을 필요로 하지 다른 어떤 것을 요구하는 게 아니다. 그러면 과거는 곧 길게 늘어났다가 이내 짧게 줄어들기도 한다.[82]

독일계 이탈리아 작가 이탈로 스베보의 『제노의 의식』에 사금파리처럼 박힌 구절이다. 축적된 문화적 기억을 바탕으로 과거를 "오케스트라 단원들을 지휘하듯" 예술적으로 재구성하기, 과거 청산이 이루어진 사회 문화적 토대 위에서만 누릴 수 있는 독일 신세대 작가들의 특권이다. 아직도 과거의 잔재가 제대로 청산되지 못해 기억을 문화적인 차원으로 고양하는 일이 요원한 우리의 불우한 사정을 떠올리니, "역사를 창작하기"[83] 시작한 독일 신예 작가들의 조용한 야심이 부럽다.

다니엘 켈만 Daniel Kehlmann, 1975~

1975년 뮌헨에서 영화감독인 아버지 미하엘 켈만과 배우인 어머니 다그마르 메틀러 사이에서 태어났다. 1981년 가족과 함께 빈으로 이주해 예수회 재단이 세운 칼크스부르크 학교에 입학했고, 이후 빈 대학교에서 철학과 독문학을 공부했다. 『베어홀름의 상상』(1997)을 발표하며 소설을 쓰기 시작해, 장편 『말러의 시대』(1999), 『머나먼 곳』(2004)과 소설집 『태양 아래에서』(1998) 등을 발표했고 『나와 카민스키』(2003)로 국제적인 성공을 거두었다. 대표작 『세계를 재다』(2005)는 1945년 이후 가장 성공한 독일 문학 작품으로 평가받았다. 2009년에 발표된 『명예』는 《슈피겔》이 선정한 그해 최고 베스트셀러 반열에 올랐다. 작가로서 거둔 연이은 성공을 기반으로 마인츠, 비스바덴, 괴팅겐, 튀빙겐, 쾰른 대학교에서 시론을 강의했고, 2010년 여름 학기에는 미국 뉴욕 대학교 독문과 초빙교수를 지내기도 했다.

캉디드 문학상(2005), 콘라트 아데나워 기금 문학상, 하이미토 폰 도데러 문학상, 클라이스트 문학상(2006), 벨트 문학상(2007), 토마스 만 상(2008), 네스트로이 연극상(2012) 등 저명한 문학상을 다수 수상했다.

독일 문명 비판

다니엘 켈만, 『세계를 재다』

배기정

1 포스트모던적 역사의식

통일 독일의 촉망받는 신예 작가 다니엘 켈만의 문제작 『세계를 재다』는 1828년 가을 베를린에서 알렉산더 폰 훔볼트(1769~1859)와 카를 프리드리히 가우스(1777~1855)가 실제로 만났던 사건을 토대로 한 이 두 위인의 일대기다. 수학자이자 천문학자인 가우스는 서구 사유의 중요한 틀인 유클리드 기하학 이론을 전복한 인물이며, 훔볼트는 신대륙을 탐험하여 당시 학계에서 인정받던 암석 수성론을 뒤엎고 암석 화성론을 정착시키는 데 공헌한 학자다. 훔볼트가 발품을 팔아 세상을 쟀다면, 가우스는 집에 머물면서 머리를 이용하여 기하학과 천문학의 원리를 새롭게 정립해 냈다는 점에서 이들은 서로 대조를 이루며, 세상을 재는 서구 근대의 두 방식을 대표한다고 볼 수 있다. 『세계를 재다』는 2005년 가을 독일에서 출판되자마자 곧 《슈피겔》 베스트셀러 목록에 올라, 그 후 삼십오 주 연속 1위 자리를 차지함으로써, 파트리크 쥐스킨트의 『향수』(1985) 이래 독일어권에서 가장 많이 읽힌 소설로 기록되었다.[1]

그렇다면 18세기에서 19세기에 걸쳐 독일 계몽주의를 배경으로 전개되는 이 소설이 이렇듯 주목받은 이유는 무엇일까? 이는 무엇보다도 신세대 작가 켈만의 소설이 다른 문화 영역과 마찬가지로 통일 이후 변화를 겪고 있는 독일의 문단 상황을 대표하여 새로운 감수성의 문학 세계를 선보이기 때문이다. 켈만의 문학 세계가 보여 주는 새로운 특성은 내용과 문체 두 가지 측면에서 다음과 같이 요약될 수 있다.

첫째, 켈만은 신세대 작가들이 전반적으로 그렇듯이 역사적 부채 의식에 시달리던 이전 세대들과 달리 무겁고 난해한 역사적 소재로부터 자유롭다. 독일 전후 문학의 거대 서사가 주로 나치 시대, 1, 2차 세계 대전 등을 시대적 배경으로 독일의 굴절된 근대사에 얽힌 과거 극복 문제에 집중하여 문학의 도덕성이나 사회 참여 의식에 천착해 오던 것과는 달리, 켈만을 비롯한 신세대 작가들은 그러한 역사의식과 소명 의식으로부터 의도적으로 거리를 두려 한다.[2] 그렇다고 신세대 작가들이 독일 역사를 완전히 외면하는 것은 아니다. 통일 이후 등장한 독일 작가들은 오히려 역사를 소재로 한 소설들을 그 어느 때보다도 풍부하게 쏟아 내고 있다. 다만 이들 신세대 작가들은 역사의 소재를 대체로 독일 현대사로부터 멀리 떨어진 중세 시대, 르네상스 시대, 혹은 18세기에서 즐겨 찾는다는 점에서 새로운 면을 보여 주며, 역사적 소재를 선택할 때도 정치와 관련된 문제를 주로 다룬 과거 세대와는 달리 일상과 문화의 영역으로 선택의 폭을 크게 넓힘으로써 차이

점을 보인다. 나치 시대 이전의 역사, 그리고 그동안 소홀히 다루어졌던 역사적 소재에 대해 호기심 가득 찬 시선을 던진다는 점이 켈만을 비롯한 신세대 작가들의 특징이다.

둘째, 신세대 작가들은 이전 세대들과 달리 글쓰기 전략에서도 근대 이래로 독일 문학의 특징이 되다시피 한 진지함에서 의식적으로 벗어나려 하며 변화된 취향을 보여 준다. 신세대 작가들의 역사 소설은 특정한 역사적 사실이나 사건에 대한 매우 정교하고 방대한 지식을 기반으로 하되 개성 있고 재기 발랄한 상상력을 발휘하여 상업적 성공을 거두었다는 점에서 공통된다. 타냐 킹켈의 『인형을 조종하는 사람들』(1995), 레베카 가블레의 『포르투나의 미소』(1997), 마렌 빈터의 『인형극 공연자의 유산』(2003), 로베르트 뢰어의 『자동 체스 기계』(2005), 다니엘 켈만의 『세계를 재다』, 일리야 트로야노프의 『세계 수집가』(2006), 펠리시타스 호페의 『요하나』(2006) 등이 이에 해당한다.[3] 이 소설들은 실제 존재했던 역사적 인물이나 역사적 사건(fact)을 배경으로 하되, 이야기 전개의 긴장감을 고조하기 위해 종종 통속 소설의 특성들, 즉 사랑, 살인, 추리, 납치 등 모티프를 사용하거나 허구(fiction)를 가미함으로써 '팩션(faction)'이라고 하는 새로운 문학 장르를 열어 보여 준다.

『세계를 재다』의 특별한 성공은 이 작품이 이러한 새로운 문학적 특징을 보이는 신세대 작가의 전형적인 소설이면서도, 동시에 독일 계몽주의 흐름에 내포된 '도구적 이성'의 측면을 새롭게 조명하여 문명 비판의 문제의식을 담아냈다는 데 있다. 켈만은 18세기에서 19세기에 이르는 독일의 정신사, 문화사에 대한 폭넓은 인문학적 소양과 자연 과학적 지식을 토대로 19세기 독일이 낳은 두 천재와 관련된 일화들을 유쾌하고 흥미진진하게 다룬다. 더 나아가 그는 독특한 진지함을 통해 서구 문명 비판이라는 20세기 이래의 중요한 담론을 전혀 새로운 방식으로 제시한다. 인간 이성에 대한 낙관적인 믿음에 근거하여 인간 사회와 자연 세계의 현상을 합리적으로 해명함으로써 인류의 진보를 이룩하고자 한 계몽주의는 20세기에 접어들어 그 한계를 노정하면서 인간의 이성과 역사의 진보에 대한 지식인들의 근본적인 회의를 불러일으킨 바 있는데,[4] 켈만의 소설은 이러한 문제의식의 연장선상에 있다. 이 글은 "역사적이고 철학적이지만 가벼운"[5] 글쓰기를 통해 독일 역사의 "비극적 소재를 코믹하게 변용"[6]해 평단과 시장에서 성공을 거둔 켈만이 계몽주의에 대한 20세기 지식인들의 비판을 어떤 시각에서 새롭게 해석해 내는지를 살펴보려는 의도에서 씌었다.[7]

2 신세대 작가의 독일 문명 비판

1) 바이마르 고전주의에 대한 풍자

켈만은 《프랑크푸르터 알게마이네 차이퉁》과의 인터뷰에서 이 소설의 핵심이 훔볼트에 있다고 밝힌 바 있다. 이 소설에서 다루는 두 인물 중에서 근대 독일 문화를 대표하는 인물로 훔볼트를 설정하고, 이 인물에게서 바로 '독일적인 것'이 어떻게 나타나며, 또 그 현대적 의미가 무엇인지를 "풍자적, 유희적으로" 성찰해 보고 싶었다는 것이다.[8] 훔볼트는 독일에서 형성된 이른바 교양 시민 계층의 가치 지향을 한 몸에 구현하는 인물로 그려진다. 어린 시절부터 계몽주의 시기의 교양을 습득하고 이를 바탕으로 학문적 업적을 이루어 냄으로써 독일 문화사에 족적을 남긴 훔볼트는 이 소설에서 근대 독일인을 대표하는 인물이다. 훔볼트의 자연 과학적 탐구 정신은 소설 초반의 다음과 같은 희화화된 묘사에서 이미 잘 드러난다.

> 훔볼트는 무서워서 제 발로 도망가는 것들을 빼고는 모든 것을 조사했다. 그는 하늘의 색, 번개의 온도, 밤에 내리는 서리의 무게 등을 측량했다. 새의 똥을 맛보았고 지구의 진동을 검사했으며 죽은 사람들을 매장한 동굴에 들어갔다.[9]

켈만은 어린 시절과 젊은 시절 훔볼트에게 결정적인 영향을 끼친 바이마르 고전주의에 대한 언급으로 그의 삶을 묘사하기 시작한다. 알렉산더 폰 훔볼트는 프로이센의 귀족 가문 태생으로서, 훗날 베를린 대학교를 세운 형 빌헬름과 함께 뛰어난 가정 교사들로부터 집중적인 교육을 받고 성장했다. 이 교육의 중심에는 다름 아닌 바이마르 고전주의 정신이 자리 잡고 있다. 그러나 근대 독일 정신의 최고봉으로서 독일인들이 숭상해 마지않는 바이마르 고전주의에 대해 켈만은 일말의 존경심도 보여 주지 않는다. 켈만은 훔볼트의 어머니가 괴테에게 어린 두 아들의 교육에 대해 자문을 구했을 때의 상황을 다음과 같이 묘사한다.

> 괴테는 이렇게 대답했다. 인간이 추구할 수 있는 것들의 다양함을 뚜렷이 보여 주는 형제, 즉 행위와 향유의 풍부한 가능성들을 가장 모범적인 현실로 만드는 형제, 이들은 감성을 희망으로, 정신을 여러 가지 생각으로 충족시키는 하나의 극작품과 같다.

아무도 이 문장을 이해하지 못했다. 어머니도, 마른 몸에 귀가 큰, 그녀의 집사 쿤트도 전혀 이해하지 못했다.[10]

괴테의 조언에는 고전주의가 지향하는 교육(Bildung)의 이상이 담겨 있다. 하지만 문제는 아무도 이를 이해하지 못한다는 것이다. 대문호 괴테가 피력하는 교육의 이상과 실제 현실 사이에 가로놓인 괴리를 보여 주기 위해 켈만은, 괴테의 언어와 보통 사람들의 언어 사이의 극단적 차이를 드러냄으로써 우스꽝스러운 상황을 연출한다. 이러한 상황은 괴테와 훔볼트 사이 대화에서도 마찬가지로 나타난다. 대화의 무대는 바로 바이마르다. 프라이베르크 광산의 감독직에서 물러나 미지의 세상을 향해 탐험 여행을 떠날 채비를 하면서 훔볼트는 제일 먼저 바이마르를 방문한다. 그곳에서 그는 형 빌헬름 폰 훔볼트 외에 이른바 '바이마르의 별들'인 빌란트, 헤르더, 괴테, 실러를 만난다. 실제로 훔볼트는 1794년 형과 함께 예나에서 처음으로 괴테와 실러를 만난 바 있다. 또한 1796년 훔볼트의 어머니가 세상을 떠난 이후에도 그가 바이마르에서 괴테를 만났다는 기록이 남아 있다. 당시 두 사람 사이에 공통된 관심사는 이들이 인류를 위한 무진장한 보고(寶庫)로 여겼던 식물의 세계였다.[11] 소설 속에서 괴테는 자신을 찾아온 훔볼트를 마치 "동지"를 맞이하듯 반긴다. 훔볼트가 화산을 자세히 관찰하겠다고 하자, 괴테는 다음과 같이 말한다. "누가 당신을 거기로 보낸 것인지 절대 잊어서는 안 됩니다. (……) 여기에 있는 우리가 당신을 보내는 겁니다. 당신은 바다 건너에서도 우리의 대사가 될 겁니다."[12] 이는 독일 역사에 새로운 장으로 기록될 훔볼트의 탐험이 바이마르 고전주의 정신에서 비롯되었음을 암시한다. 그러나 괴테가 고대 로마 시대 동상들을 본뜬 석고 모형들 사이에서 엄숙한 어조로 건네는 의미심장한 말은 공허한 울림에 불과할 뿐, "훔볼트는 그가 무슨 말을 하는 건지 이해하지 못한다."[13] 훔볼트가 만난 다른 바이마르의 별들은 동지애를 표현하는 괴테의 이러한 발언에 아무런 관심을 보이지 않고, 정형시의 형식에 대해 토론한다. 심지어 실러는 졸음을 이기지 못해 "멍하니 소파에 앉아 하품을 한다."[14] 이를 통해 켈만은 괴테를 중심으로 바이마르 고전주의가 지향한 형식미와 관념주의를 은근히 비꼰다. 의무와 취미, 이성과 감성, 열정과 절제, 우아미와 품위가 하나로 결합되고, 진선미가 조화를 이루는 것을 꿈꾼 바이마르 고전주의의 이상이 실제 삶과는 거리가 먼 공허한 이론에 불과하다는 것이다. 실제로 보다 실천적이었다고 알려진 실러조차도 고귀한 인간성의 실현을 미적 영역에서만 가능한 것이라고 규정하고, 교양 있는 극소수 엘리트들만이 이해할 수 있는 것으로 여긴 바 있다. 훔볼트의 바이마르 방문 장면을 통해 켈만은 고전주의의 이러한 한계를 신랄하게 풍자한다.

고전주의 교육을 받고 성장한 훔볼트의 한계는 아메리카로 원정하여 원시림 속에서 벌거벗고 살아가는 원주민들과 조우할 때 그가 취하는 태도에서도 여실히 드러난다.

> 그들은 거의 벌거벗은 채였고, 옷이라고 해 봐야 어디서 주워 걸친 쪼가리들뿐이었다. 모자 한 개, 양말 한 짝, 허리띠, 어깨 위에 고정시킨 완장 등 훔볼트가 그런 것에 익숙한 것처럼 행동할 수 있을 때까지는 약간 시간이 필요했다. 그는 여자들 몸에 털이 몇 군데나 나 있는지 보아야 하는 일이 불쾌했다. 여자들의 타고난 품위와 어울리지 않는 것처럼 보였기 때문이다.[15]

위 예문은 밀림 속에서 자유롭게 살아가는 원주민들에게 '품위'

운운하는 것은 공허한 언어유희에 불과하며, 근대 서구가 자랑하는 '문명'이라는 것이 오히려 인간의 자연적 본성을 억압하는 복잡한 심리적, 제도적 기제에 지나지 않는다는 사실을 나타낸다. 훔볼트가 탐험 중에 재규어에게 쫓기는 사건도 같은 맥락에서 이해될 수 있다. 훔볼트는 재규어를 피해 죽을힘을 다해 도망쳐 나온 후, 사공들에게 재규어가 자신을 공격하지 않고 "놔주었소."[16]라고 말하며 총을 겨누지 말라고 명한다. 맹수를 두려워하여 도망쳐 온 사실로 인해 자신의 위엄에 손상이 갈 것을 염려한 때문이다. 그리고 일기에는 자신이 도망쳤다는 내용 대신, "숲으로 돌아가 재규어를 잡아야 한다고 주장했으며, 총을 장전하고 그놈을 찾아다녔지만 끝내 발견하지 못했다."[17]라고 쓴다. 이러한 문명인의 위선은 밀림 속 그의 생활 방식에서도 분명히 드러난다. 모기 떼와 벼룩의 공격을 피하기 위해 오두막을 짓고 그 안에서 불을 지피며 지내야 할 만큼 척박한 환경 속에 살면서도 어느 날 훔볼트는 말끔하게 면도하고 나타난다. 이에 놀라는 동료에게 "모기 때문에 야만인이 되어서는 안 되지요. 우리는 언제나 문명화된 인간으로 지내야 합니다."[18]라고 답한다. 켈만은 밀림 속에서 외모를 단장하는 것이 인간의 존엄성과 품위의 증거라는 훔볼트의 집착에 가까운 믿음을 보여 줌으로써 과도한 진지함과 엄격함을 특징으로 하는 독일의 문화 전통에 대해 예리한 반감을 표현한다. 이러한 반감은 엄격한 윤리를 중시하는 프로이센 문화 전통에 대한 묘사에서 극명하게 드러난다.

2) 프로이센 윤리에 대한 풍자

독일 문화를 비판하려는 켈만의 의도는 훔볼트와 프랑스인 식물학자 에메 봉플랑 사이에 벌어지는 충돌과 논쟁에서 가장 잘 나타난다. 입으로는 자유와 이성을 이야기하면서 실제로는 관념적인 이념과 의무감에 예속되어 밤낮으로 일에만 몰두하는 독일인 훔볼트와는 대조적으로 프랑스인 봉플랑은 삶을 향유할 줄 아는 인물로 그려진다. 실제 훔볼트는 봉플랑과 동료로서 짧은 구간 탐험을 함께했지만, 소설 속 훔볼트는 줄곧 봉플랑과 함께 있으며 그를 조수처럼 취급한다.[19] 두 사람이 탄 배가 마드리드를 떠나 테네리페 섬에 정박했을 때, 훔볼트는 벌거벗은 채 원주민 여인과 함께 누워 있는 봉플랑을 목격하고 분노를 터뜨리며, 이런 일이 또다시 일어나면 그와 더 이상 공동 탐사를 하지 않겠다고 말한다. 훔볼트가 그에게 약혼녀를 생각하라고 하자, 봉플랑이 이에 대꾸하면서 이어지는 다음 대사는 프로이센 출신 독일인과 프랑스인 사이 차이를 코믹하게 보여 준다.

> 나는 약혼녀가 없어요. 봉플랑이 바지를 입으면서 말했다.
> 약혼녀 따윈 없다고요!
> 인간은 동물이 아니오. 훔볼트가 말했다.
> 가끔은 동물일 때도 있습니다. 봉플랑이 말했다.
> 훔볼트는 칸트를 읽어 본 적이 있느냐고 물었다.
> 프랑스인들은 외국 사람이 쓴 책은 읽지 않습니다.[20]

두 사람 사이에 벌어지는 갈등을 그린 에피소드들에는 대부분 윤리적 의무를 중시하는 독일인과 미학적 향유를 아는 프랑스인의 차이가 드러난다. 또 한 예로 일식을 관찰하게 된 훔볼트와 봉플랑의 대화를 들 수 있다. 브라질 내륙 깊숙한 곳에서 일식을 관찰할 수 있는 기회를 얻은 훔볼트는 이 중요한 기회 앞에서도 일의 정확성에만 집착한 나머지, "나는 일식을 보지 않았소. 영사막에 투영된 것만 보았지. 육분의에 해를 고정시키고 시계도 지켜봐야만 했거든요. 그래서 하늘을 올려다볼 시간이 없었소."[21]라고 설명하며, 봉플랑에게 일식이 어땠느냐고 묻는다. 봉플랑은 평생 두 번 다시 없을 이런 기회를 얻고도 관측에 집중하여 하늘의 일식을 올려다보지 않은 훔볼트를 이해하지 못한다. 봉플랑은 "그렇게 항상 독일 사람답게만 행동해야 합니까?"[22]라는 말로 과학과 숫자에 집착하여 신비한 실제 자연 현상을 체험할 줄 모르는 독일인을 야유한다.

프로이센의 의무 윤리에 집착하는 학자 훔볼트의 태도는 탐사 여행을 준비하는 과정에서부터 잘 드러난다.

그는 일 년 동안 그곳[잘츠부르크]에서 머물며, 사전 연습을 했다. 잘츠부르크의 모든 언덕을 측량했다. 매일 기압을 확인하고 자장을 그렸으며 공기와 물, 땅, 하늘의 색을 관찰했다. 눈을 감고도, 한 다리로 서서도, 비가 오거나 파리가 들끓는 소 무리 한가운데서도 완벽하게 다룰 수 있을 때까지 모든 기구를 분해하고 조립하는 법을 연습했다. 그곳 사람들은 그가 미쳤다고 생각했다. 거기에도 익숙해져야 한다는 것을 그는 알고 있었다. 부당한 대우와 고통에 익숙해지기 위해서 일주일 내내 팔을 등 뒤로 묶고 지낸 적도 있었다. 제복이 몸에 잘 맞지 않았기 때문에 그는 밤에 침대에서도 입고 잘 수 있는 제복을 만들게 했다. 절대 구겨져서는 안 된다고 그는 집주인 쇼벨 부인에게 당부했다. 그리고 아주 역겹고 기름진 유장 한 컵을 더 청했다.[23]

켈만이 이 소설을 집필하기 위해 자료를 조사하면서 훔볼트가 탐험 중에 찍었던 사진을 보았을 때, 이전엔 아무에게도 눈에 띄지 않았던 사실을 발견했는데, 그것은 바로 늘 제복을 입은 훔볼트의 모습이었다고 한다. 제복에 대한 훔볼트의 애착은 프로이센의 관료로서 그의 자부심에서 비롯된 것이지만, 이 모습이 켈만에게는 기이하고도 우스꽝스럽게 보였다고 한다.[24] 켈만은 프로이센 윤리를 대변하는 소품으로서 훔볼트의 제복에 주목했고, 이를 통해 '독일적인 것'을 풍자한다. 다음과 같은 묘사도 훔볼트의 여행이 바로 군인을 연상시키는 '독일인의 여행'임을 보여 준다. 테네리페 섬에서 출발하여 테라 피르마 섬에 도착하자, "깨끗한 프로이센 제복으로 갈아입은 훔볼트는 거수경례로 선장과 작별인사를 나눴다."[25] 어떤 경우에도 흐트러짐을 용납할 수 없는 윤리적 인간 훔볼트의 경직된 태도는 원주민 여인이 다가와 그에게 애무를 시도하는 장면에서 절정을 이룬다.

그녀는 그의 목에 팔을 두르고 그를 애무했다. 그는 방 한가운데서 중얼거렸다. 나는 프로이센 왕가의 관료입니다. 나를 놓아주는 게 좋을 겁니다.[26]

프로이센 윤리에 대한 풍자는 훔볼트뿐만 아니라 가우스에게서도 공통적으로 나타난다. 가우스의 아버지는 아들에게 독일인은 항상 반듯한 자세를 취해야 한다고 강조한다.

독일 사람은 절대 등을 구부리고 앉지 않는다. 한번은 가우스가 물었다. 그렇게만 하면 돼요? 독일 사람이 되기 위해서는 똑바로 앉기만 하면 되는 거예요? 아버지는 아주 오래 생각에 잠겼다. 그리고 고개를 끄덕였다.[27]

정원사인 아버지는 가우스를 방적 공장에 보내 돈을 벌게 하기보다 김나지움에 진학시켜야 한다는 제의를 받는데, 아들의 미래를 결정지어야 하는 이 중요한 순간에도 그는 "가우스에게 무슨 일이 있어도 항상 바른 자세를 유지하라"[28]라고 이른다.

3) 문명과 타자

오디세우스와 훔볼트

프로이센의 의무 윤리에 대한 켈만의 냉소적 야유는 포스트모던 시대에 성장한 신세대 작가들이 독일의 근대 문화 전통에 대해 취하는 비판적 입장을 함축적으로 보여 준다. 하지만 훔볼트가 지향하는 가치와 생활 태도에 대한 비판적 풍자는 단순히 '가벼움'이 특징인 신세대 작가들의 태도를 나타내는 것으로 그치지는 않는다. 그 바탕에는 근대 서구 문명에 대한 진지하면서도 근본적인 비판 의식이 자리 잡고 있다. 이 소설의 문명 비판은 호르크하이머와 아도르노가 『계몽의 변증법』에서 전개한 서구의 도구적 이성 비판과 직접적으로 연결된다. 특히 『계몽의 변증법』의 저자들은 호메로스의 『오디세이』를 분석함으로써 서구 계몽의 형성 과정을 설명하려 한 바 있는데, 켈만은 이로부터 소설의 핵심 모티프들을 직간접적으로 차용한다. 호르크하이머와 아도르노에 따르면 오디세우스는 '시민적 개인의 원형'으로서 그가 세이렌, 폴리페모스, 키르케와 같은 신화적 힘과 대결하여 책략으로 이들을 극복하고 귀향하는 과정은 서구에서 계몽적 주체가 형성되는 과정에 대한 알레고리로 설명될 수 있다.[29] 켈만의 소설에서 세상의 모든 사물과 자연을 이성의 힘으로 측정한 후 독일로 귀환하는 인물로 그려지는 훔볼트는 신화적 자연의 힘을 이성적 책략으로 극복하고 이타카로 '귀향'하는 호메로스의 오디세우스와 연결된다. 오디세우스가 이방 세계인 트로이를 정복한 후, 귀환을 방해하는 자연의 힘을 극복하고 문명화된 고향 그리스로 돌아가는 것처럼, 무지와 미몽으로부터 벗어나기 위해 학문에 전념하는 길을 택한 계몽주의의 아들 훔볼트는 남미의 자연을 정복하여 신화적이고 주술적인 세계에 머무르던 서구 반대편 세계를 서구 질서 속에 편입시키는 데 일생을 바친다. 훔볼트는 오디세우스와 마찬가지로 '이성적 책략'에 의존하여 이 과정을 수행한다. 훔볼트가 마드리드에 머무는 동안 아마존으로 떠나기 위한 채비를 하면서 마드리드의 정치적 실세 마누엘 데 우르키호 장관으로부터 전폭적인 지원을 약속받는 과정은 거인 키클롭스를 속이고 동굴을 탈출하는 오디세우스의 책략을 연상시킨다. 훔볼트를 독일인 의사로 착각한 우르키호 장관이 정력제에 관해 질문하자, 훔볼트는 "아마존의 정글에서 나온 기나 껍질, 중부 아프리카산 양귀비 추출액, 시베리아산 열대 초원 이끼, 그리고 마르코 폴로의 여행 보고서에 나오는 전설의 꽃 한 송이, 이 모든 것을 넣어 센 불로 끓여 낸 액즙 중에서 세 번째 달인 액즙"[30]을 처방으로 내린다. 이처럼 훔볼트는 멀리 원정을 떠나야만 얻을 수 있지만, 실제로는 아무 효능도 없는 묘약 성분을 열거하는 책략을 통해 남미로 가는 배와 선원을 얻는다. 진보를 향한 훔볼트 원정대의 출발은 책략적 거짓말, 내용과 기호가 일치하지 않는 기표인 '계몽의 언어'를 통해 이루어지는 것임이 드러난다. 하지만 켈만은 훔볼트의 이성 중심주의에 내재된 불안, 계몽적 주체의 한계를 묵과하지 않는다.

높이를 알지 못하는 언덕은 이성에 굴욕감을 주며 나를 불안하게 합니다.

나 자신이 어디에 있는 건지도 모른 채 계속 앞으로 나아갈 수만은 없습니다. 아무리 사소한 것일지라도 모르는 것을 그냥 두어서는 안 됩니다.[31]

모든 사유와 행동의 근거를 '이성'에 두려고 하는 훔볼트는 대가를 치르지 않을 수 없다. 진보를 위해 학문에 몰두하는 대가로 훔볼트가 치러야 하는 자기희생은 육체에 대한 경시와 혹사, 여인에 대한 무관심 등으로 나타난다. 학문을 제외한 훔볼트의 삶은 무미건조하며, 실제 세상으로부터 동떨어져 있다. 그러한 훔볼트에게 게오르크 포르스터와의 만남은 비서구적 사유의 등장, 타자의 발견을 암시하며, 계몽의 주체가 겪게 되는 희생과 체념의 고뇌를 예시한다. 포르스터는 훔볼트가 열대 지방으로 탐사 여행을 떠나는 데 직접적 영향을 끼친 실제 인물이다. 훔볼트는 포르스터와 함께 벨기에, 네덜란드, 영국, 프랑스 등지를 여행하기도 했고, 그가 전한 프랑스 혁명 사상에서 깊이 감동받아 다른 독일 고전주의자들과 달리 이후 평생토록 프랑스 혁명을 열렬히 옹호하기도 했다.[32] 켈만의 소설 속에서 포르스터는 오디세우스가 돛대에 몸을 묶는 책략을 통해 신화적 세력인 세이렌의 유혹에 빠져 몰락하는 일을 피할 수 있었던 것을 예로 들며, 비서구 세계 체험이 자신에게 미친 영향에 대해 언급한다. 그는 계몽의 주체인 오디세우스가 결코 세이렌의 기억으로부터 완전히 벗어날 수 없다고 말한다. 여기에서 포르스터는 문명 세계로 귀향한 후에도 아직 원시적 신화의 힘을 상징하는 세이렌의 유혹으로부터 벗어나지 못하고, 서구와 비서구 사이에서 갈등하는 감상적인 오디세우스로 나타난다. 『계몽의 변증법』의 저자들이 오디세우스를 세이렌의 치명적인 유혹으로부터 벗어나 귀향을 달성한 합리적 인간의 전형으로 규정한 것과 달리, 켈만의 포르스터는 『오디세이』를 읽는 새로운 방법을 보여 준다.

> 그는 짙은 안개에 둘러싸인 것처럼 멜랑콜리에 싸였다. 나는 너무 많은 것을 보았네. 그가 말했다. 오디세우스와 세이렌의 비유가 바로 그 이야기지. 돛대에 몸을 묶어 봤자 아무 소용이 없어. 거기서 빠져나온다 해도 낯선 것으로부터는 헤어날 수가 없어.[33]

포르스터가 말하는 오디세우스와 세이렌의 비유는 서구 주체의 비서구 체험이 초래할 혼란에 대한 복선이라 할 수 있다. 이는 훔볼트가 앞으로 겪게 될 주술의 세계, 자연의 세계, 꿈의 세계와의 만남을 예견케 하며, 서구적 인본주의와 계몽주의가 보지 못하는 비이성적 현실과 혼돈의 세계가 그의 앞에 펼쳐질 것을 암시한다.

타자 앞에서의 혼돈: 유령, 꿈, 주술, 숭고한 자연

계몽적 주체인 훔볼트는 어린 시절부터 노년에 이르기까지 변함없이 학문, 지식, 숫자가 유령, 미신, 괴물과 같은 비합리적인 세계로부터 이 세상을 구원해 줄 수 있을 것이라고 믿는다.

> 사실들, 훔볼트가 반복했다. 그것들은 아직 남아 있고 나는 그것 모두를 기록할 거요. 사실로 가득 찬 엄청난 책을 말이오. 세계의 모든 사실들이 한 권의 책에 수록될 거요. 모든 사실들과 우주 전체를 집어넣을 거요. 물론 오류, 환상, 꿈과 안개를 제거하고 말이지. 사실과 숫자. 그는 불안한 목소리로 말했다. 그것들이 구원해 줄 수 있을 거요.[34]

서구의 근대는 주술과 신화를 해체하는 탈마법화 과정으로 이해될 수 있으며, 계몽은 이를 통해 자연을 지배하여 인간을 세계의 주인으로 옹립하려는 사상운동이라 할 수 있다. 그러나 이성을 통한 진보를 굳게 믿는 훔볼트의 주변에는 비이성적이고, 비합리적인 삶의 요소들이 빈번히 출몰한다. 이른바 교양 있는 사람들에 둘러싸여 성장한 훔볼트도 성안에 유령이 돌아다닌다는 소문 속에서 사람들이 유령 이야기를 나누는 것을 들으며 어린 시절을 보낸다. 자신이 원하는 것을 성취하기 위해 어떤 육체의 고통도 마다하지 않고, 심지어 부패한 시체를 봐도 전혀 아랑곳하지 않는 훔볼트도 자신이 아끼던 개가 총에 맞아 죽은 이후로 전혀 내색은 하지 않으면서도 그 개를 그리워하고 여러 차례 개의 꿈을 꾸거나 환영을 보면서 혼란스러워한다. 항해 중에 바다 괴물과 만난 후, 그는 이를 "안개 때문이거나 음식을 제대로 먹지 못했기 때문"[35]에 생긴 착시 현상으로 간주하고, 괴물에 대해서는 기록하지 않기로 한다. 이렇듯 이성에 대한 신념에 가득 찬 훔볼트는 수도사가 어두운 동굴 속으로 들어가기를 꺼리다가 마침내 도망하자 "미신 따위나 믿는 어리석은 인간들!"[36]이라고 호통을 친다. 하지만 막상 동굴 속에서 이미 세상을 떠난 어머니의 환영을 보자, 착시 현상이라고 하기엔 너무 오랫동안 벽면에 머물러 있는 어머니의 모습을 외면하려고 "그는 눈을 감고 천천히 열까지 센다."[37] 유령, 꿈과 같은 초자연적이고 비합리적인 세계에 직면하여 혼란을 겪을 때, 훔볼트는 합리주의를 대표하는 '숫자'를 무기로 대항하려 한다.

훔볼트가 주술의 세계와 만나는 장면에서도 켈만은 또다시 『오디세이』의 모티프를 차용한다. 물론 오디세우스가 거인 키클롭스로부터 스스로를 구하기 위해 자신의 이름이 '아무도 아니다(Niemand)'라고 말하며 책략을 썼던 것과는 달리, 켈만 소설의 훔볼트는 그의 손금을 찾으려다 실패한 예언자로부터 '아무도 아니다'로 호명된다.

아무것도 나와 있지 않아요. 예언자는 훔볼트의 손을 놓았다. 미안합니다. 돈은 안 주셔도 돼요. 제대로 손금을 읽지 못했으니까요. 이해할 수가 없군요. 훔볼트가 말했다. 나 역시 이해가 되지 않습니다. 손에 아무것도 나와 있지 않아요. 과거도 현재도 미래도 없어요. 아무도 보이지 않아요. 예언자는 훔볼트의 얼굴을 주의 깊게 들여다보았다. 아무도 아니에요!³⁸

여기에서 '아무도 아니다'라는 말은 두 가지 관점을 내포한다. 첫째, 오디세우스가 야만의 힘으로부터 자신을 구해 내기 위해 꾀를 내어 말장난이라는 이성적 책략을 사용하듯이, 훔볼트 역시 초자연적 힘이나 현상에 직면할 때 이성적 논리로 대항하는 계몽적 주체라는 뜻으로 해석할 수 있다. 둘째, 계몽의 원리가 통용되지 않는 혼란스러운 주술 세계를 대표하는 예언자를 주체로 설정하고, 계몽의 주체인 훔볼트를 객체의 지위로 전락시킴으로써 켈만은『계몽의 변증법』저자들의 오디세우스 독법을 변용시킨다. 이렇듯 이 소설은 오디세우스 모티프를 차용하여 계몽의 주체와 비합리적 세계 사이의 대결을 반복하여 그려 낸다. 훔볼트에게서뿐만 아니라 소설의 끝에 아메리카로 향하는 오이겐에게서도 오디세우스의 변용이 발견된다. 테네리페 섬에 잠시 정박한 배에서 내린 오이겐은 훔볼트가 예전에 그랬던 것처럼 오래된 용혈수 앞에 서서 자신이 '아무도 아니다'라고 생각한다. 오이겐의 이러한 인식은 태고의 생명을 품은 나무 앞에서 시간의 유한성을 숙명으로 안고 살아가는 인간 존재가 보잘것없다는 느낌에서 비롯된 것이다. 숭고한 자연 앞에서 젊은 오이겐은 스스로 "한순간 타자가 된 것 같기도 하고 아무도 아니다라는 생각이 들었다."³⁹라고 고백한다. 이는 시간을 초월한 신비로운 자연 앞에서 서구의 주체가 스스로를 부정하는 것으로 해석될 수 있다. 켈만은 서구 문명의 승리를 가능케 했던 오디세우스의 '아무도 아니다'라는 책략을 새롭게 해석함으로써 서구적 주체로 하여금 '서구의 타자'가 되어 버린, 비합리적이고, 주술적이며, 숭고하고 신비한 자연 세계와 새로운 관계를 맺도록 한다. 인간과 자연의 관계가 주체와 객체, 지배와 목적을 사유 패러다임으로 하는 계몽의 질서 속에 편입되어 버린 세계에서, 켈만은 이 질서를 흐트러뜨림으로써 서구 계몽주의를 넘어서려 한다.

육체와 시간의 유한성

이 소설의 두 주인공 훔볼트와 가우스는 출생과 성장을 비롯하여 어린 시절, 청년 시절, 결혼, 노년에 이르기까지 서로 극단적인 대조를 이룰 뿐만 아니라, 자연과 이성에 관해서도 상반된 입장을 표명한다. 가우스가 가난한 정원사의 아들로 태어나 어머니의 치마폭에서 벗어나는 것을 두려워하는 반면, 훔볼트는 다른 사람들을 의식하여 어머니의 죽음을 가식적으로 슬퍼할 뿐 멀리 여행할 수 있게 된 데 대해 오히려 '행복'을 느낀다. 이외에도 이성의 힘을 맹신하여 원리와 원칙에 입각해 세상을 설명하려는 훔볼트와 달리, 가우스는 인간 문명이 구축해 놓은 원리와 원칙에 대해 회의적인 입장을 표명한다. 가우스는 수학과 천문학에 대한 열정에도, 인간 이성의 한계에 대해 예리하게 통찰한다. 이성이 법칙을 만든다는 훔볼트의 말에 "그것은 칸트식 구닥다리 사고입니다. 이성은 아무것도 만들지 못하며, 아무것도 이해하지 못합니다. 공간은 구부러져 있고 시간은 확장됩니다."[40]라고 반박한다. 그가 요하나에게 두 번째 청혼 편지를 보낸 후, 거절 편지가 올 경우 자살하겠다고 마음먹을 때, "모든 인간적인 것을 불가능하게 만드는 이성"[41]에 대한 그의 회의는 더욱 고조되어 나타난다. 뿐만 아니라 가우스는 인간의 시간이 유한하기 때문에 이에 대한 인식은 곧 슬픔과 절망의 근원이라고 여긴다.

> 나는 예전에 왜 슬펐지? 아마 어머니가 어떻게 죽는지 보았기 때문일 거야. 세상이 얼마나 빈약하게 조직되어 있는지, 환상은 얼마나 엉성하게 짜 맞추어졌는지, 세상의 뒷면은 얼마나 서투르게 봉합되었는지를 인식하자마자 세상이 아주 실망스러워 보이기 때문이었다. (……) 슬픔은 외면할 수 없어. 슬픔은 생생하게 살아 있어. 가련한 바르텔스. 인식은 절망이다. 왜지, 바르텔스? 시간은 항상 지나가니까.**42**

시간이 지남에 따라 인간의 육체가 쇠약해져 간다는 사실은 어린 시절부터 가우스가 느끼는 슬픔의 근원으로 자리 잡는다. 그는 자신의 어머니가 늙어 가는 것을 알아차리고, 자신에게 이를 막을 힘이 전혀 없다는 사실에 괴로워한다. 이렇듯 인간적인 면모를 갖추고 삶을 향유할 줄도 아는 감성적인 인물 가우스를 통해 켈만은 인간이 시간의 유한성이라는 한계를 숙명으로 안고 살아가는 존재라는 것, 인생의 본질은 슬픔과 무상함이라는 것을 보여 주려 한다.**43** 켈만은 이러한 인간의 한계를 가우스가 노년의 칸트를 방문하는 장면을 통해 짓궂은 방식으로 그려 낸다. 칸트는 1784년에 "용기를 내어 너 스스로의 이성을 사용하라!"라는 선언으로 독일의 젊은 지식인들에게 새로운 삶의 지침을 제시한 바 있다. 소설에서 가우스가 의자에 파묻혀 쪼그리고 앉아 있는 노년의 칸트를 방문하여 공간이 휘어져 있다고 설명하자, 칸트는 이에 '소시지'라는 단어만을 내뱉는다. 이를 통해 켈만은 어떤 이성도 늙어 죽을 수밖에 없는 숙명적 유한성으로부터 인간을 구원해 주지 못하며, 인간 삶이 의존하고 있는 육체가 계몽의 질서와 상관없이 혼돈 속으로 흩어져 버린다는 사실을 여실히 보여 준다.**44** "자연의 충만함과 풍부함"을 믿는 훔볼트에게, 스스로 구원될 수 없는 자연은 "절망을 뱉어 낸다."**45**라고 말하는 라마 승려는 이를 뒷받침해 준다.

3 문학적 허구의 세계: 망각된 세계를 재다

계몽주의가 탈신화와 탈주술을 모토로 서구의 근대를 열었다면, 켈만은 이성의 신화를 벗겨 내는 또 다른 탈신화의 길로 나아간다고 할 수 있다. 이는 물론 프랑크푸르트학파가 『계몽의 변증법』에서 서구의 도구적 이성을 근본적으로 비판한 이래로 독일 지식인들에게 매우 익숙한 주제다. 하지만 신세대 작가 켈만은 기성세대들과 다른 방식으로 이 문제에 접근한다는 점에서 눈길을 끈다. 프랑크푸르트학파로부터 지적 세례를 받은 독일 68세대가 진지하고 엄숙한 방식으로 역사에 접근하여 계몽에 내재한 폭력성을 폭로하고 이에 저항했다면, 켈만은 경쾌하고 장난기 어린 글쓰기를 통해 일정한 거리를 두고 역사를 성찰하려 한다.**46** 켈만은 서구 계몽의 주체를 대표하는 훔볼트에게서 돈키호테와 힌덴부르크의 면모를 드러내고, 그와는 대조적인 회의주의자로서 일상적 삶에 미숙한 기인으로 비치는 가우스를 통해 웃음과 재미를 선사하지만, 동시에 이성과 숫자로 이 세상을 재는 데에는 분명한 한계가 있음을 지적한다. 이들이 측량했다고 믿는 세상은 "광기, 구토, 현기증, 불안, 혼란"**47**을 품고 있기 때문이다. 프랑크푸르트학파의 대표적 사상가 아도르노는 현실 역사 속에서 존재와 의식의 화해가 불가능하다는 것을 인식하고, 현실에 대한 전면적인 부정을 요구하면서, '강요된 화해'가 아닌 '절망' 그 자체에서 구원의 가능성을 찾으라고 설교했다. 하지만 신세대 작가 켈만에게서는 그러한 형이상학적 엄숙함을 전혀 찾아볼 수 없다. 켈만은 오히려 독일 계몽주의가 지향한 이상이 세대를 넘어 실현될 수 있는 공간으로서 현실의 대륙 '아메리카'를 지목한다. 가우스의 아들 오이겐은 새로운 시장을 열어 놓을 미래의 나라, 실용주의와 대중문화를 통해 새로운 세기를 선도할 아메리카로 향한다. 또한 켈만은 오이겐에게 훔볼트와 가우스에 맞서는 반대자 역할을 부여한다. 오이겐은 급변하는 유럽 정세 속에서 정치에는 무관심한 아버지에게 "진짜 폭군은 자연법칙이 아닙니다. 나라 안에 거센 움직임이 일어나고 있습니다. 자유는 더 이상 실러의 책에나 나오는 말이 아닙니다."[48]라고 반박하며, 현실 참여적인 태도를 보여 준다. 이외에도 문학적 감수성이 풍부한 오이겐은 수학 천재인 아버지로부터 항상 "감정은 지나치게 풍부하고 이해력은 부족"[49]하다고 비난받지만, 이러한 문학적 감수성은 이성과 숫자에 집착하는 서구의 계몽에 맞서게 된다. 숫자로 측량되지 않는 문학적 허구의 세계에 대해 경멸의 시선을 보내는 훔볼트와 가우스에게 켈만은 그들의 '세계'에는 포함되지 않았던 '이야기의 세계'를 통해 새로운 세계 측정의 방식을 제시하려 한다. 말하자면, 그는 서구의 계몽이 망각했던 '서구의 타자'를 '세계'의 범주에 포함함으로써, 합리적이고 경험적이며 측정할 수 있는 세계와 비이성적이고 비합리적인 세계가 공존할 수 있도록 '세계'의 외연을 넓히려는 것이다. 물론, 진지하고 심각한 전통적인 독일 방식이 아니라, 가볍고 익살스러운 새로운 방식으로.

토마스 브루시히 Thomas Brussig, 1965~

1965년 동독에서 태어났다. 학업과 군 복무를 마친 후 1990년 독일 통일 전까지 여러 직업을 전전했다. 통일 이후 포츠담 소재 영화 전문 대학교 '콘라트 볼프'에서 수학하고 영화와 텔레비전 각본 과정을 마쳤다. 1991년 익명으로 발표한 소설『물의 색깔들』로 등단했고, 베를린 장벽에 대한 기록이자 붕괴 직전 독일 사회의 자화상인『우리 같은 영웅들』(1995)로 일약 문단의 스타가 되었다. 독일 통일이라는 역사적 사건을 위트와 풍자, 유머와 아이러니로 형상화한 이 작품은 스물여덟 개 언어로 번역되었고 연극, 라디오극, 영화로 만들어지기도 했다. 그 밖에 통일 전 베를린 장벽 주변에 사는 소년들의 일상을 놀랄 만큼 가볍고 경쾌하게 그려 낸『존넨알레』(1999), 축구라는 개인의 체험을 시대의 체험으로 녹여 낸『남자가 될 때까지』(2001), 사회주의에 대한 절대적 신념이나 부채감이 없는 새로운 시선으로 자본주의 사회의 폐해를 파헤친『그것이 어떻게 빛나는지』(2004) 등 문제작을 발표했다. 그중『우리 같은 영웅들』,『존넨알레』,『그것이 어떻게 빛나는지』는 '동독 3부작'으로 일컬어진다. 그 외 영화 각본 및 연극 극본 다수가 있다. 한스 팔라다 문학상(2000), 카를 추크마이어 메달(2005), 크비리누스 쿨만 상(2008) 등을 수상했다.

카니발적 웃음

토마스 브루시히, 『우리 같은 영웅들』

박희경

1 애도하는 웃음

웃음은 근대 이래 독일 문학에서 거의 언제나 서자 취급을 받아 왔다. 적어도 1990년대 중반 희화와 유머, 익살과 풍자가 다시 미적 도구로 기능과 역할을 인정받기 전까지 그랬다. 나치 과거에 대한 책무 의식에서 자유로운 서독 출신 '손자 세대'는 그렇다, 웃을 수 있다. 그런데 동독 출신 작가라면 문제가 좀 다르다. 동독 출신이면서 1990년대에 등단한 작가들의 문학이 희화와 유머의 글쓰기에 열려 있다는 점은 특별한 주목을 요한다. 1960, 1970년대에 태어나 "엄숙하고 진지했으며, 웃음을 찾기 어려웠던"[1] 동독 문학을 호흡하고 자란 세대로서, 좋든 싫든 엄연한 삶의 토대였던 사회주의 체제의 몰락을 경험하며 무거운 역사를 통과해 온 이들에게 웃음은 별로 어울려 보이지 않기 때문이다. 그런데 '사라진 국가와 역사를 어떻게 기억할 것인가?'라는 엄중한 질문에 토마스 브루시히, 크리스토프 브루메, 엔스 슈파르슈, 케르스틴 헨젤, 잉고 슐체 등 동독 출신 작가들은 상당 경우 웃음이라는 반어법의 문학으로 대답한다. 나치 파시즘과 사회주의 건설을 경험한 위 세대 작가들이 동독의 몰락을 비탄과 회한이 스민 멜랑콜리적 글쓰기로 반추했던 것과 달리, 젊은 작가들은 대상에 대한 냉소에서부터 따스한 이해의 미소에 이르는 넓은 스펙트럼의 웃음이 문화적 기억의 유용한 방식일 수 있음을 보여 주는 것이다. 이 스펙트럼의 한 극단에 동독 역사를 육담(肉談)으로 풀어내면서, 웃음으로써 카타르시스를 꾀하는 토마스 브루시히의 『우리 같은 영웅들』이 있다. 소설의 주인공이자 화자인 클라우스 울치트는 자신의 '퇴행'의 성장사를 동독 '몰락'의 역사와 함께 짜내면서, 이 '총체적인 대실패'에서 비극적 무게를 덜어 내고 그 자신을 포함한 동독을 한바탕 웃음거리로 만들어 버린다. 이 소설은 그때까지 무명 작가였던 브루시히를 단숨에 독일 문단을 대표하는 작가의 반열에 올려놓았고, 영화, 라디오 방송, 연극 등 인접 예술 장르로 재창작되었다. 또한 이 작품은 출판 한 달 후에 재판되고 총 20만 부 이상 팔리는 등, 대중적으로 큰 성공을 거두었다.

　『우리 같은 영웅들』에 대한 지금까지의 연구들은 이 소설이 성공한 이유를 작가의 독특한 글쓰기 전략, 즉 국가와 역사를 담은 거대 담론을 변태적 섹슈얼리티의 색안경을 통해 뒤틀고 상실의 경험을 기괴한 웃음으로 변환하는 글쓰기 전략에서 찾는다.[2] 예를 들어 아이러니, 패러디, 트라베스티, 그로테스크 등은 『우리 같은 영웅들』의 형식적인 특징으로 꼽힌다. 하지만 이 소설의 글쓰기 전략에 본격적으로 천착한 연구는 찾아보기 어렵다. 다니엘 지히의 연구는 카니발적 문학이라는 틀에서 『우리 같은 영웅들』을 해석하려 한다는 점에서 이 글의 관점과 공유 지대를 갖는다.³ 하지만 지히의 관심은 카니발의 기괴한 특성에 집중되며, 정상에서 벗어난 주인공의 변태적인 성적 태도와 과장된 행동들에서 카니발적 특성을 찾는 데 한정된다. 요컨대 이제까지의 연구 및 비평 들에서 발견되는 '카니발적'이라는 어휘는 『우리 같은 영웅들』의 부분적인 문단이나 마지막 장면, 주인공의 성적인 특성을 가리키는 제한적인 용어였다. 이에 반해서 이 글은 '카니발적'이라는 용어를 바흐친의 카니발 이론에서 비롯하는 광의로 파악하며, '카니발적 웃음'이 『우리 같은 영웅들』의 서사적 원칙을 이룬다고 보고 이를 분석, 평가하고자 한다. 구체적으로 우선 바흐친의 카니발 이론을 통해서 카니발의 개념을 규정하고, 이를 바탕으로 『우리 같은 영웅들』에서 나타나는 웃음의 서사를 분석할 것이다. 이로써 이 글은 브루시히의 소설이 동독을 기억하는 방식에서 이전 세대 작가들의 멜랑콜리적인 반추와는 확연히 구분되는 서사적 전략을 취함을 밝히고, 나아가 웃음을 통한 애도가 가능한지 가늠해 보고자 한다.

2 카니발적 문학

바흐친은 중세 카니발 속 웃음의 범우주적인 성격과 양가적 원칙을 이론화했으며, 이를 문학, 특히 소설의 원리로 발전시켰다. 그에 따르자면 카니발은 엄격한 중세의 지배적인 진리와 사회 질서로부터 해방되는 진정한 시간성의 축제며, 생성, 변혁, 개혁의 축제다. 바흐친이 중세 카니발의 원칙을 문학, 특히 소설의 구성 원칙으로 발전시키고 라블레, 세르반테스, 도스토옙스키의 문학에서 '문학의 카니발화 혹은 카니발적 문학'의 전범을 찾은 이래, 문예학에서 카니발적 문학이란 기존의 위계적인 의미 체계와 가치 체계를 지양하고 전도하는 언어적, 미학적 형식을 갖춘 텍스트를 지칭하는 개념으로 자리 잡았다.

이 글의 맥락에서는 카니발의 다음과 같은 성격이 특히 중요하다. 우선, 카니발은 중세 사람들 특유의 이중적인 삶의 양식에서 배태되었다. 중세인들은 엄숙함의 원칙이 지배하던 공식적인 삶과 함께 웃음의 원칙이 지배하던 카니발의 삶에 참여했다. 그들은 공식적인 교회 미사에 경건하게 참여하면서도, 광장에서는 교회 의식을 유쾌한 패러디의 대상으로 삼으며 이중생활을 했다. 공식적 생활을 이끄는 진리에 대해 진심 어린 경외심을 품으면서도, 전도된 세계에서 '뒤집힌' 우스꽝스러운 진리 또한 신뢰했던 것이다. 공식적인 삶에서는 웃음이 철저히 억압되었다. 중세 계급 문화가 만들어 낸 엄숙함은 권위, 강제, 금지와 결탁했고, 신적인 권위와 세속의 권위에 입혀진 진지함과 경건함의 아우라는 민중에게 위압감과 공포심을 불러일으켰다. 하지만 카니발의 삶에서는 웃음이 엄격한 위계질서와 도그마의 독재로부터 해방되었다. 웃음은 신이 불러일으키는 신비스러운 공포, 자연력에 대한 공포, 도덕적인 공포에 대한 은밀한 승리였다. 축제 기간이 끝나면 사람들은 다시금 엄격한 계급 사회의 공식적인 질서 속으로 들어가야 했지만, 카니발에서 형성된 비공식적인 진리의 미광(微光)에 힘입어 르네상스 시대가 열릴 수 있었다.

카니발은 시간적으로 한정되었지만 공식적인 삶과 마찬가지로 중세 사람들에게 중요했으며 보편적이었다. 지위 고하를 막론하고 모든 사람들이 카니발에 참여했으며 축제 기간 중에는 카니발이 곧 세상이었다. 이때에는 공식적인 삶의 질서를 이루는 위계적인 의미 체계와 가치 체계가 지양되고, 상하 구조가 뒤집혔으며, 고귀하고 정신적인 것이 세속적이고 육체적인 것으로 변형되는 전도된 세계가 생겨났다. 이를테면 '바보제'에서는 어릿광대가 왕이었고, 성직자로 추대된 인물이 종교 의식을 우스꽝스럽게 비틀어서 집행했다. 옷을 거꾸로 입고, 바지를 머리에 뒤집어쓰는 등 상징적 행위와 향을 피우는 대신 변을 태우는 등 의식에 대한 패러디는 정신적 차원과 육체적 차원의 '자리바꿈'을 보여 주는 예다. 카니발의 언어는 "물질적, 육체적 하부 요소들로 점철되어 있었다."[4] 바흐친이 패러디와 그로테스크라는 개념으로 부르는 카니발의 언어에는 격하하고, 저속화하고, 육화하는 특성이 있다. 카니발의 주인공은 어릿광대나 바보고, 삶의 중심은 먹고, 마시고, 배설하는 육체에 집중되고, 욕설, 상소리, 저주가 거리낌 없이 분출되며, 엄숙한 것은 비속화되고, 성(聖)스러운 것은 성(性)적인 것과 결합되고, 권력은 기괴하고 우스꽝스러운 맥락으로 전이된다. 바흐친의 말로 하자면, "카니발은 신성한 것과 세속적인 것, 고상한 것과 저급한 것, 위대한 것과 보잘것없는 것, 현명함과 어리석음을 통합하고 섞으며 결합한다."[5]

패러디, 그로테스크와 함께 발생하는 카니발의 웃음은 공식적인 생활과 비공식적인 생활을 포함해서 문자 그대로 모든 것을, 비유컨대 자신의 거대한 목구멍 속으로 삼켜 버리는 웃음이었다. 카니발에 관객과 배우가 따로 없듯이 카니발의 웃음에서는 권위도 제외되지 않았고 어리석음도 배제되지 않았다. 그것은 웃는 사람들을 포함해서 모든 사람과 모든 사물, 세계 전체를 향하는 범우주적인 성격을 띠었다. 카니발을 지배하는 원칙으로서 웃음은 공식적인 세계로부터의 '해방'을 뜻했다. 억눌려 온 육체성이 마음껏 발산되고 언어적 위계질서가 파기되며 성스러운 것이나 저속한 것이 동등한 위상을 갖는 '전도'의 축제에서 터져 나오는 웃음은 권력으로부터 느끼는 공포와 위협에 대한 '승리'였다. "웃음의 진리는 권력을 '약화'했다."[6]

나아가 바흐친은 카니발의 웃음에서 중세의 세계관을 읽어 낸다. 카니발의 웃음은 그에 따르자면 근본적으로 양가적이었다. 그것은 조소와 조롱인 동시에 유쾌한 환호며, 부정이면서 긍정이고, 매장하기면서 부활시키기기도 하다. 웃음의 이 야누스적 본성은 (중세의 위계질서가 토대로 삼은 부동성과 초시간성의 진리에 맞서서) 죽음이 생명을 잉태하고 생명이 죽음을 안고 있는 시간의 거대한 순환, 즉 시간의 흐름 속에서는 절대적이거나 영속적인 것이 없음을 가리킨다. 그리하여 카니발의 웃음은 과거와 현재를 매장(埋葬)하며, 그 안에 싹트는 미래를 응시하는 것이다.

3 카니발로 읽는 『우리 같은 영웅들』

1) 지껄임. 카니발적 언어

소설 『우리 같은 영웅들』은 동독 시절 슈타지 견습생이었으며, 통일 후에는 포르노 배우였던 클라우스 울치트라는 인물이 자신의 거대한 남근으로 베를린 장벽을 무너뜨렸다고 주장하는 것으로 시작한다. 그는 허무맹랑한 주장을 하는 데서 그치지 않고, "역사적 책임을 통감하고"[7] 자서전을 세계사에 남기려 하며 자신의 책이 완성되면 노벨 문학상과 평화상을 동시에 수상하는 것은 문제도 아니라고 떠벌린다. 사실 클라우스는 《뉴욕 타임스》 기자 키첼슈타인과 인터뷰 중이지만, 그는 이것을 내부 검열 없이 말해도 결과를 책임질 필요가 없는 "마이크 테스트"[8]로 설정한다. 그리고 자신의 스무 해 남짓한 인생사를 장광설로 늘어놓는다. 그것은 "나의 성도착, 나의 작은 성기, 나의 염탐과 밀고 행위, 나의 발기부전, 나의 변태적인 수음 환상, 나의 과대망상과 나의 기막히는 무지(無知)의 역사"[9]에 대한 이야기다. 이런 믿을 수 없는 허무맹랑한 이야기를 그는 정확하고, 규칙에 맞으며, 잘 다듬어진 언어가 아니라, '말도 안 되는 말'로 한다. 그것은 언어의 질서에서 이탈하는 '지껄임(lallen)'이다.

> 모든 어머니들의 어머니의 한껏 당겨지고 조이고 닦이고 손질된 문장들은 가라. 이제부터는 그냥 지껄임이 있을 뿐이다.[10]

클라우스의 말 같지도 않은 말은 소설의 시간적 구성상 베를린 장벽이 무너진 날에서 비롯한다. 그날까지 겁먹은 토끼처럼 체제에 복종하면서 살아온 클라우스는 말이 처음 자신의 것이 되었다고 자랑하는데, 이 말은 동독 사회주의 건설에 참여했던 어머니 세대의 언어적 질서에서 이탈하는 '지껄임'으로서, 사회의 가치 체계를 구성하고 전달하는 언어의 논리적인 기능을 없애 버리고 발화의 즐거움을 극대화한다. 문제는 지껄임으로 "어머니들의 어머니" 크리스타 볼프의 도덕적인 언어를 대신하겠다고 나서는 클라우스가 어머니에게 받은 언어 교육의 생산물이라는 모순이다. 어머니는 클라우스에게 "완벽한 표준 독일어"[11]를 가르쳤다.

클라우스의 어머니 루시 울치트는 위생 검사관으로 "위생의 여신"[12]이라고 할 만큼 철저한 직업 정신의 소유자다. 그녀는 모든 것을 위생의 관점에서 판단하고 걸러 내며 소독할 뿐만 아니라 세균이 침투하거나 병원체가 자리 잡지 못하도록 아예 부엌과 목욕탕의 "틈새들"을 "봉해 버린다."[13] 위생을 향한 열정은 아들에게 가르치는 말에까지 확장된다, 혹은 여기에 집중된다. 그녀는 어린 아들이 배워 가는 말들을 "도덕적, 위생적"[14] 관점에서 소독하는데, 그녀의 직업 정신이 발휘되는 언어들은 대부분 섹슈얼리티, 어머니식으로 말하자면 '젝스얼리티'의 영역에 속한다.(독일어 '젝스(sechs)'는 숫자 6을 가리킨다.) 일례로 어머니는 "성기"라고 말하는 대신 성과 관련된 의미를 배제한 "오줌대"라는 명칭을 만들어 낸다. 어머니의 관점에서 그것은 화장실에서만 사용되며, 사용 후 별도로 준비한 비누로 두 손을 씻어야 한다는 점에서 "위생상 까다로운 물건"[15]인 것이다.

어머니가 섹슈얼리티와 관련해서 무시하고 조롱하는 태도를 취함으로써 클라우스의 성적인 성장을 저해한다는 점은 지금까지의 연구에서 지적되었다. 그러나 어머니의 성장 저해 교육이 언어를 통해서 매개된다는 점은 간과되어 왔다. 어머니는 아들이 모든 병균과 함께 삶마저 살균 처리된 양수 속에 머물도록 유도한다. 어머니는 "완벽한 표준 독일어"[16]를 말하며, 어린 아들에게 "완전한 문장"[17]으로 대답하는 법을 가르친다. '완벽하고' '완전하게' 어머니가 말하며 아들에게 각인하는 것은 다름 아닌 "원칙들"[18]이다. 마르쿠스 쥐망크는 어머니의 언어가 "단성적인 형태(monologische Form)"로서, 폐쇄적이고 표준화를 강요하며 양가성을 배제한다고 말한 바 있다.[19] 어머니는 아들의 안녕을 위해서 최선을 다해 끊임없이 위험을 "경고한다."[20] 어머니는 사소한 실수나 사고도 최악의 사태를 불러온다고 언제나 아들에게 경고한다. 예를 들어 손가락에 상처가 나면 "패혈증, 이로 인한 신체 절단, 마침내 죽음"[21]에 이를 것이기 때문에 해양 소년단에 참여하면 안 되고, 자유롭게 섹스하면 성병에 걸릴 뿐 아니라, 에이즈에 감염되고 마침내 죽을 수도 있다는 것이다. 이 맥락에서 재차 강조하고 싶은 점은 클라우스의 성장 환경에서 언어가 지니는 중요성이다. 클라우스의 아버지 에버하르트 울치트는 말이 없고, 어린 아들에게 직접적으로 말을 건네는 법이 없다. 아들에게 말할 때는 필요한 말만 명령형으로 한다. 동화에서처럼 세 가지 소원이 주어진다면 마지막 소원이 "아버지가 무엇을 하는 사람인지"[22] 아는 것일 만큼, 클라우스에게 아버지란 도무지 정체를 알 수 없는 존재다. 마침내 그는 아버지가 슈타지 소속이라는 것을 알아내지만, 이는 충분한 설명이 되지 못한다. 슈타지야말로 가장 비밀스러운 국가 기관이기 때문이다. 아버지가 "도대체 낮 동안 무슨 일을 하는 사람"이었는지는 한 번도 발설된 적이 없고 나중에도 드러나지 않는다. 그런데 (끝까지 추측될 뿐이지만) 항상 침묵하던 아버지는 국가적 차원에서 "인쇄 매체"[23]의 언어를 감시하고 검열하며 금지하던 사람으로 드러난다. 아홉 살 클라우스가 미래의 영웅으로 신문과 잡지의 1면을 장식한 사건이 사실상 아버지의 비밀스러운 배후 공작 결과였다는 것은, 아버지가 공식적인 언어에 행사하던 권력을 암시하는 한 예다. 언어와는 무관해 보이던 아버지조차도 언어의 사용을 배후에서 조정하던 인물일 수 있는 것이다.

어머니의 말은 도덕적인 독점욕와 지휘권으로 클라우스의 "생각의 경작지"[24]에 큰 피해를 입힌다. 피해의 증거는 일차적으로 클라우스가 자신이 속한 세계를 조롱 대상으로 삼는 데서 나타난다. 그는 권력 기관 슈타지를 멍청이들의 집합으로 희화화하며, 이와 동일한 태도로 비판적 동독 지식인의 대명사 크리스타 볼프를 포르노 작가라고 깔아뭉갠다. 정치에 무관심했기 때문에 슈타지에 들어갔고, 어머니의 "경고하는 목소리"[25]를 들었기 때문에 볼프의 연설에 흥분하는 클라우스는 분명 도덕적으로 옳지 못하다. 하지만 어머니가 매개한 사회주의적 도덕 교육이 입힌 피해는 클라우스가 언어를 원칙대로, 즉 문법적으로만 이해할 수 있다는 데서도 나타난다. 이 소설에는 어머니의 언어와는 대조되는 이본느의 언어가 있다. 이본느의 꾸밈없고 자연스러우며 개방적인 말은 클라우스에게 언어의 또 다른 가능성을 열어 보여 준다. 이는 말이 "서로 주고받는 작고 매혹적인 선물"이며 "부활절 달걀처럼 기쁨을 느낄"[26] 수 있는 것이라는 놀라운 발견이다. 하지만 이본느에게 "아프게 해 줘!"[27]라는 말을 들은 클라우스는 그 말을 사랑해 달라는 은유적인 표현으로 해석하지 못한다. 그는 이본느의 말을 문자적인 의미에서 따지면서, "피가 나도록 긁으라는 말인가? 때리라는 건가? 물어 달라는 말인가? 혹은 사지를 비틀어 분질러 달라는 건가?"[28]라고 되묻는다. 그는 죽은 고양이를 보면 병원균을 떠올리고, 기쁨의 눈물을 흘리는 사람들을 이해할 수 없으며, 파란색이 아닌 하늘빛은 표현하지 못한다. 어머니의 도덕적이고 단성적인 언어에 맞선 시적 언어의 혁명은 불가능한 것으로 드러난다.

> 우리의 어머니들은 무자비하리만치 흠-잡을-데가 없었지! 실로 그들의 공적으로 기록될 수 있는 그 많은 것들! (……) 그들이 보여 주는 인생사 앞에서 어찌나 저절로 경외감이 생기는지 다리가 다 후들거릴 지경입니다.[29]

아버지가 비밀리에 검열하고 허가해 놓은 언어의 장(場) 안에서 "언어의 연금술사"[30]인 어머니는 동독 사회주의 건설이라는 '영웅적인' 전설의 실타래로부터 도덕적인 말들을 자아낸다. 아들(들)은 흠결 없는 어머니의 도덕성에 순응하지만 어머니의 도덕적 전설을 자신의 언어로 체화하지 못하고 오히려 그 독점적인 권위에 질식당한다.

> 그들은 우리들이 더럽게 비참한 처지라는 걸 상상도 못 할 겁니다! 나 자신도 하기 힘든데 그들이 어떻게 상상하겠습니까! 올림피아 어머니들에게 둘러싸여 우리들 자신의 불확실한 말로 어떻게 그런 이야기를 하겠습니까? 더욱이 그들에게는 해방된 언어에 대해서마저 독점권이 있는데 말입니다.[31]

사회주의를 건설한 자랑스러운 역사에서 비롯되는 어머니의 도덕성은 클라우스에겐 전설일 뿐인 옛날이야기의 당위성을 강요한다. 하지만 아들은 그 도덕적인 언어로 "자신의 더럽게 비참한 처지"를 말할 수 없다. 그 언어로는 '내가 얼마나 잘 살고 있는지'만을 말할 수 있기 때문이다. 어머니의 언어는 도덕을 독점했지만 생명을 잉태하는 힘을 상실해 버린 것이다. 어머니 언어의 양수 속에 머문 아들은 자신을 표현할 언어를 찾지 못하고, 따라서 그에게는 자신을 이야기할 수 있는 가능성이 거의 없다.

클라우스는 착한 아들로서 어머니의 언어에 저항하지도, 반항하지도 않는다. 오히려 그 반대다. 그는 성장을 막는 어머니의 요구를 더욱 만족시키고 과잉 적응하여 '거꾸로' 자란다. 요컨대 클라우스는 이본느의 "나비 같은"[32] 시적 언어로 혁명을 일으키는 대신에 말이 시작되기 이전 상태로 퇴행하는 것이다. 그 결과 클라우스는 말도 안 되는 지껄임을 자신의 언어로 삼고, 유치하고 저질이며 말장난에 지나지 않는 외설스러운 육담(肉談)을 떠벌리기 시작한다. 이렇듯 클라우스의 지껄임은 어머니 언어에 대한 과잉 적응의 산물이다. 그의 외설(猥褻)은 어머니 언어의 밖에 있는 외설(外說)이 아니라, 도덕적이기만 한 어머니 언어가 배태했으며, 더 이상 새로운 생명을 키우지 못하는 어머니의 언어적 양수 속에서 기형화된 말이다. 이렇게 보자면 클라우스의 외설은 어머니의 도덕적 언설의 쌍생아라고 할 수 있을 것이다.

2) 전도된 세계

어머니의 착한 아들 클라우스는 신체의 성적 발달을 억압하느라 십 대 시절을 소진한다. 어머니의 언어에 대항하지 않았듯이, 그는 자신을 어머니가 성에 대해서 보이는 억압적인 태도와 동일시한다. "윤리적, 도덕적인 이유에서"[33] 자신의 성기를 만지지 않으며, 성적 흥분을 피하기 위해서 필사적으로 노력하고, 심지어 건강 악화를 무릅쓰면서 물조차도 거의 마시지 않는다. 그러나 결과는 역설적이다. 성 충동을 승화하는 법을 알아 가는 대신에 유아기적 성의 특징인 도착증에 빠지는 것이다. 클라우스는 언어적으로 퇴행함과 동시에 성 발달 단계를 거꾸로 밟아 간다.[34] 섹슈얼리티는 강박이 되며, 성적인 도착은 클라우스가 세상을 바라보는 관점이 된다. 그는 모든 것을 성적인 것, 자신의 유난히 작은 성기와 연관하여 받아들인다. 클라우스의 시선을 통해서 보이는 세계는 육체적인 것과 결부되어 격하되고 왜곡되며 권위와 품격을 잃고 우스꽝스럽게 변형된다. 이를테면 부모님은 그를 낳기 위해서 오직 한 번 위생적으로 위험한 행동을 감수하며 희생한 것이고, 동독 슈타지는 나토 사무총장의 정액을 훔쳐 오는 비밀 임무를 그에게 맡길 것이며, 자신이 세계적인 성도착 산업을 개발해 외화를 벌어 사회주의 경제를 살릴 것이고, 크리스타 볼프의 작품은 성적 흥분 억제용이라는 식이다. 이렇듯 부모님의 사랑은 비속화되고, 권력 기관은 기괴하게 희화화되며, 도덕적 권위 또한 성적인 것과 결합되어 비하된다.

클라우스의 눈을 통해서 보이는 세계는 바흐친이 말한 카니발의 전도된 세계와 구도가 같다. 공식적인 삶의 질서를 이루는 위계적인 의미 체계와 가치 체계가 지양되고, 상하 구조가 뒤집히며, 사회주의 이데올로기가 세속적이고 육체적인 것으로 변형되면서 전도된 세계가 생겨나는 것이다. 클라우스는 성적인 행동을 하는 것이 부모의 금지를 어기는 나쁜 짓이라는 죄책감 때문에 수음할 때면, "발각되고, 체포되고, 재판받고, 조롱거리가 되고, 해고되고, 거세되고, 오명을 뒤집어쓰고 부모와 자식의 인연을 끊어야 할"[35]지 모른다는 두려움에 쫓긴다. 이로부터 벗어나기 위해서 그는 수음에도 도덕적인 당위성을 부여한다. 그는 자신이 어떤 여성적 존재가 아니라 "슈타지 장관 밀케"[36]를 상상하면서, 밀케와 자신의 공통된 관심사인 사회주의를 위해서, 인본주의 전통에 따라서, 공동의 대의를 위해서, 순수한 애국심에서, 자유 시간에, 봉사 활동으로서 자위행위를 한다고 말하며 자신의 행위를 범국가적이고 사회주의적인 차원으로 확대한다. 그는 수음이 역사적 진보를 위한 행동의 일환이라고 상상해야만 비로소 사정할 수 있다.

『우리 같은 영웅들』에서 일어나는 기괴한 전도는 "위대한 변태 성욕자"[37]가 되어 사회주의를 구원하기 위해 성도착 개발 프로젝트를 실행하는 클라우스의 모습에서 절정에 이른다. "저작권법에 의해 보호받는 성도착증을 개발해서 수출하고 외화를 벌어들여"[38] 동독의 외화 부족 현상을 타개하겠다는 것이다. "아인슈타인의 천재성으로 프로이트의 연구 대상과 레닌의 유산을 융합한" 프로젝트의 결과를 위 세 천재들의 주요 저서가 발표된 지 백 주년 되는 해인 2005년에 발표하고, 베를린을 변태 산업의 메카로 만들겠다는 사회주의 구출 시나리오는 변태 성욕자 클라우스 울치트의 피가 현실 사회주의의 수장 에리히 호네커의 생명을 구하는 방식으로 실현된다. "파리아, 변태 슈타지, 어린이 유괴범, 유사 성폭행범"[39] 클라우스와 호네커가 피를 나눈 형제가 되는 것이다. 이에 따라 상부와 하부의 자리바꿈이 일어난다. 병석에서 일어난 호네커가 마지막으로 변태적인 정치를 하는 반면, 클라우스는 수혈 과정에서 생긴 부작용 때문에 거대해진 성기로 장벽을 무너뜨리며 세계사의 주인공이 되는 것이다.

질서는 완벽히 전도되며, 동독 주민들이 느끼는 두려움의 근원지는 발가벗겨진다. 하지만 그렇다고 슈타지의 진짜 모습이 드러나거나 현실 사회주의 국가 동독의 실제 현실이 재현되는 것은 아니다. 클라우스조차도 진짜가 아닐 것이라고 의심할 정도로 허술한 슈타지의 모습은 분명 사십 년 동안 동독 감시 체제의 구심점이었던 그 슈타지와 다를 것이다.[40] 다만 클라우스의 과대망상, 기괴한 상상, 변태적인 행위의 목적은 동독의 감시 체제가 행사했던 정치적인 억압을 드러내는 데 있지 않다. 오히려 그의 기괴한 트라베스티는 모든 사람들이 알지만 아무도 이야기하지 않는, 슈타지를 둘러싼 터부 체계를 패러디한다. 이 소설에서 슈타지가 이름으로 언급되는 경우는 거의 없다. 이미 언급했듯이 클라우스의 아버지는 자신의 직장 이름을 말한 적이 없으며, 클라우스는 두려웠던 아버지가 죽은 후에도 그의 정체를 밝혀내지 못한다. 뿐만 아니라 클라우스는 자신의 직장이 정말로 '그 슈타지'인지 알고 싶어 하고 궁금해하지만, 아무도 그의 직장이 슈타지라고 알려 주지 않는다. 그의 궁금증은 "여기가 어딘지 알잖나?!",[41] "당신이 지금 어디에 있는지 알겠지."[42]라는 말로 차단된다. 소설은 슈타지의 권력을 실재하지만 명명되지 않는 데서 찾는다. 권력이 구사하는 부재의 전략은 심지어 클라우스를 영원한 미성년자로 취급하는 강력한 부모조차도 주눅 들게 한다. 클라우스는 슈타지를 둘러싼 터부를 패러디함으로써, 즉 두려움과 공포의 '전설적인' 진원지를 엽기적인 어리석음과 결합하는 방식으로 뒤틀어 웃음의 대상으로 전이시킴으로써 '탈전설화'를 시도한다. 바흐친이 카니발적 웃음의 한 본질로 강조한 공포의 극복이 일어나는 것이다.

3) 이중적인 삶

클라우스 울치트의 이야기는 1968년 8월 20일 프라하 봉기의 무력 진압 전야부터 1989년 11월 9일 베를린 장벽이 열리는 밤까지를 시간적 틀로 삼는다. 자신이 "정치적인 세계"[43] 속으로 태어났다는 소설 프롤로그의 언명처럼 클라우스의 개인사는 몰락의 길을 밟는 동독 국가의 역사와 함께한다. 이 맥락에서 클라우스의 가정(家庭)이 동독 국가의 알레고리며, 클라우스의 도착적인 태도가 프라하 봉기를 무력으로 진압한 이래 인간성을 상실한 사회주의의 도착을 상징한다는 것은 연구자들이 언급한 바 있다.[44] 클라우스 개인과 동독 국가의 관계에 대해서라면, 이 글은 클라우스가 어릴 적부터 낮과 밤처럼 서로 다른 두 세계를 경험한다는 점에 주목하고자 한다. 어린 클라우스는 여름 캠프에 갈 때마다 또래 친구들에게서 집에서는 전혀 듣지 못할 뿐 아니라 부모의 교육에 적대적이기까지 한 성 담론을 듣고 혼란스러워한다. 얼핏 헤세의 『데미안』 같은 전통적인 독일 교양 소설의 구도를 연상시키지만, 『우리 같은 영웅들』에는 데미안의 도움으로 선과 악의 두 세계를 변증법적으로 극복하고 진정한 자아를 찾는 싱클레어에게서 볼 수 있는 교양 소설 특유의 지향점이 없다. 클라우스에게는 멘토가 없다. 뿐만 아니라 그는 두 세계의 간극에 대해서 고민하거나 모순을 인식하려고 하지 않는다. 슈타지 견습생 클라우스는 낮에는 동독 사회주의 체제의 수호자로서 이른바 반체제 위험 인물을 감시하고, 밤에는 여자를 찾아서 알트베를린 무도장 근처를 배회한다. 모범적인 아들로서 클라우스는 어머니의 금지에 처절하리만치 순응하는 동시에 자신의 아파트에서는 "신체가 절단된, 죽은, 어린 동물"[45]과 사중 변태를 실험한다. 요컨대 클라우스의 인격 자체가 과잉된 자기애와 심각한 열등감이 공존하는 이중적인 구조를 지닌다. 그는 자신이 천재고 미래의 지도자감이라며 떠벌리고, 하는 일마다 역사적인 의미와 세계사적 차원을 갖다 붙이며, 자신의 이름이 신문 머리기사로 활자화되는 것을 상상한다. 하지만 동시에 그에게는 "보잘것없고, 어리석고, 눈치 없고, 열등하고, 비굴하고, 말귀 어둡고, 칠칠치 못하고, 변변치 못하다."[46]라는 콤플렉스가 있다.

　클라우스의 내적 이중 구조는 과장되고 뒤틀린 형태기는 하지만, 동독 국가와 사회를 이루던 공식적인 생활과 비공식적인 생활에 대한 비유로 읽을 수 있다. 동독 주민들은 당과 국가가 부여한 공식적인 삶을 영위하는 동시에, 공적인 사회와 국가의 개입으로부터 개인들이 만들어 낸 비공식적인 "틈새 사회"[47]에서 살았다. 동독 사회의 이중적인 구조를 연구한 안토니아 그루넨베르크에 따르자면 공식적인 생활 영역에서는 "국가의 언어"가 사용되고, 비공식적인 생활 영역에서는 이와는 별도로, 말하자면 자연스러운 언어가 사용되는 등,[48] 사회의 이중 구조는 언어 사용에 큰 영향을 미쳐서 공식적인 언어와 비공식적인 언어라는 두 언어를 낳았고, 뿐만 아니라 한 사람이 두 언어를 사용하기도 했다. 흥미로운 점은 비공식적인 생활 영역이 개인의 자율성을 지키는 보루였지만, 그것이 곧 체제 저항적인 성격을 띠거나 사회주의에 대한 거부를 뜻하지는 않았다는 것이다. 동독 주민들은 공식적인 생활과 비공식적인 생활에 (최소한 겉으로 보기에는) 동일하게 잘 적응했다. 야코프 하인의 자전적 책『나의 첫 번째 티셔츠』는 동독 청소년들의 이중생활을 흥미롭게 그린다. 이들은 세계 평화를 보존하는 데 적극적으로 앞장서야 한다는 사명감으로 미국 대통령에게 사형 제도 반대 서한을 쓰고, 남아프리카 공화국 대통령에게는 넬슨 만델라의 석방을 요구하는 서한을 보낸다. 방과 후에는 초급소년단, 텔만소년단, 자유독일청년단 등 국가가 조직한 각종 집단에서 활동한다. 청소년들은 이렇게 사회주의 이념 실천에 앞장서는 공식적인 생활을 하면서도 퇴폐적인 서구 문화로서 금기시되는 록 콘서트에 열광할 뿐 아니라 응당 그래야 한다는 듯 서베를린의 라디오 방송을 듣는다. 아이들은 하교 후 부모가 올 때까지 서독 텔레비전 방송을 보고, 부모는 아이가 잠들면 서독 텔레비전 방송을 보지만 공식적으로는 서독 텔레비전 시청자가 전혀 없다는 에피소드는 동독의 일상적 삶에 각인되었던 이중생활 구조를 여실히 보여 준다.

　동독 사회의 이중적인 삶의 구조를 '전 사회적인 정신 분열'로 보아야 할 것인지, 또 그것이 동독 주민의 '인격과 의식을 분열'시키는 결과를 초래했는지를 파고드는 일은 이 글의 틀을 벗어난다. 본 연구가 지적하는 부분은 동독 주민들이 모두 참여했던 공식적 생활과 비공식적 생활의 이중 구조를 카니발과 연결해서 설명할 수 있다는 것이다. 이미 언급했듯이 카니발은 중세 특유의 이중적인 삶의 양식과 긴밀히 연관된다. 중세 사람들이 참여했던 공식적인 삶은 단선적이고, 엄숙하며, 어둡고, 철저히 위계적이었으며 두려움, 도그마, 경건함으로 가득 차 있었다. 이와 대척점을 이루는 카니발적 삶에서는 내재적인 욕망이 표출되고, 신성 모독이 일어났으며, 정신적인 가치가 세속화되고, 속되고 무례한 언행들이 활개를 쳤다.[49] 바흐친이 카니발의 웃음을 담은 문학적 모델로 평가한 라블레의 '악동 소설'은 중세적 삶의 이중적 구조에서 태어났으며, 근본적으로 조화와 합일을 거부한 미학을 추구했다. 따라서 클라우스 울치트와 같은 인물이 동독 사회의 소설적인 재현이라면, 이는 그의 내면적 이중 구조와 이중 생활이 동독 사회의 이중적인 구조와 동독 주민의 이중적인 삶을 표현하기 때문이라고 말할 수 있을 것이다.

4 웃음과 해방

클라우스 울치트는 모든 것을 우스갯감으로 만든다. 하지만 희화화의 일차적인 대상은 다름 아닌 자기 자신이다. 기존 연구 결과에 따르자면 그는 협소한 개구리 시각으로 세상을 보고 악동 소설의 전통을 이어받는 인물로서 동독 사회의 소시민을 대표한다. 하지만 그렇다고 그가 웃기는 인물은 아니다. 그가 웃음을 불러일으키는 것은 그에게 "자신을 웃음거리로 만드는 악당, 광대, 바보"[50]의 흔적이 있기 때문이다. 바흐친 연구자 게리 솔 모슨은 이 세 카니발 인물이 공통적으로 "불일치"[51]의 상징이라는 점을 강조한다. 클라우스는 자기 자신

뿐 아니라, 자신을 둘러싼 세계와 불일치한다. 과대망상과 열등감이라는 대립적인 요소들은 갈등, 충돌, 화해를 거쳐 조화에 이르는 방식으로 해소되지 않고 웃음 속으로 섞여 든다. 또한 클라우스는 자신이 처한 상황을 파악하지 못한다. "다른 사람들이 나와 관련된 일을 알고" 자신은 "맨 마지막까지 알지 못한다."[52]라고 끊임없이 불평하는 클라우스는 자신을 둘러싼 세상이 어떻게 돌아가는지 모른다. 그런데 그는 자신의 무지한 상태를 거꾸로 뒤집어서 자신이 특별한 존재며 선택받은 사람이라고 주관적으로 해석하는 권리를 만들어 낸다.

『우리 같은 영웅들』에서는 웃음에서 제외되는 인물이 없다. 클라우스의 입을 통하면 까발려지고, 비속화되고, 천박해진다. 그럼에도 그의 과장, 허풍, 희화화가 비웃음이 아니라 한바탕 웃음을 불러일으키는 것은 그가 자신을 포함해서 모든 것을 웃음의 도가니 속에 용해하기 때문이다. 다수의 연구자들이 이 소설에서 나타나는 웃음의 해방적인 기능에 주목한다.[53] 울리케 브레머와 율리아 코르만은 웃음의 해방적 기능을 과거와의 "거리 두기"에서 찾는다.[54] 동독 주민들은 웃음을 통해서 동독으로부터 거리를 둘 수 있고, 거리를 두는 만큼 과거를 쉽게 되돌아볼 수 있으며, 또한 과거를 조망할 수 있는 가능성을 얻는다는 것이다. 이 글은 웃음을 통해서 대상과의 거리감을 얻는다는 의견에 동의하지만, 웃음의 해방적 기능과 관련해서 다른 지점을 강조하고자 한다. 클라우스를 통해서 매개되는 웃음은 무엇보다도 익숙한 질서가 파괴되는 순간에 나타나는 신체적인 반응으로 해석되어야 한다. 이 웃음은 대상에 대한 올바른 인식을 포함하는 정신적 반성과는 무관하고, 계몽적이고 합리적인 차원을 지니지 않을 뿐 아니라, 도덕과는 더더욱 상관없다. 오히려 크리스타 볼프의 사례에서 나타나듯 이 소설의 웃음은 도덕적인 품격마저도 바닥에 떨어뜨린다.

『우리 같은 영웅들』의 웃음은 과거에 속하는 것들과 선별적으로 거리를 두려는 게 아니라, 그것들의 의미가 고착되면서 생긴 일종의 마력, 현재에 미치는 권력을 지양하고자 한다. 과거의 권력을 웃음으로 극복하며 해방이 일어나는 것이다.

  웃음의 카타르시스가 현실에 대한 올바른 인식을 보장하지는 않는다. 해방은 웃음이 지배하는 카니발적인 순간에 한정된다. 하지만 모든 것을, 비유컨대 자신의 거대한 목구멍 속으로 삼키는 웃음은 질서와 체계를 전도하고 파괴함으로써, 생명이 새롭게 시작할 수 있는 활로를 열어 주는 양가적인 성격을 띤다. 기존 삶을 이루는 질서를 부정함으로써 삶을 '죽이고', 동시에 새로운 질서와 삶이 시작되는 생명 잉태의 순간을 내포할 수 있는 것이다. 바흐친에 따르면 카니발의 웃음은 엄격한 위계질서에 복속된 인간들을 인간 본연의 자신으로 되돌리고 그들이 스스로를 자신과 같은 사람들 사이에 있는 인간으로 느끼도록 한다. 이로써 인간은 새롭고 순수하며 인간적인 관계를 위해 다시 태어날 수 있다. 사회 질서를 지양하고 가치 체계를 뒤엎는 웃음 속에 우주의 질서가 다시 시작되는 계기가 마련되는 것이다. 중세 카니발의 웃음은 분명 중세와 함께 사라졌다. 과거의 참되고 건강한 패러디는 상실되고 패러디에는 부정의 태도가 자리 잡았으며, 웃음은 문학의 필요와 시각에 따라서 변형, 개조, 축소되었다.[55] 하지만 현대 문학의 축소된 웃음에서도 카니발적 웃음의 본원적인 세계관이 희석된 형태로 스며들어 있다. 클라우스 울치트는 전도된 세계 동독을 만들어 내고 이 인위적인 세계에서 현실 사회주의 국가 동독을 남김없이 무너뜨린다. 그의 공격적인 웃음은 한편으로는 상당한 파괴욕으로 대상을 무차별적으로 비틀고 뒤틀어 변형함으로써 이른바 '원래' 모습을 없애 버린다. 클라우스는 장벽을 무너뜨린 주체인 동독 주민들도 사실은 자신처럼 체제에 순응했던 겁에 질린 토끼들이었다고 욕한다. 하지만 그의 웃음은 동독 역사를 끝장내고 동독이 기억의 무대에서마저 사라지도록 하려는 웃음이 아니다. 그것은 기존의 질서를 뒤엎는 한편 새로운 질서를 배태하는 양가적인 성격을 띤다.

> 우리 동독 사람들은 세상 사람들과 동독에 대해서 토론할 의무가 있다는 걸 잘 압니다. 내가 당신에게 한 이야기 있잖습니까. 당신 신문에 실릴 이 이야기 말입니다. 그런데 이건 절대 토론의 시작이 아닙니다. 내 이야기는 토론을 시작해야 한다는 당위성을 가리키는 겁니다.[56]

『우리 같은 영웅들』의 웃음은 이제 시작하자는 웃음이다.

5 나가며

브루시히의 『우리 같은 영웅들』은 독자들의 폭발적인 관심을 끌었고 많은 비평가들의 찬사를 받았으며 대중적인 성공을 누렸지만, 연구자들은 소설 후반부에서 나타나는 서사적 균열로 인한 미학적 결함을 지적했으며, 크리스타 볼프에 대한 트라베스티는 악의적인 폄하라고 비판받기도 했다. 어쩌면 크리스토프 디크만의 "열망하던 전환기 소설"이라는 평은 너무 이른 찬사일 수도 있다. 마땅히 이 소설보다 예술적으로 뛰어나고 정치적으로 올바르게 전환기를 다루는 작품이 나와야 할 것이다. 또 엄밀히 따져 보자면 『우리 같은 영웅들』

이 정말 전환기를 본격적으로 다루는가도 의문이다. 하지만 이 소설이 동독을 되돌아보고 과거를 되새김질하는 방식에서 일대 '전환'을 시도했다는 점은 명백하다. 위 세대 작가들이 멜랑콜리적인 서사로 동독을 추도하는 데 비해서, 브루시히는 동독의 상실을 웃음으로 애도한다. 애도에는 상실한 대상을 슬퍼할 뿐 아니라, 멜랑콜리와 반대로 상실을 인정하고 대상을 떠나보냄으로써, 혹은 대상으로부터 거리를 둠으로써 새로운 시작을 시도하는 의미가 있다.[57] 애도를 이렇게 이해하자면, 브루시히의 『우리 같은 영웅들』은 웃음의 의식(儀式)을 통해서 애도가 가능함을 보여 준다. 이 소설은 동독을 구성하던 권력과 권위, 이중의 삶, 사회주의 이데올로기, 동독 주민 등 그 어떤 것도 이전 형태에 고정하지 않고 웃음 속으로 용해한다. 그리고 다 웃었으면 이제, 정말, 동독에 대해서, 제대로, 이야기해 보아야 하지 않겠느냐고 제안한다. 한 재치 있는 비평은 "삼십 년 후에 손자가 물으면 그땐 아무도 『우리 같은 영웅들』을 읽어 주지 않을 것"이라고 예견한 바 있다. 아마도 그럴 것이다. 『우리 같은 영웅들』은 과거 극복의 결정판도 아니고, 동독에 대한 최후 진술서도 아니다. 하지만 동독에 대한 다른 책들이 나올 수 있도록 터부의 견고한 벽을 무너뜨리고, 새롭게 시작의 주춧돌을 놓았다는 점에서, 이 책은 삼십 년 후에도 의미를 부여받을 것이다.

예니 에르펜베크 Jenny Erpenbeck, 1967~

1967년 베를린에서 태어났다. 1985년 아비투어를 마치고 제본 견습공을 거친 후, 베를린 국립 오페라단에서 소품 및 의상 담당으로 일했다. 1988년부터 훔볼트 대학교에서 연극학 공부를 시작했고, 1990년에 베를린의 한스 아이슬러 음악 대학교로 옮겨 루트 베르크하우스와 하이너 뮐러에게서 음악극 감독 수업을 들었다. 학업을 성공적으로 마친 후 그라츠에서 조감독 일을 맡았고, 독일과 오스트리아에서 「헨젤과 그레텔」부터 「키스 미 케이트」에 이르기까지 많은 오페라와 뮤지컬을 연출했다. 소설『늙은 아이 이야기』(1999)를 통해 문단에 성공적으로 데뷔했다. 2001년 클라겐푸르트에서 개최된 잉에보르크 바흐만 문학 경연 대회에서 단편 소설집『하찮은 물건』(2001)에 실린「시베리아」로 심사위원상을 수상했고, 2004년에는 독일 오스트리아 여성 예술가 협회 문학상을 받았다. 계속해서 많은 단편들과 연극 작품들을 써 나갔고 2005년 두 번째 소설『사전』을 발표했다. 연극 작품「고양이의 인생 유전」(2000)으로 그라츠에서 커다란 성공을 일구어 내며 소설가로서뿐만 아니라 희곡 작가로서도 인정을 받았다. 2008년에는 졸로투른 문학상, 하이미토 폰 도데러 문학상, 헤르타 쾨니히 문학상을 동시에 수상하는 영광을 차지했다. 수상 행진은 계속 이어져 2009년에는 리테라투어 노르트 상을, 2010년에는 아이젠휘텐슈타트 슈탈슈티프퉁 문학상을 받았고, 2013년 슈바르트 문학상 수상자로 선정되었다.

역사에 대한 알레고리로서의 몸

예니 에르펜베크, 『늙은 아이 이야기』

노영돈

1 동독 사회에 대한 풍자: 소녀의 몸과 복지원

　1999년 출간되면서 그해 가장 주목할 만한 작품으로 평가받은 『늙은 아이 이야기』는 토마스 브루시히의『우리 같은 영웅들』처럼 신체 모티프를 사용하여 전환기 이후의 문제들을 알레고리적으로 표현하며 1990년대 동독 작가들의 한 경향을 보여 준다. 그러나 명백한 정치적 풍자인 브루시히의『우리 같은 영웅들』과 대조적으로, 에르펜베크의 풍자적인 기획은 상당히 절제되어 있다. 이 논문은『늙은 아이 이야기』에서 동독 사회에 대한 풍자로서 나타나는 소녀의 몸과 복지원, 그리고 변화에 대한 저항을 뜻하는 구토 등 상징 체계를 고찰하고, 작품의 서사 구조를 분석하고자 한다.

에르펜베크의 할머니이자 작가인 헤다 치너가 편지로 사귀었던 열네 살 소녀가 나중에 서른한 살 여자로 밝혀졌던 실제 사건을 토대로, 『늙은 아이 이야기』는 겉보기와는 다른 한 이상한 아이의 이야기를 들려준다.[1] 빈 휴지통을 들고 상가에 선 채로 발견된 주인공은 자신이 열네 살이라는 것 외에는 아는 것도 없고 아무 말도 하지 않는다. 결국 소녀는 외부와 접촉이 없는 도시 외곽의 아동 복지원으로 보내진다. 제삼자인 서술자는 이 소녀의 이름도 거론하지 않고, 그녀를 '소녀(das Mädchen)' 혹은 '그것(Es)'이라는 중성 대명사로만 지칭한다. 이 아이는 키도 크고 몸집도 뚱뚱하지만 마치 나무토막을 깎아 놓은 듯 몸이 밋밋하다. 바깥세상의 자유를 갈망하는 다른 아이들과 달리, 소녀는 복지원의 권위주의적인 구조와 엄격한 규율, 경비를 세운 문에 만족한다.

복지원 안 학교에서 소녀는 다른 아이들의 행동을 따라하면서 무리에 들어가려고 한다. 점차 소녀는 아이들의 신뢰를 얻고, 학교 위계질서 안에서 자신이 원하는 위치를 차지한다. 그것은 보호받을 필요도 없는 "제일 안전한 위치, 말하자면 어떤 요구라도 배겨 낼 수 있는"[2] 가장 낮은 위치다. 소녀는 동급 친구들이 자신을 전령으로 이용하거나 그들이 성적인 행위를 벌이는 동안 보초로 세워도 맡은 일을 멍청하고 충실하게 수행한다.

그러나 소녀는 주변에서 수천 가지 방식으로 움직이는 사람들의 다양성을 지각한 뒤로는 다른 아이들의 삶에 관여하면 할수록, 무엇이 옳은지 더 이상 결정할 수 없게 된다. 모든 사람들을 기쁘게 해 주려는 시도는 곧 너무 복잡한 것으로 드러나고, 소녀는 점점 느려져 움직일 수 없게 되면서 자신이 아무것도 할 수 없음을 깨닫는다. 더 이상 스스로 몸을 움직일 수 없게 된 소녀는 복지원 밖 병원으로 옮겨지고 엄격한 식이 요법의 결과 살이 빠지기 시작한다. 이 주가 지난 뒤에 소녀의 몸에 남아도는 피부에 주름이 잡히기 시작하고 그녀의 얼굴이 성인의 얼굴로 변해 가면서 그녀가 서른 살 먹은 여자임이 드러난다. 이 작품에서 거의 카프카적인 변신은 병실에서 일어난다. 바깥세상으로부터 달아나기 위해서 소녀가 빠져들고 집착했던 복지원의 엄격한 질서(옷장 검사에서 볼 수 있는 것처럼)가 흔들릴 때, 아이로 남으려는 소녀의 시도는 결국 실패한다.

이 간략한 줄거리는 전환기 이후 맥락에서 '동독'이라는 주제를 환기하는데, 예를 들어 복지원이라는 물리적으로 폐쇄된 공간이라든가, 권위적인 체제에 대한 주인공의 애착 등이 그러하다. 울타리로 둘러쳐진 복지원은 동독 또는 사회주의 집단의 상징으로 읽힌다. 소녀는 주말에 복지원을 떠날 수 있는 아이들을 조금도 부러워하지 않는다. 왜냐하면 그녀는 바깥세상이 어떠한지를 잘 알기 때문이다. 그녀에게 바깥세상이란 상가에서 빈 깡통을 들고 서서 기다리는 것을 뜻한다. 소녀가 복지원에서보다도 더 행복해하고 안전을 느끼는 곳은 바로 병실 침대다. 성인이 되는 것에 대한 거부, 과거로부터의 고통스러운 분리 과정, 안전에 대한 동경, 시간을 보존하려는 헛된 시도들, 자기 정체성 추구 등 모티프들은 이 이야기를 정치적인 비유로 읽을 수 있게 한다. 이 작품과 관련하여 작가 스스로도 한 인터뷰에서 "나는 동독과의 비교를 머릿속에 이미 품고 있었다."[3]라고 언급했다. 동독 몰락은 오늘날까지 그녀에게 개인적으로나 문학적으로나 영향을 준 사건이었던 것이다.

동독에 대한 암시는 두 가지 형식으로 나타난다. 하나는 소녀의 몸으로 표현된다. 동독 사회는 마치 소녀의 몸처럼 변화에 저항하고, 새로운 변화를 끊임없이 경계 밖으로 밀어내려 하며, 의식적인 통제가 언제나 불가능하다. 또 다른 형식은 폐쇄된 복지원으로 나타난다. 폐쇄된 복지원은 동독 사회에 대한 공간적 표현이며, 사회적 행동에 관한 그곳의 규율들은 모두 개별성보다는 집단성을 유지하려고 한다.[4] 예를 들어 복지원에는 거울이 없는데, 이는 잘못된 허영심으로부터 개인을 보호하려는 집단주의적 열망을 의미한다. 게다가 복지원의 공동생활 윤리에 따르면 아이들은 가진 물건을 다 내놓아야 하고 옷장 자물쇠도 제거되는데, 이는 사적인 물건을 소유하는 것이 불법임을 암시한다. 그러나 빈번한 절도는 신뢰적인 분위기를 만들어 보려는 복지원의 시도가 실패했음을 보여 준다. 사회적 통합에 대한 가장 극단적이고 기괴한 은유는 아마도 속옷에 관한 복지원의 규정일 것이다. "어린이 한 명이 각자 일주일에 사각팬티 한 개, 러닝셔츠 한 장, 잠옷 한 벌을 공동으로 공급받는데, 그런 속옷들은 치수가 똑같이 하나뿐인 집단몸통을 위한 것이었다."[5]

주인공은 집단적인 몸에 속하려는 환상에 강하게 끌린다. 그러나 거대한 식욕으로 과다하게 공급된 영양소들을 용도에 알맞게 사용할 줄 모르며 최소한의 정상적인 저항력도 없는 기형적인 소녀의 몸은 역설적으로 소녀가 공동체로부터 배제되는 데 기여한다. 소녀의 몸이 다른 인물들에게, 또 잠재적으로는 독자들에게 역겨움을 유발하는 것은 그 몸이 마치 부패한 덩어리와 같은 인상을 주기 때문일 것이다. 소녀는 몸이 밋밋할 뿐만 아니라, 애초부터 사회적 체계에 필요 없는 존재처럼 보인다. 경찰은 어쩔 수 없이 "소녀는 잉여 존재였다."[6]라고 결론을 내린다. 이러한 사회적 속성의 부재는 밋밋하고 별 특징도 없는 소녀의 몸에도 반영되어, 소녀의 머리는 "길지도 짧지도 않다. (……) 갈색도 아니고 실제로 검은색도 아니다."[7] 또한 소녀의 몸은 밋밋한 '나무토막', '머리가 달린 창백한 반죽 덩어리', '부패한 덩어리'에 비유되면서, "살아 있기는 하지만, 왜냐하면 육체는 어쩔 수 없이 살아 있어야 하니까, 그러나 또한 어딘지 모르게 죽은 덩어리"[8]로 보인다.

죽은 몸에 대한 비유는 소녀가 자신의 몸을 "숨 쉬는 거대한 시체"로 인식할 때마다 반복되는데, 이는 역겨움의 또 다른 요소를 암시한다. 연신 콧물을 뚝뚝 흘리는 소녀의 구멍 나고 밋밋한 몸이 살아 있는 몸뿐 아니라 죽은 몸으로도 인식될 때, 소녀는 삶과 죽음의 경계 또한 육체적 차원에서 흐릿하게 만든다. 소녀는 다른 아이들보다 더 자주 병이 나면서도 침대에 묶여 있는 것을 싫어하지 않는데, 삶과 죽음의 경계에서 그녀의 몸이 차지하는 이러한 혼란스럽고 모호한 위치가 복지원 아이들뿐만 아니라 독자들에게도 역겨움을 불러일으킨다.

소녀의 몸이 보여 주는 모호한 위치는 젠더 영역으로도 확장된다. 'Das Mädchen' 혹은 'Es'처럼 소녀에 대한 중성적 호칭들로 나타나는 중성성은 이야기 중반에서 소녀가 차지하는 물리적 공간을 통해서도 드러난다. 열네 살짜리 동급생들이 남녀 따로 운동장 두 귀퉁이에 서서 몰래 담배를 피우는 동안, 주인공은 운동장 중앙에서 더 어린 아이들과 함께 논다. 그녀는 이런 식으로 성별 그룹의 중간 공간에 위치하는 것이다. 남자 아이들이 주인공의 치마 속으로 손을 넣거나 그녀의 몸을 만지는 장면에서도 소녀의 신체적 중립성은 급우들에게 분명해진다.

이 육체가 전혀 도발적이지 않다는 것이 밝혀진다. 그리고 그 몸은 속으로부터 전혀 저항하지 않기 때문에 그것을 세게 잡아 보는 것 자체는 아무 의미가 없을 것이다. 그 몸을 향한, 구역질 섞인 모든 욕망은 늘 같은 그 몸 안

에서 가라앉는다. 그런 욕망은 그냥 삼켜지고, 가라앉고, 질식한다.[9]

이처럼 소녀 몸의 성적인 중립성은 욕망과 역겨움이 결합된, 사춘기 소년들의 섹슈얼리티를 완전히 삼켜 버린다. 이 중립성은 그 자체로 역겨움을 불러일으키는 표현으로 서술된다. 그녀의 몸은 아무런 감각도 없으며 소년들의 감정을 질식시키고 빨아들이는 질퍽질퍽한 몸뚱아리인 것이다.

소녀는 아이들이 훔친 돈을 보관해 주면서 쓸모 있는 역할을 수행하고 급우들 무리 속으로 받아들여지기 시작한다. 아이들은 "소녀가 말없이 밥을 입 안에 처넣는 것"[10]을 역겨워하기는 하지만 소녀에게 식탁에 함께 앉을 권리가 있다는 데 문제를 제기하지는 않는다.

> 아이들은 자기들 눈앞에서 엄청나게 먹어 대는 소녀를 본다. 소녀는 아이들에게 혐오감과 구토를 불러일으키면서도 다 함께 어울리는 데에 끼어든다. 그 혐오감과 구토는 아주 평범한 혐오감과 구토다.[11]

비록 아이들이 (소녀가 음식을 먹을 때 곪은 상처를 보여 주는 등) 소녀를 괴롭히지만, 이러한 괴롭힘은 또한 '악의적인 인정의 변형'을 암시하고, 소녀는 이에 고마워한다. 더 나아가 급우들이 남긴 음식을 먹으면서 소녀는 그들과 더 깊은 일체감을 경험한다.

때때로 소녀는 부끄러워하지도 않고 다른 아이들이 먹다 접시에 남긴 것을 자기가 마저 다 먹어도 괜찮느냐고 묻는다. 뼈에 붙은 고기를 다 발라 먹어도 좋은지, 소스를 마저 핥아 먹어도 되는지, 푸딩 그릇에 남은 음식을 손가락으로 깨끗이 닦아 먹어도 좋은지, 김빠진 음료수 깡통에서 마지막 한 방울까지 빨아 마셔도 되는지를 묻는 것이다. 극도의 욕구에 시달리면서 8학년 학생들이 남긴 음식들을 차지하는 날은 행복한 날이다. 소녀는 아이들이 먹다 남긴 것을 먹고, 아이들이 마시던 것을 마신다. 그것이 소녀의 피를 깨끗하게 해 준다.[12]

아이들이 먹다 남긴 음식을 먹는 것, 특히 뼈를 갉아 먹는 것은 개의 행동처럼 보인다. 그러나 소녀는 그것을 일종의 정화 의식으로 경험한다. 소녀에게는 먹을 것과 마실 것을 나누는 것이 피를 깨끗하게 해 주는 정화 개념과 명백히 연동된다. 즉 소녀는 아이들과 똑같은 음식을 먹음으로써 그들과 같아진다고 여기는 것이다. 아이들의 무리에 신체적으로 통합되려는 소녀의 열망은 함께 음식을 나누며 한 공동체임을 확인하는 종교적 성찬식을 연상케 한다. 이런 의식을 통해서 소녀는 아이들과 더 가까워진다고 생각한다. 이와 같은 맥락에서 학급의 가장 낮은 위치, 즉 무력한 지위를 자발적으로 차지하려는 소녀의 굴종적인 태도는 권위주의적인 동독 체제를 유지하는 데 협조했던 평범한 사람들의 가장된 수동성에 대한 비판으로 읽을 수 있다.

아이들은 결국 소녀를 자신들의 일원으로 받아들이지만, 여전히 소녀를 향한 양가적인 감정을 보여 준다. 소녀가 병 때문에 마침내 복지원을 떠나게 될 때 급우들은 대체로 안도한다. 소녀의 룸메이트 니콜은 입원 중인 소녀를 방문하는 일을 끊임없이 미루면서 결국 "소녀를 방문하기가 싫다고, 정말 죽어도 싫다고"[13] 실토한다. 그리고 학급 학생들은 소녀가 오랫동안 계속 결석할 것이라는 사실이 알려졌을 때 모두 천천히 크게 안도의 숨을 내쉰다. 게다가, 소녀의 안부를 묻거나 심지어 소녀를 언급하는 것조차 꺼리는 아이들의 태도는 보다 더 근본적인 거부를 보여 준다.

2 변화에 대한 거부로서의 역겨움

특징도 없고 밋밋한 소녀의 몸이 다른 인물들에게, 또한 잠재적으로는 독자들에게 유발하는 역겨움에 대해서 살펴보았다. 이 장에서는 소녀가 다른 아이들의 행동에 대해서 느끼는 역겨움과 그 원인을 분석하고자 한다.

음식을 먹어 대는 소녀의 "조용한 식욕"**14**을 보여 주는 식당 장면은 그녀가 방 친구의 이야기를 들어 주는 단락과 곧바로 연결된다. 주인공은 아이들이 털어놓는 이야기를 마치 음식처럼 먹어 치우는데, 이런 태도에는 항상 많은 음식을 먹어 대는 소녀의 방식을 연상시키는 면이 있다. 이 장면에서는 성에 눈을 뜨게 된 아이들의 이야기가 마치 고해 성사처럼 이어지는데, 소녀는 자신의 성적인 순결함이 다른 아이들을 타락하고 오염된 생각으로부터 보호해 주리라고 믿는다.

이 순간 소녀는 여자 친구들이 이제 막 유년기를 작별하고 있다는 사실에 더 이상 눈을 감을 수 없을 것이다. 자신의 순결만이 유일하게 저 아이들의 타락을 잠시 동안이나마 지체시킬 수 있다. 소녀는 거기에 맹목적인 희망을 걸고 아이들을 사면해 준다.**15**

아이들이 고백하는 모든 이야기는 마치 우물 안으로 떨어지듯 소녀의 그늘 덮인 머릿속으로 떨어지거나, 또는 소녀의 심장을 감싼 강철 띠에 꿰매 넣어진다. 소녀가 아이들의 고백을 먹어 치우는 것은 위협적인 성적 생각들을 삼켜 버리고 억제하려는 행동으로 드러난다. 이러한 방식으로 소녀는 방 친구들의 성적 타락을 지연하고자 하며, 이는 친구들이 성적으로 타락해 복지원의 울타리로 둘러쳐진 이상적인 유년기 왕국으로부터 벗어날 수도 있다는 두려움 때문일 것이다.

급우들에게서 성에 대한 관심이 커져 가는 반면에, 주인공은 성적인 것을 오염 물질로, 실존의 위협으로 경험한다. 아이로서 소녀의 실존은 "그런 불순한 일 따위에 결코 관련되지 않는다는 데에 의존"[16]하기 때문이다. 방 친구들의 고백을 흡수하게 하는 소녀의 성적 무지는 어떤 성적인 내용이든 의도적으로 무시하거나 억압하는 형식을 취한다. 그러나 성인의 섹슈얼리티를 보여 주는 모습에 직면했을 때, 소녀는 자발적인 신체적 거부로 반응한다. 첫 번째 사례는 소녀가 복지원에 막 머물기 시작할 때에 일어난다. 소녀는 한 커플이 키스하는 장면을 우연히 목격하고, 갑자기 앞이 보이지 않는 경험을 한다.

> 거기 층계참에 한 쌍이 서서 키스를 하고 있는데, 그 꼬락서니가 꼭 머리와 손과 바지로 된 허섭스레기 같다. 소녀는 갑자기 아무것도 안 보인다. 시선을 향하고는 있지만 아무것도 볼 수 없다. 그 한 쌍뿐만 아니라 다른 것도 전혀 보이지 않는다. 층계도, 나무 계단도 보이지 않고, 앞에도 뒤에도 보이는 것이 없다. 전혀 아무것도. 눈을 크게 떠 보지만 아무것도 안 보인다.[17]

앞이 보이지 않는 것은 성적 순결이나 무지를 향한 소녀의 욕구를 드러내는 신체적 징후로 해석된다. 혹은 적극적으로 보지 않음으로써 어린아이의 순수함에 대한 환상을 유지하려는 소망 때문일 것이다. 아이들이 기숙사에서 섹스할 때 망을 봐 주면서 소녀는 신음 소리가 들려도 반응하지 않는데, 이는 소녀가 성적 행위의 명백한 증거와 적극적으로 대면하지 않음으로써 아이들을 이해하지 않는 편을 택하는 것으로 해석할 수 있다.[18] 그래서 소녀는 "어디가 아팠느냐고 묻지도 않는다."[19]

이와 유사하게 소설의 다른 부분에서도 성적 행위에 대한 증거 혹은 가능성에 직면했을 때, 소녀는 메스꺼워서 구토한다. 구토는 성적 행위를 어쩔 수 없이 이해한 데 대한 놀라움의 표현으로서, 혐오감을 느낄 때 소녀가 보이는 가장 중요한 반응이다. 그러한 반응이 처음 일어나는 것은 소녀가 생리할 때다. 그녀는 처음에는 일반적인 경련과 약한 통증으로 괴로워하다가, 방 친구 니콜이 "그렇게 밑에서 피가 흘러나올 때, 그러니까 말하자면 진짜 여자일 때 그 기분은 어떤 것이냐."라고 묻자 갑자기 메스꺼워져서 니콜의 무릎 위에 토한다. 이러한 갑작스러운 신체적 반응이 암시하는 것은 '진짜 여자'가 되는 증거로서 생리라는 과정이 소녀를 메스껍게 한다는 사실이다. 소녀가 자신의 생리혈을 역겨워하며 거부하는 것은 '성년'이라는 친숙하지 않은 상태에 대한 거부를 상징한다고 보인다.

소녀가 좀 더 심하게 신체적인 역겨움을 드러내는 사례는, 그녀가 복지원에서 쫓겨나게 되는 결정적 이유인 신체 마비가 오기 전에 일어난다. 급우들이 만남의 장소로 이용하는 헛간에 들어갈 때 소녀는 두 소년을 보는데, 그중 한 명은 다른 한 명의 성기를 자극해 주면서 니콜인 척 연기한다.

> 쪼그려 앉은 녀석은 친구의 자지를 더 격렬하게 문지른다. 녀석은 계속 이렇게 속삭인다. 너한테 내 젖가슴을 보여 줄게, 데니스, 나는 니콜이야, 너의 니콜, 나를 잡아 줘, 나를 두 다리 사이로 붙잡아, 난 벌써 젖었어, 데니스, 데니스, 내 안에 그걸 넣어 줬으면 좋겠어, 데니스, 그걸 내 안에 넣어 줘. 누워 있는 녀석이 신음 소리를 낸다. 녀석은 친구를 꽉 붙잡는다. 정액이 녀석의 꼬랑지에서 뿜어 나와 비처럼 신문지 위로 떨어진다.[20]

데니스가 사정한 후에 소녀는 헛간에서 나와 "토악질을 한다."²¹ 여기에서 소녀가 토한 이유가 정액을 보았기 때문인지, 동성애 장면을 보아서인지, 니콜이 되려는 소년의 환상 때문인지, 막연히 성행위와 맞닥뜨렸기 때문인지, 혹은 이 모든 요인들이 결합되어서인지는 명확하지 않다. 그럼에도, 상대적으로 순진했던 키스하는 커플을 보았을 때보다 좀 더 복잡해진 장면이 소녀를 메스껍게 한 원인인 것 같다. 이 사건 이후 소녀가 점점 마비되는 것은 그녀가 복지원 내부 사회의 복잡성을 점점 깨달아 가는 과정을 반영한다. 헛간에서 소년들이 벌이는 행위가 서술된 뒤에 소녀는 자신의 행동 기준으로 삼을 수 있는 것에 대해 어떠한 합의도 없으며 결국은 이를 자기 스스로 결정할 수밖에 없다는 것을 깨닫는다. "소녀는 모두가 원하는 일을 하고 싶지만 그런 일은 없다. 그리고 그것이 분명해지는 순간 소녀의 힘이 소녀를 떠났다는 사실도 분명해진다."²²

섹스는 복지원 바깥 성인의 세계와 연관되기 때문에, 또한 은유적으로 확장하면 서구 자본주의와 개인주의의 위협과 관련되기 때문에, 아이들이 구석진 곳이나 빈 기숙사에서 은밀하게 성적으로 접촉하는 것은 복지원 내부의 권위적 질서에 대한 전복적 행위의 상징으로 읽을 수 있다. 복지원에 갇힌 삶으로 대변되는 유년 시절은 안전을 제공해 주지만, 결코 바깥세상이나 어른 세상을 환기하지는 않는다.

소녀는 아이들의 성적인 행동을 성인의 경계를 침범하는 것으로 경험하며, 이에 대한 소녀의 역겨움은 현존하는 사회적 질서의 안전에 대한 욕구를 반영한다고 볼 수 있다. 소녀의 무성(無性)적이고 중립적인 몸은 어른 세계로 인한 오염에 혐오감을 느끼며 거부 반응을 보이기 시작하는 것이다. 따라서 소녀의 구토는 일종의 방어 기제로서 자신이 속한 영역을 보호하는 기능을 한다.²³

복지원이라는 테두리 안에서 아이들의 성적 행위는 전복적이다. 이는 소녀가 권위에 동조하는 것과는 대조적이다. 아이들의 전복적 행위는 바깥 성인들의 세계에서는 정상적인 성적 발달의 일부분으로 수용된다. 소녀가 성년과 관련된 것이면 무엇이든 메스꺼워하며 거부하는 것은 분명 잘못된 행위다. 고립된 사회 체계가 바람직한 것이 아니라면, 변화를 추구하고 엄격한 경계를 붕괴시키는 일은 필연적이기 때문이다.

복지원의 물리적 공간에 대한 표현들은 독일 역사의 지형학적 측면을 알레고리적으로 재현한다. 울타리와 수위가 지키는 입구는 외부 세계와 분명하게 단절된 공간을 보여 준다. 이는 또한 명백하게 변경 불가능한 경계로 흘러 들어오는 외부 세계의 영향을 암시한다. 소녀가 빈 휴지통을 든 채 발견된 상가의 차가움은 서구 자본주의 사회의 냉혹한 현실로 이해할 수 있으며, 이러한 바깥세상의 흐름이 복지원의 특정 영역으로 침투하는 것은 서구 문화와 사고방식이 동독으로 침투하는 현상과 연관될 수 있다.

소녀가 복지원 체계에 동화되는 데 실패하는 것은 궁극적으로 복지원 내부 사회적 질서의 복잡한 유동성 때문일 것이다. 사춘기에 접어든 아이들이 일반적으로 예기치 못한 다양한 개별적 욕구들을 경험하면서 복지원의 규칙을 마음대로 피해 가는 경향을 보이는 데 비해, 소녀는 질서를 유지하려는 강박에 사로잡혀 있고 무질서를 역겨움을 유발하는 실존적 위협으로 인식한다.

모든 무질서는 적대적이고, 무질서는 이런 물건들로부터 시작한다. 물건들이 옷장 속에 무질서하게 쌓여 있으니까 옷장을 열자마자 쏟아지는 것이다. 그러나 그 끝은 부패와 죽음과 혼란이다. (……)

소녀의 질서욕은 사감 선생의 기준과 맞아떨어진다. 그러나 다른 아이들에게 그와 같은 무결점은 배반으로 받아들여진다. 왜냐하면 거기에는 뭔가 노예근성 같은 것이 들어 있기 때문이다.[24]

신체 마비 증상으로 인해 복지원 밖 병원으로 실려가 엄격한 식이 요법을 받은 소녀의 몸에는 피부가 남아돈다. 여기에 주름이 잡히기 시작하고, 두 주일이 지나지 않아 좀 거칠고 못생기기는 했지만 한때는 분명 아이 얼굴이었던 소녀의 얼굴에 성인의 특징들이 나타난다. 의사들은 소녀의 몸과 얼굴에 나타나는 변화가 결코 어떤 병이 아니며, 지금까지 아이로 지각되어 온 존재가 의도된 속임수이자 가면무도회였을 뿐 그 이상 아무것도 아님을 알게 된다. 이제 더 이상 소녀가 아닌 소녀는 가면을 벗는다. 바깥세상으로부터 달아나기 위해서 소녀가 빠져들고 집착했던 복지원의 엄격한 질서가 흔들릴 때, 시간을 멈추려는 소녀의 시도는 실패하는 것이다. 아울러 복지원의 울타리 안에서 언제까지나 열네 살짜리 소녀로 머물려던 이 '늙은 아이'의 헛된 시도와 좌절은 옛 동독 과거에 대한 향수가 부질없음을 암시한다.

3 몸의 은유와 서사 전략

소녀의 볼품없이 거대하고 범주화하기 어려운 외모에 대한 거부감은 서술 형식에도 반영된다. 예를 들어 과도하고 부담스러운 단어들의 반복과 주인공의 변하지 않는 용모 사이 유사성이 그것이다. 또한 자신의 외모에 대한 아이들의 거부감 때문에 소녀가 겪는 부적응은 언어적 의사소통에도 어려움을 준다. 소녀는 다른 아이들의 단어와 문장을 훔쳐 따라하면서 무리에 동화되고자 의사소통을 시도하지만 그다지 성공하지 못한다. 예를 들어 소녀는 아이들의 이야기를 엿듣고는 같은 반 다른 여학생에게 지나가는 말처럼 그대로 흉내 내 보지만 그 여학생은 "소녀를 뚫어지게 쳐다보고는 입을 비죽거리며 계속해서 걸어간다. 소녀는 갑자기 불안해진 듯 몹시 더위를 느낀다. 그래서 몸 아래를 내려다본다. 그러면 그렇지. 거기 소녀가 동급생한테 훔친 문장이 옆구리로 삐져나와 있지 않은가."[25] 평범한 문장들조차도 소녀가 말하면 설득력이 없어지고, 아이들은 응답하지 않는다. 이러한 언어적 의사소통 실패의 본질적인 원인은 소녀의 신체적 부적응에서 찾아볼 수 있다. 그리고 소녀의 약하고 자신감 없는 목소리는 신체적 열등감의 일반적 표현 중 일부분으로서 언어적 의사소통의 어려움을 효과적으로 드러낸다.

주인공과 다른 인물들 간 소통은 신체 언어의 형식으로 이루어진다. 소녀는 자신이 원하는 바를 위해서 몸을 교묘하게 이용한다. 소녀는 행동이나 몸짓을 통해 완전히 무능력한 모습을 교사들에게 전략적으로 보인다. 예를 들어 독일어 시간에 소녀는 교사에게 주목받지 않으려는 태도를 취하면서도 이러한 자세를 의심스러울 정도로 과장함으로써 교사가 의문을 품게 한다.

그런데 소녀는 아주 조용하게 앉아 있고 아주 심하게 머리를 움츠림으로써 오히려 자기 차례가 되어 여선생으로부터 왜 그렇게 조용히 앉아 있느냐, 아무것도 모르느냐, 정말 「푼틸라」나 베르톨트 브레히트에 대해서 아무것도 모르느냐, 하는 질문을 들으려고 한다. 소녀는 여선생이 자기를 호명하도록 거의 강요하는 셈이다. 소녀의 겸손한 태도는 마치 여선생까지

포함해서 다른 사람의 나쁜 의지를 끌어당기는 소용돌이와 같다.[26]

결국 여선생은 아무것도 모르는 소녀에게 질문하여 굴욕감을 주고, 자신이 소녀의 자존심을 잔인하게 짓밟도록 유혹당했다는 사실에 부끄러워한다.

비슷한 전략이 좀 더 동정심 많은 영어 교사에게도 사용되는데, 같은 내용을 골백번 설명해도 이해하지 못하는 소녀가 질문을 하려고 손을 들자 영어 교사는 공포와 동정심으로 마음이 동요한다. 소녀의 너무나도 멍청한 모습을 보며 교사들은 도와줘야 한다는 의무감과 아무런 도움을 줄 수 없다는 무력감 사이에서 갈등하고, 죄책감과 동정이라는 과도한 감정의 희생자가 된다.

두 경우 모두 서술자는 소녀의 행동 뒤에 강압적인 의도가 숨어 있다는 것과 두 교사 모두 이를 알아차리는 데 실패한다는 것을 강조한다. 따라서 여선생은 "소녀 자신이 소용돌이를 이용하여 자기로 하여금 그녀를 짓밟도록 강요했다는 사실을 알지" 못하고,[27] 남자 교사 역시 소녀가 일부러 한 바보짓에 간단히 넘어가고 만다. 이 부분에서 가장 눈에 띄는 것은 소녀가 자신을 향한 다른 사람들의 인식과 행동을 조종하기 위해 자기 외모를 계산적으로 이용한다는 점이다. 소녀는 이처럼 다른 아이들과의 언어적 의사소통에서는 거의 성공하지 못하지만, 신체적 언어를 통해 교사들을 다루거나 다른 인물들과 소통하는 일은 성공적으로 해 나간다.

작품에서는 또한 몸에 대한 은유가 의미를 전달하는 중요한 수단으로 사용된다. 소녀가 말하는 단어들은 마치 눈에 보이는 신체의 일부인 듯 묘사된다. 소녀는 "이 문장들 가운데 어느 하나가 몸 밖으로 뚫고 나올까 봐 가끔 자기 몸을 내려다보기도 한다."[28] 더 나아가, 소녀의 몸은 그 몸을 거쳐 가는 단어와 생각 들에 불순한 영향을 주는 것처럼 보인다.

> 마치 모든 것이 소녀의 인격을 통과하지 않을 수 없는데, 통과하면서 오염되거나 맥이 빠지기라도 하듯. 그래서 더러워지거나 맥 빠진 것이 다시 나타나 아주 낯선 인상을 준다.[29]

추상적인 단어와 생각 들은 종종 마치 물질적 대상처럼 묘사되는데, 이는 소설 속에서 사용되는 다른 신체적 이미지들과 비슷하다. 소설에서는 생각들이 단순히 머리보다는 오히려 몸 전체와 관계 있는, 소녀의 '인격(Person)'을 거쳐 간다고 언급된다. 이것은 오염된 생각들이 더러운 찌꺼기로 드러나는 소화 과정을 연상시킨다.[30]

작품의 서사 구조를 살펴보면, 이야기는 늦가을("가을 날씨치고는 아직 따뜻한 이날")[31]부터 그다음 해 봄("라일락 향기가")[32]까지 약 반년 동안 전개된다. 작품은 크게 두 부분으로 나눌 수 있다. 작품 전반부에서 이야기들은 엄격하게 시간적인 순서에 따라 구성되지는 않으며, 복지원과 학교의 일상에서 반복되는 에피소드들이 서술된다. 소녀가 급우들의 이름을 기억하기 시작하면서 전개되는 작품 후반부에서는 에피소드들 각각이 보다 중요하게 서술된다. 여기서부터는 화자가 등장인물들 뒤로 물러나서 그들의 관점과 시각에서 세계를 관찰하는 삼인칭 관찰자 시점이 증가하는 것을 볼 수 있다. 그렇다고 전지적 작가 시점이 완전히 사라지지는 않는다. 이와 같은 서술 방식 변화는 소녀가 개인적인 차이를 인식하기 시작했다는 것을 나타내는 형식적인 표현으로 볼 수 있다. "그녀의 머리는 이제 비어 있지 않은"[33] 것이다. 그렇다고 그녀가 자신의 가장 낮은 위치, 안전한 위치를 위협할 수 있는 독자적인 행동이나 눈에 띄는 행동을 시작하는 것은 아니다.

작품에는 소녀의 내면적인 고백이 갑자기 일인칭으로 서술되는 곳이 네 군데 나타나지만,[34] 그럼에도 삼인칭으로 소녀의 내면을 묘사하는 방식은 지속적으로 유지된다. 작품에서 소녀의 외면 세계와 내면세계에 대한 묘사가 교차되어 나타나는 것은 소녀의 외면적인 모습 이면에 다른 삶이 있음을 암시한다고 보인다. 즉 소녀의 어린아이 같은 모습은 의도된 연출이라 볼 수 있으며 화자 역시 이러한 연출의 공연자(共演者)인 것이다. 화자는 소녀의 신분과 이전 삶에 대해 독자들에게 전달해 주는 것보다 더 많이 알며, 이러한 화자의 보고와 소녀의 행동에 대한 해설은 소녀를 둘러싼 수수께끼 같은 사건의 해결에 독자가 끝까지 관심을 유지하도록 해 준다.

일인칭 형식으로 갑작스럽게 나타나는 짧은 네 단락에서 잠깐 동안 우리는 심적으로 고통받는 주인공의 고백을 듣는다.

> 나는 제일 약한 애야. 내 주변의 버려진 아이들 가운데 나보다 약한 아이는 없어.[35]

> 왜 이렇게 시끄러울까. 아무도 나를 쳐다보지 않아. (……) 왜 아무도 나하고 말을 안 하지?[36]

그러나 이러한 일인칭 형식의 내적 고백 다음 단락부터는 다시금 소녀의 행동을 일정한 거리를 두고 비판적으로 보고하는 삼인칭 관찰자 시점이나 전지적 작가 시점이 나타난다. 이처럼 갑작스럽게 등장하는 일인칭 형식의 내적 고백은 주인공의 목소리며, 불확실하거나 불안한 감정을 불러일으킨다. 즉 일정한 거리를 두고 보고 형식으로 서술하는 내용들은 주인공의 자아 성찰이나 자기 관찰일 수도 있는 것이다. 이러한 방식으로 이 단락들은 독자들에게 주인공에 대한 동정이나 호감을 불러일으키고, 독자는 이 이야기를 평가하며 양가적인 감정을 느낀다.

4 나가는 글

에르펜베크가 동독에 대한 암시와 같은 명확한 장치들을 의도적으로 사용하는데도 이 텍스트는 쉽게 정의되지 않는데, 이는 절제된 표현과 은폐 전략 때문으로 볼 수 있다. 예를 들어 서술자는 종종 소녀의 행동을 추론하는 방식으로 다소 고압적이고 가혹한 설명을 제공하는데, 독자는 소녀의 배경이나 근본적인 동기에 대해서는 단지 부분적으로밖에 이해할 수 없다.

> 소녀의 이런 태도에는 항상 많은 음식을 먹어 대는 소녀의 방식을 떠올리게 하는 면이 약간 있다. 여기서도 모든 것을 몸 안으로 받아들일 뿐 다시 밖으로 내보내는 일이 없는 조용한 식욕이 나타난다. 그러나 이런 연관이 다른 아이들에게서는 별로 눈에 띄지 않는다.[37]

종종 서술자는 인물들의 행동을 해석하는데, 서술자의 이러한 특권적 지위는 작품 가운데서 반복적으로 강조된다. 그럼에도 서술자는 소녀의 신분 증명을 방해하면서 독자와 주인공 사이 거리를 멀어지게 하는 역할을 한다. 이를 통해 독자는 소녀를 동정하기보다는 관찰하고 그 행동을 분석하도록 요구받는다.[38] 에르펜베크는 "독자가 항상 외부에 머무르는, 벽과 같은 책"을 창조하고자 한다. 증명하기 어려운 주인공의 신원이나, 어떤 자아 정체성도 찾으려 하지 않는 주인공의 모습은 독자를 계속해서 외부에 머물도록 한다.

작품 첫 문장에서부터 소녀를 대명사 'Es'로 지칭하는 것도 주관이나 정체성이 없는 대상으로서 혹은 중성적인 존재로서 소녀의 상태를 표현하려는 의도로 보인다. 작가는 작품 끝까지 대부분 주인공을 'Es'로 서술하고 동시에 객관적인 보고 형식을 취함으로써, 서술 대상에 대해 일종의 거리감을 만든다. 그리고 이러한 거리감 역시 독자들이 자신과 주인공을 동일시하는 것을 거의 불가능하게 한다. 이와 같은 서술 방식과 비판적 거리감이야말로 무거운 문제의식을 가벼운 글쓰기 전략으로 형상화함으로써 대중성을 확보함과 동시에 예술성을 견지해 나가는 신세대 작가들의 새로운 글쓰기 방식이라 할 수 있을 것이다.

잉고 슐체 Ingo Schulze, 1962~

1962년 옛 동독의 드레스덴에서 태어났다. 예나 대학교에서 고대 그리스어를 공부한 후, 알텐부르크 극장에서 극작술 연구가로 일했으며, 신문사 편집인으로도 활동했다. 1933년 상트페테르부르크에서 육 개월간 체류하며 신문을 창간하기도 했다. 이때의 경험을 바탕으로 쓴 데뷔작 『33가지 행복한 순간들』(1995)로 알프레트 되블린 창작 지원상과 에른스트 빌너 상을 받으면서 신세대 문학의 기린아로 급부상했다. 이후 동독의 한 작은 마을을 배경으로 통일 이후 변화된 사람들의 일상을 그린 『심플 스토리』(1998)를 비롯해 『새로운 인생』(2005), 『핸드폰』(2007), 『아담과 에블린』(2008), 『오렌지와 천사. 이탈리아 스케치』(2010), 『우리의 아름답고 새로운 아이들』(2012) 등을 연이어 발표하며 비평계로부터 "이 시대의 진정한 이야기꾼"이란 찬사를 받고 있다. 요하네스 보브로프스키 메달(1998), 페터 바이스 상(2006), 라이프치히 도서전 상(2007), 마인츠 문학상(2011) 등 권위 있는 문학상을 받으면서 현재 독일 문단에서 포스트 동독 문학을 대표하는 작가로 확고히 자리매김했다. 베를린 예술 아카데미, 다름슈다트 언어와 시를 위한 아카데미, 작센 예술 아카데미 회원이다.

물방울 속 역사[1]

잉고 슐체, 『심플 스토리』

류신

> 몽롱한 가운데, 나의 눈앞에 해변의 초록빛 모래밭이 펼쳐졌다. 그 위 쪽빛 하늘에는 황금빛 둥근 달이 걸려 있었다. 나는 생각했다. 희망은 본래 있다고 할 수도 없고, 없다고 할 수도 없다. 그것은 지상의 길과 같다. 사실은, 원래 지상에는 길이 없었는데, 걸어 다니는 사람이 많아지자 길이 생긴 것이다.
> ─ 루쉰, 「고향」

1 새로운 전환기 소설

1962년 동독 드레스덴에서 태어난 잉고 슐체는 토마스 브루시히, 두르스 그륀바인, 케르스틴 헨젤, 야코프 하인, 우베 콜베 등과 더불어 통일 독일 문단에서 "포스트 동독 문학"[2] 시대를 주도하는 대표적인 동독 출신 신세대 작가다. 현재 독일 문단의 좌표에서 그의 문학이 위치한 지점은 다음과 같다. 첫째, 그는 동서독이라는 서로 다른 '두 체제'와 '두 문화'를 경험함으로써 벼려진 이중 시각으로 통일 독일의 현실을 진단할 수 있다는 점에서 서독 출신 문인과 또렷이 구별된다. 그는 통일 이후 전혀 다른 사회 체제에서 동독이란 지나간 과거를 비판적으로 성찰하고 새로운 사회에 적응해 가는 과정에서 발생하는 문제점과 통일 독일의 현실을 서독 출신 작가들과는 다른 관점에서 바라볼 수 있는 시야를 갖춘 것이다. 둘째, '봉건 사회주의'의 허위적 실상을 너무 뻔히 보고 자란 그는 통일을 단절과 불안으로 체험하지 않고 오히려 새로운 출발의 계기로 받아들일 수 있었다는 점에서 기성세대 동독 작가들과도 구별된다. 동독 2세대 작가들이 통일을 극복하기 어려운 심리적 장애물로 받아들였다면, 그에게 장벽의 붕괴는 검열의 폐지와 작품 소재의 확장을 의미했다. 셋째, 그의 문학이 지닌 개성은 동독 3세대 작가군 사이에서도 두드러진다. 왜냐하면 토마스 브루시히, 야코프 하인 등과 같은 거개(擧皆)의 동독 출신 젊은 작가들이 동독이라는 '더 이상 존재하지 않는 나라'를 유년의 기억을 통해 복원하고자 애면글면한다면, 그는 '여기 지금 엄연히 존재하는 통일 독일'의 현실과 그 속에서 살아가는 동독인들의 희비극을 형상화하는 데 주력하기 때문이다. 말하자면 그는 통일로 인해 사라진 역사적 시공간을 기억하기보다는 통일로 인해 재구성된 새로운 삶의 현장을 주목하는 것이다. 볼프강 회벨이 슐체의 『심플 스토리』를 일컬어 "오랫동안 학수고대했던, 통일 독일에 관한 새로운 스타일의 전환기 소설"[3]이라고 호평하는 까닭은 바로 여기에 있다.[4]

독립된 스물아홉 개 에피소드들로 구성된 연작 소설 『심플 스토리』는 통일이 동독 튀링겐 지방 소도시 알텐부르크 사람들의 일상적인 삶에 어떤 변화를 초래했는지를 일체의 감정 이입을 배제한 채 냉정하고 간결 직접하게 서술한다. 얼핏 보면 변방의 작은 도시에 거주하는 평범한 동독인들의 지리멸렬한 일상을 스케치한 것처럼 보이는 '단순한 이야기들' 속에는 그러나 통일이라는 거대 서사가 개인의 삶에 미친 '단순하지 않은' 변화의 양상, 예컨대 심리적 갈등, 가치관 변화, 실업의 고통, 가족의 해체 등이 예리하게 포착되어 있다. 말하자

면 동독 사람들의 '작은 이야기' 속에 통일이라는 '큰 이야기'가 으밀
아밀 스며 있는 것이다. 거시적 안목과 미시적 관찰을 아우르는 균형
감각의 소유자답게 슐체는 자신의 글쓰기 전략을 이렇게 요약한 바
있다. "나에게 문학이란 물방울 속에서 세계를 보는 것과 다름없다."[5]

이 글은 통일 독일 문단에서 주목받는 잉고 슐체의 소설『심플 스
토리』를 분석해 봄으로써 동독이라는 '과거'가 통일 이후 동독인의
삶과 운명을 어떻게 조종하며, 자본주의라는 '현재'가 이들의 일상을
어떻게 규정하는지, 그리고 삶의 희망이라는 '미래'가 좌절과 고통으
로 점철된 이들의 삶을 어떻게 다시 추동하는지를 추적해 보려는 의
도에서 씌었다. 구체적으로 말하자면 역사적 전환기를 거쳐 통일 독
일에서 살아가는 보통 동독 사람들이 기억하는 어제와 그들이 체험
하는 오늘, 그리고 그들이 기획하는 내일의 모습이 이 소설에 사금파
리처럼 박힌 '빨갱이 모이러', '손들어', '가능하면 멀리'라는 세 단문
속에 압축되어 있다는 사실을 밝혀내고자 한다. 이를 통해 통일 독일
에서 살아가는 동독 사람들의 변화된 삶과 가치관, 그들의 의식 구조
및 심리 상태를 이해할 수 있기를 기대한다.

2 '빨갱이 모이러': 동독의 잔해

이 소설은 동독이라는 '국가'는 세계 지도에서 가뭇없이 사라졌
지만 동독이라는 '과거'는 통일 이후에도 유령으로 살아남아 옛 동독
인의 일상과 운명을 배후 조종하고 있음을 다양한 에피소드를 통해
보여 준다. 무엇보다도 과거의 흔적은 이들이 사용하는 언어에 고스

란히 남아 있다. 예컨대 레나테 모이러는 통일 이후에도 높은 직위에 있는 사람을 호칭할 때마다 여전히 동구 전체주의 국가의 정치국원을 뜻했던 "당간부"[6]라는 단어를 부지불식간에 선택하고, 남편 에른스트 모이러를 "동무"[7]로 부르곤 한다. 또한 소설은 동독 시절 일상에서 사용되던 "비닐봉지(Plastetüte)",[8] "운전 허가증(Fahrerlaubnis)",[9] "열차 배차원(Dispatcher)"[10] 같은 단어들이 통일을 계기로 '그때 그 시절'의 추억 상품 내지는 용도 폐기된 구시대적 유물로 취급받는 상황을 여러 에피소드를 통해 보여 준다.[11]

동독이라는 유령의 힘은 실로 대단해서 통일 이후에도 주민들의 후각은 물론 시각까지 지배한다. 전직 교사 디터 슈베르트의 부인이자 가구점 비서로 일하는 마리안네 슈베르트의 잘 꾸민 거실에서 나는 향긋한 냄새는 피트 모이러로 하여금 동독 시절 "인터숍 상점"[12]에 진열된 서구의 세련된 상품들에서 풍기던 냄새를 얼른 떠올리게 한다. 물론 이 냄새의 실체는 동독 사람들이 서독 마르크와 서구 자본주의의 풍요로움에 대해 품었던 은밀한 오마주에서 발원한다. 한편 알텐부르크 지방 신문의 기자로 일하는 대니는 통일 이후 옛 슈타지 본부에서 신문사로 헐값에 팔려 온 책상을 보고 겁에 질린다. 왜냐하면 그는 책상에 덮어씌워진 필름 모양, 즉 "아메바를 연상시키는 무늬"[13]에서 아르고스처럼 수백 개 눈을 홉뜨고 자신의 일거수일투족을 감시하던 슈타지 요원의 표독스러운 "악어 눈"[14]을 떠올리기 때문이다. 이 장면은 인간과 인간 사이 건강한 관계를 계속해서 끊어 놓으면서 "불신의 악순환"[15]을 널리 퍼뜨린 슈타지라는 괴물이 통일 이후에도 여전히 동독인들의 의식 속에 깊숙이 똬리를 틀고 있음을 잘 보여 준다. 한마디로 옛 동독인들에게 슈타지는 잊을 만하면 다시 나타나는 "악몽"[16]과도 같은 존재인 것이다.

이 소설에 등장하는 마흔 명 넘는 사람들 가운데 과거의 후유증으로 통일 독일 사회에서 정상적인 삶을 꾸려 갈 수 없는 대표적인 인물로 디터 슈베르트를 꼽을 수 있다. 그는 동독 시절 반체제적 불온사상을 학생들에게 전파했다는 이유로 (교장 에른스트 모이러의 결정에 의해) 학교에서 쫓겨난 후 슈타지의 감시를 받다가 통일 이후 심근 경색으로 생을 마감하는 비운의 주인공이다. 전후 군사 훈련 도중 한쪽 눈을 잃은 그의 얼굴에 박힌 "의안(義眼)"[17]이 그가 냉전과 분단 시대의 희생자임을 암시한다면, 강제로 해임당한 이후 나타난 그의 지극히 소심하고 어눌한 행동거지는 사회주의 이상과는 동떨어져 기형화된 현실 사회주의를 체현한다. 동독 시절 그의 내면에 깊이 각인된 이와 같은 트라우마는 통일 이후 심각한 대인 기피증이나 광장 공포증으로 이어지고 돌발적인 행동을 유발한다. 슈베르트의 옛 애인 제니는 통일 이후 재회한 그를 이렇게 묘사한다. "그는 아주 조심스럽게 식사를 했어. 우리와 시선을 마주치지 않기 위해 뚫어져라 접시만 쳐다보면서 말이야."[18] 이러한 비정상적인 행동은 그가 이탈리아 여행 도중 성당 담장으로 기어 올라가 고함을 치며 벌이는 우발적 사건에서 절정에 이른다.

> 그는 머리를 앞으로 내밀고 마치 새처럼 한쪽 눈으로 우리를 내려다보았다. 양말 두 짝은 엄지발가락 끝에서 약간 아래로 처져 걸려 있었다. 연습을 좀 했었다면 위로 올라가는 일은 별문제가 아닌 것 같았다. 아마도 그는 정문의 네모 받침돌에서 출발해서 옆에 있는 작은 돌출부에 도달한 다음 그 난간 위에 올라섰고 앞으로 튀어나온 돌과 수리 중인 건물의 비계(飛階)에 몸을 지탱하고 있었던 모양이다. (……)
> 그자가 '빨갱이 모이러'라고 말했을 때 그것이 누구를 가리키는 말인지는

물론 아무도 몰랐다. 이탈리아 사람들은 어차피 그의 말을 알아듣지 못했다. 그는 에른스트를 '녹색 아노락을 입은 공산당 간부'라고 부르며 두 팔을 뻗어 우리 쪽을 가리켰다. 그가 원하는 바가 무엇인지 아무도 이해하지 못했다. 대체 그의 어디서 소리칠 힘이, 그토록 흥분해서 소리를 내지를 힘이 나오는지 도무지 알 길이 없었다.[19]

디터 슈베르트는 수리 중인 성당 건물의 비계에 몸을 지탱한 채 함께 여행하던 사람들 가운데 누군가를 가리키며 "빨갱이 모이러"라고 외친다. 그의 부르짖음은 이탈리아 사람들에게는 어차피 공허한 메아리로 들렸을 테고, 정확히 그쪽을 주목하지 않은 동료 여행객들에게도 무의미한 소리로 인식되었음이 자명하다. 하지만 이 목소리의 표적은 분명 그곳에 존재한다. 그는 바로 동독 시절 슈베르트를 교직에서 해고한 교장이자 슈타지 비공식 협력자였던 에른스트 모이러인 것이다.[20] 요컨대 타국에서 '빨갱이 모이러'라고 고함치는 슈베르트의 처절한 모습은 동독이라는 과거가 그의 영혼에 남긴 상처의 깊이를 미루어 짐작케 한다.

여기서 흥미로운 부분은 작가가 슈베르트뿐만 아니라 모이러 역시 과거의 상흔으로 고통받는 인물로 그린다는 점이다. 슈타지 전력으로 양심의 가책을 느끼던 그는 슈베르트와의 뜻하지 않은 만남 때문에 추적 망상증에 사로잡힌다. 급기야 그는 무고한 이웃을 가스총으로 위협하다가 정신 병원에 감금되고 결국 부인 레나테 모이러와도 이혼한다. 동독 과거가 정신 질환을 일으키고 가족의 해체를 불러오는 셈이다. 어쨌든 슐체는 이 두 동독인의 비극적 전기를 통해 과거 청산 문제에서 도대체 누가 가해자고 누가 피해자인가라는 민감한 질문을 독자에게 던지는 것이다.

슈베르트와 모이러의 돌발 행동이 동독이란 과거의 내밀한 상처를 비극적인 톤으로 돋을새김한다면 16장에 등장하는 "깡통들"[21]은 동독의 잔해(殘骸)를 희극적으로 부각한다. 16장의 화자인 제니는 서구 생필품을 구하기 쉽지 않았던 동독 시절, 서방 세계에서 생산된 다양한 맥주의 빈 캔이나 통조림 깡통을 마치 진귀한 우표처럼 수집해 "거실에 깡통 제단"[22]을 만들었던 사람들에 대해 말하면서, 심지어 자신의 오빠는 원하는 맥주 캔을 손에 쥐기 위해서 돈을 지불하는 것도 마다하지 않았다고 회고한다. 여기서 문제는 통일 이후 "모든 매점에서"[23] 캔 맥주를 손쉽게 구입할 수 있게 된 상황에서도 이들 대부분이 계속해서 깡통을 수집해 거실에 진열하는 촌극을 연출한다는 점이다. 동독 시절 깡통은 풍요로운 서구 자본주의 사회에 대한 동독인들의 은밀한 동경이 투사된 물신(物神)과 다름없었다. 하지만 통일 이후 동독인의 거실에 진열된 빈 맥주 캔들은 이제 더 이상 숭배의 대상이 될 수 없다. 물론 동독 시절을 미화하거나 그리워하는 오스탤지어의 대상도 아니다. 이제 그것은 과거의 사슬에 얽매여 통일을 엄연한 현실로 인식하지 못하는 옛 동독인들의 서글픈 자화상일 뿐이다. 한마디로 빈 맥주 캔은 통일 이후에도 좀처럼 내칠 수 없는 내면화된 '동독 근성'의 맞춤 상징물인 것이다.

3 '손들어!': 자본의 힘

이 소설은 통일 이후 "따뜻한 동독의 틈새로 침투한 비정한 자본주의"[24]의 실상을 다양한 이야기들을 통해 에둘러 보여 준다. 말하자면 작가는 통일 이후 서독의 자본주의적 시장 경제 체제가 단기간에 동독 지역에 이식되면서 발생하는 문제점들을 일상의 작은 에피소드들을 통해 비유적으로 형상화하는 것이다. 우선 소설 텍스트 곳곳에서 빈번히 나타나는 서독 마르크의 구체적인 액수, 예컨대 속도위반 "범칙금 433마르크 50페니히",[25] 신문 광고료 "부가 가치세 포함 336마르크"[26] 등은 모든 가치가 돈으로 상환되고 치환되는 자본주의의 생리를 암시하는 기제로 작동한다. 또한 자본이 한 개인의 심리를 어떻게 압박하는지를 보여 주는 일상생활의 실례도 발견된다. 에른스트 모이러의 아들 마르틴 모이러가 부인과 통화할 때 공중전화 카드의 액수가 빠르게 줄어드는 것을 가슴 졸이며 지켜보는 장면이 그것이다.

> 2마르크 88페니히에서 2마르크 69페니히 그리고 바로 2마르크 50페니히. (……) 처음에 나는 1마르크 17페니히면 통화를 마칠 수 있을 거라 생각했어. 하지만 98페니히 아니 79페니히 그리고 나서 그녀가 안녕이라고 말하자 60페니히로 훌쩍 뛰어 넘어가더니, 급기야 내가 자기야 하고 부르자 순간 전화가 뚝 끊어졌어.[27]

이는 일상에서 누구나 경험할 수 있는 흔한 장면이지만 통일 직후 새로 설치된 카드 전화기를 동독인이 사용하는 상황이란 점을 고려한다면, 액수가 숨 가쁘게 줄어드는 순간순간은 통일 공간에서 동독인들이 자본의 메커니즘에 정신없이 휘말려 들어가는 과정에 대한 알레고리로 볼 수 있다. 전화 카드 액수가 줄어드는 가속도는 바로 동독인이 느끼는 '전환기 현기증'과 다름없는 것이다.

이 소설의 두 번째 에피소드 '새로운 돈'은 베를린 장벽이 무너진 직후 동독의 지방 소도시를 빠른 속도로 잠식해 가는 자본의 힘을 얼 핏 진부해 보이는 통속적인 남녀 관계에 빗대어 비판한다는 점에서 흥미롭다. 이야기는 1990년 5월 프랑크푸르트에서 온 부동산 중개업자 해리 넬슨이 알텐부르크 중심가에 있는 호텔에 투숙하면서 출발한다. 이 "서독에서 넘어온 사절"[28]의 주요 임무는 이곳의 땅과 건물을 헐값에 매입하는 것이다. '이름이 곧 운명이다.'라는 금언처럼 그는 세계의 바다를 제패한 영국 해군의 영웅 '호레이쇼 넬슨' 제독의 분신이 되어 동독 땅과 집을 점령하려는 셈이다. 여기서 문제의 사건은 호텔 식당에서 웨이트리스로 일하는 열아홉 살 코니 슈베르트(디터 슈베르트의 딸)가 이 서독 신사에게 첫눈에 반하면서 시작된다. 그녀는 넬슨의 모든 것, 즉 그의 앉은 품과 와인을 마시는 자세는 말할 것도 없고 "그의 향수",[29] "그의 귀, 그의 폭이 넓은 손톱과 목젖"[30]을 은밀히 주시한다. 하지만 그녀는 이 신사의 세련되고 점잖은 가면 뒤에 호색한의 음욕(淫慾)이 도사리고 있음을 간파하지는 못한다. 그는 어느 날 밤늦게 퇴근하는 코니에게 다가와 기습적으로 키스하더니, 이내 그녀를 잔디 위에 쓰러트린다. 내심 그를 흠모했던 그녀는 처음에는 그를 받아들이려 하지만 이 상황이 낭만적인 로맨스가 아니라 지저분한 성폭력임을, 자신이 사랑의 대상이 아니라 욕정의 표적임을 깨닫는 순간 손으로 그를 밀어낸다. 코니는 당시의 악몽과 같은 순간을 이렇게 기억한다.

> 해리는 행복해 보였다. 그는 호탕하게 웃었으며 "왜 안 돼."라고 말했다. "도대체 왜 안 되냐고?" 나는 그의 머리와 목덜미를 올려다보았다. 그는 계속해서 떠들어 댔지만 나는 도무지 이해할 수가 없었다. 그가 너무 크게 웃으며 말했기 때문이다. 그와 그의 손은 결코 내 말을 듣지 않았다. 그리

고 어깨에서부터 등으로 이어지는 고통이 엄습했다. "손들어.", "손 올리라고!" 그가 외쳤다. 그 순간 나는, 내가 지금 어디에 있는지, 그리고 나에게 지금 어떤 일이 닥친 건지 알 수 없었다. 내 블라우스는 갈기갈기 찢어져 있었다. 그는 한 음절 한 음절 강조하면서 다시 외쳤다. "소-온들어!"[31]

결국 그녀는 성폭행을 당하고, 해리는 매입 계약서를 가방에 챙겨 유유히 알텐부르크를 떠난다. 이 이야기는 돈 많은 외지인이 순진한 시골 처녀를 유린하는 상투적인 치정극으로 넘길 수 있지만, 독일의 전환기라는 시대사적 맥락에서 보면, 이제는 당의 권력이 아니라 자본의 힘에 의해서 지배되기 시작한 동독인의 운명을 암시하는 '음울한 스캔들'로 재해석할 수 있을 것이다. 나아가 프랑크푸르트에서 온 부동산 중개업자와 알텐부르크 토박이 여자 사이의 부적절한 관계, 즉 상업과 금융의 중심 도시인 서독의 프랑크푸르트가 동독 튀링겐 지방의 탄광 지대 한복판에 위치한 소도시 알텐부르크를 점령해 들어가는 이 장면은 볼프 비어만이 언급했던 독일 통일이라는 "잔인한 멜로드라마"를 연상시키기도 한다.

> 나는 독일 통일을 잔인한 멜로드라마 또는 돈을 몽땅 쓰며 요란하게 하는 결혼식처럼 체험하고 있다. 복지 국가 서독의 미하엘, 이 추악한 멋쟁이가 빈민 구호소에서 나온 동독이라는 비참한 여자 사촌과 결혼하는 격이다.[32]

이 근친결혼이 성사될 수 있는 것도, 이 결혼 생활이 유지될 수 있는 것도 모두 돈의 힘 덕분이다. 요컨대 독일 통일은 막강한 경제력을 앞세운 서독이란 대기업이 스러져 가는 동독이란 중소기업을 병합한 꼴로 요약될 수 있을 것이다. 따라서 통일 이후 당은 더 이상 "우리에게 모든 것을 주었던 나의 군주"³³가 아니다. 라이너 쿤체의 유명한 시구처럼 "인간은/ 인간에게/ 한낱 팔꿈치일 뿐"³⁴이라고 주장하는 자본이란 그리 자비롭지 못한 군주가 왕위를 찬탈했기 때문이다. 그래서일까. 다른 누구보다도 자본주의 시장 체제에 잘 적응한 레나테 모이러 역시 이렇게 탄식한다. "가끔은 돈이 당보다 더 고약해."³⁵

이 소설에서는 통일 이후 전면화된, 그리 원만하지 못한 '독일 내 관계(das deutsch-deutsches Verhältnis)', 즉 동서독 사회 문화 갈등을 암시하는 또 한 커플이 등장한다. 서독 출신 슈바베 마이크는 제니와 사랑에 빠진다. 제니를 짝사랑하기에 평소 이들의 관계를 심히 마뜩잖게 여기던 화물 트럭 운전사 에드가는 둘의 사랑이 그리 오래가지 못할 것이라 확신하며 이렇게 말한다.

> 둘은, 그러니까 동베를린 출신인 그녀와 슈투트가르트에서 온 그놈은 물과 불 같은 사이라니까.³⁶

4 '가능하면 멀리': 삶의 의지

슐체는 통일 이후 변화된 환경에서 알텐부르크 사람들이 경험하는 일상의 비극, 즉 체제 변화가 몰고 온 "불안의 다양한 변주"³⁷를 형상화하는 데 집중하지만, 그렇다고 이들 보통 사람들이 품는 삶의 희망까지 외면하는 것은 아니다.

이 소설 1장 '제우스'의 화자는 중년 주부 레나테 모이러다. 장벽이 허물어진 지 몇 달 되지 않은 1990년 2월 모이러 부부는 결혼 이십 주년을 맞이해서 자식들이 주선해 준 관광버스를 타고 난생처음 이탈리아를 여행하면서 서방 세계를 체험하게 된다. 아직 통일 독일 여권을 소지하지 못한 그들에게 뮌헨의 여행사는 국경을 넘기 전 가명으로 위조 여권을 만들어 준다. 당시의 심리 상태를 화자인 모이러는 이렇게 묘사한다.

> 여러분은 한번 상상해 보아야 할 것이다. 어느 날 갑자기 서독 여권을 소지하고 이탈리아에 가 있다고 하자. 내 이름은 우르줄라고, 에른스트의 이름은 보도고, 거주지는 슈트라우빙. 성이 무엇이었는지 나는 잊어버렸다. 세계 저편에 가서 집에서처럼 마시고 먹으면서 마치 그 모든 것이 당연하다는 듯이 다리를 꼬고 앉아 있는 것을 스스로 기이하게 여긴다고 하자. 이를 닦으며 거울 속을 들여다볼 때면 내가 이탈리아에 있다는 사실을 더욱 믿을 수가 없었다.[38]

동독 출신 관광객은 모두 가명을 쓴다. 이들은 '더 이상' 동독 국민도 아니고 '아직' 통일 독일 국적을 취득하지도 못했다. 말하자면 이들은 자기 정체성을 상실한 유령과도 같은 존재인 것이다. 이들은 방향 감각을 잃어버렸고 따라서 삶의 좌표도 세울 수 없다. 모든 것이 낯설고 믿을 수 없을 뿐이다. '폐쇄인(homo clausus)'[39]에서 하루아침에 '여행인(homo viator)'이 된 동독인이 전환기에 경험한 정신적, 문화적 충격의 강도를 미루어 짐작할 수 있는 대목이다. 그리고 앞서 언급했던 디터 슈베르트와 에른스트 모이러 사이 어두운 과거사가 이 첫 번째 에피소드에 덧붙는다. 이렇듯 이 소설은 통일 공간에서 동독인이 맞닥뜨리는 정체성 혼란과 과거 청산 문제를 부각하면서 시작된다. 그리고 나머지 장도 대부분 통일 이후 일상생활에서 동독인들이 겪는 정신적 고통과 사회 문화적 갈등에 대한 이야기들로 채워진다. 하지만 이 작품의 마지막 이야기는 어려운 상황에도 희망의 끈을 놓지 않는 동독 사람들을 다룬다는 측면에서 각별한 주목을 요한다.

29장 '물고기들'의 화자는 디터 슈베르트의 옛 애인 제니다. 동독 시절 간호 학교를 다니던 그녀는 현재 슈투트가르트 중심가에서 독일 전역에 체인점을 거느린 생선 및 해산물 전문 식당 '북해(Nordsee)'를 홍보하기 위해 전단을 나눠 주며 일종의 이벤트 도우미로 일한다. 그녀는 비록 자신이 원하는 일자리를 찾지는 못했지만 결코 자탄하거나 좌절하지 않고 통일 독일 사회에서 낙오자가 되지 않기 위해 열심히 일하는 모습을 보여 준다. 불우한 환경 속에서도 삶에 대한 긍정적인 태도를 견지하는 동독 출신 여성을 대변하는 것이다. 여기서 제니는 자신의 새 파트너로 동향 사람 마르틴 모이러를 만난다. 그는 동독 시절 "미술사학가"[40]를 꿈꾸며 박사 학위 논문을 준비하다가 갑자기 통일을 맞으면서 대학에서 일자리를 잃고 단번에 지식인에서 노동자로 전락한 인물이다. 그는 통일 이후 조교 군단을 거느리고 부임한 서독 출신 교수에 의해 대학 밖으로 떠밀려 나온 후 "외근 근로자",[41] "대리 운전사", "건물 관리인"[42] 등 여러 직업을 전전하며 인생의 추락을 쓰라리게 맛본다. 한마디로 그는 통일 이후 동독인이 경험한 가장 큰 표류와 방황의 모험인 "구직 오디세이"[43]를 온몸으로 구현하는 인물인 것이다. 그는 남편과 사별한 후 알텐부르크를 떠나 슈투트가르트에 정착한 어머니 레나테 모이러를 방문했다가 구인 광고를 보고 찾아간 '북해'에서 제니와 조우한다. 제니와 함께 그가 '북해'로부터 떠맡은 임무는 잠수복을 갖춰 입고 거리로 나가 사람들에게 "'북해는 어디에 있나요?', '여기 북해가 어디에 있는지 말해 주실 수 있나요?', '제게 북해로 가는 길을 가르쳐 주시겠어요?'"[44]와 같은 질문을 던지며 식당 홍보용 전단을 나눠 주는 일이다. 그런데 여기서 마르틴이 폭행을 당하는 불미스러운 사건이 벌어진다. 그가 신은 오리발이 자기 여자 친구의 발을 짓눌렀다며 한 행인이 그를 구타한 후 도망친 것이다. 통통하게 부어오른 마르틴의 눈두덩을 본 제니는 '북해' 사장인 케른델에게 돌아가 사건 정황을 보고하고 손해 배상을 청구하자고 말한다. 그 순간 마르틴은 뜻밖에 이렇게 반응한다.

> "나는 더 이상 케른델에게 가지 않을 거예요." 마르틴이 말한다. 그는 한참 뜸을 들이며 잠수용 물안경을 쓴다. "그럼 도대체 어디로 가려고요?" 내가 묻는다. 그는 답한다. "멀리, 가능하면 멀리." 그는 다시 침을 퉤 뱉더니, 산소마스크를 입에 물고 그것을 물안경 밴드 아래 고정한다. 그러곤 마지막으로 전단지가 든 가방을 둘러맨다.
> 나도 그를 따라 한다. 그러고 나서 우리는 달리기 시작한다. 사람들은 상점들의 차양과 처마 밑에 서서 비가 멈추길 기다리고 있다. (……) 우리는 빗물이 고인 웅덩이를 철벙거리며 지나간다. (……) 물안경이 시야를 좁히기 때문에 우리는 서로 손을 꽉 붙잡는다. (……) 흰 천막 아래 소규모 악대가 계속해서 연주하고 있다. 나는 점점 커지고 빨라지는 이 곡이 폴카가 아닐까 생각한다.[45]

소설의 대미를 장식하는 이 인상적인 장면은 두 가지 점에서 시사하는 바가 크다. 첫째, 이들이 마주 잡은 손은 동독인의 가슴속에 응어리진 과거의 상처가 통일 이후 차츰 시간이 지나면서 치유되고 있음을 암시한다. 구체적으로 말하자면 디터 슈베르트의 옛 애인 제니와 에른스트 모이러의 아들 마르틴이 서로 손을 잡고 "발걸음을 맞추는"[46] 장면은 슈타지의 희생양인 '슈베르트'와 슈타지 전력 때문에 몰락한 '모이러'의 반목과 갈등이 극적인 화해에 도달하는 과정을 상징하는, 공존과 상생의 퍼포먼스로 읽힌다.

둘째, 이들이 잠수복을 입고 벌이는 이벤트는 냉혹한 통일 독일 사회에서 좌절하지 않고 부단히 삶의 의지를 곤추세우는 동독인의 저력을 연출한다. 이렇게 보면 이들이 행인들에게 던지는 "북해는 어디에 있나요?"라는 질문은 생선 요리와 함께 싱싱함이란 이미지까지 덤으로 팔려는 '북해'의 마케팅 전략이기도 하지만, 동시에 사막과 같은 척박한 자본주의 사회 한복판에서 희망의 오아시스인 '북해'를 찾아 나서려는 동독 사람들 의지의 표현이기도 하다. "바람에 의해 생긴 물결 모양 무늬가 있는 담갈색 사막"[47] 위에 뜬 푸른색 구름에 '북해는 어디에 있나요?'라는 문구가 선명하게 인쇄된 전단은 통일 독일 사회에서 좌표를 잃고 헤매는 동독인에게 필요한 삶의 지도를 암시한다고 볼 수 있다. 이런 맥락에서 "가능하면 멀리"라는 마르틴의 대답은 통일 독일 사회로부터의 탈주와 도피를 의미하지 않는다. 오히려 이 발언은 자본주의 체제를 온전히 받아들일 수는 없지만 그렇다고 해서 이 새로운 사회가 제공하는 삶의 기회를 놓치지 않으려는 동독 사람들의 역설적인 태도, 말하자면 '맹목적인 순응'이 아니라 '비판적인 적응'을 견지하려는 삶의 자세를 웅변한다. 달리 표현하자면 이 말은 항명(抗命)과 순명(順命) 사이에 선 동독 사람들의 입장과 속 깊이 제휴하는 것이다. 한마디로 "가능하면 멀리"는 통일 독일 사회에서 동독인으로서 느끼는 최소한의 자존과 긍지의 표현인 것이다. 이렇게 보면 마르틴과 제니가 함께 달려가는 '북해로 가는 길'은 통일 독일이라는 새로운 환경에서 동독 사람들이 암중모색하는 '희망의 길'을 상징한다. 모이러 부부의 이탈리아 여행이 어두운 과거 쪽으로 구부러져 있었다면 이들이 스스로 선택한 북해로 가는 길은 밝은 미래를 향해 뻗어 있는 것이다.

5 북해로 가는 길

지금까지 우리는 1990년 2월 베를린 장벽이 무너진 직후 이탈리아 여행과 함께 출발해(과거), 주로 동독 알텐부르크에서 전개되다가(현재), 1995년 슈투트가르트 도심에서 북해를 향해 길을 떠나는 것으로(미래) 막을 내리는 『심플 스토리』의 서사적 운동 궤적을 추적해 보았다. 이를 통해 지극히 일상적인 평범함과 통일이라는 정치적 드라마를 절묘하게 결합해 "진부한 극적 긴장"[48]을 빚어내는 "슐체 리얼리즘(Schulzerealismus)"[49]의 작동 원리를 파악해 보았다. 이제 결론을 대신해 이 소설의 사회적, 문화적 함의를 세 가지로 정리해 보자.

첫째, 통일이 동독 보통 사람들 개개인에 미친 변화와 이들이 일상에서 경험하는 혼돈과 갈등, 좌절과 절망의 드라마를 세밀하게 보여 주는 이 소설은 통일의 성패란 거시적 차원의 체제 통합이 아닌 미시적 차원의 생활 세계에서, 즉 체제 전환이 몰고 오는 변화를 사람들이 실제로 경험하여 옳고 그름을 판단하는 일상적인 삶의 현장에서 최종적으로 판가름 난다는 사실을 새삼 일깨워 준다. 박희경은 통일 이후 동독 지역 사람들과 한 인터뷰를 묶은 『나의 통일 이야기』의 서두에서 독일 통일이 우리에게 주는 생생한 교훈을 이렇게 요약한다. "통일이라는 거대한 시대사적 사건도 결국은 인간의 문제로 귀착되며, 인간을 배려하지 않은 통일은 결코 성공할 수 없다. 통일은 종잇장 위에서 체결되는 것이 아니라, 사람과 사람 '사이'에서 완결되는

것이다."⁵⁰

둘째, 이 소설의 무대인 알텐부르크는 통일 이후 동서독의 서로 다른 두 가치, 즉 사회주의적 체제 이념과 자유주의적 체제 이념, 공동체적 생활 양식과 개인주의적 생활 양식, 관료주의적 문화 정책과 시장 경제 원리에 좌우되는 문화 산업이 서로 충돌하며 일으키는 갈등과 변화의 양상을 관찰할 수 있는, 문화 변동의 작은 실험장이다. 또한 이 소설 도처에 출몰하는, 다양한 직업의 인물 마흔 명은 각각 "1990년대 동독인 삶의 전형"⁵¹을 상징하는 것으로 해석할 수 있다. 이런 등장인물들 사이의 복잡다단한 관계망을 도식화한 복잡계 연결망(complex network)⁵²을 보면, 왜 이 소설이 통일 이후 동독인의 삶에 대한 총체적 형상을 보여 주는 작품으로 평가받는지를 엿볼 수 있다. 독립된 스물아홉 개 장으로 구성된 이 연작 소설의 매력은 각 장마다 시점과 주인공이 달라지는 데 있다.⁵³ 따라서 수많은 주인공들이 마치 콜라주처럼 서로 복잡하게 얽힌 『심플 스토리』는 미국 단편 문학의 거장 레이먼드 카버의 여러 단편을 로버트 올트먼 감독이 모자이크식으로 재구성한 영화 「숏 컷」(1993)을 자연스럽게 연상시킨다.⁵⁴

셋째, 실직과 구직의 악순환과 이등 국민으로서 느끼는 상대적 박탈감, 그리고 어이없이 당하는 폭력에도 끝까지 앞으로 나가는 마르틴의 시시포스적 고투(苦鬪)에서, 평화 혁명이 동독인에게 남겨 준 '혁명적 인내력'이란 아름다운 유산을 발견할 수 있다. 1989년 당시 탱크와 무장병과 마주 선 7만여 명 시민에게 절대적 비폭력을 호소함으로써 명예로운 평화 혁명을 주도한 '라이프치히 6인' 가운데 한 사람인 정치 풍자극 배우 베른트루츠 랑게는 2001년 10월 11일, 라이프치히 게반트하우스에서 열린 평화 혁명 십이 주년 기념 대토론회에서 동독 혁명의 현재적 의미를 이렇게 강조한 바 있다.

십이 년 전 가을 라이프치히 평화혁명이란 기적을 가능케 한 것은 당시 목숨을 걸고 침묵시위에 나선 7만 시민의 그 '혁명적 인내력'이었습니다. (……) 통일 당시 동서독 사이에서 거세게 용솟음쳤던 감격, 민족애, 관용, 설렘, 희망은 이제 사라졌습니다. 통일 이후 신탁청은 동독 경제를 회생시키는 산파역 대신 도리어 안락사 시키는 역할을 맡았고, 결국 충격적인 실업이 전염병처럼 닥쳐왔습니다. 그래도 동독 시민들은 바로 그 혁명적 참을성을 가지고 십일 년간의 민주주의와 자본주의 실습을 치른 후 내년부터는 유럽이라는 더 큰 역사의 바다로 흘러 들어가려 하고 있습니다.[55]

『심플 스토리』의 마르틴은 동독 혁명 당시 라이프치히 니콜라이 교회에서 열린 평화를 위한 기도회와 반정부 시위에 꾸준하게 참석했던 인물로 그려진다. 희망의 바다인 '북해'에서 자유롭게 유영하기 위해 길을 떠나는 '잠수부' 마르틴 모이러의 뒷모습에서 "혁명적 참을성을 가지고 11년간의 민주주의와 자본주의 실습을 치른 후 내년부터는 유럽이라는 더 큰 역사의 바다로 흘러 들어가려 하"는 동독 주민들의 모습이 겹친다고 주장하면 너무 지나친 확대 해석일까. 어쨌든 한 가지 분명한 점은, 마르틴이 온몸으로 연기하는 삶의 희망과 생의 의지 속에 동독 사람들이 비록 통일의 패배자일지는 모르지만 그렇다고 인생의 낙오자는 아니라는 작가의 생각이 투영된다는 사실이다.[56] 전환기 '혼돈시대'와 자본주의 '수업시대'라는 고통스러운 수련 과정을 통과한 마르틴 앞에 이제 새로운 도전의 무대인 '편력시대'가 펼쳐져 있다. 부디 '북해'로 가기 위해 내딛는 마르틴의 첫걸음이 동독 사람들이 통일 독일 사회에 시나브로 스며드는 역사적 행보의 첫 자국이 되길 기대해 본다.

주

1부 형세와 동향

무질서하게 융기한 고원의 풍경 — 통일 이후 독일 문학계의 지형 변화

1   이 글은 김누리 외, 『통일 독일의 문화 변동』(한울, 2009)에 실린「통일 이후 독일 문학계의 지형변화」를 이 책의 기획 의도에 맞춰 수정, 보완한 것이다.

2   통일 이후 독일 문학을 다룬 국내 연구 논문은 주로 개별 작품 분석과 '문학 논쟁' 연구에 집중된다. 김용민의「독일문제를 성찰하는 폴커 브라운의 시」(1997), 권진숙의「귄터 그라스 작 『광야』의 신문서평에 관하여」(2001), 김윤희의「크리스타 볼프의 『메데아』에 나타난 회상적 구조」(2002), 허영재의「전환기 소설로서의 『우리 같은 영웅들』」(2002) 등은 통일 이후 발표된 문제작들을 국내에 소개하고 그 내용을 분석한다. 한편 서경하의「독일 통일문인 논쟁에 나타난 신독일 문학비평의 문제점」(1993), 김누리의「통일 독일의 문학논쟁: 통일공간의 문학과 지식인」(1993), 이덕형의「통일독일 문학논쟁의 비평사적 의미」(1999)와「통일독일 문학논쟁. 보토 슈트라우스 논쟁」(2002) 등은 통일 이후 전개된 문학 논쟁의 과정을 추적하고 그 배경과 의미를 짚어 본다. 하지만 통일 후 이십 년이 지난 시점에서 문학 논쟁이 독일 문단을 어떻게 재편해 놓았는가라는 문제, 즉 문학 논쟁 '이후'로 시선을 돌린 국내 연구는 매우 미미한 실정이다. 다행스럽게도 통일 이후 독일 문학의 흐름을 개관하려는 연구도 있는데, 대표적인 논문으로 김누리의「유토

피아의 그늘. 통일 후 7년, 독일 문학의 동향」(1997), 김래현의 「통일 후 1990년 대의 독일 문학」(2000), 이영임의 「통일독일 문단에서의 구동독 작가들의 동향」 (2002)을 꼽을 수 있다. 이런 연구 현황은 통일 이후 이십여 년 동안 변화된 독일 문학계를 거시적으로 조망하는 연구가 시급함을 보여 준다.

3   김누리, 「유토피아의 그늘. 통일 후 7년, 독일 문학의 동향」, 《실천문학》 48권 (1997년 겨울호), 240쪽.

4   Hans Magnus Enzensberger, "Spiegel-Gespräch mit Hellmuth Karasek", Jochen Vogt, *Erinnerung ist unsere Aufgabe. Über Literatur, Moral und Politik 1945-1990*(Opladen: VS Verlag für Sozialwissenschaften, 1991), p. 183에서 재인용.

5   볼프강 힐비히, 이준서 옮김, 「문학은 독백이다」, 한국뷔히너학회 편역, 『문학은 아직도 고혹한 피의 작업. 뷔히너상 수상연설 모음, 1951-2002년』(종문화사, 2004), 259쪽.

6   Monika Maron, *Nach Maßgabe meiner Begreifungskraft*(Frankfurt am Main: Fischer, 1993), p. 85.

7   Volker Hage, *Propheten im eigenen Land. Auf der Suche nach der deutschen Literatur*(München: DTV, 1999), p. 82.

8   Wolfgang Emmerich, *Kleine Literaturgeschichte der DDR*(Berlin: Aufbau, 2000), p. 525.

9   Gunter Hoffmann, "Das Elend der Eliten", *Die Zeit*(2002. 12. 5).《독일 문학》 94집 (2004년), 11쪽에서 재인용.

10 랄프 슈넬, 박환덕 편역, 「독일통일 이후의 문학 및 문학적 삶의 발전 경향. 1945년 이후의 독일 문학에 대한 테제와 논평」, 《외국문학》 35호(1993년 여름호), 57쪽.

11 Wolfgang Emmerich, op. cit., p. 447.

12 Volker Hage, op. cit., p. 82.

13 Wolfgang Emmerich, op. cit., p. 523.

14 Volker Hage, op. cit., p. 81.

15 Jürgen Scharfschwerdt, *Literatur und Literaturwissenschaft in der DDR*(Stuttgart: Kohlhammer, 1982), p. 20.

16 Wolfgang Emmerich, op. cit., p. 10.

17 Beatrix Langner, "Salto postmortale. Sechzehn Thesen über die verspäteten Klassiker der DDR-Literatur: Christa Wolf und Volker Braun", Heinz Ludwig Arnold(ed.), *DDR-Literatur der neunziger Jahre*(München: edition text+kritik, 2000), p. 56.

18 Ibid., p. 51.

19 김누리 외, 『변화를 통한 접근: 통일 주역이 돌아본 독일 통일 15년』(한울아카데

미, 2006), 181~182쪽.

20 Iris Radisch, "Zwei getrennte Literaturgebiete, Deutsche Literatur der neunziger Jahre in Ost und West", Heinz Ludwig Arnold(ed.), op. cit., p. 26.
21 김누리, 「'유럽 최후의 지식인'이 바라본 독일통일과 오늘의 세계. 귄터 그라스와의 대담」, 김누리·노영돈 엮음, 『통일과 문화: 통일독일의 현실과 한반도』(역사비평사, 2003), 230쪽.
22 Uwe Kolbe, *Hineingeboren. Gedichte 1975-1979*(Frankfurt am Main: Suhrkamp, 1980), p. 46.
23 Manfred Jäger, *Sozialliteraten. Funktion und Selbstverständnis der Schriftsteller in der DDR*(Düsseldorf: Bertelsmann Uiniversitätsverlag, 1973), p. 8.
24 Uwe Wittstock, *Von der Stalinallee zum Prenzlauer Berg. Wege der DDR-Literatur 1949-1989*(Zürich: Piper, 1989), p. 229.
25 Wolfgang Emmerich, "Status malancholicus. Zur Transfotmation der Utopie in vier Jahrzehnten", *Die andere deutsche Literatur. Aufsätze zur Literatur aus der DDR*(Opladen: VS Verlag für Sozlalwissenschafter, 1994), p. 186.
26 Anna Chiarloni and Helga Pankoke(ed.), *Grenzenfallgedichte. Eine deutsche Anthologie* (Berlin: Aufbau, 1991), p. 57.
27 Wolfgang Emmerich, "Status malancholicus", p. 186.
28 Wolfgang Emmerich, *Kleine Literaturgeschichte der DDR*, p. 503.
29 Iris Radisch, "Der Herbst des Quatschocento", Andrea Köhler and Rainer Moritz(ed.), *Maulhelden und Königskinder. Zur Debatte über die deutschsprachige Gegenwartsliteratur*(Leipzig: Reclam, 1998), p. 180.
30 Volker Braun, *Wir befinden uns soweit wohl. Wir sind erst einmal am Ende. Äußerungen* (Frankfurt am Main: Suhrkamp, 1998), p. 57.
31 Volker Hage, op. cit., p. 123.
32 Roland Berbig, "Preisgekrönte DDR-Literatur nach 1989/90", Heinz Ludwig Arnold(ed.), op. cit., pp. 198~207 참조. 통계에 의하면 1986년부터 1994년까지 유레크 베커, 자라 키르슈는 아홉 차례, 볼프강 힐비히, 우베 콜베는 여덟 차례, 두르스 그륀바인, 크리스토프 하인은 일곱 차례나 문학상을 받으며 독일 문학상 피라미드의 정상을 차지했다. 동독 작가들의 강세는 1990년대 중반 이후에도 이어졌다. 1995년 이후 쿠르트 드라베르트, 아돌프 엔들러, 잉고 슐체는 다섯 차례 이상 문학상을 받았다.
33 Volker Hage, "Die Enkel kommen", *Der Spiegel*(1999/41), p. 252.

34　Ibid., p. 248.
35　브레히트, 김광규 옮김, 『살아남은 자의 슬픔』(한마당, 1998), 112쪽.
36　Christian Kracht, *Faserland*(München: DTV, 2002), p. 97.
37　박설호, 『떠난 꿈, 남은 글: 동독문학 연구 2』(한마당, 1999), 245쪽.
38　Roland Koberg, "Blutdurst sagt: Komm Lebedurst!", *Die Zeit*(1995. 10. 26). Roland Berbig, op. cit., p. 203에서 재인용.
39　Volker Hage, *Propheten im eigenen Land*, p. 335.
40　Wolfgang Beutin et. al., *Deutsche Literaturgeschichte. Von den Anfängen bis zur Gegenwart* (Stuttgart: Metzler, 2001), p. 698.
41　Thomas Ernst, *Popliteratur*(Hamburg: Rotbuch Verlag, 2005), p. 70. 이 개념은 사회학자 클라우스 레게비가 1995년 출간한 『89세대』에서 따온 말로, 1965년에서 1975년 사이 독일에서 태어나, 정치에 무관심하고 지극히 개인주의적이며 새로운 매체를 마음대로 갖고 노는 신세대를 가리키는 신조어다.
42　Iris Radisch, "Mach den Kasten an und schau. Junge Männer unterwegs: Die neue deutsche Popliteratur reist auf der Oberfläche der Welt", *Die Zeit*(1999/42).
43　세계적으로 신세대 작가의 돌풍이 거센 모양이다. 벤야민 레버트는 중국의 신예 작가 궈징밍(郭敬明, 1984년생)을 바로 떠올리게 한다. 그는 1980년 이후 태어난 젊은 작가군이라 '80후(後)'로 일컬어지는 중국 신세대 작가의 대표 기수로서 톡톡 튀는 재기 발랄한 상상력과 대담한 묘사로 기성 문단에 도전장을 냈다. 고교 시절 문단에 데뷔한 후 벌써 130만 권 이상 팔린 두 장편 소설 『환상의 도시』와 『꿈속에서 떨어지는 꽃은 얼마나 아는가』를 출간해 인기를 누리고 있다. 출판 업계는 중국 출판 역사상 기적과 같은 일이 일어났다고 경악했으며, 평론계는 궈징밍 문학의 작품성에 대한 논쟁으로 모처럼 활기를 띠었다.(홍인표, 「중국문학에 '신세대=80후' 돌풍」, 《경향신문》(2006년 8월 12일) 참조.)
44　Roswitha Scholz, "Die Maske des roten Todes. Kasinokapitalismus, Frauenbewegung und Dekonstruktion", *Krisis*(2001/15). www.krisis.org에서 재인용.
45　김누리·노영돈 엮음, 앞의 책, 243쪽.
46　Thomas Ernst, op. cit., p. 78.
47　Maxim Biller, "Soviel Sinnlichkeit wie der Stadtplan von Kiel. Warum die neue deutsche Literatur nichts so nötig hat wie den Realismus", Thomas Ernst, op. cit., p. 78.
48　Volker Hage, "Zeitalter der Bruchstücke", Andrea Köhler and Rainer Moritz(ed.), op. cit., p. 28.

49 Uwe Wittstock, "Ab in die Nische? Über neueste deutsche Literatur und was sie vom Publikum trennt", Andrea Köhle and Rainer Moritz(ed.), ibid., p. 102.

50 공교롭게도 『우리 같은 영웅들』의 주인공 클라우스 울치트는 『양철북』의 오스카를 닮았다. 둘 다 전통적인 피카레스크 소설의 전형적인 악동이란 점도 비슷하고, 오스카가 계단에서 굴러떨어져 성장을 멈추었듯이 계단에서 넘어지면서 빗자루에 찔린 울치트의 성기가 성장을 멈춘다는 점도 유사하다. 오스카란 인물이 20세기 초중반까지 독일의 파행적인 역사와 독일 시민 사회의 모순을 집약한 알레고리라면, 울치트는 동독 사회의 비극과 불임성을 온몸으로 보여 주는 상징적 인물이다. 나치 시대의 파괴성과 공격성을 체현하며 오스카의 양철북이 울린다면, 베를린 장벽은 울치트의 거대하게 발기된 성기로 인해 무너진다. 소설 속에서 울치트는 자신을 미래의 노벨 문학상 수상자로 여긴다. 이 대목에서 재미있는 상상을 해 본다. 만약 그의 꿈이 현실이 된다면, 그라스가 오스카 덕분에 노벨상을 받았듯이, 브루시히 역시 후에 노벨상을 수상하는 영광을 누릴지도 모른다. 만약 이런 일이 벌어진다면, 우리는 사오십 년 후에 브루시히의 손자뻘 되는 젊은 작가들이 '양철북' 대신 '발기한 거대한 성기'를 하나씩 달고 삼삼오오 모여 있는 아주 외설스러운 사진 하나를 《슈피겔》 표지에서 볼지도 모른다.

51 Volker Hage, "Die Enkel kommen", p. 254.

52 박설호, 앞의 책, 225~226쪽.

53 Iris Radisch, "Zwei getrennte Literaturgebiete. Deutsche Literatur der neunziger Jahre in Ost und West", Heinz Ludwig Arnold(ed.), op. cit., p. 26. 랄프 슈넬도 이리스 라디슈와 비슷한 진단을 내린다. "통일 이후 독일의 동쪽과 서쪽에서 생산되는 문학은 주제, 미학, 그리고 사회를 보는 시각에서 '비동시성'의 관계다."(랄프 슈넬, 앞의 글, 52쪽.)

54 Klaus-Michael Bogdal, "Klimawechsel. Eine kleine Meteorologie der Gegenwartsliteratur", Andreas Erb(ed.), *Baustelle Gegenwartsliteratur. Die neunziger Jahre*(Opladen: Westdeutscher Verlag, 1998), pp. 9~31 참조.

55 Jochen Vogt, "Langer Abschied von der Nachkriegsliteratur? Ein Kommentar zur letzten westdeutschen Literaturdebatte?", Karl Deiritz and Hannes Krauss(ed.), *Der deutsch-deutsche Literaturstreit oder "Freunde, es spricht sich schlecht mit gebundener Zunge"* (Hamburg: Luchterhand, 1991), p. 61 이하.

56 Werner Mittenzwei, *Die Intellektuellen. Literatur und Politik in Ostdeutschland von 1945 bis 2000*(Leipzig: Aufbau, 2002), p. 501.

57 Wolfgang Emmerich, "Die deutsche Literatur 12 Jahre nach der Vereinigung. Das

literarische Feld im Nach-Wende-Deutschland", 《독어교육》 24집(2002년), 456~457쪽.
58 질 들뢰즈 · 펠릭스 가타리, 김재인 옮김, 『천 개의 고원: 자본주의와 분열증 2』(새물결, 2001), 48~49쪽.

독일 신세대 문학의 글쓰기 전략

1 Berhard Fetz, "Die melancholische Generation", *Wespennest*, H. 155(1999), p. 74.
2 Richard Herzinger, "Jung, schick und heiter. Im schönen Schein der Marktwirtschaft: Der Literaturbetrieb entwickelt sich zur neuen Sparte der Lifestyle-Industrie", *Die Zeit*(1999/13).
3 Interview mit Felicitas von Lovenberg, "Ich wollte schreiben wie ein verrückt gewordener Historiker", *Frankfurter Allgemeine Zeitnng*(2006. 2. 9).
4 독일의 경우 신세대 작가들을 다룬 연구서들은 1990년대 후반부터 집중적으로 나오기 시작했다. 이는 무엇보다도 신세대 작가들이 '문학 논쟁' 이후, 그러니까 1990년대 중반 이후 대거 문단에 등장했고 이들에 대한 학문적인 접근과 평가를 위해서는 적어도 삼사 년 이상 시간적인 거리가 필요했기 때문일 것이다. 우선 통일 이후 변화된 독일 문학의 지형 안에서 신세대 문학의 특징을 파악한 대표적인 연구서를 살펴보면 다음과 같다. 안드레아스 에르프가 편집한 『1990년대 문학의 현장』(1997)은 신세대 작가들에 대한 본격적인 연구의 기폭제가 된 책으로 기성세대 작가들은 물론 신세대 작가들이 변화된 매체 환경에서 어떤 역할을 모색하는지를 고찰한다. 토마스 크라프트가 엮은 『1990년대 문학을 열며』(2000)는 통일 이후 등장한 신세대 작가들의 문학이 이전 세대의 문학과는 분명히 다른 환경에서 생겨났고, 또 다른 환경 속에서 읽힌다고 진단하면서 문단의 세대교체 현상을 다각도로 분석한다. 특히 이 책에서는 토마스 브루시히, 유디트 헤르만, 마르셀 바이어 등 신세대 작가들의 문제작들이 구체적으로 분석되어 연구에 많은 시사점을 준다. 그 밖에 기성세대 작가들과 함께 신예 작가들의 작품 세계를 중간 결산하는 클레멘스 카머의 『1989년 이후 독일어권 최근 문학』(2004)과 신세대 작가들이 독일 문학의 전통과 어떻게 결별하는지를 탐색한 헬무트 뵈티거의 『유토피아 이후. 독일어권 최근 문학사』(2004)도 각별히 주목할 만한 연구서들이다. 그 외에 신세대 문학에 적극적인 의미를 부여하며 이들의 문학적, 상업적 성공을 일

반 대중에게 널리 소개한 글로는 폴커 하게가《슈피겔》에 기고한 「손자들이 온다」(1999)를 꼽을 수 있다. 다음으로 문학적 개성, 미학, 출신과 성별에 따라 신세대 작가들을 특정한 소그룹으로 나눠 분석한 개별 연구서들을 살펴보자. 첫째, '처녀들의 기적'으로 명명되는 일련의 젊은 여성 작가들에 관한 대표적인 연구서로 마리아 쿠블리츠크라머의 『1990년대 여성들의 문학』(1999)과 크리스티아네 캐머러 등이 엮은 『문학에 나타난 처녀들의 기적』(2005)이 있다. 전자가 통일 이후 변화된 사회 문화적 좌표 안에서 기존 페미니즘 문학과는 차별되는 1990년대 여성 문학의 특징을 짚어 낸다면, 후자는 21세기 초반 현시점에서 여성 문학의 새로운 가능성을 살펴본다. 둘째, '키비 보이의 기적'을 이룬 신세대 남성 작가군에 대한 연구서로 토마스 에른스트의 『팝문학』(2001)과 모리츠 바슬러의 『독일 팝소설. 새로운 기록자들』(2005) 등이 눈에 띈다. 에른스트가 팝문학의 유행을 주도하고 있는 신세대 작가들의 문학 세계를 1960년대 팝문학과 비교 분석한다면, 바슬러는 이들을 탈주체화 시대 청년 문화를 대표하는 작가들로 비중 있게 다룬다. 대체로 신세대 문학에 대한 체계적인 연구는 독일에서도 최근 들어서 본격적으로 이루어지고 있다.

5 Iris Radisch, "Mach den Kasten an und schau. Junge Männer unterwegs: Die neue deutsche Popliteratur reist auf der Oberfläche der Welt", *Die Zeit*(1999/42).

6 딕 파운틴·데이비드 로빈슨, 이동연 옮김, 『세대를 가로지르는 반역의 정신 Cool』(사람과 책, 2003), 33쪽 참조.

7 김누리, 「'유럽 최후의 지식인'이 바라본 독일통일과 오늘의 세계. 귄터 그라스와의 대담」, 김누리·노영돈 엮음, 『통일과 문화. 통일독일의 현실과 한반도』(역사비평사, 2003), 243쪽.

8 Matthias Politycki, "Kalbfleisch mit Reis! Die literarische Ästhetik der 78er Generation". Clemens Kammler, "Deutschsprachige Literatur seit 1989/90. Ein Rückblick", Clemens Kammler and Torsten Pflugmacher(ed.), *Deutschsprachige Gegenwartsliteratur seit 1989. Zwischenbilanzen – Analysen – Vermittlungsperspecktiven*(Heidelberg: Synchron Wissenschaftsverlag der Autoren, 2004), p. 25에서 재인용.

9 Jochen Hörisch, "Die Vorzüge der Gegenwartsliteratur", Andrea Köhler and Rainer Moritz(ed.), *Maulhelden und Königskinder*(Leipzig: Reclam, 1996), p. 226.

트라반트 세대의 멜랑콜리 — 동독에 대한 문학적 기억의 방식들

1 "트라반트 세대"는 《디 벨트》가 2002년 율리아 쇼흐, 야콥 하인, 안드레 쿠비체크, 야나 헨젤 등과 했던 인터뷰에서 사용된 말이다. 트라반트 세대와 골프 세대는 동독과 서독이라는 서로 다른 배경을 기반으로 하지만, 각각 앞 세대와 뚜렷이 구별되는 문학적 지향과 글쓰기 방식을 추구한다는 점에서 비교될 수 있다.

2 Achim Geisenhanslüke, "Abschied von der DDR", Heinz Ludwig Arnold(ed.), *DDR-Literatur der neunziger Jahre*(München: edition text+kritik, 2000), pp. 80~91.

3 Frauke Meyer-Gosau, "Ost-West-Schmerz", Heinz Ludwig Arnold(ed.), ibid., pp. 5~12.

4 비스키에 따르면 1990년부터 동독 주민들의 생애에 대해서 6000권 이상 책이 나왔다. 시간이 지날수록 동독이 서독화될 것이라는 기대가 일반적이라는 배경을 고려하자면 동독에 대한 기록과 회고, 서사와 보고 등이 지금까지 지속적으로 나온다는 것은 흥미롭다. 여기에 대해서는 Jens Bisky, "Traumbilder vom Osten in den Farben des Westens", Tom Kraushaar(ed.), *Die Zonenkinder und Wir. Geschichte eines Phänomens*(Reinbek bei Hamburg: Rowohlt, 2004), p. 26 참조.

5 류신, 「통일 이후 독일 문학계의 지형변화」, 《뷔히너와 현대문학》 27호(2006년), 171쪽.

6 위 작가들의 출생 연도는 다음과 같다. 아네트 그뢰슈너: 1964년, 야코프 하인: 1971년, 야나 헨젤: 1976년, 팔코 헤니히: 1969년, 안드레 쿠비체크: 1969년, 요헨 슈미트: 1970년, 율리아 쇼흐: 1974년.

7 상실의 정체를 알 수 없다는 점은 프로이트가 개진한 멜랑콜리 개념의 중요한 특징 중 하나다. 이에 대해서는 Sigmund Freud, "Trauer und Melancholie", *Gesammelte Werke*, Bd. 10(Frankfurt am Main: Fischer, 1999), p. 428~446 참조.

8 동독에서 태어나서 동독식 가치관을 교육받고 동독식 생활 양식을 습득했으나, 동서독 통일 이후 자발적이고 적극적으로 서독식 가치관을 수용하고 자본주의적 생활 양식을 배운 젊은 세대를 가리킨다.

9 Jana Hensel, *Zonenkinder*(Reinbek bei Hamburg: Rowohlt, 2003), p. 14.

10 Ibid., pp. 20~25.

11 Ibid., p. 132.

12 Alexander Cammann, "Auf der Suche nach dem DDR-Gefühl", Tom Kraushaar (ed.), op. cit., pp. 61~73.

13 Jens Bisky, op. cit., p. 31.

14 *Zonenkinder*, p. 80.
15 Jens Bisky, op. cit., p. 28.
16 *Zonenkinder*, p. 14.
17 Ibid., p. 71.
18 Kai Biermann, "Herzlich Willkommen bei der Generation Wartburg", *Stuttgarter Zeitung*(2003. 1. 8). http://www.tagebau.com/?p=30 에서 재인용.
19 Moritz Baßler, "Die Zonenkinder und das Wir. Ein Nachwort", Tom Kraushaar (ed.), op. cit., p. 117.
20 *Zonenkinder*, p. 159.
21 Ibid., p. 54, 74.
22 Jana Hensel, "Ein Gespräch mit Jana Hensel", Tom Kraushaar, op. cit., p. 103.
23 Doja Hacker, "Ich bin aber nicht traurig", Tom Kraushaar, ibid., p. 60.
24 요헨 슈미트는 베를린 훔볼트 대학교에서 수학했으며 신진 작가를 위한 문학상들을 수상한 경력이 있다. 이 글에서 다루는 책 『성공담』 외에 『나의 가장 중요한 신체 기능』(2007), 『여름 캠프』(2013) 등의 작품이 있다.
25 Henryk M. Broder and Reinhard Mohr, "Der Aufstand der Surfpoeten", *Der Spiegel*(2000. 2. 7). http://www.spiegel.de/spiegel/print/d-15613876.html 에서 인용.
26 '성공'과 '채소'를 결합한 책 제목은 등장인물인 타치트 미망인이 편지들과 동봉된 신문 기사들 및 사진들을 가리켜 하는 말인 "Triumphgemüse"에서 유래한다. 발신자의 정체와 상관없이 그 편지들이 잘 살고 있다는 내용을 담고 있기 때문에, 여기서는 "Triumphgemüse"를 "성공담"으로 번역하기로 한다.
27 베를린 이야기와 오더브루흐 이야기는 내용이나 인물의 차원에서 별개 이야기다. 위르겐은 오더브루흐 이야기에 등장하지 않으며, 노인들은 베를린 이야기에 등장하지 않는다. 이 글은 동독에 대한 기억과 관련이 깊은 오더브루흐 이야기를 중점적으로 다루기로 한다.
28 Astrid Erll, *Kollektives Gedächtnis und Erinnerungskulturen. Eine Einführung*(Stuttgart and Weimar: Metzler, 2005), pp. 144~147; Jan Assmann, *Das kulturelle Gedächtnis. Schrift, Erinnerung und politische Identität in frühen Hochkulturen*(München: C. H. Beck, 1992), p. 75 참조.
29 Jochen Schmidt, *Triumphgemüse*(München: DTV, 2000), p. 156.
30 여기에 대해서는 특히 『성공담』에 수록된 이야기 「우리 마을 교회」 참조.
31 *Triumphgemüse*, p. 148.

32 Ibid., p. 149.
33 Ibid., p. 79.
34 Ibid., p. 158.
35 Ibid., p. 157.
36 Ibid., p. 168.
37 1974년 장교의 딸로 출생한 쇼흐는 동독 북동쪽에 위치한 군사 요충지 에게진에서 자랐고, 통일 무렵에는 체육 학교 학생이었다. 작가의 이력은 『도롱뇽의 몸』에 실린 단편 아홉 편 군데군데에서, 이를테면 단편집과 제목이 동일한 이야기로, 몸무게가 35킬로그램 나가는 체육 학교 학생이 등장하는 「도롱뇽의 몸」, 동독 장교였던 아버지의 자살을 이야기하는 「승천」, 재건축 바람을 타고 허물어지는 영화관을 그린 「시네마 아우로라」 등에서 나타난다. 이외 쇼흐의 작품으로는 『마토크와의 약속』(2005), 『여름의 속도』(2009) 등이 있다.
38 Julia Schoch, "Orte von denen ich Schreibe. Geschichte für das Literaturhaus Köln" (2002), http://www.juliaschoch.de/index.php?id=8#text2.
39 Richard Kämmerlings, "Der Schmerz des eisernen Dickhäuters", *Frankfurter Allgemeine Zeitung*(2001. 10. 6).
40 Julia Schoch, *Der Körper des Salamanders*(München: Piper, 2001).
41 Ibid., p. 54.
42 Sigmund Freud, "Der Dichter und das Phantasieren", *Gesammelte Werke*, Bd. 7(Frankfurt am Main: Fischer, 1999). 여기서는 지그문트 프로이트, 정장진 옮김, 『예술, 문학, 정신분석』(열린책들, 2003) 149쪽에서 인용.
43 *Der Körper des Salamanders*, p. 120.
44 Ibid., p. 121.

키비 보이의 팝문학과 문화 상품화 전략

1 "SZ-Gespräche mit Ulrich Thielemann, Wirtschaftsethiker der Universität St. Gallen", *Süddeutsche Zeitung*(2004. 4. 10~12) 참조.
2 Richard Herzinger, "Jung, schick, heiter", *Die Zeit*(1999. 3. 25).
3 Anja Kreutz, *Kultur im Magazinformat: zur Geschichte, Form und Funktion von "Aspekte" und "Titel, Thesen, Temperament" im deutschen Fernsehen*(Wiesbaden: Dt. Univ. Verlag, 1995),

p. 20 이하 참조.

4 대중 매체의 부정적인 영향은 프랑크푸르트학파가 이미 지적했다. 그들은 대중 매체의 확산 보급이 문화를 완전하게 상품화하거나 타락시킨다고 보았다.

5 Dirk Frank, "Zwischen Deliterarisierung und Polytextualität", Andreas Erb(ed.), *Baustelle Gegenwartsliteratur: Die neunziger Jahre*(Opladen: Westdeutscher Verlag, 1998), p. 76 참조.

6 Leslie Fiedler, "Überquert die Grenze, schließt den Graben!", Uwe Wittstock(ed.), *Roman oder Leben. Postmoderne in der deutschen Literatur*(Leipzig: Reclam, 1994), p. 60.

7 Themas Ernst, *Popliteratur*(Hamburg: Rotbuch Verlag, 2001), p. 75.

8 Mirjam Schaub, "Phantombilder der Kritik", Christian Döring(ed.), *Deutsche Gegenwartsliteratur. Wider ihrer Verächter*(Frankfurt am Main: Suhrkamp, 1995), p. 173.

9 Ibid.

10 Klaus-Michael Bogdal, "Klimawechsel. Eine Meteorologie der Gegenwartsliteratur", Andreas Erb(ed.): op. cit., p. 12; Thomas Jung(ed.), *Alles nur Pop? Anmerkungen zur populären und Pop-Literatur seit 1990*(Frankfurt am Main: Peter Lang, 2002), p. 27.

11 Jörgen Schäfer, ""Neue Mitteilungen aus der Wirklichkeit". Zum Verhältnis von Pop und Literatur in Deutschland seit 1968", Heinz Arnold(ed.), *Popliteratur*(München: edition text+kritik, 2003), p. 13.

12 Thomas Jung, op. cit., p. 11 참조.

13 이 글에서 독일 신세대 작가들의 팝문학은 일정한 문학적 특징과 작가적 태도를 공유하는 특정한 작가 그룹과 그들의 문학을 지칭하는 개념으로 사용되기에 통속 문학이나 대중 문학으로 번역하지 않을 것이다. 소위 통속 문학 혹은 대중 문학은 단순한 구조, 상투적인 성격 묘사, 금기시하지 않는 언어 사용, 음악이나 매체 혹은 상품 광고나 상표의 차용이라는 점에서 팝문학과 공통점을 지닌다.

14 Hildegard Krämer and Harald Zimmermann, *Brockhaus Wahrig Deutsches Wörterbuch* (Stuttgart: Brockhaus, 1980) 참조.

15 Leslie Fiedler, op. cit., pp. 14~40 참조.

16 Thomas Jung, op. cit., p. 36 참조.

17 Ibid. 참조.

18 Ibid., p. 37.

19 Thomas Ernst, op. cit., p. 35, 44 이하.

20 Thomas Jung, op. cit., p. 37 참조.

21 여기서 분명히 강조되어야 할 점은 팝문학 현상이 최근 독일 문단의 한 단면이라

는 것이다. 팝문학 이외에도 다니엘 켈만, 유디트 헤르만, 초에 예니, 카렌 두베, 예니 에르펜베크 등 다양한 작가 유형이 펼치는 다양한 형태의 서사가 존재한다.

22 Thomas Jung, op. cit., p. 40 참조.
23 Wolfgang Beutin et al., *Deutsche Literaturgeschichte. Von den Anfängen bis zur Gegenwart*(Stuttgart: Metzler, 2001), p. 698 참조.
24 Ibid., p. 41; Johannes Ullmaier, *Von Acid nach Adlon. Eine Reise durch die deutschsprachige Popliteratur*(Mainz: Ventil, 2001), p. 17 참조.
25 Joachim Bessing(ed.), *Tristesse Royale. Das popkulturelle Quintett mit Joachim Bessing, Christian Kracht, Eckhart Nickel, Alexander v. Schönburg und Benjamin v. Stuckrad-Barre*(Berlin: List, 1999), p. 138.
26 Thomas Ernst, op. cit., p. 75.
27 Diedrich Diedrichsen, "Die Leude woll'n das was passiert. Wege aus der Ironiefalle: Für die Wiedergeburt des Politischen aus dem Ungeist der Freizeitkultur", *Frankfurter Allgemeine Zeitung*(2000. 10. 13).
28 Christian Seidl, "Der Dandy für die Arschtasche", *Stern*(1999/37), p. 230.
29 Volker Weidermann, ""Danke Florian"", *die tageszeitung*(2000. 6. 27).
30 Thomas Assheuer, "Im Reich des Scheins. Zehn Thesen zur Krise des Pop", *Die Zeit*(2001/16). 팝문학이 오늘날의 팝 문화를 반영한다는 것은 팝문학이 결코 오래 지속될 수 없거나 지속되길 원하지 않는다는 점을 결과적으로 보여 준다. 팝문학은 시대정신을 대변하기 때문이다. 모리츠 바슬러는 이와 반대로 팝문학의 '기록 보관 기능'을 강조한다. 그는 팝문학 작가들이 다른 작가들과 구별되는 점이 무엇보다도 1990년 이래로 '기록 보관 주의'를 문학에 적용한 것이라고 본다.(Moritz Baßler, *Der deutsche Pop-Roman. Die neuen Archivisten*(München: C. H. Beck, 2002) 참조.)
31 Iris Radisch, "Mach den Kasten an und schau", *Die Zeit*(1999/42).
32 Ibid.
33 Tanja Duckers, "Bin ich schön, schreib ich schön", *Die Welt*(2000. 3. 25).
34 Thomas Ernst, op. cit., p. 72 이하 참조.
35 Ibid., p. 69 참조.
36 Ibid., p. 60.
37 Johannes Ullmaier, op. cit., p. 25.
38 "Für die, die meine Bücher nicht besitzen, habe ich vieles, jedoch kein Verständnis." Benjamin von Stuckrad-Barre, *Liverecordings, Live-Mitschnitte*(München: Der Hör

Verlag, 1999).

39　Anne Philippi and Rainer Schmidt, "Wir tragen Größe 46", *Die Zeit*(1999/37).
40　Diedrich Diedrichsen, "Die License zur Nullposition", *die tageszeitung*(2000. 8. 7).
41　www.benjaminlebert.de / www.stuckrad-barre.de / www.christiankracht.com 참조.
42　"Ein Sittengemälde der Gegenwart Interview mit Alexander von Schönburg", www.bundestag.de/cgi-bin/druck.pl?N=parlament(2003. 11. 28).
43　Tanja Duckers, op. cit.
44　Thomas Jung, op. cit., p. 22.
45　Cover der CD *Liverecordings*.
46　"Eine Sittengemälde der Gegenwart. Interview mit Alexander von Schöburg."
47　http://www.single-geneation.de/pop/mark_terkessidis.htm(2004. 3. 22).
48　www.zeus.zeit.de/text/archiv/1999/37/199937.reden_stuckrad_k.xml(2003. 12. 8).
49　Andrea Köhler, "Reisender Schnee oder Realismus ohne Resignation", Andrea Köhler and Rainer Moritz(ed.), *Maulhelden und Königskinder. Zur Debatte über die deutschsprachige Gegenwartsliteratur*(Stuttgart: Reclam, 1998), p. 192.
50　Susanne Beyer et al., "Die jungen Milden", *Der Spiegel*(1999/28), p. 94 이하 참조.
51　Gerrit Bartels, "Damit kann man arbeiten", *die tageszeitung*(2000. 7. 4).
52　Andreas Bernhard, "Alles Pop?", *Süddeutsche Zeitung*(2000. 4. 6) 참조.
53　Iris Radisch, "Mach den Kasten an und schau", *Die Zeit*(1999/42).
54　Siegfried Unseld, "Literatur im Abseits? Polemische Bemerkungen eines Verlegers", Andrea Köhler and Rainer Moritz(ed.), op. cit., p. 105 참조.
55　블룸바르, 쉬르머 운트 그라프, 오렌지 프레스 등 새로운 출판사들이 생기면서 출판 업계의 집중 현상이 나타났다. 주어캄프, 한저, 키펜호이어 운트 비치 등은 설비나 발행, 프로그램에서 서로 유사해지고 있다. 최근 많은 편집진을 정리 해고할 정도로 경제적인 압박을 받고 있는 대부분 출판사들이 동일한 시장 전략 및 생존 전략을 구사하고 있는 것으로 보인다.(Gerrit Bartels, "Alles Bohlen oder was?", *die tageszeitung*(2003. 10. 13).)
56　이는 매체를 성공적으로 활용하는 것이 중요하다는 인식을 확고하게 해 준다. 매체에서의 성공적인 연출로 높은 시청률이나 판매 부수를 기록하여 인지도가 높아진다는 것은 문학 영역 내에서 상징적인 힘이나 권력을 갖는다는 것을 의미한다. 이는 문학 논쟁에서 힘을 실어 주기 때문이다. "이러한 토론에서 무엇이 고급이고, 엘리트적이고, 정통인가 혹은 저급이고, 통속적이고, 대중적인가가 분명해지는데, 이는 서로 구별되는 가치 평가의 결과며, 이러한 가치 평가는 사회적으로 끊

임없이 새롭게 합의된다."(Jörgen Schäfer, op. cit., p. 13.)
57 Volker Hage, "Die Enkel kommen", *Der Spiegel*(1999/41), p. 244 이하.
58 Richard Herzinger, op. cit.
59 Hubert Winkels, "Was ist los mit der deutschen Literatur?", Andrea Köhler and Rainer Moritz(ed.), op. cit., p. 50.
60 Helmut Koopmann, "Tendenzen der deutschen Gegenwartsliteratur(1970-1995)", Hans-Jörg Knobloch(ed.), *Deutschsprachige Gegenwartsliteratur*(Tübingen: Stauffenburg, 1997), p. 30.
61 Maxim Biller, "Feige das Land, schlapp die Literatur", *Die Zeit*(2000. 4. 13).
62 Richard Herzinger, op. cit.
63 Klaus-Michael Bogdal, op. cit., p. 14.
64 Wieland Freud, "Pop, Papa?", *Die Welt*(2001. 3. 24).
65 Wolfgang Höbel, "Ist ja gar nicht alles supergut", *Der Spiegel*(1999/41), p. 246.
66 Christian Kracht(ed.), *Mesopotamia. Ernste Geschichten am Ende des Jahrtausends*(Stuttgart: DVA, 2000).
67 Thomas Jung, op. cit., p. 12.
68 Ibid., p. 98 이하 참조.

2부 소설과 전위

물의 제국 ― 카렌 두베, 『폭우』

1 Volker Hage, *Letzte Tänze, erste Schritte. Deutsche Literatur der Gegenwart*(München: btb Verlag, 2007), pp. 11~20.
2 Volker Hage, "Die Enkel kommen", *Der Spiegel*(1999/41), p. 252.
3 귄터 그라스, 이수은 옮김, 『라스트 댄스』(민음사, 2004), 36쪽.
4 Volker Hage, *Propheten im eigenen Land. Auf der Suche nach der deutschen Literatur*(München: DTV, 1999), p. 335.
5 Karen Duve, *Regenroman*(Berlin: Goldmann, 1999). 이 소설의 제목을 직역한다면 '비의 소설'이 되겠으나, '폭우'로 의역하여 표기하기로 한다. 이 소설은 2002년 우리말로 옮겨져 '폭우'라는 제목으로 출판되었다.(카렌 두베, 박민수 옮김, 『폭

우』(책세상 2002).) 폭우는 역자 박민수가 작품의 내용과 주제, 그리고 작가의 의도를 충분히 고려해서 적절하게 의역한 제목으로 판단된다. 이 번역서는 원문을 잘 이해하여 우리말로 매끄럽게 옮긴 수작이다. 이 글의 소설 인용문은 이 번역본을 따르되 필요한 경우 부분적으로 수정하여 우리말로 옮겼음을 밝힌다.

6   Helmut Ziegler, "Heftiger Schauer", *Die Woche*(1999/8).
7   Thomas Bollwerk, "Die Frau, das Moor, der Tod", *Stuttgartzeitung*(1999. 3. 25).
8   Nikolaus Förster, *Die Wiederkehr des Erzählens. Deutschsprachige Prosa der 80er und 90er Jahre*(Darmstadt: Wissenschaftliche Buchgesellschaft, 1999) 참조.
9   Peter Pütz, "Peter Handke", Heinz Ludwig Arnold(ed.), *Kritische Lexikon zur deutschsprachigen Gegenwartsliteratur*(München: edition text+kritik, 1978), p. 6.
10 Martin Hielscher, "Verteidigung und Vermeidung von Geschichte, Erzählen und Herumeiern", Gerd Herholz(ed.), *Experiment Wirklichkeit. Renaissance des Erzählens? Poetik-vorlesungen und Vorträge zum Erzählen in den 90er Jahren*(Essen: Klartext, 1998), p. 36.
11 Gerd Herholz(ed.), ibid. 참조.
12 Maxim Biller, "Soviel Sinnlichkeit wie der Stadtplan von Kiel. Warum die neue deutsche Literatur nichts so nötig hat wie den Realismus", *Die Weltwoche*(1991. 7. 25).
13 Matthias Politycki, *Die Farbe der Vokale. Von der Literatur, den 78ern und dem Gequake satter Frösche*(München: Luchterhand, 1998), p. 5.
14 Uwe Wittstock, *Leselust. Wie unterhaltsam ist die neue deutshche Literatur? Ein Essay*(München: Luchterhand, 1995) 참조.
15 Hajo Steinert, "Beklemmendes und Unappetitliches, virtuos geschrieben", *Tages-Anzeiger*(1999. 12. 14).
16 Theodor W. Adorno, *Philosophie der neuen Musik*(Tübingen: Mohr, 1949), p. 28.
17 게오르크 빌헬름 프리드리히 헤겔, 박병기 옮김, 『자연철학 2』(나남출판사, 2008), 377쪽.
18 Mircea Eliade, *Das Heilige und das Profane*(Hamburg: Rowohlt, 1957), p. 45.
19 가스통 바슐라르, 이가림 옮김, 『물과 꿈, 물질적 상상력에 관한 시론』(문예출판사, 1996), 153쪽.
20 위의 책, 131, 162쪽 참조.
21 Johann Wolfgang von Goethe, *Werke*, Hamburger Ausgabe, Bd. 1(München: C. H. Beck, 1988), p. 34.
22 『폭우』, 37쪽.

23 위의 책, 10쪽.
24 위의 책, 330쪽.
25 가스통 바슐라르, 앞의 책, 159쪽.
26 『폭우』, 169쪽.
27 위의 책, 145쪽.
28 위의 책, 156쪽.
29 위의 책, 166쪽.
30 위의 책, 170쪽.
31 Hartmut Böhme(ed.), *Kulturgeschichte des Wassers*(Frankfurt am Main: Suhrkamp, 1988), p. 13.
32 가스통 바슐라르, 앞의 책, 223쪽 참조.
33 위의 책, 147쪽.
34 위의 책, 148쪽.
35 『폭우』, 329쪽.
36 가스통 바슐라르, 앞의 책, 86쪽.
37 『폭우』, 39쪽.
38 위의 책, 294쪽.
39 위의 책, 234쪽.
40 위의 책, 295쪽.
41 위의 책, 234쪽.
42 위의 책, 157쪽.
43 위의 책, 300쪽.
44 위의 책, 301쪽.
45 위의 책, 5쪽.
46 위의 책, 87쪽.
47 위의 책, 50쪽.
48 거품은 에로티시즘의 신화적 상징이다. 관능적 미의 여신 아프로디테는 우라노스의 잘린 성기에서 나온 정액이 물거품으로 변하면서 조개 속에서 태어났다. 그리스어 '아프로스(Aphros)'는 거품을 의미하고 아프로디테는 '거품에서 태어난'이라는 뜻이다.
49 『폭우』, 241쪽.
50 위의 책, 243쪽.
51 노자, 오강남 옮김, 『도덕경』(현암사, 1995), 78장, 328쪽.

52 Hartmut Böhme(ed.), op. cit., p. 13.
53 가스통 바슐라르, 앞의 책, 26쪽.
54 『폭우』, 308쪽.
55 클로드 비제, 「릴케의 집」, 가스통 바슐라르, 곽광수 옮김, 『공간의 시학』(민음사, 1997), 132쪽에서 재인용.
56 가스통 바슐라르, 위의 책, 132쪽.
57 가스통 바슐라르, 『물과 꿈』, 164쪽.
58 『폭우』, 34쪽.
59 위의 책, 48쪽.
60 위의 책, 117쪽.
61 위의 책, 113쪽.
62 가스통 바슐라르, 이가림 옮김, 『촛불의 미학』(문예출판사, 2001), 90쪽.
63 『폭우』, 185쪽.
64 위의 책, 308쪽.
65 위의 책, 317쪽.
66 레온이 진흙 수렁에 빠져 허우적거리는 장면은 집이 곧 수몰될 것을 암시하는 복선으로 읽힌다. "단단하게 보이던 땅이 돌연 푹 꺼졌다. 레온의 왼쪽 다리가 무릎까지 진흙 속으로 쑥 들어갔다. (······) 굶주린 진흙이 게걸스럽게 그의 몸을 빨아들이고 싶어 한다는 생각이 들 지경이었다."(위의 책, 93쪽 이하.)
67 위의 책, 113쪽.
68 위의 책, 302쪽.
69 김상환, 『예술가를 위한 형이상학. 해체론 시대의 철학과 문화』(민음사, 1999), 286쪽.
70 Karl-Wilhelm Schmidt, "Zur Rückkehr des Epischen in der deutschsprachigen Literatur der neunziger Jahre. Die Welt als Chaos in Karen Duves Regenroman", *Zeitschrift für Literaturwissenschaft und Linguistik*, H. 118(Stuttgart: Metzler, 2000), p. 172.
71 『폭우』, 94쪽.
72 위의 책, 124쪽.
73 위의 책, 135쪽.
74 위의 책, 180쪽. 대표적인 수생 동물인 개구리는 비와 밀접한 관련이 있다. 프레이저가 『황금가지』에서 개구리를 '비의 수호신'으로 소개했듯이 여러 문화권에서 개구리는 비의 신의 제자이자 비의 관리인으로 숭배되었다. 강우를 기원하는 주

술적 의식에 개구리가 자주 등장하는 이유는 여기에 있다.(제임스 조지 프레이저, 신상웅 옮김, 『황금가지』(동서문화사, 2007), 121~122쪽 참조.)

75 『폭우』, 242쪽.
76 위의 책, 163쪽.
77 위의 책, 165쪽.
78 위의 책, 234쪽.
79 위의 책, 167쪽.
80 Heidelinde Müller, *Das literarische Fräuleinwunder, Inspektion eines Phänomens der deutschen Gegenwartsliteratur in Einzelfallstudien*(Frankfurt am Main: Peter Lang; 2004), p. 68.
81 『폭우』, 304쪽.
82 위의 책, 90쪽.
83 위의 책, 167쪽.
84 위의 책, 330쪽.
85 Johann Wolfgang von Goethe, op. cit., Bd. 6, pp. 434~446 참조.
86 Stefan George, *Werke*, Ausgabe in zwei Bänden(München and Düsseldorf: H. Küpper, 1958), p. 115.
87 『폭우』, 33쪽.
88 Bettina Pohle, "Namenlose Furcht. Weiblichkeitsentwürfe zwischen Abscheu und Wollust", Karin Tebben(ed.), *Frauen, Körper, Kunst. Literarische Inszenierungen weiblicher Sexualität*(Göttingen: Vandenbeck & Ruprecht, 2000), p. 89.
89 『폭우』, 31쪽.
90 위의 책, 15쪽.
91 위의 책, 66쪽.
92 위의 책, 66쪽.
93 위의 책, 73~74쪽.
94 위의 책, 57쪽.
95 위의 책, 78쪽.
96 위의 책, 224쪽.
97 위의 책, 259~260쪽.
98 위의 책, 134쪽.
99 위의 책, 113쪽.
100 위의 책, 21쪽.
101 위의 책, 183쪽.

102 위의 책, 104쪽.
103 위의 책, 316쪽.
104 위의 책, 256쪽.
105 위의 책, 177쪽.
106 위의 책, 155쪽.
107 위의 책, 291쪽.
108 위의 책, 21쪽.
109 Karl-Wilhelm Schmidt, op. cit., p. 176.
110 『폭우』, 233쪽.
111 가스통 바슐라르, 『물과 꿈』, 172쪽.
112 위의 책, 183쪽.
113 『폭우』, 13쪽.
114 가스통 바슐라르, 『물과 꿈』, 130쪽.
115 『폭우』, 332쪽.
116 Karl-Wilhelm Schmidt, op. cit., p. 171.
117 『폭우』, 308쪽.
118 위의 책, 319쪽.
119 위의 책, 305쪽.
120 위의 책, 330~331쪽.
121 가스통 바슐라르, 『물과 꿈』, 157쪽.
122 Karl-Wilhelm Schmidt, op. cit., p. 173.
123 조셉 캠벨, 이윤기 옮김, 『천의 얼굴을 가진 영웅』(민음사, 2004), 25쪽.
124 프리드리히 횔덜린, 장영태 옮김, 『휘페리온』(을유문화사, 2008), 51쪽.
125 『폭우』, 329쪽.
126 위의 책, 330쪽.
127 Karl-Wilhelm Schmidt, op. cit., p. 173.
128 Mircea Eliade, op. cit., p. 44.
129 『폭우』, 332쪽.
130 Karl-Wilhelm Schmidt, op. cit., p. 174.
131 레온이 생각하는 이상적인 남성관을 보면 그가 얼마나 보수적인지를 짐작할 수 있다. "돈을 많이 벌고 집이 있으며 자식을 낳고 자동차를 고칠 줄 알고 또 어떤 병조림이라도 손으로 열 수 있는 사람, 그런 사람이 바로 남자였다."(『폭우』, 35쪽.) 한편 그의 여성관은 그가 얼마나 속물적 지식인의 전형인가를 잘 보여 준다. "여

인의 아름다움을 다스리는 길은 그 여인과 자는 것이었다."(위의 책, 45쪽.)
132 Peter Michalzik, "Männer im Regen", *Süddeutsche Zeitung*(1999. 3. 21).
133 『폭우』, 35쪽.
134 위의 책, 97쪽.
135 위의 책, 116쪽.
136 위의 책, 137쪽.
137 위의 책, 227쪽.
138 Kurt Pinthus, *Menschheitsdämmerung*(Hamburg: Rowohlt, 1959), p. 39.
139 Ibid., p. 258.
140 『폭우』, 332쪽.
141 Bob Dylan, *Lyrics 1962-2001. Sämtliche Songtexte*(Hamburg: Hoffman und Campe, 2004), p. 19.

혼종과 변용의 서사 ― 카렌 두베, 『납치된 공주』

1 Volker Hage, "Die Enkel kommen", *Der Spiegel*(1999/41), p. 252 참조.
2 Ibid., p. 248.
3 Verena Araghi, "Lust auf deutsche Leichtigkeit", *Der Spiegel*(2006/2), p. 130. 독일 신세대 작가들의 작품은 영미권에서뿐만 아니라 전 세계에서 많은 독자층을 확보함으로써 독일 문학이 세계의 독자들과 만나는 중요한 계기를 열어 주고 있다. 이들의 작품이 영미권에서 '독일 소설(German Novels)'로 분류되지 않고, '세계 소설(International Novels)'로 분류된다는 것이 단적인 예다. 이러한 현상은 최근 독일 문학이 이전과는 전혀 다른 새로운 국면에 접어들었음을 보여 주는 분명한 신호가 아닐 수 없다.
4 박진, 「장르들과 접속하는 문학의 스펙트럼」, 《창작과 비평》 140호(2008년), 31~48쪽 참조. 장르 문학과 본격 문학이 혼성, 결합되는 양상은 최근 한국 신세대 작가들에게서도 빈번하게 나타난다.
5 Nikolaus von Festenberg, "Fesche Zwerge, zarte Drachen", *Der Spiegel*(2005/11), p. 150 참조. 2004년 한 해만 하더라도 전체 책 판매 중 일반 소설 장르가 6.5퍼센트를 기록했다면, '동화, 전설, 우화, 신화' 부문은 27.9퍼센트를 기록했다.
6 Clemens Kammler and Torsten Pflugmacher(ed.), *Deutschsprachige Gegenwartsliteratur*

seit 1989. Zwischenbilanzen – Analysen – Vermittlungsperspektiven(Heidelberg: Synchron Wissenschaftverlag der Autoten, 2004), pp. 17~18.

7   박종성, 『탈식민주의에 대한 성찰』(살림, 2006), 58쪽 이하 참조.
8   릴라 간디, 이영욱 옮김, 『포스트식민주의란 무엇인가』(현실문화연구, 2007), 162쪽 이하 참조.
9   Wolfgang Schneider, "Das Schöne und Fürchterliche an der Liebe", *Neue Züricher Zeitung*(2005. 4. 12).
10 Christoph Bartmann, "Bridget Jones vor Ritterdekor", *Süddeutsche Zeitung*(2005. 4. 19).
11 http://www.plastikmaedchen.net
12 Karen Dure, *Die entführte Prinzessin*(Frankfurt am Main: Eichborn, 2005), p. 5.
13 Silvia Tyburski, "Ritter, Rache, Mythenmix", *Der Spiegel-Online*(2005. 2. 15).
14 *Die entführte Prinzessin*, p. 12.
15 Ibid., p. 397.
16 카렌 두베는 『동물 사전』(1997), 『식물 사전』(1999)을 편찬할 만큼 동물과 식물에 관한 관심과 지식이 폭넓다. 정교한 정원이나 용의 변용이 묘사된 부분에서 작가의 이러한 백과사전적 지식이 돋보인다.
17 *Die entführte Prinzessin*, pp. 254~255.
18 Ibid., p. 68.
19 Silvia Tyburski, "Ritter, Rache, Mythenmix", *Der Spiegel-Online*(2005. 2. 15) 참조. 카렌 두베의 말을 빌리자면, 작가는 어린 시절 구드룬 신화의 결말에 대해 매우 분개했던 적이 있다고 한다. 왜냐하면 구드룬을 납치한 왕자는 어린 독자의 상상 속에서 매우 멋진 파트너로 인상에 남았는데, 공주는 결말에서 자신을 구출하러 온, 이미 결혼이 약정된 왕자와 결혼하기 때문이었다. 두베는 이미 스무 살 때 구드룬 신화를 소재로 책을 쓰기 시작했으며, 이를 완성한 것이 『납치된 공주』라고 한다.
20 Kerstin Schmitt, *Poetik der Montage. Figurenkonzeption und Intertextualität in der "Kudrun"* (Berlin: Schmidt, 2002), pp. 9~10 참조.
21 Ibid., p. 11 참조.
22 Ibid., p. 10 참조.
23 Ibid., pp. 166~167 참조.
24 Ibid., pp. 142~143 참조.
25 *Die entführte Prinzessin*, p. 213.
26 츠베탕 토도로프, 이기우 옮김, 『환상문학 서설』(한국문화사, 1996), 124쪽 이하 참조.

27 위의 책, 132쪽 이하 참조.
28 막스 뤼티, 김홍기 옮김, 『유럽의 민담』(보림, 2005), 56쪽.
29 *Die entführte Prinzessin*, p. 50.
30 Ibid., p. 53.
31 막스 리뤼, 앞의 책, 58쪽 참조.
32 *Die entführte Prinzessin*, p. 391.
33 Ibid., p. 355.
34 Petra Kohse, "Die Prinzessinnenrolle", www.fr-online.de(2005. 3. 16).
35 Volker Hage and Mathias Schreiber, "Ich stehe gern im Regen", *Der Spiegel*(1999/41), p. 256.
36 Silvia Tyburski, op, cit.

현실과 몽환의 경계 — 유디트 헤르만, 『여름 별장, 그 후』

1 Volker Hage, "Ganz schön abgedreht", *Der Spiegel*(1999/12).
2 Christiane Caemmerer, Walter Delabar and Helga Meise, ""Die perfekte Welle". Das literarische Fräuleinwunder wird besichtigt. Eine Einleitung", Christiane Caemmerer et al.(ed.), *Fräuleinwunder literarisch. Literatur von Frauen zu Beginn des 21. Jahrhunderts*(Frankfurt am Main: Peter Lang, 2005), pp. 7~11 참조. 성공 이야기의 맥락에서 "처녀들의 기적"이라는 표현은 독일에서 문학적 성공을 거둔 외국 여성 작가(예를 들자면 벨기에 출신 여성 작가 아멜리 노통브)에게도 붙여졌다. 뿐만 아니라, 문화와 매체 영역에서는 독일 인기 차트를 휩쓴 밴드 '율리'의 여가수 에바 브리겔, 텔레비전 드라마 시리즈 「베를린, 베를린」의 여주인공인 배우 펠리치타스 볼, 영화감독 톰 티크버의 「롤라 런」(1998) 여주인공이 이 표현으로 지칭되었다.
3 Michael Opitz and Carola Opietz-Wiemers, "Vom "literarischen Fräuleinwunder" oder "die Enkel kommen"", Wolfgang Beutin et al.(ed.), *Deutsche Literaturgeschichte: von den Anfängen bis zur Gegenwart*, verbesserte und erw. Auflag(Stuttgart and Weimar: Metzler, 2001), p. 698.
4 리하르트 헤르칭거가 비판하는 것처럼, 폴커 하게는 다양한 젊은 여성 작가들을 "처녀들의 기적"이라는 상표가 붙은 "한 가지 모양의 여성용 그릇"에 담아 버

림으로써 사람들이 이들의 문학 작품에 담긴 다양한 목소리에 귀 기울이기보다는 이들의 매력적인 외모나 개성에 더 주목하게 한 점이 없지 않다.(Richard Herzinger, "Jung, schick und heiter", *Die Zeit*(1999/13) 참조.) "처녀들의 기적"을 문학 시장의 상업주의적 전략으로 보고 여성주의적 시각에서 비판적으로 검토한 연구서로는 다음이 있다. Heidelinde Müller, *Das "literarische Fräuleinwunder". Inspektion eines Phänomens der deutschen Gegenwartsliteratur in Einzelfallstudien*(Frankfurt am Main: Peter Lang, 2004).

5 젊은 여성 작가들의 이러한 문학적 경향은 1970년대 "신주관성" 문학이 보여 준 내면세계로의 침잠과는 달리 "신객관성"을 표명한다. 신주관성 문학에서 보이는 과도하게 표출된 자의식이 "이야기하기" 자체를 억압했다면, 신객관성 문학에서 주체는 "스스로 선택한 게토"에서 걸어 나와 객관적 세계와의 관계 속에서 주체가 겪는 위험을 깨닫고 자신이 그러한 세계 속에 내맡겨졌음을 인식하지만 이와 동시에 존재의 위험을 스스로 감수하면서 삶의 가능성들을 추구한다. 즉 개개인은 "허구적 세계 속에서 다시금 삶과 세계의 구체적인 모습과 충만함을 획득하는 현실 세계"의 일원으로서 자기 자신을 경험하기에 "모든 것이 이야기할 가치가 있는 것"이다.(Winfried Freud, ""Neue Objektivität". Die Rückkehr zum Erzählen in den neunziger Jahren", Wieland Freud and Winfried Freud(ed.), *Der deutsche Roman der Gegenwart*(München: UTB, 2001), pp. 77~99 참조.)

6 Helmut Böttiger, "Spätwinterabend", *Frankfurter Rundschau*(1999. 2. 27). 유디트 헤르만의 문학적 성공과 관련하여 외르크 되링은 제라르 주네트의 '파라텍스트' 개념을 차용해 문학 작품이 책으로 출간되는 과정에서 개입될 수 있는 여러 가지 요소들, 즉 작가 이름, 작가 사진, 작품 제목, 헌사, 모토, 겉표지에 인쇄된 출판사 선전 문구, 표지 디자인, 인쇄 상태와 활자 모양 등을 분석한다.(Jörg Döring, "Hinterhaus, jetzt - Jugend, augenblicklich - Hurrikan, später. Zum Paratext der Bücher von Judith Hermann", Christiane Caemmerer et al.(ed.), op. cit., pp. 13~35 참조.)

7 Daniel Lenz and Eric Pütz, "Ich werde versuchen, eine Schriftstellerin zu sein. Gespräch mit Judith Hermann - 21. Mai 1999", *LebensBeschreibungen. Zwanzig Gespräche mit Schriftstellern*(München: edition text+kritik, 2000), p. 236.

8 Ibid., p. 231 참조.

9 이 단편의 분석을 위해서는 Sabine Burtscher, ""Glück ist immer der Moment davor" - Judith Hermann: *Sommerhaus, später*", *Der Deutschunterricht*(2002/5), pp. 80~85; Richarda Dreier, *Literatur der 90er-Jahre in der Sekundarstufe II. Judith Hermann, Benjamin*

von Stuckrad-Barre und Peter Stamm(Baltmannsweiler: Schneider Verlag, 2005), pp. 55~57; Sabine Pfäfflin, *Auswahlkriterien für Gegenwartsliteratur im Deutschunterricht*(Baltmannsweiler: Schneider Verlag, 2007), pp. 132~137을 참조했다.

10 이 단편은 엄밀한 의미에서는 액자 소설이다. 서술자 '나'의 애인과 심리 치료 상담에 관한 '이야기 틀' 안에서 증조할머니의 이야기가 '이야기 속 이야기'로 기능하기 때문이다. 이야기 전개의 층위에서는 증조할머니와 증조할아버지의 관계 그리고 서술자 '나'와 애인의 관계가 병렬적인 구조를 보여 준다. 하지만 이야기 내용 면에서 보면 세 번째 이야기인 심리 치료 상담에서 서술자 '나'는 증조할머니, 붉은 산호 팔찌, 애인에게서도 결국 벗어난다. 따라서 이 단편은 세 가지 이야기로 이루어졌다고 볼 수 있다.

11 유디트 헤르만, 박양규 옮김, 『여름 별장, 그 후』(민음사, 2004), 28~29쪽.

12 위의 책, 11쪽.

13 위의 책, 22쪽.

14 위의 책, 28쪽.

15 위의 책, 11쪽.

16 Richarda Dreier, op. cit., p. 55 참조. 제라르 주네트는 이러한 서술 형식을 "반복적 이야기"라고 칭한다.(Gérard Genette, *Die Erzählung*, 2. Aufl.(München: UTB, 1998), p. 83.)

17 『여름 별장, 그 후』, 30쪽.

18 위의 책, 25쪽.

19 위의 책, 26쪽.

20 단편 「허리케인」에서도 작품의 현실성보다는 허구성이 강조된다. 이 이야기의 서술자는 "이런 삶을 한번 상상해 봐" 놀이를 하면서 이야기를 전개함으로써 이야기 전체가 현실의 경험적 내용인지 단순한 상상인지를 쉽게 구분할 수 없도록 한다.

21 『여름 별장, 그 후』, 20쪽.

22 위의 책, 20쪽.

23 위의 책, 21쪽.

24 위의 책, 23쪽.

25 위의 책, 12쪽.

26 위의 책, 14쪽.

27 위의 책, 23쪽.

28 위의 책, 12쪽.

29 위의 책, 13쪽.

30 위의 책, 18쪽.
31 위의 책, 22쪽.
32 위의 책, 26, 28쪽.
33 위의 책, 27쪽.
34 위의 책, 21쪽.
35 위의 책, 19~20쪽.
36 Sabine Pfäfflin, op. cit., p. 135 참조.
37 위의 책, 20쪽.
38 위의 책, 30쪽.
39 위의 책, 16쪽.
40 오비드의 『변신』에 따르면 산호는 고르곤 중 하나인 메두사의 잘린 머리에서 모래 바닥으로 방울져 떨어진 피로부터 생겨났다고 한다. 특히 붉은 산호는 '저주의 눈 길'을 막는 보호 수단으로서 부적으로 사용되곤 했다. 일반적으로 산호는 바다 세계의 형성력을 상징한다.
41 『여름 별장, 그 후』, 25쪽.
42 공간과 인물의 비현실성은 이 작품집 곳곳에서 볼 수 있다. 「소냐」에서 일인칭 서술자 '나'의 삶에 갑작스럽게 등장한 소냐의 얼굴은 "15세기의 마돈나 그림처럼 갸름하고 거의 뾰족하다고 할 만큼 특이하고 고풍스러운 얼굴"이며, 슈프레 강가에 있는 소냐의 낡은 집은 "어느 순간 현실에서 벗어날 듯"하다. 「카메라 옵스쿠라」에서 현실은 컴퓨터 화면 속으로 들어가고 화면 속 세계가 방 안으로 밀려 나옴으로써 현실과 재현 중인 현실이 서로 뒤섞인다.
43 『여름 별장, 그 후』, 14쪽.
44 위의 책, 26쪽.
45 위의 책, 24쪽.
46 위의 책, 27쪽.
47 위의 책, 30쪽.
48 위의 책, 25쪽.
49 위의 책, 30쪽.
50 Sabine Burtscher, op. cit. 참조.
51 유디트 헤르만이 이 단편집을 통해 선보인 언어 감각은 "멜랑콜리와 우수를 자아내고, 지극히 간결하지만 풍성한 여운을 남기면서 무언가를 암시할 뿐인 이른바 헤르만 사운드"라는 유행어를 낳았을 정도로 탁월하다.(Antonie Magen, "*Nichts als Gespenster*. Zur Beschaffenheit von Judith Hermanns Erzählungen", Andrea

Bartl(ed.), *Verbalträume. Beiträge zur deutschen Gegenwartsliteratur*(Augsburg: Wißner, 2005), pp. 29~48 참조.)
52　『여름 별장, 그 후』, 199쪽.

팝모던 댄디의 스타일링 — 크리스티안 크라흐트, 『파저란트』

1　Olaf Grabienski, "Unterm Strich zähl(t das) ich. Ich-ErzählerInnen in der Popliteratur", http://www.literatur-und-pop.de/poetik-der-oberflaeche/2009-05-11-a.html(동영상) 참조.

2　Christin Kracht, *Faserland*(München: DTV, 2002), pp. 137~138. 이 맥락에서 영화가 현실 인식의 모델로 기능하거나 현실 체험의 잣대 역할을 하는 점을 언급할 수 있다. 예를 들어 화자는 비행기 창으로 구름을 보면서 빔 벤더스의 영화를 떠올리고(Ibid., p. 61.), 중세는 영화 「장미의 이름」과 같을 것이라 생각하며(Ibid., p. 67.), 여자가 구토하는 모습을 영화 「엑소시스트」와 비교하고(Ibid., p. 46.), 계단을 내려오면서 1940년대 흑백 영화를 연상한다(Ibid., p. 129.). 이로부터 현실과 이미지의 전통적인 관계가 역전됨을 알 수 있다. 즉, 이미지는 더 이상 현실의 반영으로 나타나지 않고, 현실이 이미지의 연장으로 인식된다.

3　Ibid., p. 136.

4　생활 양식에 대한 천착과 상품명에 대한 집착 등은 독일 팝문학뿐 아니라 1990년대 중후반 문학의 전반적인 특징이다. 한 예로 무라카미 하루키를 들 수 있다. 그의 소설들에는 생활 양식이 중요한 문학적 주제로 나타난다. 최근작 『1Q84』에서는 각종 유명 상표들이 등장인물을 설명하는 장치로 나온다. 생활 양식과 상표에 대한 관심은 윤대녕과 같은 한국 작가들에게서도 발견된다. 이와는 조금 다른 각도에서 소위 "칙릭(chick lit)" 문학에서도 비슷한 경향들이 나타난다.

5　크라흐트의 다른 소설 『메소포타미아』에 대해 하랄트 마르텐슈타인이 《타게스슈피겔》에 기고한 서평의 일부다.

6　Christoph Rauen, "Schmutzige Unterhose wird sauberer Büstenhalter", Johannes Birgfeld and Claude D. Conter(ed.), *Christian Kracht*(Köln: Kiepenheuer & Witsch, 2009), p. 116.

7　*Faserland*, p. 31.

8　Ibid., p. 73.

9   Ibid., p. 30.
10 1990년대 이후 유럽 문학의 68세대 부모에 대한 비판은 프랑스 작가 미셸 우엘벡의 소설 『소립자』에서 가장 두드러진다. 유토피아를 지향하는 (그리고 실패하는) 부모와 유토피아 대신 현실을 지향하는 자식의 구도는 통일 이후 동독 출신 신세대 작가들에게도 거의 예외 없이 나타난다. 1990년대 독일 문학장은 팝문학으로 대표되는 서독과 과거 극복 문학으로 대표되는 동독으로 나뉘었고 그 둘 사이에는 전혀 교감이 없었지만, 양쪽 문학 모두 '부모의 부재' 아래 쓰였다는 점에서 공통점을 찾을 수 있다.
11 *Faserland*, p. 153.
12 Ibid., pp. 137~138.
13 Sven Glawion and Immanuel Nover, "Das leere Zentrum. Christian Krachts 'Literatur des Verschwindens'", Alexandra Tacke and Björn Weyrand(ed.), *Depressive Dandys. Spielformen der Dekadenz in der Pop-Moderne*(Köln: Böhlau, 2009), p. 105.
14 *Faserland*, p. 13.
15 Ibid., p. 65.
16 Ibid., p. 81.
17 Ibid., p. 155.
18 Anke S. Biendarra, "Der Erzähler als Popmoderner Flaneur in Christian Krachts Roman *Faserland*", *German Life and Letters*(2002/55:2), p. 170; Katharina Rutschky, "Wertherzeit. Der Poproman-Merkmale eines unerkannten Genres", *Merkus. Deutsche Zeitschrift für europäisches Denken*, H. 646(2003/2), pp. 114~115 참조.
19 Hartmut Böhme, "Masken, Mythen und Scharaden des Männlichen. Zeugung und Begehren in männlichen Phantasien", Claudia Benthien and Inge Stephan(ed.), *Männlichkeit als Maskerade. Kulturelle Inszenierungen vom Mittelalter bis zur Gegenwart*(Köln: Böhlau, 2003), p. 102.
20 Ibid., p. 103
21 영화 「마스크」(1994)는 가면의 '드러내는' 속성을 잘 보여 준다. 이 영화는 소심한 은행원이 가면을 쓰고 적극적이고 저돌적인 모습으로 돌변해 마침내 자신감을 얻고 사랑도 쟁취한다는 이야기를 담고 있다. 그가 쓰는 가면은 소심한 자아를 '숨기는' 역할을 하지만 동시에 적극적 자아를 '생산한다'. 은행원은 가면과의 동일시를 반복적으로 경험함으로써 마침내 가면의 도움이 없이도 적극적인 자아로 변화한다. 은행원의 '본성'이라든가 혹은 '진정한 자아'가 무엇인가라는 질문은 더 이상 유효해 보이지 않는다.

22 *Faserland*, p. 91.
23 Ibid., p. 147.
24 Ibid., p. 78.
25 Ibid., p. 46.
26 Ibid., p. 75.
27 Anke Biendarra, op. cit., p. 173; Katharina Rutschky, op. cit., p. 114; Sven Glawion and Immanuel Nover, op. cit., p. 106 참조.
28 Frank Degler and Ute Paulokat, *Neue Deutsche Popliteratur*(Stuttgart: UTB, 2008), p. 110 참조.
29 *Faserland*, p. 136.
30 장 폴 사르트르, 강명희 옮김, 『구토』(하서, 2009), 235쪽.
31 위의 책, 238쪽. 사족을 달자면, 사르트르의 '구토'는 원제 'La Nausée'에 나타나듯이 뱃멀미에 따르는 역겨움이나 메스꺼움에 가까우며 소설 안에서도 실제 구토 행위는 구체적으로 묘사되지 않는다. 이와 달리 크라흐트의 '구토'는 문자 그대로 토하는 행위다.
32 아브젝시옹(abjection)은 라틴어 'abjectio'에서 유래하는데, 공간적 간격, 분리, 제거를 의미하는 접두사 'ab-'과 내던져 버리는 행위를 나타내는 'jection'으로 이루어진다. 이에 대해서는 쥘리아 크리스테바, 서민원 옮김, 『공포의 권력』(동문선, 2001), 319쪽 참조.
33 노엘 맥아피, 이부순 옮김, 『경계에 선 줄리아 크리스테바』(앨피, 2007), 92쪽에서 재인용.
34 이 금지된 욕망이 추구하는 것은 접촉을 통한 타자와의 결합으로, 동성애에 대한 화자의 격렬한 거부와 관련 있어 보인다. 여기에 대한 연구는 크라흐트의 다른 두 소설 『1979』(2001), 『나는 여기 햇빛 아래, 그늘 속에 있으리』(2008)와 연관하여 보다 자세히 밝혀질 수 있을 것으로 기대한다.
35 *Faserland*, p. 46.

Cool & Dry — 벤야민 폰 슈투크라트바레, 『솔로 앨범』

1 『솔로 앨범』은 팝문학이라는 관점에서만이 아니라 새로운 포스트모던 성장 소설이라는 관점에서도 연구된다. 이에 관해서는 Heinrich Kaulen, "Fun, Coolness

und Spaßkultur? Adoleszenzromane der 90er Jahre zwischen Tradition und Postmoderne", *DU*(1999/53) 5, pp. 325~336; Annette Wagner, *Postmoderne im Adoleszenzroman der Gegenwart*(Frankfurt am Main: Peter Lang, 2007), pp. 581~610 참조.

2. Benjamin v. Stuckrad-Barre, *Soloalbum*(Berlin: Goldmann, 2003), p. 12.
3. Ibid., p. 14.
4. Ibid., p. 110.
5. Volker Weidermann, "Gagschreibers Trauergesang", *Frankfurter Allgemeine Zeitung* (1998. 11. 18), p. 42; Silke Schnettler, "Mein Bauch ist der Nabel der Welt", *Die Welt*(1999. 1. 9), p. 10.
6. Miriam Schulte, "Pop-Literatur und kultureller Wandel. Literarische Aneignungsweisen von Pop in deutschen Romanen der 90er Jahre", *DU*(1999/52) 5, pp. 348~349.
7. Ibid., p. 351.
8. Ibid., p. 349.
9. Moritz Baßler, *Der deutsche Pop-Roman. Die neuen Archivisten*(München: C. H. Beck, 2002), p. 110.
10. *Soloalbum*, p. 218.
11. Ibid., p. 210.
12. Miriam Schulte, op. cit., pp. 349~350.
13. Hubert Winkels, "Grenzgänger. Neue deutsche Pop-Literatur", *Sinn und Form*, 51 (1999/2) 4, p. 608.
14. *Soloalbum*, p. 210.
15. Ibid., p. 220.
16. Ibid., p. 109.
17. Ibid., p. 17.
18. Ibid., p. 39.
19. Ibid., p. 221.
20. Thomas Jung(ed.), *Alles nur Pop? Anmerkungen zur populären und Pop-Literatur seit 1990*(Frankfurt am Main: Peter Lang, 2002), p. 43.
21. 명사 'Sampler'는 팝 음악의 영역에서 나온 말로서 잘 알려진 여러 음악가, 가수, 그룹 들의 성공적인 타이틀 곡을 모아 놓은 음반을 말한다.(Günther Drosdowski(ed.), *Duden, Deutsches Universalwörterbuch A-Z*(Mannheim: Bibliographisches Institut, 1989),

p. 1288.)
22 *Soloalbum*, p. 35.
23 Ibid., p. 220.
24 Ibid., p. 197.
25 Ibid., p. 168.
26 Ibid., p. 210.
27 Ibid., p. 118.
28 Ibid., p. 207.
29 Ibid., p. 141.
30 Ralph Köhnen, "Selbstbeschreibungen jugendkultureller Lebensästhetik. Benjamin Lebers Crazy und Benjamin von Stuckrad-Barres Soloalbum", *DU*(1999/52) 5, pp. 343~344 참조.
31 *Soloalbum*, p. 46.
32 Ibid., pp. 179~180.
33 Ibid., p. 104.
34 Ibid., p. 206.
35 Ibid., p. 35.
36 Richard Rorty, *Kontingenz, Ironie und Solidarität*(Frankfurt am Main: Suhrkamp, 1989), p. 62.
37 Ibid., p. 13.
38 딕 파운틴·데이비드 로빈슨, 이동연 옮김, 『세대를 가로지르는 반역의 정신 Cool』(사람과 책, 2003), 33쪽 참조.
39 *Soloalbum*, p. 37.
40 Ibid., p. 35.
41 Ibid., p. 69.
42 Frolian Illies, *Generation Golf*(Berlin: Argon, 2000), p. 155.
43 Iris Radisch, "Mach den Kasten an und schau", *Die Zeit*(1999/42).
44 *Soloalbum*, p. 236.
45 Ibid., p. 193.
46 Ibid., p. 49.
47 Ibid., p. 190.
48 Ibid., p. 113.
49 Ibid., p. 44.

50   Hubert Winkels, op. cit., p. 607.
51   *Soloalbum*, p. 5.
52   Moritz Baßler, op. cit., p. 104.
53   Annette Wagner, op. cit., p. 388.
54   *Soloalbum*, pp. 15~16.
55   Georg Diez, "German Psycho", *Frankfurter Allgemeine Sonntagszeitung*(2004. 4. 4), p. 19.
56   *Liverecording*(1999), *Bootleg*(2000), *Voicerecorder*(2001).
57   2004년 6월 2일(22:25~23:10) WDR에서 방송된 헤를린데 쾨블의 다큐멘터리 영화 「사람들의 가슴에 와 닿는, 환각 그리고 명성 - 팝 작가 벤야민 폰 슈투크라트바레」에서 시청자들은 슈투크라트바레의 황폐화된 집 그리고 그가 코카인 중독과 우울증에 빠져 있던 시간들을 직접 관찰할 수 있었다. 작가는 베크만의 ARD 텔레비전 쇼나 《슈피겔》과의 인터뷰에서 그런 것들에 대해 스스로 거리낌 없이 밝힌다.

소리의 제국 — 마르셀 바이어, 『박쥐』

1   김누리, 「유토피아의 그늘. 통일 후 7년. 독일문학의 동향」, 《실천문학》 48권 (1997년 겨울호), 217쪽.
2   Bertolt Brecht, *Gesammelte Werke in 20 Bänden*, Bd. 9(Frankfurt am Main: Suhrkamp, 1967), p. 722.
3   류신, 「통일 이후 독일 문학계의 지형변화」, 《뷔히너와 현대문학》 27호(2006년), 173~175쪽 참조.
4   알라이다 아스만, 변학수 외 옮김, 『기억의 공간』(경북대학교출판부, 2003), 14쪽.
5   Reinhart Koselleck, "Nachwort", Charlotte Beradt, *Das Dritte Reich des Traums*(Frankfurt am Main: Suhrkamp, 1994), p. 117.
6   요아힘 페스트, 안인희 옮김, 『히틀러 최후의 14일』(교양인, 2006), 180쪽 참조.
7   마르셀 바이어, 이용숙 옮김, 『박쥐』(현암사, 1999), 17쪽. 이 번역서는 원문을 잘 이해하여 우리말로 매끄럽게 옮긴 수작이다. 역자는 이 작품으로 제6회 한독문학 번역상을 수상했다. 본 논문의 소설 인용문은 이 번역서를 따르되 필요한 경우 부분적으로 수정하여 옮겼음을 밝힌다.
8   위의 책, 18쪽.

9   Claudia Schmölders, "Die Stimme des Bösen. Zur Klanggestalt des Dritten Reiches", *Merkur*(1997/581), pp. 681~693.
10 요시미 순야, 송태욱 옮김, 『소리의 자본주의. 전화, 라디오, 축음기의 사회사』(이매진, 1995), 340쪽에서 재인용.
11 Adolf Hitler, *Mein Kampf*(München: Heyne, 1979), p. 475.
12 Paul Joseph Goebbels, *Offizieller Bericht über den Verlauf des Reichsparteitages mit sämtlichen Reden. Der Kongress zu Nürnberg vom 5. bis 10. September 1934*(München: Franz-Eher-Verlag, 1980), p. 138.
13 Walter Benjamin, "Das Kunstwerk im Zeitalter seiner technischen Reproduzierbarkeit", *Gesammelte Schriften*, Bd. I-2(Frankfurt am Main: Suhrkamp, 1980), p. 469.
14 『박쥐』, 222쪽.
15 위의 책, 10쪽.
16 위의 책, 46쪽 참조. "그 아버지[괴벨스]가 나한테 관심을 갖게 된 건 그 거창한 음향 시설과 기기들의 엄청난 효과 때문이었다. 그 뒤로 아이들 아버지는 그 설치를 감독한 나를 방송 연설 녹음 때마다 자신의 개인 음향 스튜디오로 오게 했다. 그와 나는 작업하면서 이야기를 나눴다."
17 위의 책, 23쪽.
18 위의 책, 147~148쪽.
19 Eberhard Ostermann, "Metaphysik des Faschismus. Zu Marcel Beyers Roman Flughunde", *Literatur für Leser*(2001/24), pp. 4~5 참조.
20 『박쥐』, 15쪽.
21 미디어 철학자 볼프강 벨슈는 일방적인 청각 문화 속에 도사린 종속과 복종의 위험한 계기들을 '듣다'라는 의미의 독일어 동사 'Hören'과 '종속'이라는 뜻을 지닌 명사 'Hörigkeit'의 유사성에서 찾는 재기를 발휘한다.(볼프강 벨슈, 심혜련 옮김, 『미학의 경계를 넘어』(향연, 2005), 239쪽 참조.)
22 『박쥐』, 104쪽.
23 볼프강 벨슈, 앞의 책, 255쪽.
24 『박쥐』, 48쪽.
25 위의 책, 62쪽.
26 위의 책, 123쪽.
27 위의 책, 64쪽.
28 Anja Hagen, *Gedächtnisort Romantik. Intertextuelle Verfahren in der Prosa der 80er und 90er Jahre*(Bielefeld: Aisthesis Verlag, 2003), p. 403.

29　『박쥐』, 106쪽.
30　위의 책, 65쪽.
31　위의 책, 21~22쪽.
32　위의 책, 227쪽.
33　라이너 마리아 릴케, 전동열 옮김, 『예술론(1906-1926). 시인에 대하여, 체험, 근원적 음향 외, 릴케전집 13』(책세상, 2000), 133~134쪽.
34　Manfred Engel(ed.), *Rilke Handbuch. Leben - Werk - Wirkung*(Stuttgart: Metzler, 2004), pp. 153~154 참조.
35　『박쥐』, 139쪽.
36　위의 책, 139쪽.
37　위의 책, 168쪽.
38　위의 책, 159~160쪽.
39　Paul Celan, "Todesfuge", *Gedichte in zwei Bänden*, Bd. 1(Frankfurt am Main: Suhrkamp, 1981), p. 42.
40　『박쥐』, 30쪽.
41　Friedrich Nietzsche, *Also sprach Zarathustra. Ein Buch für Alle und Keinen*, Giorgio Colli and Mazzino Montinari(ed.), Kritische Studienausgabe in 15 Bänden, Bd. 4(München: DTV, 1980), p. 178.
42　Ibid., pp. 178~179.
43　Martin Heidegger, *Holzwege*(Frankfurt am Main: Klostermann, 1950), p. 246. 이성적 사유의 전통에 반감을 지닌 하이데거는 청각적 사유를 통해서 진정한 사유를 시작할 수 있다고 생각했다.
44　Hermann Diels, *Die Fragmente der Vorsokratiker*, Bd. 1(Berlin: Weidmann, 1974), p. 173.
45　볼프강 벨슈, 앞의 책, 244쪽 참조.
46　Friedrich Schlegel, "Philosophische Vorlesungen 1800~1807", Ernst Behler(ed.), *Kritische Friedrich-Schlegel-Ausgabe*, Bd. 12(München: Schöningh, 1964), p. 346.
47　클레멘스 브렌타노, 「소야곡」, 송동준 옮김, 『독일 낭만주의시』(탐구당, 1980), 106쪽.
48　노발리스, 이유영 옮김, 『밤의 찬가』(민음사, 1988), 35쪽.
49　『박쥐』, 66쪽.
50　위의 책, 9쪽
51　위의 책, 11쪽

52　위의 책, 19쪽.
53　위의 책, 40쪽.
54　위의 책, 42쪽.
55　위의 책, 20쪽.
56　위의 책, 27쪽.
57　위의 책, 202쪽.
58　위의 책, 24쪽.
59　위의 책, 164쪽.
60　위의 책, 43쪽.
61　뒤러의 동판화 「멜랑콜리아 1」에서 작품의 표제 'Melencolia'는 박쥐가 펼친 날개에 적혀 있다. 이렇듯 고래로 박쥐는 고독과 우수의 맞춤한 상징이다.
62　『박쥐』, 178쪽.
63　위의 책, 195쪽.
64　요하힘 페스트, 앞의 책, 158쪽.
65　『박쥐』, 195쪽.
66　위의 책, 195쪽.
67　위의 책, 212쪽.
68　Novalis, *Schriften. Das philosophische Werke*, Richard Samuel(ed.), Bd. 3(Stuttgart: Kohlhammer, 1981), p. 238.
69　『박쥐』, 74쪽.
70　Eberhard Ostermann, op. cit., p. 11 참조.
71　『박쥐』, 74쪽.
72　위의 책, 62~63쪽.
73　이 소설에는 화자 두 명이 번갈아 가며 등장하는데, 괴벨스의 여섯 아이 중 맏딸 헬가는 카르나우와 함께 이 소설을 이끌어 가는 또 다른 일인칭 화자다. 이 작품의 서사 구조에 대한 분석은 할당된 지면 관계상 다음으로 미룬다.
74　『박쥐』, 300~301쪽.
75　위의 책, 9쪽.
76　Peter Bekes, "Ab diesem Punkt spricht niemand mehr. Aspekte der Interpretation von Marcel Beyers Roman Flughunde im Unterricht", *Der Deutschunterricht*, H. 4(1999), p. 60.
77　죄르지 루카치, 이영욱 옮김, 『역사소설론』(거름, 1987), 57쪽 참조.
78　Bernd Künzig, "Schreie und Flüstern. Marcel Beyers Roman Flughunde", Andreas

Erb(ed.), *Baustelle Gegenwartsliteratur. Die neunziger Jahre*(Opladen: Westdeutscher Verlag, 1998), p. 124.

79 Britta Strebin, "Wenn die Stimme die Seele (z)ersetzt... Marcel Beyer über seinen Roman Flughunde", *Grauzone. Zeitschrift über neue Literatur*, Nr. 5(1995), p. 15.
80 William Wordsworth, *The Prelude of 1805*(New York: Norton, 1979), p. 342.
81 Bernd Künzig, op. cit., p. 149.
82 Italo Svevo, Zeno Cosini, *Gesammelte Werke in Einzelausgaben*, übersetzt von Piero Rismondo(Reinbek bei Hamburg: Rowohlt, 1987), p. 536.
83 Bernd Künzig, op. cit., p. 124.

독일 문명 비판 — 다니엘 켈만, 『세계를 재다』

1 Heinz-Peter Preußer, "Zur Typologie der Zivilisationskritik", *text+kritik*, H. 177, *Daniel Kehlmann*(2008/1), p. 74. 이 소설은 2007년 6월에만 40쇄가 인쇄되었고, 독일에서만 총 100만 부가 넘게 판매되었다고 한다. 또한 지난 수 년 동안 서른다섯 개 언어로 번역되었다. 이 소설의 성공으로 삼십 대 젊은 작가 켈만은 독일의 이름 있는 문학상인 캉디드 상(2005년), 하이미토 폰 도데러 상(2006년), 클라이스트 상(2007년) 등을 수상했다. 또한《타임 매거진》은 『세계를 재다』를 2006년 최고의 책 열 권 가운데 하나로 꼽았다.
2 류신, 「통일 이후 독일 문학계의 지형변화」, 『뷔히너와 현대문학』 27호(2006), 173쪽 이하.
3 Verena Araghi, "Lust auf deutsche Leichtigkeit", *Der Spiegel*(2006/2), p. 130. 영미 문화권에서는 유럽 역사에 대한 지식과 오락성이 잘 결합된 독일 문학이 선호되고 있다고 한다. 문학 작품을 즐겁게 읽으면서 동시에 역사, 철학, 세계관을 배우기 원하는 독자들의 욕구를 독일 문학이 가장 잘 충족해 주기 때문이라는 것이다. 또한 독일 문학이 비록 까다롭고 난해하기는 하지만, 질적으로 가장 신뢰할 만한 교양과 수준 높은 문체를 보이기 때문에 독일 문학을 애호하는 독자층이 영미 문화권에 상당 규모 존재한다. 이는 문학성에 대한 기대가 여전히 중요한 역할을 한다는 사실을 보여 준다.
4 노명우, 『계몽의 변증법, 야만으로 후퇴하는 현대』(살림, 2005), 35쪽.
5 Markus Thiel, "Das Glück als Rechenfehler. Historisch, philosophisch, leicht: Daniel

Kehlmanns Roman", *Münchner Merkur*(2005. 9. 20).

6 Heinz-Peter Preußer, op. cit., p. 74에서 재인용.

7 김누리·노영돈, 『통일과 문화. 통일독일의 현실과 한반도』(역사비평사, 2003), 243쪽.

8 Felicitas Lovenberg, "'Ich wollte schreiben wie ein verrückt gewordener Historiker': Ein Gespräch mit Daniel Kehlmann über unseren Nationalcharakter, das Altern, den Erfolg und das zunehmende Chaos in der modernen Welt", Gunther Nickel(ed.), *Daniel Kehlmanns "Die Vermessung der Welt". Materialien, Dokumente, Interpretationen*(Reinbek bei Hamburg, Rowohlt, 2008), p. 26.

9 Daniel Kehlmann, *Die Vermessung der Welt*(Reinbek bei Hamburg: Rowohlt, 2005), p. 69.

10 Ibid., pp. 19~20.

11 Manfred Geier, "Alexander von Humboldt - eine biographische Skizze", Gunther Nickel(ed.), op. cit., p. 66.

12 *Die Vermessung der Welt*, p. 37.

13 Ibid., p. 37.

14 Ibid.

15 Ibid., pp. 71~72.

16 Ibid., p. 108.

17 Ibid.

18 Ibid., p. 129.

19 Daniel Kehlmann, *Wo ist Carlos Montufar? Über Bücher*(Reinbek bei Hamburg: Rowohlt, 2006), pp. 15~16. 켈만은 훔볼트와 봉플랑을, 마치 돈키호테와 산초처럼 모험을 같이하기로 결탁하지만 늘 충돌하는 짝으로 설정했다고 한다.

20 *Die Vermessung der Welt*, p. 48.

21 Ibid., p. 80.

22 Ibid., p. 81.

23 Ibid., p. 38.

24 Felicitas Lovenberg, op. cit., p. 26 참조.

25 *Die Vermessung der Welt*, p. 51.

26 Ibid., p. 76.

27 Ibid., pp. 53~54.

28 Ibid., p. 59.

29 테오도르 아도르노·막스 호르크하이머, 김유동 옮김, 『계몽의 변증법』(문학과지성사, 2001), 81쪽 이하.
30 *Die Vermessung der Welt*, p. 44.
31 Ibid., p. 42.
32 Manfred Geier, op. cit., p. 65 참조.
33 *Die Vermessung der Welt*, p. 28.
34 Ibid., p. 293.
35 Ibid., p. 45.
36 Ibid., p. 73.
37 Ibid., p. 74.
38 Ibid., p. 125.
39 Ibid., p. 301.
40 Ibid., p. 220.
41 Ibid., p. 98.
42 Ibid., p. 59.
43 Felicitas Lovenberg, op. cit., p. 29 참조.
44 Daniel Kehlmann, "Mein Thema ist Chaos", Gunther Nickel(ed.), op. cit., p. 41. 켈만은 칸트에 대한 일화를 두고 작가가 허구를 통해 할 수 있는 "칸트에 대한 앙갚음"이라고 표현했다.
45 *Die Vermessung der Welt*, p. 286.
46 Felicitas Lovenberg, op. cit., p. 32 참조. 켈만은 훔볼트와 가우스의 이야기를 다룬 『세계를 재다』가 다른 많은 역사 소설들처럼 통속 소설로 전락할 가능성을 차단하기 위해 간접 화법을 사용했다고 한다. 역사 소설이 대부분 통속 소설로 분류되는 이유가 역사 기록에 충실하여 소설을 읽는 독자로 하여금 마치 그 당시에 그런 사건이 진짜 있었던 것처럼 느끼도록 하는 데에 있다고 본 것이다. 물론 간접 화법을 쓴다고 해서 소설의 허구성을 손상할 수는 없다. 하지만 일단 간접 화법은 역사적 사실에 대해 거리를 두려는 화자의 반어적 태도를 보여 주는 최상의 선택으로 볼 수 있다.
47 Daniel Kehlmann, *Diese sehr ernsten Scherze*(Göttingen: Wallstein, 2009), p. 39.
48 *Die Vermessung der Welt*, p. 221.
49 Ibid., p. 191.

카니발적 웃음 — 토마스 브루시히, 『우리 같은 영웅들』

1 Moritz Bassler, *Der deutsche Pop-Roman. Die neuen Archivisten*(München: C. H. Beck, 2002), p. 60.
2 『우리 같은 영웅들』을 동독 사회에 대한 풍자적인 비판으로 해석하는 울리케 브레머는 이 작품이 "유머, 코믹, 아이러니"의 서사 방식을 앞세운 "피카레스크적 소설"이라고 본다. 율리아 코르만은 동독 "체제가 만들어 낸 현실과 일상적 경험의 현실" 사이에서 배태된 "풍자"와 "아이러니"를 말하며, 마르쿠스 짐만크는 이 소설을 "성장, 모험, 피카로 소설들의 혼종"으로 규정하고, 아이러니와 서사 대상으로부터의 거리감을 그 특징으로 꼽는다. 하이데 홀머는 이 소설의 문체적인 특성으로 "전복적인 아이러니와 풍자적인 아이디어"를 말한다. "코믹, 아이러니, 풍자"로 낯설게 하기 효과를 불러일으키고, 이를 통해서 역설적으로 동독 현실을 "사실적으로" 드러낸다는 것이다. 코르넬리아 발터는 이 소설이 "과장, 부조리, 언어유희"로 가득 차 있으며, "외설과 이데올로기를 결합"했다고 본다. 모리츠 바슬러는 이 소설의 글쓰기 전략으로 동독 문학에서는 있을 수 없었던(서독에서도 익숙한 양식이 아닌) "그로테스크"와 "알레고리적 트라베스티"를 꼽는다.
3 Daniel Sich, *Aus der Staatsgegnerschaft entlassen. Katja Lange-Müller und das Problem humoristischer Schreibweisen in der ostdeutschen Literatur der neunziger Jahre*(Frankfurt am Main: Peter Lang, 2003).
4 미하엘 바흐친, 이덕형·최건영 옮김, 『프랑수아 라블레의 작품과 중세 및 르네상스의 민중문화』(아카넷, 2004), 146쪽.
5 Michail Bachtin, *Literatur und Karneval. Zur Romantheorie und Lachkultur*(Frankfurt am Main: Fischer, 1990), p. 54.
6 Ibid., p. 37.
7 Thomas Brussig, *Helden wie wir*(Frankfurt am Main: Fischer, 1998), p. 5.
8 Ibid., p. 18.
9 Ibid., pp. 311~312.
10 Ibid., p. 320.
11 Ibid., p. 32.
12 Ibid., p. 25.
13 Ibid., p. 31.
14 Ibid., p. 51.
15 Ibid., p. 53.

16 Ibid., p. 32.
17 Ibid., p. 14.
18 Ibid., p. 29.
19 Markus Symmank, "Muttersprache. Zu Thomas Brussigs Roman *Helden wie wir*", Matthias Harder(ed.), *Bestandsaufnahmen. Deutschsprachige Literatur der neunziger Jahre aus interkultureller Sicht*(Würzburg: Königshausen & Neumann, 2001), pp. 184~185.
20 *Helden wie wir*, p. 23, 75, 282. 클라우스는 볼프의 연설에서도 이 경고의 어조를 듣는다.
21 Ibid., p. 9.
22 Ibid., p. 168.
23 Ibid., p. 258.
24 Ibid., p. 58.
25 Ibid., p. 282.
26 Ibid., p. 232.
27 Ibid., p. 237.
28 Ibid.
29 Ibid., p. 311.
30 Ibid., p. 58.
31 Ibid., p. 311.
32 Ibid., p. 233.
33 Ibid., p. 84.
34 이 소설을 동독에 대한 비판으로 해석하는 가이젠한스뤼케는 베를린 장벽이 무너지기까지의 동독 역사를 클라우스가 어머니의 명령과 금지로부터 "성적으로 해방"되는 과정과 동일시한다. 하지만 이러한 해석은 섹슈얼리티에 대한 클라우스의 강박적인 집착에 해방이라는 긍정적인 기의가 결여되었음을 간과한다.(Achim Geisenhanslüke, "Abschied von der DDR", Heinz L. Arnold(ed.), *DDR-Literatur der neunziger Jahre*(München: edition text+kritik, 2000), p. 85 참조.)
35 *Helden wie wir*, p. 198.
36 Ibid., p. 196.
37 Ibid., p. 245.
38 Ibid., p. 244.
39 Ibid., p. 323.
40 이 소설의 정치적인 함의에 대해서는 비판적인 평가들이 적지 않은데, 비판의 입

장이 항상 일치하는 것은 아니다. 한편에서는 슈타지가 우스꽝스러운 오합지졸처럼 서술됨으로써 정치적인 동독 감시 체제의 억압 메커니즘이 전혀 드러나지 않는다고 비판한다. 예를 들어 다니엘 지히에 따르자면 이 소설은 동독의 억압성과 강제성을 드러내지 못한다. 다른 한편, 동독 역사에 대한 포르노그래피적인 서술, 도덕적 정체성의 상징이던 크리스타 볼프에 대한 비판, 통일을 가능하게 했던 동독 민중에 대한 비판 등이 서독 편향적이며 왜곡되고 실패한 역사 청산에 불과하다는 평가도 있다. 이에 대해서는 김누리, 「동독역사의 알레고리적 희화화」, 한국독어독문학회 엮음, 《독일문학》 104집(2007년) 참조.

41 *Helden wie wir*, p. 112.
42 Ibid., p. 113.
43 Ibid., p. 5.
44 Daniel Sich, op. cit., pp. 142~144; 김누리, 앞의 글 참조.
45 *Helden wie wir*, p. 240.
46 Ibid., p. 56.
47 Antonia Grunenberg, "Die gespaltene Identität. Gesellschaftliches Doppelleben in der DDR", Werner Weidenfeld(ed.), *Die Identität der Deutschen*(Bonn: Bundeszentrale für politische Bildung, 1983), p. 213.
48 Ibid.
49 Michail Bachtin, op. cit., p. 57 참조.
50 게리 솔 모슨·캐릴 에머슨, 오문석·차승기·이진형 옮김, 『바흐친의 산문학』(책세상, 2006), 733쪽.
51 위의 책.
52 *Helden wie wir*, p. 271.
53 Robert Simanowski, "Die DDR als Dauerwitz? Thomas Brussig: *Helden wie wir*", *Neue deutsche Literatur*(1996/2), pp. 156~163; Daniel Sich, op. cit.; Julia Kormann, "Satire und Ironie in der Literatur nach 1989. Texte nach der Wende von Thomas Brussig, Thomas Rosenlöcher und Jens Sparschuh", Volker Wehdeking(ed.), *Mentalitätswandel in der deutschen Literatur zur Einheit(1900-2000)*(Berlin: Erich Schmidt, 2000), pp. 165~176; Ulrike Bremer, *Versionen der Wende. Eine textanalytische Untersuchung erzählerischer Prosa junger deutscher Autoren zu Wiedervereinigung*(Osnabrück: Univ. Verlag Rasch, 2002) 등 참조.
54 Julia Kormann, ibid., p. 169; Ulrike Bremer, ibid., p. 40.
55 게리 솔 모슨·캐릴 에머슨, 앞의 책, 728~789쪽, 특히 776~779쪽 참조.

56   *Helden wie wir*, p. 313.

57   Sigmund Freud, "Trauer und Melancholie", *Gesammelte Werke*, Bd. 10(Frankfurt am Main: Fischer, 1999), pp. 427~446 참조.

역사에 대한 알레고리로서의 몸 — 예니 에르펜베크, 「늙은 아이 이야기」

1   Wiebke Eden, *"Keine Angst vor großen Gefühlen." Schriftstellerinnen – ein Beruf. Elf Porträts*(Frankfurt am Main: Fischer, 2003); Tobias Dennehy, "Weise Einfältigkeit von unterem Ende der Hierarchieleiter", *Literaturkritik*, 2(2000) 참조. 예니 에르펜베크는 할머니의 이야기를 토대로 작품을 쓰기 시작했을 때 이 여자를 찾고자 하지만 성공하지 못했다. 그 대신 에르펜베크는 스스로 스물일곱 살 나이에 사 주 동안 서베를린 김나지움 11학년으로 지냈다. 그곳에서 그녀는 말하자면 '늙은 아이'로서 열일곱 살 아이들의 일상을 경험했다.

2   Jenny Erpenbeck, *Geschichte vom alten Kind*, 2. Aufl.(Frankfurt am Main: btb, 2001), p. 15.

3   Wiebke Eden, op. cit., p. 26.

4   Katie Jones, "'Ganz gewöhnlicher Ekel?' Disgust and Body Motifs in Jenny Erpenbeck's *Geschichte vom alten Kind*", Heike Bartel and Elisabeth Boa(ed.), *Pushing at Boundaries. Approaches to Contemporary German Women Writers from Karen Duve to Jenny Erpenbeck*(Amsterdam and New York: Ropodi, 2006), p. 120 참조.

5   *Geschichte vom alten Kind*, p. 15.

6   Ibid., p. 8.

7   Ibid., pp. 8~9.

8   Ibid., p. 59.

9   Ibid., p. 82.

10   Ibid., p. 63.

11   Ibid., p. 64.

12   Ibid., p. 63.

13   Ibid., pp. 118~119.

14   Ibid., p. 89.

15   Ibid., p. 91.

16   Ibid.
17   Ibid., p. 29.
18   Katie Jones, op. cit., p. 129 참조.
19   *Geschichte vom alten Kind*, p. 83.
20   Ibid., p. 105.
21   Ibid., p. 106.
22   Ibid., p. 108.
23   Katie Jones, op. cit., p. 128 참조.
24   *Geschichte vom alten Kind*, p. 46.
25   Ibid., p. 39.
26   Ibid., p. 27.
27   Ibid., p. 28.
28   Ibid., p. 35.
29   Ibid., p. 34.
30   Katie Jones, op. cit., p. 127 참조.
31   *Geschichte vom alten Kind*, p. 10.
32   Ibid., p. 124.
33   Ibid., p. 74.
34   Ibid., p. 28, 32, 40, 49 참조.
35   Ibid., p. 28.
36   Ibid., pp. 32~33.
37   Ibid., p. 89.
38   Katie Jones, op. cit., pp. 124~125 참조.

물방울 속 역사 — 잉고 슐체, 「심플 스토리」

1   이 글은 김누리 외, 『통일 독일의 문화 변동』(한울, 2009)에 실린 「북해로 가는 길. 잉고 슐체의 소설 『심플 스토리』에 나타난 통일 이후 동독인의 삶의 편력」을 이 책의 기획 의도에 맞춰 수정, 보완한 것이다.
2   Walter Schmitz, "Der verschwundene Autor als Chronist der Provinz. Ingo Schulzes Erzählprosa in den 90er Jahren", Volker Wehdeking(ed.), *Mentalitätswandel in der*

deutschen Literatur zur Einheit(1990-2000)(Berlin: Erich Schmidt Verlag, 2000), p. 133. 통일 이후 동독 출신 작가들의 약진(躍進)에 관해서는 졸고 「통일 이후 독일 문학계의 지형변화」, 《뷔히너와 현대문학》 27호(2006), 164~173쪽 참고.

3 Wolfgang Höbel, "Glücksritter auf Tauchstation. Simple Storys ist ein Buch zum Staunen und zum Fürchten", *Der Spiegel*(1998. 2. 28), p. 218.

4 독일 통일은 정치적 사건이기도 했지만 문학의 대상이기도 했다. 독일 통일 이후 변화된 정치적 상황 속에서 한동안 발언을 자제하던 작가들은 1990년대 중반 이후 작품 속에서 통일 문제를 본격적으로 다루기 시작했다. 통일 당시 상황을 구체적으로 다룬 작품들이 많이 나오면서 '전환기 소설(Wenderoman)'이라는 명칭도 일반화되었다. 전환기 소설은 문학이면서 동시에 또 하나의 생생한 역사 기록이란 점에서 무엇보다 가치가 있다. 실례로 잉고 슐체의 『심플 스토리』(1998)를 비롯해 귄터 그라스의 『무당개구리 울음소리』(1992)와 『광야』(1995), 토마스 브루시히의 『우리 같은 영웅들』(1995)과 『그것이 어떻게 빛나는지』(2004), 볼프강 힐비히의 『가처분』(2000), 크리스토프 하인의 『빌렌브로크』(2000) 등을 손꼽을 수 있다. 여기서 서독 출신 작가들보다 동독 출신 작가들이 통일이라는 주제에 더 천착하는 것은 통일 이후 어떤 방식으로든 자신의 정체성을 다시 세워야 한다는 작가들의 실존적 문제의식과 위기의식 때문이다.

5 Ingo Schulze, "Berlin ist eine unschuldige Stadt", *Zeitmagzin*(1997. 10. 3), p. 37.

6 Ingo Schulze, *Simple Storys. Ein Roman aus der ostdeutschen Provinz*(Berlin: Berlin Verlag, 1998), p. 226. 슐체는 1999년 주한독일문화원과 함부르크 문화부가 공동 주최한 '독일 문학의 주간' 행사에 참석차 통일 독일 문단에서 주목받는 시인 우베 콜베, 그리고 소설가 마티아스 폴리튀키와 함께 방한한 적이 있다. 당시 슐체의 『심플 스토리』 1장이 정혜영 교수에 의해 우리말로 옮겨져 한국 독자들에게 소개된 바 있는데, 이 글에서 인용된 소설 1장 부분은 정혜영 교수의 번역을 따랐음을 밝힌다.(잉고 슐체, 정혜영 옮김, 「제우스」, 《동서문학》 29권(1999년 가을호), 470~481쪽.)

7 *Simple Storys*, p. 222.

8 Ibid., p. 295.

9 Ibid., p. 100.

10 Ibid., p. 98.

11 Moritz Baßler, *Der deutsche Pop-Roman. Die neuen Archivisten*(München: C. H. Beck, 2005), pp. 89~90 참조.

12 *Simple Storys*, p. 250.

13 Ibid., p. 32.
14 Ibid.
15 Jay Rosellini, *Volker Braun*(München: C. H. Beck, 1983), p. 87.
16 *Simple Storys*, p. 32.
17 Ibid., p. 165.
18 Ibid., p. 162.
19 Ibid., pp. 19~21.
20 에른스트 모이러와 디터 슈베르트의 관계는 1장에서는 구체적으로 밝혀지지 않는다. 다만 1장의 화자 레나테 모이러는 동독 시절 자신의 남편과 디터 슈베르트 사이에서 불미스러운 사건이 일어났음을 다음처럼 복선을 깔아 넌지시 암시할 뿐이다. "이야기는 한참 거슬러 올라간다. 그 당시 에른스트가 썩 마음이 내켜서 이 일을 하지 않았던 것을 나는 알고 있다. 남편은 집에서 그를 제우스라는 별명으로 불렀을 뿐이었다."(Ibid., p. 21) 둘 사이 사건의 전모는 22장, 구체적으로 말하자면 에른스트가 정신병원에 입원한 후 레나테와 아들 마틴 모이러가 아버지의 과거를 이야기하는 장면에서 비로소 드러난다. 이처럼『심플 스토리』에서는 수많은 에피소드들이 개별적으로 분산되어 독자를 향해 각개전투를 벌이는 듯 보이지만 자세히 들여다보면 이 개별 이야기들은 의미의 다층 구조를 형성하며 치밀하게 얽혀 있다.
21 *Simple Storys*, p. 166.
22 Ibid., p. 165.
23 Ibid., p. 166.
24 Peter Michalizik, "Wie komme ich zur Nordsee? Ingo Schulze erzählt einfache Geschichten, die ziemlich vertrackt sind und die alle lieben", Thomas Kraft(ed.), *aufgerissen. Zur Literatur der 90er*(München: Piper, 2000), p. 29.
25 *Simple Storys*, p. 41.
26 Ibid., p. 31.
27 Ibid., pp. 43~44.
28 Thomas Steinfeld, "Ein Land, das seine Bürger verschlingt. Das Ereignis einfacher Geschichten: Mit staunenswerter Sicherheit erzählt Ingo Schulze vom beiläufigen Unglück in der ostdeutschen Provinz", *Frankfruter Allgemeine Zeitung*(1998. 3. 24).
29 *Simple Storys*, p. 24.
30 Ibid., p. 26.
31 Ibid., p. 28.

32 Wolf Biermann, "Duftmarke setzen", *Über das Geld und andere Herzensdinge. Prosaische Versuche über Deutschland*(Köln: Kiepenheuer & Witsch, 1991), pp. 20~21.

33 Volker Braun, "Das Eigentum", Karl O. Conrady(ed.), *Von einem Land und andern. Gedichte zur deutschen Wende*(Frankfurt am Main: Suhrkamp, 1993), p. 51.

34 Reiner Kunze, *Sensible Wege. Achtundvierzig Gedichte und ein Zyklus*(Reinbek bei Hamburg: Rowohlt, 1969), p. 57.

35 *Simple Storys*, p. 220.

36 Ibid., p. 258.

37 Thomas Rothschild, "Zweimal am Haken", *Presse*(1998. 4. 4).

38 *Simple Storys*, p. 17.

39 사회학자 노베르트 엘리아스가 만든 신조어 '폐쇄인'은 커다란 바깥 세계와는 독립적으로 존재하며 자신만의 작은 세계에 갇혀 사는 인간형을 가리키는 개념이다.(노베르트 엘리아스·존 스콧슨, 박미애 옮김, 『기득권자와 아웃사이더』(한길사, 2005), 50~54쪽 참조.)

40 *Simple Storys*, p. 106.

41 Ibid., p. 40.

42 Ibid., p. 101.

43 Ulrike Bremer, *Versionen der Wende. Eine textanalytische Untersuchung erzählerischer Prosa junger deutscher Autoren zur Wiedervereinigung*(Osnabrück: V & R Unipress, 2002), p. 211.

44 *Simple Storys*, p. 296.

45 Ibid., p. 303.

46 Ibid.

47 Ibid., p. 296.

48 Hannes Krauss, "Die Wiederkehr des Erzählens. Neue Beispiele der Wendeliteratur", Clemens Kammler and Torsten Pflugmacher, *Deutschsprachige Gegenwartsliteratur seit 1989. Zwischenbilanzen - Analysen - Vermittlungsperspektiven*(Heidelberg: Synchron Wissenschaftsverlag der Autoren, 2004), p. 104.

49 Peter Michalizik, op. cit., p. 36.

50 김누리·노영돈 외, 『나의 통일 이야기. 동독 주민들이 말하는 독일통일 15년』(한울 아카데미, 2006), 13쪽.

51 Hannes Krauss, op. cit., p. 103.

52 Thomas Schweizer and Michael Schnegg, "Die soziale Struktur der Simple Storys. Eine Netzwerkanalyse", http://www.uni-koeln.de/phil-fak/voelkerkunde/doc/

simple.html.『심플 스토리』에서는 여러 가지 사건이 중첩되고 다수의 줄거리가 똑같이 중요하게 전개되기 때문에, 이 소설은 '복잡계 연결망'에 관한 적절한 연구 대상이 될 수 있다. 주지하듯 복잡계 연결망에 대한 연구는 1960년대 헝가리 수학자 에르되시 팔의 '무작위 그래프 이론'에서 출발해, 미국 사회학자 스탠리 밀그램이 실험으로 증명한 '여섯 단계 분리'를 설명하는 '좁은 세상 연결망 모델' 과 월드 와이드 웹을 설명하는 '척도 없는 연결망 모형' 등으로 이어져 오다가, 최근에는 문학 작품에 나오는 수많은 인물들을 도식화함으로써 등장인물들 사이 사회적 관계망의 구조와 원리를 파악하는 작업에도 응용되고 있다. 최근 한국에서도 한 물리학자가 복잡계 연결망 이론을 매개로 박경리의 대하소설『토지』에 등장하는 인물 총 543명의 관계를 분석한 바 있다.(김상락,「문학작품 속에서의 복잡계 연결망:『토지』를 중심으로」,《문학동네》48호(2006년 가을호), 438~457쪽 참조.)

53 이 소설은 각 장 서두에서 일인칭 혹은 삼인칭 화자의 신원을 밝히고 내용을 압축, 요약해 놓는다는 점에서 에리히 케스트너의 소설『파비안 어느 도덕주의자의 이야기』와 구조가 흡사하다.

54 슐체는 한 인터뷰에서 자신이 레이먼드 카버와 어니스트 헤밍웨이의 미국식 단편 (Short Story)을 애독해 왔으며, 특히 로버트 올트먼의 영화「숏 컷」을 보고 깊은 인상을 받아 소설『심플 스토리』를 착상할 수 있었다고 밝혔다.(Ingo Schulze, "Für mich war dir DDR einfach nicht literarisierbar", *Am Erker. Zeitschrift für Literatur*, Nr. 36(1998), pp. 41~46 참조.)

55 강유일,「천사와 사령관. 통일 11주년 가을, 독일의 세 풍경」,《한국일보》(2001년 10월 23일)에서 재인용.

56 이 소설의 마지막 장면은 1980년대 한국의 시대적 아픔 속에서 방황하는 젊은이들이 좌절을 딛고 삶의 희망을 상징하는 고래를 잡으러 떠나는 지난한 여정을 그린 최인호의 소설『고래사냥』(1983)의 다음 대목을 연상시킨다. "난 바다로 가는 거야. 바다라고 해서 파도가 있고 갈매기가 나는 그런 곳이 아니야. 온갖 인간들이 어우러져 성내어 파도치고 으르렁대고 부서지는 인간의 바다로 떠나겠어."(최인호,『고래사냥』(문예출판사, 1983), 217쪽.)

노영돈 독일 카셀 대학교에서 게르하르트 하우프트만의 자연주의 희곡 연구로 박사학위를 받았다. 현재 중앙대학교 유럽문화학부 독일어문학과 교수로 재직 중이다. 저서로『독일 문제작 탐구』, 『문학, 사이의 존재』,『현대문화 이해의 키워드』등이 있고 옮긴 책으로『루이제 린저 단편선』, 크리스토프 하인의『아큐정전』이 있다.

류신 독일 브레멘 대학교에서 현대 독일 시 연구로 박사학위를 받았다. 2000년 경향신문 신춘문예로 등단해 문학평론가로 활동하고 있다. 현재 중앙대학교 유럽문화학부 독일어문학과 교수다. 저서로『다성의 시학』,『수집가의 멜랑콜리』,『통일 독일의 문화 변동』,『장벽 위의 음유시인 볼프 비어만』등이 있다.

박희경 독일 프라이부르크 대학교에서 18세기 여성문학 담론 연구로 박사학위를 받았다. 현재 성균관대학교, 한국문학번역원 등에서 강의하고 있다. 저서로『여성의 몸 – 시각, 쟁점, 역사』, 『나의 통일 이야기』,『머릿속의 장벽』,『통일 독일의 문화 변동』, 옮긴 책으로『문학은 아직도 고혹한 피의 작업』,『세대연구』(근간)가 있다.

배기정 독일 마르부르크 대학교에서 바이마르 공화국 시대 문학 연구로 박사학위를 받았다. 현재 한국외국어대학교, 중앙대학교에서 강의하고 있다. 저서로『머릿속의 장벽』(공저),『변화를 통한 접근』(공저)이 있고 옮긴 책으로『망가진 시대 – 에리히 케스트너의 삶과 문학』,『미학연습』(공역) 등이 있다.

이영기 독일 에를랑겐-뉘른베르크 프리드리히 알렉산더 대학교에서 독일 낭만주의 문학과 프리드리히 횔덜린 연구로 박사학위를 받았다. 현재 중앙대학교에서 강의하고 있다.

독일 신세대 문학

1판 1쇄 찍음 2013년 4월 12일
1판 1쇄 펴냄 2013년 4월 26일

지은이 노영돈·류신 외
발행인 박근섭·박상준
편집인 장은수
펴낸곳 (주)민음사

출판등록 1966. 5. 19. 제16-490호
주소 (135-887) 서울시 강남구 신사동 506번지
강남출판문화센터 5층
대표전화 515-2000 | 팩시밀리 515-2007
홈페이지 www.minumsa.com

ⓒ 노영돈·류신 외, 2013. Printed in Seoul, Korea

ISBN 978-89-374-8728-6 (93850)